天

Borderless

下

天下，在乎正义和你

刑法与现代社会治理

何荣功 著

法律出版社
LAW PRESS·CHINA

目　录

前言　走向整体主义的刑法观　1

第一章　刑法价值的预防转向及其限度　5

一、问题的提出:现代刑法图像的预防转向　5

二、预防刑法的规范表现与构造　6

三、预防刑法的合理性与问题　14

四、关于预防刑法控制的探索性思考　25

五、小结　35

第二章　预防刑法与反恐　37

一、问题的提出　38

二、转向"预防性"的反恐刑事立法及其问题核心　40

三、预防性反恐国家战略与规范表现　43

四、立法的正当性与应避免的问题　47

五、超越惩罚:关于恐怖主义犯罪整体性治理的初步思考　58

六、展望　68

第三章　犯罪门槛的降低与轻罪立法　71

一、问题的提出　71

二、轻罪立法的规范表现与正当性　72

三、轻罪立法的实践困境与问题　79

四、刑法积极参与社会治理:一种需要谨慎提倡的社会治理模式　88

五、轻罪立法的方向与配套制度完善的建议　96

第四章 行为犯：构成要件的缩水及其正当性 102
一、构成要件的缩水：一种值得关注的现象 102
二、行为犯立法的正当化事由 104
三、行为犯扩张的规范表现与问题 113
四、刑法应谨慎介入法益侵害的抽象危险 121
五、观点归结 126

第五章 社会治理过度刑法化的避免 128
一、过度刑法化：一种社会治理的不正常现象 128
二、个人自治、社会福利与现代刑法的应然空间 130
三、社会治理过度刑法化的表现与问题 133
四、社会治理“过度刑法化”形成机理的解读 147
五、刑法参与现代社会治理机制的理论建构 152
六、展望：社会治理的现代化与现代刑法的使命 163

第六章 重刑治毒与刑法理性 167
一、“重刑治毒”刑事政策的形成与规范表现 167
二、“重刑治毒”的实践效果 182
三、毒品犯罪的生成机理与“重刑治毒”局限性 186
四、全面理解“重刑治毒” 193
五、毒品犯罪刑事政策的转型与改革 197

第七章 贪污贿赂罪的构造与刑法修改 206
一、重刑反腐的规范表现 207
二、贪腐犯罪定罪量刑数额提升：问题与不得已性 212
三、贿赂罪的构造与刑法惩治的模式 228
四、反腐刑事政策的完善与刑法参与 247

第八章 从打黑除恶到扫黑除恶 253
一、扫黑除恶：由来与含义 254
二、《指导意见》等关于黑恶犯罪认定标准是否降低 255

三、黑恶犯罪构成要件解释的立场与方法 258
四、黑社会性质组织的本质与认定 261
五、“恶势力”的本质与界定 273
六、其他两个问题 282

第九章 法益与经济刑法的处罚范围 284
一、问题的提出：经济刑法的“肥大化” 284
二、经济犯罪法益的传统理解与问题 287
三、经济刑法的范围：经济自由与经济管制的衡平与调和 298
四、余论 307

参考书目 309

前言　走向整体主义的刑法观

历史学者对于人类社会的发展有这样的总结："农业革命后几千年的历史，可以总结为一个问题：如果人类的基因里并没有大规模合作的生物本能，所有的合作网络究竟如何维系？简单地讲，是人类创造了由想象建构的秩序、发明了文字，以两者补足我们基因的不足。"①对于人类建构的社会秩序的维护，从来都被视为法律特别是作为法律底线之"刑法"的根本任务。只是随着近世文明社会的到来，尊重和保障人权，不随意羞辱和惩罚人，被确立为文明、正派社会最起码的标准。刑罚本性上属于暴力，作为一种粗暴的社会治理方式，天生并不适合作为调整社会关系和参与社会治理的手段，谦抑主义由此成为近代以来刑法的基础理念与立场。

也许是受到专业思维的塑造和深刻影响，我在不经意的人和事物中常常会看见自己专业的影子。最近邂逅的一篇小文，让我再次联想到刑法参与现代社会治理的课题。

该文讲述的是家庭生活中母亲性格对女儿可能产生的影响。大意是这样的：很多家庭中，关系紧张的母女往往是性格相同的母女，厉害的母亲往

① ［以色列］尤瓦尔·赫拉利：《人类简史》，林俊宏译，中信出版集团股份有限公司2017年版，第129页。

往有个厉害的女儿;脾气暴躁的母亲,往往会把脾气暴躁的毛病遗传给自己的女儿。有时,我们会发现一些很有趣的现象,当女儿反抗母亲的专制时,女儿也在偷偷地继承母亲的这种专制,并会顺理成章地带到她将来跟她女儿的关系中。文章还特别指出这种母女性格塑造的现象有着心理学基础和科学实证依据。其实,万物皆有因缘,种瓜得瓜,种豆得豆,我丝毫不怀疑小文所述现象具有的科学实证根据。走出故事,想想刑法参与现代社会治理又何尝不循此理呢!

法律的目的原本在于戒除暴力,引导国民在规则下追求和平、道德、善良的生活秩序。刑罚以剥夺和限制公民权利和自由为主要内容,其适用尽管披着“合法”“道义”“惩恶扬善”等道德正当性的外衣,但终究无法摆脱惩罚、权利剥夺以及对人性的贬抑的属性。如果我们以暴力方式解决社会问题,那么,自然无法避免地沾染上暴力。但现实总是比理想低矮,习惯使用监狱解决社会问题,似乎是人类难以克服的天性。特别是晚近现代信息风险社会在催生刑事立法日益活性化的同时,也带来了刑法谦抑主义面容的结构性改变。刑事立法的活性化以及由此而产生的犯罪圈的扩大,不仅是当今英美国家,也是德、日等大陆法系国家刑法发展的重要特征。具体到我国而言,积极刑法立法观既是一种立法指导思想,更是一种刑法立法方法论和行动,还活跃在国民的观念中。刑法如何参与现代社会治理,成为当前事关刑法发展的方向性和根基性问题。

学术研究应起步于对研究对象的观察和理解。法学作为一门实践性学科,更应当重视对社会现实的关注,而且,社会现象只有被理解,我们才能真正找到合适的应对之策。本书首先注重对刑法参与社会治理的现象的整体性理解。刑法是社会的产物,必然对应着特定时代和社会生活。刑法作为制度化的公共政策之一,应积极回应社会需求和时代提出的新课题。面对恐怖主义、信息网络等新型违法犯罪,国家重视刑法的社会功能,刑事立法日渐活性化是我国刑法现代化的重要表现,具有正当性。另外,刑法对于社会问题的解决,往往具有立竿见影的效果,决策管理部门往往被刑罚的即刻效应所吸引,任何形态下的官僚与管理体制都会天生亲近刑法。急功近利的社会群体性心理,使我们急于看到结果,刑法容易成为解决社会问题的“抓手”。再者,普通民众出于本能的善良,偏爱高举刑罚之剑,惩恶扬善。所以,在现代社会,刑法的角色和功能不仅不可替代,而且不可避免地走向强化。可以预测,随着国民安全需求的提升和社会中法益侵害风险不确定性的增加,未来社会对刑法积极参与社会治理的诉求会随之变得越来越强烈,积极刑法观将成为一种无法避免的趋势。

但理解并不意味着接受,尤其是对以追求正当性为价值诉求的学术研究而言,更应如此。刑罚是国家之公器,更是利器,其作为和平时期国家对公民使用的最强烈的谴责机制,是一把双刃利剑,在解决社会问题方面,有其天生的局限性。本书在理解现代刑法积极参与社会治理的同时,着重建设性地反思积极刑法观以及由此引起的刑法扩张可能导致的种种社会问题。

除恐怖主义犯罪治理外,刑法参与现代社会治理应尽可能秉持最小化,是本书的基本立场。亦如《刑法与现代社会治理》书名所展示,本书并非旨在探讨刑法的规范适用及其教义原理,更多的是立足于刑法哲学和刑法社会学的立场,以整体主义刑法的视野观察、描述和反思刑法与现代社会治理之间存在的结构性关系。本书由若干问题组成,既涉及积极刑法立法观的表现、刑法预防转向、犯罪门槛降低和轻罪立法等宏观和整体性问题,也涉及刑法与治毒、刑法与反腐、刑法与反恐等具体问题。本书并不是对上述问题的简单集合,而是以“慎刑”这条明显的思想主线,将上述问题串联起来,探讨与思考刑法参与现代社会治理的正当性、立场及其法治限度。

立足于整体主义刑法观,采取学科交叉的研究方法,在国家和社会治理体系现代化的框架下思考刑法及其机能,是本书的特色。本书的学术立场是鲜明的:刑法谦抑主义立场是刑法参与现代社会治理应当坚持的“角色道德”。刑法本性上属于司法法,本书不赞成将刑法作为单纯的社会管理法,应当警惕刑法的过度扩张。刑法功能更多是通过对既有规范的维护和确认以实现对法益的保护,刑法参与社会治理功能的“越位”,将会排挤其他社会措施参与社会治理的空间，在整体上会干扰对社会问题的体系性解决。真正的刑法现代化应当是国家和社会逐步摆脱社会治理对刑法的依赖，而不是刑法纠结其中越来越深。我国刑法现代化之路，需要思考如何在法治框架内妥善处理危害社会行为及其制裁体系问题，需要战略性思考和解决如何有效避免现代社会治理对刑法的过度依赖。刑法应回应社会需求，但刑法的过度开放和推崇积极刑法立法观，可能会染上机会主义，导致惩罚性社会治理模式的兴起。

刑为盛世所不能废，而亦盛世所不尚。本书凝聚了我过去 5 年关于刑法如何参与现代社会治理这一课题的阶段性思考。回首过去 5 年，深感是自己刑法知识再启蒙的 5 年。其间，通过自己对社会问题的观察和用心思考，一方面看到了刑法对现代社会治理的重要性，现代社会治理离不开刑法；另一方面也真切体会到了刑法对于现代社会治理的有限性和局限性。在重要性与局限性之间，让我能够更全面清晰地窥见刑法的面容。

人们有时偏爱追逐奇迹，忽视常识。作为保障法和事后法的刑法，其根本目的在于通过确认前刑法规范的效力而实现对法益的保护。刑法的功能不仅在于打击犯罪，也在于约束国家刑罚权的恣意行使，刑事法治的根本任务之一就是要建立“自治型刑法”，避免刑法与政治的过度接近。犯罪表面上是对刑法规范的违反，实际上蕴含着深度的社会复杂性，刑法从来都不应当被视为社会问题解决的主要手段，因为犯罪的原因在刑法管辖权之外。在强烈的积极刑法观的思潮下，我们似乎有必要重拾这些刑法常识。

本书的部分内容是本人主持的国家社科基金一般项目《刑事立法的新近扩张及其法治限度研究》的研究成果的凝练，本书的出版得益于法律出版社的大力支持，特别要感谢黄倩倩女士对本书付出的辛勤劳动。感谢我的研究生陈思桐、史令珊、戴锦澍、吕行等对书稿的校对。书中错误或不妥之处，恳请各位同人不吝指正！

第一章　刑法价值的预防转向及其限度

自1979年刑法颁布至今的41年，尤其是过去20年，我国刑法立法历经重大变迁，取得了巨大进步。其中，最为显著的变化之一就是积极主义刑法观的确立，刑法回应社会问题、参与社会治理日益积极活跃。刑法价值的预防转向以及由此催生的预防刑法，就是积极主义刑法观的重要规范表现之一。本书的论述从此开始。

一、问题的提出：现代刑法图像的预防转向

“对犯罪者施以惩罚是社会生活中一种特别令人不安与沮丧的面向。作为一项社会政策，惩罚一直无法实现其雄心而令人失望，同时危机与矛盾也不断削弱它的效果；作为一项道德或政治议题，惩罚易引起过度的激情、深层的利益冲突以及难解的争论……惩罚之所以如此令人困惑与失望，原因在于我们一直试图将深层的社会议题转化成专门制度下的技术任务……窄化了我们对惩罚现象的认知，模糊了惩罚背后的复杂社会因素。”[①]刑事制裁的局限决定了国家在制度构建方面应尽可能避免

---

① David Garland, *Punishment and Modern Society: A Study in Social Theory*, Oxford University Press, 1990, p. 1.

将社会问题卷入刑事程序。正因如此，近世法治国家普遍将刑罚作为社会治理的最后手段，不得已才用之，谦抑主义被奉为刑法的根本原则。但在过去的几十年中，面对风险社会，刑法的谦抑图像正在发生结构性转向，尽管刑法面对的依然是保护法益的任务，但刑法已经变成了一个工具，该工具正在融入安全性的一个全新和综合性架构的一部分。① 作为强化社会安全机制的预防刑法由此获得茁生契机。

所谓预防刑法，系相对于以启蒙思想为契机建立的传统古典刑法而言，它不再严格强调以罪责为基础，而是着眼于未来，基于对安全的关注，目的着重于防范潜在的法益侵害危险，实现社会有效控制。预防刑法以及由此催生的刑罚积极预防机能的空前强化，展示了现代刑法正在经历规范结构和机能的综合调整。任何惩罚制度都是社会结构的精确缩影，作为社会机制的一种，预防刑法在当前社会的出现和发展，究竟反映着何种社会本质？它是否代表着一种不可替代的时代趋势？我国是否同样存在传统刑法的预防转向问题？本章主要围绕这一重要的规范现象，试图从刑法与社会关系的角度做出理解性的阐述和理性的思考。

二、预防刑法的规范表现与构造

（一）预防刑法的规范表现

传统刑法主要针对过去的犯罪行为，但这并非其全部面向，即便在历史上最具报复性的刑法体系中，国家也不会完全放弃使用刑罚这一谴责机制预防危害的发生。② 只是在传统刑法的框架中，预防并非一种独立的国家策略，国家所能仰仗的，主要是从制裁措施的存在中所衍生出的那种预防效果。③ 换句话说，在传统古典刑法

---

① 参见［德］汉斯·约格·阿尔布莱希特：《安全、犯罪预防与刑法》，赵书鸿译，载《人民检察》2014年第16期。

② See Andrew Ashworth and Lucia Zedner, "Prevention and Criminalization: Justifications and Limits", *New Criminal Law Review*, Vol. 15, No. 4, p. 543.

③ 参见［德］迪特尔·格林：《宪法视野下的预防问题》，刘刚译，载刘刚编译：《风险规制：德国的理论与实践》，法律出版社2012年版，第112页。

的概念中,预防犯罪并非国家惩罚追求的直接目的,而是惩罚的伴随结果,刑法的预防机能是消极的。其后,伴随着危险犯的大量出现,刑法的预防机能被重视,但预防刑法作为一项整体性国家刑事政策则形成于晚近各国与新类型犯罪的斗争中,如在德国,预防刑法是国家应对恐怖主义、有组织犯罪、经济犯罪、计算机犯罪和其他形式的复杂犯罪出现的新趋势。①

强调刑法预防机能的观念在新中国的两部刑法典(1979年《刑法》和1997年《刑法》)中都有体现,如两部刑法典原则上都处罚未完成形态的犯罪,包括预备犯和未遂犯,但刑法的这一立场更多的是立足于主观主义刑法观和对犯罪人人身危险性的关注,将预防作为自觉性的整体立法指导思想和刑事政策则形成于近期的刑法修正,尤其体现在《刑法修正案(八)》与《刑法修正案(九)》中。从规制对象看,预防刑法条款也主要针对的是现实社会出现的新类型犯罪。

1. 立法指导思想的发展与预防刑法的生长

"刑法修订必须……以宪法为根据,以我国的实际情况为出发点和归宿",②这是1997年《刑法》修订时国家确立的立法指导思想(原则)。其后,该立法指导思想不断丰富,如《刑法修正案(八)》明确提出要"加强对于民生的刑法保护",《刑法修正案(九)》在强调刑法要坚持正确政治方向、坚持问题导向和宽严相济刑事政策的同时,创造性地提出了要"坚持创新刑事立法理念,进一步发挥刑法在维护社会主义核心价值观、规范社会生活方面的引导和推动作用"。③ 国家在立法指导思想层面强调"问题导向"和刑法对社会问题的解决,势必催生刑法立法的活性化,最终形成积极的刑法立法

---

① 参见[德]乌尔里希·齐白:《全球风险社会与信息社会中的刑法》,周遵友、江溯等译,中国法制出版社2012年版,作者自序,第4页。

② 参见李淳、王尚新主编:《中国刑法修订的背景与适用》,法律出版社1998年版,第3页。

③ 具体内容请参见全国人大常委会法制工作委员会主任李适时2014年10月27日在第十二届全国人民代表大会常务委员会第十一次会议上做的《关于〈中华人民共和国刑法修正案(九)〉的说明》。

观。[①] 而一旦在立法指导思想上要求刑法对社会生活的"推动和引领作用",那么,传统刑法所秉持的保障法地位和谦抑立场将面临动摇,预防刑法就会获得快速生长和发展的思想支撑。

2. 分则条款与预防刑法

在刑事实体法领域,预防刑法以追求刑罚处罚的早期化,实现社会风险控制为思想主线,法规范上主要表现为刑法扩张至大量处罚抽象危险犯和预备行为。

(1)抽象危险犯的增设、处罚的早期化与预防刑法

立法频繁增设抽象危险犯和处罚早期化是我国近年刑法立法的重要特色。早在《刑法修正案(五)》时,处罚早期化的苗头就露出端倪,如《刑法修正案(五)》新增妨害信用卡管理罪,规定:"有下列情形之一,妨害信用卡管理的,处三年以下有期徒刑或者拘役,并处或者单处一万元以上十万元以下罚金……(一)明知是伪造的信用卡而持有、运输的,或者明知是伪造的空白信用卡而持有、运输,数量较大的;(二)非法持有他人信用卡,数量较大的;(三)使用虚假的身份证明骗领信用卡的;(四)出售、购买、为他人提供伪造的信用卡或者以虚假的身份证明骗领的信用卡的。"在立法技术上,本罪采取行为构成要件的立法技术,体现了刑罚前置化的立场。其后这一趋势进一步凸显,如《刑法修正案(八)》在《刑法》第 133 条之一新增危险驾驶罪(抽象危险犯)[②]以及将《刑法》第 141 条生产、销售假药罪由具体危险犯修改为抽象危险犯。[③] 又如《刑法修正案(八)》修改污染环境罪,成立本罪不再要求造成重大环境污染事故,致使公私财产遭受重大损失或者人身伤亡的严重后果,根据《刑

---

① 参见周光权:《积极刑法立法观在中国的确立》,载《法学研究》2016 年第 4 期。

② 参见黄太云:《〈刑法修正案(八)〉解读(二)》,载《人民检察》2011 年第 7 期。

③ 对于销售假药罪,1997 年《刑法》颁布时的规定为:"生产、销售假药,足以严重危害人体健康的,处三年以下有期徒刑或者拘役,并处或者单处销售金额百分之五十以上二倍以下罚金;对人体健康造成严重危害的,处三年以上十年以下有期徒刑……"《刑法修正案(八)》其修改为:"生产、销售假药的,处三年以下有期徒刑或者拘役,并处罚金;对人体健康造成严重危害或者有其他严重情节的,处三年以上十年以下有期徒刑,并处罚金;致人死亡或者有其他特别严重情节的,处十年以上有期徒刑、无期徒刑或者死刑,并处罚金或者没收财产。"

法》第338条的规定，只要行为"违反国家规定，排放、倾倒或者处置有放射性的废物、含传染病病原体的废物、有毒物质或者其他有害物质，严重污染环境的"，即成立本罪。

（2）反恐与预防刑法

如果说《刑法修正案（九）》之前预防刑法的条款只是碎片化的，主要针对个别行为类型，那么预防刑法的观念在《刑法修正案（九）》有关恐怖主义犯罪中明显被类型化、整体性呈现。"9·11"事件后，面对恐怖主义犯罪的威胁，无论是英美法系国家，还是大陆法系国家，刑法和刑事司法都获得了融入安全整体性架构的动力。刑法不再像原来那样追求正义和在公正审判的框架下合理地处罚犯罪人，而是最大限度地追求安全和控制风险。[①] 在英国，2006年《反恐怖主义法》将未完成行为的预备行为犯罪化（Pre-inchoate Criminalization），包括将发布有可能促进恐怖主义的陈述规定为犯罪；将散布旨在直接或间接促进恐怖主义的出版物的行为以及任何从事准备故意实施恐怖主义活动的行为犯罪化。[②] 我国近年的反恐立法明显呈现以安全和预防为价值导向的特征。《反恐怖主义法》第5条指出，"反恐怖主义工作坚持……防范为主、惩防结合和先发制敌、保持主动的原则"，明确了"预防性为主"的反恐国家战略。[③] 具体到刑法条款上，传统刑法以结果为本位的立法技术基本被抛弃，预防刑法立场在《刑法修正案（九）》反恐刑法条款中全面展开。由于本书第二章将专门围绕"预防刑法与反恐"问题详细展开，所以，这里只作简要介绍分析。

首先，预备行为普遍正犯化。与西方国家刑法不同，我国刑法原则上处罚犯罪的预备行为，《刑法》第22条规定："对于预备犯，可以比照既遂犯从轻、减轻或者免除处罚。"可见，虽然刑法原则上处罚预备犯，但刑罚立场还是缓和多元化的。实践中，在综合考虑

---

① 参见［德］汉斯·约格·阿尔布莱希特：《安全、犯罪预防与刑法》，赵书鸿译，载《人民检察》2014年第16期。

② See Andrew Ashworth and Lucia Zedner, *Preventive Justice*, Oxford University Press, 2014, p. 98.

③ 参见何荣功：《预防性反恐刑事立法思考》，载《中国法学》2016年第3期。

案件证据、行为的社会危害性及其程度后，司法机关实际惩处预备犯的情形并不常见。《刑法修正案（九）》超越刑法关于犯罪预备的一般规定，新增《刑法》第120条之二准备实施恐怖活动罪，将实践中为恐怖活动做准备的行为普遍正犯化，并专门设置条款规制。这种特别罪刑条款的设置，从根本上修正了刑法总则关于预备犯缓和处罚的规定，使得国家享有了对准备实施恐怖活动的一切行为的强制性刑罚权。

其次，《刑法》第120条之三和之五的规定更是凸显了预防刑法的立场。在刑法一律处罚准备实施恐怖活动行为的同时，《刑法》第120条之三和之五还分别新增宣扬恐怖主义、极端主义、煽动实施恐怖活动罪和强制穿戴宣扬恐怖主义、极端主义服饰、标志罪。从刑法设定的行为类型来看，无论是宣扬恐怖主义、极端主义、煽动实施恐怖活动的行为，还是强制穿戴宣扬恐怖主义、极端主义服饰、标志的行为，相对于恐怖活动具体实行而言，这些行为虽然不排除具有一定的社会危害性，但单纯的宣扬和强制穿戴行为，在行为阶段和危害性程度方面，都难以认为属于准备实施恐怖活动的行为。立法将此类行为入罪，更多体现的是“打早打小，露头就打”的政策考量。

最后，非法持有宣扬恐怖主义、极端主义物品罪也明显体现了刑法的预防导向。持有型犯罪是指在明知的情况下，因占有违禁物品而构成犯罪的情形。持有型犯罪本质上属于立法上的有罪推定，[①]因为持有对法益侵害的风险是间接的，单纯的持有并不会导致危害的发生，只有在行为人其后进一步使用违禁品的场合，才会发生法益侵害。所以，包括《刑法修正案（九）》新增的非法持有宣扬恐怖主义、极端主义物品罪在内，尽管持有型犯罪针对的危险在构成要件上并没有明确定义，但不能否定的是持有型犯罪的处罚根据主要在于危险的预防，属于典型的预防刑法条款。[②]

---

① 参见［美］乔治·弗莱彻：《反思刑法》，邓子滨译，华夏出版社2008年版，第145页。

② See Andrew Ashworth and Lucia Zedner, *Preventive Justice*, Oxford University Press, 2014, p. 99.

(3)网络犯罪与预防刑法

与预防性反恐刑法一样,《刑法修正案(九)》新增的拒不履行信息网络安全管理义务罪和帮助信息网络犯罪活动罪等也体系性地体现着预防刑法的思维。

首先,刑事义务扩张、拒不履行信息网络安全管理义务罪与预防刑法。责任自负是刑法的基本原则,但该原则在网络刑法领域面临挑战,这首先表现于《刑法修正案(九)》新增的第286条之一拒不履行信息网络安全管理义务罪上。《刑法》第286条之一规定:"网络服务提供者不履行法律、行政法规规定的信息网络安全管理义务,经监管部门责令采取改正措施而拒不改正,有下列情形之一的,处三年以下有期徒刑、拘役或者管制,并处或者单处罚金:(一)致使违法信息大量传播的;(二)致使用户信息泄露,造成严重后果的;(三)致使刑事案件证据灭失,情节严重的;(四)有其他严重情节的。单位犯前款罪的,对单位判处罚金,并对其直接负责的主管人员和其他直接责任人员,依照前款的规定处罚。有前两款行为,同时构成其他犯罪的,依照处罚较重的规定定罪处罚。"本罪的目的在于强化网络服务提供者网络安全管理义务,维护信息网络安全。① 为了限定处罚范围,刑法规定成立本罪,网络服务提供者除了不履行法律、行政法规规定的网络信息安全管理义务外,还要"经监管部门责令采取改正措施而拒不改正",且"致使违法信息大量传播""致使用户信息泄露,造成严重后果""致使刑事案件证据灭失,情节严重"或者"有其他严重情节"。不管立法对本罪的成立在情节上如何限制,但本罪针对的是网络服务提供者不履行信息网络安全管理义务的行为。换句话说,国家基于维护网络信息安全的政策考量,通过扩张不作为犯的范围,强制赋予网络服务提供者刑法上的信息网络安全管理义务,促使网络服务提供者积极参与维护网络信息安全,这显然是预防刑法的逻辑。

---

① 具体内容参见全国人大常委会法制工作委员会主任李适时2014年10月27日第十二届全国人民代表大会常务委员会第十一次会议上做的《关于〈中华人民共和国刑法修正案(九)〉的说明》。

其次,“中立行为”犯罪化与预防刑法。预防刑法思维还体现在《刑法修正案(九)》新增的帮助信息网络犯罪活动罪上。《刑法》第287条之二第1~2款规定:“明知他人利用信息网络实施犯罪,为其犯罪提供互联网接入、服务器托管、网络存储、通信传输等技术支持,或者提供广告推广、支付结算等帮助,情节严重的,处三年以下有期徒刑或者拘役,并处或者单处罚金。单位犯前款罪的,对单位判处罚金,并对其直接负责的主管人员和其他直接责任人员,依照第一款的规定处罚。”现实生活中,为他人提供互联网接入、服务器托管、网络存储、通信传输等技术支持的行为,客观上很可能对网络违法犯罪的发生提供便利,起到帮助作用。但无论是互联网接入还是服务器托管,在性质上都属于网络服务提供者的商业行为,法律没有强制赋予网络服务商审查他人所传输信息内容真实性、合法性的义务,而且面对海量信息,网络服务商难以辨别真伪,要求服务商履行甄别义务会导致网络运营瘫痪,①所以,刑法理论一般将上述技术支持行为定性为“中立行为”或“中性行为”。《刑法修正案(九)(草案)》将帮助信息网络犯罪活动行为犯罪化的想法一公布,即遭到社会各界的质疑和讨论,②但学术上的不同甚至反对声音并没有改变立法的立场。本罪的目的同样在于赋予信息网络服务提供者特别的义务,以积极预防网络违法犯罪的发生。

最后,非法利用信息网络罪与预防刑法。非法利用信息网络罪同样是《刑法修正案(九)》新增的罪名,根据刑法第287条之一第1~2款的规定:“利用信息网络实施下列行为之一,情节严重的,处三年以下有期徒刑或者拘役,并处或者单处罚金:(一)设立用于实施诈骗、传授犯罪方法、制作或者销售违禁物品、管制物品等违法犯罪活动的网站、通讯群组的;(二)发布有关制作或者销售毒品、枪支、淫秽物品等违禁物品、管制物品或者其他违法犯罪信息的;(三)为实施诈骗等违法犯罪活动发布信息的。单位犯前款罪的,

---

① 参见周光权:《转型时期刑法立法的思路与方法》,载《中国社会科学》2016年第3期。

② 参见周光权:《网络服务商的刑事责任范围》,载《中国法律评论》2015年第2期。

对单位判处罚金,并对其直接负责的主管人员和其他直接责任人员,依照第一款的规定处罚。"《刑法修正案(九)》将本罪设置为行为构成要件,行为犯立法技术的采用不仅简化了犯罪的证明标准和程序,也使刑法对相应违法犯罪行为的介入时点提前,体现的是预防刑法的立场。

(二)预防刑法的构造及其对传统刑法观的偏离

与传统事后回应型刑法相比,预防刑法在对犯罪属性、法益机能以及刑法的性质理解等方面,表现出以下几方面的结构性差异。

第一,犯罪的属性:由社会问题转向社会危险。在传统刑法(尤其是刑法福利主义)的框架中,犯罪被视为一种社会异常问题。既然是社会问题,对犯罪的解决就要求助于社会政策改革和社会预防犯罪措施的革新与导入,刑罚的目的在于致力于矫正犯罪人使其复归社会,重新实现社会整合与团结。所以,传统刑法制度的中心议题是犯罪后行为人的处置和社会回归。但在预防刑法的框架中,犯罪被看作一种社会危险,既然是危险,那么,国家就会倾向于诉诸预防性措施,刑法演变为一套控制法益侵害危险的手段与机制,刑法制度的中心问题转变为国家如何通过刑法实现对法益侵害危险的有效预防和控制。

第二,法益的机能:从约束刑罚权到引导刑罚权扩张。自法益概念导入刑法以来,在立法上,法益主要承担着证明国家刑罚干预合理性的功能,以维护刑法的确定性,避免刑罚发动的恣意与工具化。在德国,法益的这一机能甚至被罗可辛教授骄傲地认为是德国刑法学为欧洲法律文化所奉上的最为重要的馈赠之一。[①] 但在预防刑法的观念中,法益的功能不再作为限制刑罚权的消极标准,而是结合危险预防与规范效率等纯粹政策性的观点,转向作为证立国家刑罚权扩张的积极论据。[②]

第三,刑法的性质:从司法法走向警察法。在传统立法法、司法

---

① 参见[德]克劳斯·罗克辛:《对批判立法之法益概念的检视》,陈璇译,载《法学评论》2015年第1期。

② 参见古承宗:《风险社会与现代刑法的象征性》,载《科技法学评论》第10卷第1期。

法和行政法的体系分类中，刑法以法的安定性为指导原理，属于司法法范畴。[①] 保障人权，避免刑罚权滥用是近代以来法治国刑法的价值支撑。但在预防刑法中，刑法越来越成为社会防卫机制和寻求社会有效保护措施的一部分，预防危险、追求安全和助力于社会管理成为其优先的价值选择，刑法与警察法的界限开始变得模糊不清。

第四，刑法的法体系地位：不再恪守最后手段性。在传统古典刑法看来，受理性支配的刑法立法必须尽可能针对可以观察的现实侵害确定处罚规范，刑法的明确性、处罚范围的谦抑和节制，成为传统刑法的核心内容，从而使古典刑法呈现出保守性特征。[②] 但预防刑法中，基于预防风险和实现社会管控的需要，刑法的附属性有时不再被严格遵守，刑法有时不会再耐心地等到民事、行政法律法规干预无效才出手；国家可能使用刑法手段替代一般社会生活领域的管控；还有立法也可能将一些被日常观念评价为“中性”的行为犯罪化。[③]

三、预防刑法的合理性与问题

（一）刑法的开放发展与预防刑法的合理性

任何社会理想总是要适应现实社会关系，法律命题只是现实社会的规范写照，人们之所以要创造出一定的法律命题，是因为现实的社会生活提出了这种要求。如果现实中并不存在这种要求，就不可能为保障其实现而提出法律命题。[④] 预防刑法作为一种时代命题，对应着时代的背景与现实社会的需求。

1. 社会需求、刑法的象征功能与预防刑法的发展

启蒙运动制定的理性刑事政策开始了现代刑事司法的新纪元。

---

① 参见［日］大塚仁：《刑法概说（总论）》（第3版），冯军译，中国人民大学出版社2003年版，第20页。

② 参见周光权：《积极刑法立法观在中国的确立》，载《法学研究》2016年第4期。

③ 参见周光权：《转型时期刑法立法的思路与方法》，载《中国社会科学》2016年第3期。

④ 参见［日］川岛武宜：《现代化与法》，王志安等译，中国政法大学出版社2004年版，第221页。

自然法的理性思想导致人们思考刑法的意义和目的,思考刑罚权通过国家契约论与罪刑法定的联系。① 以启蒙运动为思想起点的传统刑法奉行自由意志与风险自担,放任风险和社会秩序。“相较于启蒙哲学时代的政经氛围,现实风险社会的规范议题不再是强调国家统治权力的过度集中,或是自由应如何分配等,而是聚焦在社会持续处于一种高度依赖社会控制机制的氛围,亦即要求国家积极采取行动排除危险,实现安全保证的需求。”②法律作为一种以国家强力保障实施的公共政策,本身所代表的意义就是国家透过风险管控以达成安全确保的任务。现实社会,因风险特别呈现出一种不安全的社会结构及情绪氛围,针对人们日益不安的情绪,控制风险以安抚民众于是成为现代社会压倒性的政治需要。③ 所以,社会需要国家提供一套担保仪式,此一担保仪式便成为刑罚的正当性所在。④ 较之于以保守和谦抑性为特征的传统刑法,预防刑法可以向国民更有力地展示刑法的担保仪式,满足国民对安全的渴望,亦可以向国民展示国家对民众负责的姿态,从而赢得国民支持。而一旦国民对安全的现实需求汇聚成一股股刑事政策上的压力,最终通过目的的管道传递至刑法体系内部,难免驱使刑法体系向预防目的的方向一路狂奔。⑤ 而从法律的功能来看,作为国家认可的现代社会治理的规则体系,面对风险社会,必然意味着现实社会的法是预防性的法,在危险防御和秩序管制的思维方式下,危及社会系统风险的行为自然应受刑法规范的调整。所以,可以认为,刑法的预防转向只是现代社会法的整体价值立场转换的一个具体面向而已,不仅具有不可避免性,还将是一种无法避免的时代趋势。

---

① 参见[德]汉斯·海因里希·耶赛克、[德]托马斯·魏根特:《德国刑法教科书》(总论),徐久生译,中国法制出版社2001年版,第118页。

② 古承宗:《风险社会与现代刑法的象征性》,载《科技法学评论》第10卷第1期。

③ 参见劳东燕:《风险社会中的刑法:社会转型与刑法理论的变迁》,北京大学出版社2015年版,第33页。

④ 参见古承宗:《风险社会与现代刑法的象征性》,载《科技法学评论》第10卷第1期。

⑤ 参见劳东燕:《风险社会中的刑法:社会转型与刑法理论的变迁》,北京大学出版社2015年版,第31页。

2. 刑法的预防转向也是现代国家职能发展的结果

在近世法治国的图像中,政府被看作“守夜人”的消极角色。法治国的核心在于通过法律的确定性来塑造和制约国家公权力,保证国家权力对公民自由的干预符合正义原理,行政法领域法律保留原则和比例原则以及刑法上罪刑法定原则的确立,都是确保法治国避免权力滥用侵犯公民权利的基本制度措施。但随着晚期现代社会的到来,国家的角色和任务已发生了根本性嬗变。以政府的行政活动为例,亦如德国行政法学者施托贝尔所言,公共行政的重心已经历了从秩序行政到给付行政、从直接给付行政到间接给付行政的转变。而在当代社会,如何防范政治、经济、社会等方面的潜在风险,有效应对危机,为公民提供安全的生活条件,成为国家的核心任务,行政的任务也从福利行政向风险行政转变。① 国家任务的变化和职能扩张不仅体现在行政领域,也不可避免地波及国家的立法和司法活动。刑法作为国家公共政策的一种,根植于特定时期国家政治、经济和社会结构。“灾难频发的现实与公众日益觉醒的忧虑合力,将风险控制植入政治议程的核心,政府被要求强化规划未来生活,提供安全保障的职责,而这一职责的扩张亦将引发法律的深刻挑战。”②刑法偏离以保守和中立为气质的传统司法法特性,是刑法功能转型的一个侧面,折射的是刑法在现代风险社会日益接近政治,日渐行政化和政策化。

3. 预防刑法在现代社会出现具有民主政治的合法性

“大约自20世纪70年代起,在德国及整个西欧,刑法都有了很大的发展,这种发展既涉及实体刑法,也涉及刑事诉讼法,其特点是刑事政策的强化,而刑事政策的强化绝对没有违背公众的意志,而是得到公民的各种正面期许和赞同。”③这是德国学者哈塞默尔关

---

① 参见[德]汉斯·J.沃尔夫等:《行政法》(第3卷),高家伟译,商务印书馆2007年版,中文版前言,第3页。

② 赵鹏:《风险社会的自由与安全》,载沈岿主编:《风险规制与行政法新发展》,法律出版社2013年版,第3页。

③ [德]哈塞默尔:《面对各种新型犯罪的刑法》,载中国人民大学刑事法律科学研究中心编:《明德刑法学名家讲演录》(第1卷),北京大学出版社2009年版,第22页。

于欧洲国家面对各种新型犯罪刑事政策和刑法发展趋势的集中描述。面对这种法现象,哈氏指出:“在每一种令人愤慨的状态中,都会把刑法作为解决社会问题的神奇武器,并且会完全无限地信赖这种神奇武器的功效,但是,这种刑法观并不适用于我们关于实体刑法的传统所描绘的图画,在我国关于实体刑法的传统构想中表明的是‘断片刑法’或者‘作为最后手段的刑法’。”[①]哈塞默尔描述的情形在我国也同样存在,乱世重典的文化传统、官僚体制难以完全克服的宿弊以及刑法具有的解决社会问题的即刻效应,使我国现实社会一直存在对刑法的旺盛需求,社会上总是存在各种建言新增罪名的拳拳之情和热切呼吁。[②] 刑罚作为和平时期国家对公民适用的最强烈的谴责性机制,本质上是一种“恶”,社会本应对刑事政策强化导致的刑法扩张持警惕之心,但为何在现实社会中刑事政策的强化不仅没有违背公众的意志,反而得到了社会公众的正面期许和赞同呢?个中道理并不难理解。前文已指出,以刑法制定为载体传达出的刑事政策强化,一方面为国民提供了仪式性的安全保障,满足了社会民众对安全需求期待的心理;另一方面国家以此向民众展示其已采取行动应对侵害风险。正如学者所言:“不论风险社会的风险是否为生态、核能、化学性风险,或者只是诠释为一种(被刻意塑造的)莫名的心理恐惧,在面对当代社会因为不安全感而提出之降低或者排除风险(恐惧)需求,国家只好有意识地持续扩张自身的保护任务范围,以及重新调整法规范现有的体系结构。”[③]较之于传统刑法以结果为要件的立法技术,预防刑法更能够代表一种规范有效性的宣传以及对社会公众安全心理的需求,自然会得到民众的青睐,从而获得民主政治的合法性。而且,现代政治越来越清晰地发现,刑罚方案是立即、容易实施的,就算它在各方面是失败的,也同

---

① [德]哈塞默尔:《面对各种新型犯罪的刑法》,载中国人民大学刑事法律科学研究中心编:《明德刑法学名家讲演录》(第1卷),北京大学出版社2009年版,第27页。

② 参见熊永明:《我国罪名建言热潮之隐忧及其批判》,载《法学评论》2015年第6期。

③ 古承宗:《风险社会与现代刑法的象征性》,载《科技法学评论》第10卷第1期。

样可以宣称惩罚的目标已“生效”了。[①]

4.规范有效性不足与预防刑法的生长

预防刑法的出现还与既有规范面对风险治理的无效或不足密切相关。众所周知,现代社会的风险治理依赖的是一个整体性规范体系,其中既有道德伦理规范,也有法律规范;既有民事、行政法律法规,也有刑事法律规范。对于社会问题或法益风险的治理,如果前刑法规范能够很好地解决,刑法参与社会治理的必要性就会弱化;反之,如果前刑法规范对社会治理效果不好或失效,国民的不安感就会升高,社会对刑法的需求就会提升,刑法在社会治理体系中的重要性就会凸显。对现代社会治理而言,法律也可以看作国家为实现社会良好治理的一种制度投资,刑法只是该制度体系的分支,当其他制度规范的整体性供给不足时,刑法的功能就会被倚重,刑法就会出现肥大。面对当前风险与信息社会,在世界范围内各国既有制度对风险治理都显示出严重滞后、不足与无效的问题,预防刑法范围在一定程度上反映着既有制度规范与现实需求之间供需的不平衡性及其程度。

我国预防刑法的发展除了上述因素外,可能还有其他方面的原因。如立法对刑罚权限制功能相对弱化问题,又如刑罚本身具有的即刻解决社会问题的效应,也是国家治理常常偏爱刑法的重要原因。

(二)刑法秩序安全的“双面”含义与预防刑法的法治困境

以上分析可见,预防刑法在眼下生长是刑法面对社会需求的产物,具有种种合理性和优点,但预防总是与无限制相联系,具有不确定和难以捉摸的特性,而且具有与生俱来的“越早,越好”的内在扩张逻辑,[②]预防刑法是否具有威胁和改变自由国家核心价值的危险?

---

① See David Garland, *The Culture of Control: Crime and Social Order in Contemporary Society*, Oxford University Press, 2001, p. 2009.

② See Rik Peeters, The Price of Prevention: The Preventive Turn Consequence for Role of State, *Punishment & Society*, Vol. 17(2), 2015, pp. 167 – 168.

倘若放任刑法以追求预防为导向，是否会模糊刑法的界限？[①] 这是法治国家必须认真对待的问题。

历史上，刑法任务与社会安保之间的纠结并不是风险社会才有的专属议题，从启蒙哲学时代开始陆续发展的各种刑罚目的理念，就已经存在相当的辩证，[②]只是预防刑法打破了传统刑法内部机能的平衡，将该议题推向极端化和更为紧迫的程度。

就学术研究而言，对基础和根本性问题的反思往往是逃避人类认识狭隘与局限的有效做法。而且，只有在思想上采取反思性的观点，我们才可能获得理性和全面的知识。预防刑法是国家面对风险社会做出的自由向安全的妥协与让步，是国家以安全作为法律优先价值考量的结果。那么在我国当下，我们究竟应当如何看待预防刑法的这一价值抉择呢？法哲学家考夫曼指出，法律价值或理念并不是定居在一个全然和谐的价值的天堂，而是处于人的世界，也因此是有限而暂时的。[③] 如今，社会变革正在加速，负有制定法律和实施法律之重任的人们，在面临需要做出各种法律结论的新形势时，必须比他们的前辈具有更强的适应性。公众对法律之信任的保持，有赖于立法者与法官们在现代社会条件下适当地综合法律传统中各种价值的能力。[④] 启蒙运动以来，以人性的觉醒为契机，国家的存在被普遍认为无绝对价值。作为一种由人类建构的机能存在物，国家的目的和机能被界定为保护公民的生命、身体、财产等自由与权利。但是，国家这个利维坦亦是一个非常强大的工具，它是一个巨人，身体的各个部分都是由不同的人组成；它有两张面孔，一张是养育公民，对它的公民提供保护和帮助，另一张是过于庞大的权力，威胁着

---

① 参见［德］乌尔里希·齐白：《全球风险社会与信息社会中的刑法》，周遵友、江溯等译，中国法制出版社2012年版，作者自序，第205页。

② 参见古承宗：《风险社会与现代刑法的象征性》，载《科技法学评论》第10卷第1期。

③ 参见［德］阿图尔·考夫曼：《法律哲学》（第2版），刘辛义等译，法律出版社2011年版，第212页。

④ 参见［英］彼得·斯坦、［英］约翰·香德：《西方社会的法律价值》，王献平译，中国法制出版社2004年版，第365页。

公民的自由和财产权。① 即便在现代法治国家，国家仍然是一个内部充斥矛盾的机能建构物，它虽然是作为公民安全的保证人而被塑造的，实际运行中却总是扮演着公民权利威胁者（有时沦为公民权利最庞大的威胁者）。刑罚权作为国家权力的分支系统，也无法摆脱这一与生俱来的逻辑悖论，即刑法原本为打击犯罪，保护社会而生，但实践中常常可能异化为公民权利威胁者。近代以来，无论是实体刑法上罪刑法定原则、法益侵害原则、行为主义的确立，还是刑事程序上种种人权保障措施的导入，目的皆在于通过节制和规范国家刑罚权运行，避免刑罚任性而导致对公民自由的侵犯。对此，法学家拉德布鲁赫早有精致的总结："自从有了刑法以来，自从国家代替受害人实施报复以来，国家就承担着双重使命：国家的任何行动不仅要保护共同体更好的对抗犯罪，而且还要保护犯罪人不受受害人报复，所以直到今天，刑法不仅用来对抗犯罪人，而且用来照顾犯罪人。它的目的不仅是设立国家在刑罚上的权力，而且要限制国家在刑罚上的权力，它不仅是可罚性的渊源，而且是可罚性的限度，因此表现出悖论：它不仅要保护国家免遭罪犯侵害，而且要保护'罪犯'免受国家侵害；它不仅要保护公民免受犯罪人侵害，而且要保护公民免遭检察官侵害，成为公民反对法官专断和法官错误的大宪章。"②国家的法治图像在根本上塑造着刑法的图像，刑罚权是把锋利的双刃剑，在其悖论属性没有根除的情况下，解除对刑罚权的规范限制，期望其实现对法益侵害危险的预防，很可能只是过于理想主义的想法。

在法治国的逻辑中，法律主要是作为遏制国家恣意的手段，它所使用的方式是让公权力的行使接受虽然并非不可改变但却事先制定的规则的约束，③以实现法秩序的安定性。以刑罚权为主要内

---

① 参见［德］哈塞默尔：《面对各种新型犯罪的刑法》，载中国人民大学刑事法律科学研究中心编：《明德刑法学名家讲演录》（第1卷），北京大学出版社2009年版，第40页。

② ［德］拉德布鲁赫：《法学导论》，米健译，商务印书馆2013年版，第141页。

③ 参见［德］迪特尔·格林：《宪法视野下的预防问题》，刘刚译，载刘刚编译：《风险规制：德国的理论与实践》，法律出版社2012年版，第130～131页。

容的刑法更需要法的安定价值。刑法的安定性,一方面是刑法本身的安定性,包括刑法是实定的,明确的,是相当稳定的,不会轻易变更;另一方面是指通过刑法达成的安定性,不仅有利于国民的自由行动,而且能够预防犯罪,保护法益,维护人们的共同生活秩序。[①]而只有当刑法本身是安定的,才能通过它达成法的安定性,这就是现代国家普遍将罪刑法定视为刑法"铁则"的原因所在。

所以,一言蔽之,因为国家的法治图像是双面的——既是公民权利的保护者,也是公民权利的威胁者,刑法的法治图像也是双面的,刑法中的"秩序安全"也具有双面的含义。在国家法治图像没有改变之前,单方面对刑法预防机能给予美好期待,放松对刑罚权的限制,很可能动摇刑事法治的根基,带来事与愿违的甚至不良的后果。

单从形式上来看,预防刑法表现的是立法规制针对的中心由结果调整至行为,刑法规制前移至风险行为,实质上体现出的政策思想是,为了使未来可控,法律放宽了对国家刑罚权约束。对此,我们必须追问的是,当刑罚权这个潘多拉盒子打开后,如果没有新的机制约束,如何保证国家刑罚权不发生异化而威胁公民自由呢?现代社会之所以称为风险社会,并非仅仅因为在现代社会人类依然面临着来自自然界的种种危险和不确定性,也不仅仅因为现代技术性风险的日益增多与扩散,还在于工业社会经由自身系统制造的危险而身不由己地变为风险社会。[②] 而在自身系统制造的风险之中,人们用来应对风险的现代社会治理机制和各种治理手段本身就是滋生新型风险的罪魁祸首,[③]这其中就包括作为现代社会治理重要手段的刑法。

权力与公民自由的互斥博弈在人类历史上从未停歇过,针对欧洲国家反恐的种种预防刑法措施,学者希尔根多夫忧虑地指出:"虽

---

① 参见张明楷:《刑法学》(第5版),法律出版社2016年版,第16页。

② 参见[德]乌尔里希·贝克:《世界风险社会》,吴英姿、孙淑敏译,南京大学出版社2004年版,第102页。

③ 参见劳东燕:《风险社会中的刑法:社会转型与刑法理论的变迁》,北京大学出版社2015年版,第16页。

然当恐怖组织引起大规模的严重伤害或者死亡的危险时，自由让位于安全是合理的做法，但是，如果国家想有效地保护其公民，就必须采取适当的和必要的手段……刑法的每一种严厉化，许可的通缉方法的每一种扩展都伴随着一部分自由的丧失，自由的丧失是逐渐发生的，并且几乎是未被觉察的。因此，人们需要反复的检讨，新的惩罚措施事实上是否更好地保障安全，还是说它们只会以民粹主义的方式通过政治活动进行迷惑。正是鉴于恐怖主义的挑战，才更要保持刑事政策的客观性和目的合理性。那些想限制公民自由的政治家有义务说明，它们所建议的措施事实上是能够增进安全。"[①]与其说希尔根多夫是对预防性反恐刑事立法的忧虑，不如说他是借助预防反恐刑法表现出了对现代刑法未来发展方向的疑问和担心。

危险预防的实现有赖于公民与公民之间以及公民和国家之间增强合作，若以刑法实现社会风险预防与控制，势必增加公民在刑法上的义务。例如，为了预防恐怖主义犯罪，《刑法修正案（九）》修改第311条拒绝提供间谍犯罪、恐怖主义犯罪、极端主义犯罪证据罪，[②]将公民的刑事义务扩张至与国家合作打击恐怖主义、极端主义犯罪。[③]

又如前文指出的《刑法修正案（九）》新增拒不履行信息网络安全管理义务罪和帮助信息网络犯罪活动罪，立法将刑法上的义务扩张至网络服务的提供者和经营者。根据刑法的规定，拒不履行信息网络安全管理义务罪显然属于不作为犯，刑法处罚不作为犯历来需要特殊要件，即不作为构成犯罪除需要行为人居于保证人地位具有作为义务和具有作为可能性外，不作为和作为之间还需具有等价性。对于网络服务提供者的作为义务，我国学者多数强调刑法规定的"信息网络安全管理义务"不包括网络服务提供者对网络内容进

---

① ［德］埃里克·希尔根多夫：《德国刑法学：从传统到现代》，江溯、黄笑岩等译，北京大学出版社2015年版，第44页。

② 修改后的《刑法》第311条规定："明知他人有间谍犯罪或者恐怖主义、极端主义犯罪行为，在司法机关向其调查有关情况、收集有关证据时，拒绝提供，情节严重的，处三年以下有期徒刑、拘役或者管制。"

③ 参见何荣功：《预防性反恐刑事立法思考》，载《中国法学》2016年第3期。

行主动审查、监控的义务,只应限于违法犯罪信息的事后被动报告、删除义务。[①] 尽管这种对"信息网络安全管理义务"的限制解释可以在一定程度上拘束本罪的处罚范围,但仍然无法从根本上解决本罪处罚面临的法理疑问:一方面,提供网络服务是宪法赋予网络服务提供者的经营自由,本质上是商事经营行为;另一方面,责任自负作为刑事归责的基本原则,是宪法保障的人性尊严在刑法领域的体现,该原则在网络犯罪领域没有例外的理由。网络服务提供者和网络平台用户既然属于平等的商事主体,两者的关系决定了网络服务提供者在刑法上的保证人地位以及由此产生的作为义务非常稀薄,甚至难以被肯定。同样,网络服务提供者在为他人提供互联网接入、服务器托管、网络存储、通讯传输等技术支持的场合,上述行为客观上很可能会对网络违法犯罪的发生提供便利,起帮助作用,但上述网络技术服务行为本质上同样属于商事行为。所以,无论是《刑法》第 286 条之一规定的网络服务提供者,还是第 287 条之二规定的为他人提供互联网接入、服务器托管、网络存储、通讯传输等技术支持者,既然他们并非属于国家职能部门,从事的都是商事经营活动,就难以简单地认为其在刑法上具有网络安全管理义务和审查他人所传输信息内容真实性、合法性的义务以及阻止他人实施违法犯罪的义务。上述种种义务应由国家相关职能部门履行,这应当是个不难理解的道理。富勒指出,义务应当在何处止步是社会哲学所面临的一项最艰巨的任务,[②]拒不履行信息网络安全管理义务罪和帮助信息网络犯罪活动罪都将网络服务提供者置于国家网络安全管理者的地位,赋予其特别维护信息网络安全的义务,这种做法彰显的是刑法优先保护网络安全的价值立场。《网络安全法》第 3 条规定"国家坚持网络安全与信息化发展并重",具体到本罪的设置而言,网络安全保护具有更为基础的地位。

此外,预防刑法引起的法律放松对国家刑罚权约束的做法,还

---

① 参见涂龙科:《网络内容管理义务与网络服务提供者的刑事责任》,载《法学评论》2016 年第 3 期。

② 参见[美]富勒:《法律的道德性》,郑戈译,商务印书馆 2005 年版,第 15 页。

可能给民主政治带来风险。面对过去30年西方国家尤其是美国刑法的扩张及其导致的监禁人数的爆炸性增长，挪威学者尼尔·克里斯蒂警示性地指出："现代社会犯罪的主要危险不在于犯罪本身，而在于那些用来打击犯罪的战斗可能会导致社会往极权的方向发展。"①不可否认，刑法的目的在于法益保护，但刑法究竟应当将何种具有法益侵害危险性的行为纳入刑法，并不是个容易掌握的状态，"一旦预防对象从具体可掌握的事实状态过渡到抽象的危险恐惧，我们坚信的预防效果有可能只是一种内容空洞的心理期待，而依此所建构起来的法系统，似乎也就无法避免产生毫无限制的（不符合比例原则）权利干预的疑虑"。② 而且，"由于风险的根源根植于人格结构和沟通领域中，预防措施若要生效，势必要侵入到人们的思想态度、生活经营和社会交往的领域中"。③

（三）小结

对于社会治理中预防和事后惩罚的配置关系，德国公法学者迪特尔·格林（Dieter Grimm）写道："在任何时代，预防都是公权力所需要的一种手段。即使是自由国家，也会允许警察事前预防，而不只是在警局坐等违法行为的出现，同理，也没有哪个国家能够把对不法行为的预防措施配置得如此精妙，以至于可以完全放弃事后惩戒。"④对于现代国家治理来说，无论是预防还是惩戒，不能简单地倚重一方。如何平衡两者的关系，根本上取决于国家的政治偏好、宪法立场以及在现有国家治理体系中部门法的具体分工。"预防优于治疗和补救""不能等到花瓶打碎了再去修补"，这是朴素的事理。预防措施如果运用得当，对个体来说，能使其免受侵害，而通过事后制裁最多能够提供补偿，却无论如何无法恢复如初；对整体来

① ［挪威］尼尔·克里斯蒂：《犯罪控制工业化》，胡菀如译，北京大学出版社2014年版，第3页。

② 古承宗：《风险社会与现代刑法的象征性》，载《科技法学评论》第10卷第1期。

③ ［德］迪特尔·格林：《宪法视野下的预防问题》，刘刚译，载刘刚编译：《风险规制：德国的理论与实践》，法律出版社2012年版，第113页。

④ 同上书，第111页。

说，及时采取预防措施，可以减轻负担或避免更大的冲突。[①] 与传统事后回应型刑法相比，预防刑法确实能起到一定的阻止危险保护法益的效果，但其巨大的法治风险和运行成本，使其不能当然成为一种值得国家优先选择和提倡的制度。“每个社会都是通过与义务、愿望和正义的理想相联系的任务关系构成的。在这种情况下，任务的平衡问题，常常是一个正义问题”，[②]对于犯罪的治理，究竟是固守传统刑法谦抑性立场，还是采取预防刑法模式，事关刑法正义。另外，在我国主流文化语境中，“保守”通常在贬义上使用，面对“与时俱进”这些充满褒扬情感的词汇，难免被矮化。但刑罚权的发动和界限事关公民基本权利，国家需要坚持理性和慎重态度，并不能因为传统刑法具有保守性特征而简单地认为其已不符合现代社会发展趋势。

四、关于预防刑法控制的探索性思考

（一）关于控制的整体思路

与田园牧歌时代相比，现实世界充满风险与不确定性，个中风险既来自晚期现代社会的新技术，也源于制度规制本身。“风险不论是具体或抽象描述的事实状态，或者只是纯粹心理的恐惧感受，都会不断被转译成简化的安全概念。在概念转译过程中，当代社会同时也形成了一股股刑法应当积极扩张适用范围的压力。”[③]“预防性国家行为的扩张和全新定位，不应被看作风行一时的潮流。相反，它们是对社会变迁的政治反应，就此而言，尤其是从这些预防行为的核心内容来看，它们仍是结构性的现象，因此，支撑性的底层结构若不发生改变，预防行为也就不会消失。”[④]所以，如果我们无视社会的变迁，再单纯地强调刑法回归古典并不现实，也无益于问题

---

① 参见［德］迪特尔·格林：《宪法视野下的预防问题》，刘刚译，载刘刚编译：《风险规制：德国的理论与实践》，法律出版社 2012 年版，第 112 页。

② ［英］尼尔·麦考密克、［奥］奥塔·魏因贝格尔：《制度法论》，周叶谦译，中国政法大学出版社 2004 年版，第 266 页。

③ 古承宗：《风险社会与现代刑法的象征性》，载《科技法学评论》第 10 卷第 1 期。

④ ［德］迪特尔·格林：《宪法视野下的预防问题》，刘刚译，载刘刚编译：《风险规制：德国的理论与实践》，法律出版社 2012 年版，第 122 页。

的解决,我们应当在正视刑法理论应时所需而经历演变的基础上,去思考刑法体系的开放性与公正性之间关系的基本命题,寻求如何在开放与公正之间保持适当的平衡并建构可行的框架。[①]

在美国,面对刑法的急剧扩张,刑法哲学家道格拉斯·胡萨克(Douglas Husak)提出了犯罪化的内部和外部双重限制措施。[②] 从内外双重角度限制刑罚权的思路是值得提倡的。首先,刑法作为独立的法律部门,体系内部早已形成了一套自足的教义原理,刑法只有在内部寻找到一套有效的制约预防刑法的机制和原理,才不至于丧失其独立存在的价值。其次,预防刑法只是预防性国家行为的规范表现,“预防性国家行为陷入一种两难境地。在其防范自由所遭遇的个别危险的过程中,它也在整体上削弱了社会秩序的品质,同时,也在部分程度上侵蚀了民主和法治的保障机制,而这些机制正是为了限制国家权力,保护个人自由而发展出来的。而且,正是因为这样一种情势,使预防成为宪法层面的问题”。[③] 预防刑法涉及的是国家权力参与危险治理的限度问题,如果宪法中不发展出相应的制约机制,预防性的国家行为限制基本上就是一个无解的困局。[④] 如前文指出,国家究竟在多大范围内允许预防刑法的存在,根本上取决于国家的政治偏好和宪法立场,我国眼下试图通过正式的宪法机制实现对预防刑法的有效限制,是个不太现实的问题,但这并不妨碍我们从理论上尝试性地提出种种限制措施,而且,理论研究从来都是推动国家正式机制形成的重要力量。

(二)宪法框架下的法益危险预防

1. 限制的前提:危险预防的宪法定位

法治国对刑事立法的要求是从宪法中推导出来的,实现法益危

---

① 参见劳东燕:《风险社会中的刑法:社会转型与刑法理论的变迁》,北京大学出版社 2015 年版,第 7 页。

② See Douglas Husak, *Overcriminalization: The Limits of the Criminal Law*, Oxford University Press, 2009, pp. 55, 120.

③ [德]迪特尔·格林:《宪法视野下的预防问题》,刘刚译,载刘刚编译:《风险规制:德国的理论与实践》,法律出版社 2012 年版,第 114 页。

④ 参见劳东燕:《风险社会中的刑法:社会转型与刑法理论的变迁》,北京大学出版社 2015 年版,第 72 页。

险预防的限制，首先需要明确刑法在整个社会治理或控制中的宪法地位，这样才能更清晰地划定刑法的边界。

现代社会是个由繁杂庞大机构组成的整体，本书赞同学者达格·傲世特尔伯格（Dag φsterberg）对社会机构的整体性分类。他认为现代社会机构可以分成四种基本类型：第一种类型是生产型，这种类型的社会机构是以达成理性目标为主。第二种类型是生殖医疗类型，这些社会机构是以照顾和服务为主。第三种类型是以政治和权力为主的社会机构。第四种类型是协调原则、价值和思维方式的社会机构。法律并不完全属于权力和政治，还是一项人文活动。对于这种传统的分类，有学者指出，这一切都已随着现代性而改变了，法律已被推往第一种机构类型的方向，也就是生产类型。法律与文化机构的距离正在被拉远，并逐渐成为效用的工具。这个转变会导致法律失去它重要的品质，尤其是它在人类共同经验核心领域所扎的根基。[①] 刑法立法和适用面对各种价值、利益的碰撞冲突，属于协调性过程，刑法的处罚范围是平衡国家权力与公民权利的结果。换句话说，不论是刑事立法还是司法活动，在根本上要为社会确立协调原则，调节和平衡公民权利和自由的限度。所以，即便是面对风险社会，刑法还是应当被视为负责协调原则、价值和思维方式的社会制度，还是有必要坚守司法法的属性。预防刑法表现出的明显行政化色彩，将导致刑法与以追求安全和效率为目的的警察法的界限变得难以区分。所以，如果现有的宪法框架仍然将法律作为协调原则、价值和思维方式的社会制度，还继续坚持警察法与刑法区分的整体性制度框架，那么，以追求效率和安全为目的的法益危险防御仍然应被主要定位为国家行政（如警察）的职责，预防刑法只是国家针对特定的法益危险才能例外采取的立法技术。

2. 宪法比例原则与刑法谦抑性的坚持

回答危险预防的刑法界限，还必须明确现实社会刑法是否有必要坚持谦抑性这个根本性问题。眼下刑法谦抑原则正在发生颠覆

---

① 参见［挪威］尼尔·克里斯蒂：《犯罪控制工业化》，胡菀如译，北京大学出版社2014年版，第167页。

性翻转，韩国学者金日秀教授写道，面对种种强烈的社会需求，曾经被视为社会政策之最后手段的刑事政策和作为刑事政策最后手段的刑法，在当前已经被要求作为解决社会问题和调整社会问题的最优先手段来考虑。[①] 在我国，理论上松弛刑法谦抑性的观点正在变得越来越有力。张明楷教授以网络时代为背景指出，我国的传统观点一直强调刑法的谦抑性，可是，这样的刑法理念值得反思。我国刑法应当从“限定的处罚”转向“妥当的处罚”。[②] 周光权教授在阐述了积极刑法立法观后，对于刑法是否要坚持谦抑性，表达了比较折中的意见：“肯定积极刑法立法观并不会否定刑法的谦抑性或最后手段性，但应将谦抑性原则的着眼点从主要牵制立法转向制约司法活动……只要在实务上贯彻好谦抑性原则，用好不起诉、定罪免刑或缓刑制度，即便立法上对增设轻罪持积极态度，立法功能化扩张所带来的危险也能得到有效化解。”[③]

首先，本书理解周老师观点的理论基础，但并不赞同周老师提出的将刑法谦抑性的中心转移至司法环节的观点。刑罚的属性决定了国家的刑事立法和司法活动都应当坚持谦抑性，而且，立法是国家法治活动的起点，从立法上贯彻谦抑立场对于有效节制刑法范围，具有更为基础的意义。从我国实际情况看，较之立法，刑事司法偏离刑法谦抑性的问题更为严重，例如，但凡立法对犯罪构成要件设置没有严格限制为结果犯的，司法大都会将刑法范围扩张至行为犯情形。[④] 又如，在打击犯罪的名义下，有时司法解释甚至不惜违反刑法规定。[⑤] 扩张是权力的本性，在一个以权力为主导的社会中，期待司法权谦抑的想法，本身就是对司法机关不现实的苛求。

---

① 参见［韩］金日秀：《风险刑法、敌人刑法和爱的刑法》，郑军男译，载《吉林大学社会科学学报》2015 年第 1 期。

② 参见张明楷：《网络时代的刑法理念——以刑法的谦抑性为中心》，载《人民检察》2014 年第 9 期。

③ 周光权：《积极刑法立法观在中国的确立》，载《法学研究》2016 年第 4 期。

④ 参见何荣功：《社会治理“过度刑法化”的法哲学批判》，载《中外法学》2015 年第 2 期。

⑤ 参见黄星：《刑法抽象司法解释的时代定位与纠偏》，载《法学评论》2017 年第 1 期。

其次,刑法谦抑性是一种理念,也是一种行动。作为一种刑法立法活动,它与犯罪化的限度即犯罪圈的设定是个一体两面的问题,主张松弛刑法谦抑性,往往会提倡扩大犯罪圈。提倡松弛刑法谦抑性的一个重要根据就是认为"扩大犯罪圈,是法治的要求"。如张明楷教授写道:"将各种严重的、轻微的犯罪行为纳入刑法进行规制,由法院依法适用制裁程度不同的刑罚,正是依法治国的要求,也是社会成熟的表现。"[①]周光权教授也指出:"要实现国家对于难以容忍的违法行为的惩罚,最佳方式是通过立法者所确定的刑法规范将值得处罚的危害行为规定为犯罪,赋予被告人辩护机会,尊重和保障其各项权利,将处罚纳入法治轨道。"[②]本书并不反对两位教授关于我国刑法体系未来改革的整体构想,但犯罪圈划定并不是个孤立的刑法问题,必须根植和适应该国的法治体系。不同于我国违法和犯罪区分的二元体系,西方国家对犯罪圈的设置较我国要大得多,该体系客观上也确实更符合法治原则,有利于公民权利保护,但西方国家大犯罪圈的立法体例有对应的制度支撑,"它们的司法实践并没有将符合刑法规定的犯罪成立条件的行为全部予以刑罚处罚。它们在刑事立法上扩大处罚,在刑事司法上限制处罚范围的做法,使得行为规范与裁判规范存在适当分离,并且有利于预防犯罪"。[③] 我国目前并未真正建立如西方国家"司法机关限制处罚范围"那样完善的司法制度。近些年,随着我国司法制度的改革,司法保障人权的观念和制度建设都取得了明显的进步,但现实的情况并不理想,与尊重与保障人权的宪法规定仍有一定距离,司法机关积极入罪思维、过度强调刑法社会保护以及刑罚权自我扩张的现象仍然比较突出。在这种法治生态下,如果立法采取西方国家"大犯罪圈"的做法,势必导致刑罚惩罚的大量增加。另外,犯罪圈的范围还

---

① 张明楷:《网络时代的刑法理念——以刑法的谦抑性为中西》,载《人民检察》2014 年第 9 期。

② 周光权:《转型时期刑法立法的思路与方法》,载《中国社会科学》2016 年第 3 期。

③ 张明楷:《网络时代的刑法理念——以刑法的谦抑性为中心》,载《人民检察》2014 年第 9 期。

要与刑罚种类与数量匹配，放松刑法谦抑性，降低犯罪门槛，扩大犯罪圈需要立法增设大量与此对应的轻微刑罚措施，但历次刑法修正的重点主要集中于不断的犯罪化，基本不见轻微刑罚制度的增设。所以，我们在不改变现行刑罚结构和种类的情况下，贸然松懈刑法立法上的谦抑性，大规模降低犯罪门槛，将导致公民遭受不符合比例的过度惩罚。该方面的问题，本书将在“犯罪门槛下降与轻罪立法”一章中进一步地分析、论证。

最后，的确如提倡缓和刑法谦抑性的学者们所认识，西方国家在20世纪中期经过短暂的非犯罪化之后，都不约而同地进入了犯罪化的时代，而且，当前国外刑法不仅积极推进犯罪化，还注重法益保护的早期化。如前指出，这种做法虽然被不少学者认为是“法治国的要求和社会成熟的表现”，但这种赞美之声从来都不是事物的全部面向，如在英国和美国，刑事立法放弃谦抑立场导致的过度犯罪化，引起了理论上普遍的批判，刑法甚至被认为已成为失败的事业。[①] 实践方面，过度犯罪化导致的大规模监禁在美国已成为重要的政治议题和社会问题。

在信息和风险社会，犯罪确实出现了新的特点。例如，在网络犯罪领域，犯罪呈现出集团化、规模化以及行为的隐蔽化等特点。在程序方面，由于举证的难题以及涉案人员众多，往往导致起诉不可能等，对网络犯罪采取民事程序有时根本行不通。基于此，张明楷教授提出传统刑法谦抑性强调的只要其他法律能处理的，就不能由刑法处理（刑法的补充性）的结论，并不准确。[②] 但问题在于，在通过民事救济困难或明显不现实的场合，刑法介入的做法本身并不背离刑法谦抑性的观念。

20世纪80年代末，储槐植教授提出了“严而不厉”刑法体系的

---

① See Andrew Ashworth, “Is The Criminal Law A Lost Cause?”, *Law Quarterly Review*(2000), p. 225.

② 参见张明楷：《网络时代的刑法理念——以刑法的谦抑性为中心》，载《人民检察》2014年第9期。

构想,[①]当下无论是主张缓和传统刑法谦抑的观点(如张明楷教授、周光权教授),还是其他提出扩大犯罪圈的主张,在思想上都与“严而不厉”的刑法体系具有一脉相承性或一定联系。对此,本书必须指出:如前所述,与我国区分违法和犯罪的二元体系相比,无论是在法治国建设,还是对于刑法功能的发挥,“严而不厉”的刑法体系和西方国家“大犯罪圈”的做法,从理论上讲,都是更符合现代法治理性的立法模式。但任何事物不可能在真空中运行,任何改革必须坚持体系思考和整体性推进犯罪圈的划定也一样,提倡“严而不厉”的刑法体系,扩大犯罪圈,松懈刑法的谦抑性,需要法治基础和具体司法制度支撑,包括国家要建立真正以保护公民权利为中心的司法体制和机关,实践中有完善的司法限制处罚的制度与措施,社会要形成对犯罪人的宽容观念以及刑法要规定有针对细小犯罪的轻微刑罚措施等。在不具备这些条件或不同时推进相应配套制度改革的情况下,眼睛只是盯着扩大犯罪圈之一隅,往往导致事与愿违的效果。

刑法秉持谦抑主义,是宪法比例原则的根本要求。换句话说,如果国家刑事立法要贯彻宪法原则,就不能动摇谦抑性观念。理论上对于比例原则包含具体内容的理解虽然并不完全一致,但一般认为其包括三个次要概念,即妥当性原则、必要性原则以及狭义的比例原则。其中,妥当性原则和必要性原则是以达成措施目的为着眼点,前者要求以侵犯公民权利的法律而言,若是立法者所规定的限制条款根本无法达到立法的目的,即属于手段的不妥当。后者要求在所有能达成立法目的之方式中,必须选择予人民之权利最小侵害的方法。狭义的比例原则强调某措施虽然是达成目的所必需的,但不可以予人民过度之负担,避免法律所追求的目的和使用的方法,在造成公民权利损失方面不成比例。[②] 可见,比例原则的三个层次的概念都直接要求刑法适用必须要谦抑节制。我国宪法虽然没有

---

① 参见储槐植:《严而不厉:为刑法修订设计政策思想》,载《北京大学学报》(哲学社会科学版)1989 年第 6 期。

② 参见陈新民:《德国公法学基础理论》(增订新版),法律出版社 2010 年版,第 416 ~ 417 页。

明确表达比例原则,但《宪法》第5条、第10条第3款、第13条以及《立法法》第6条已显示出比例原则的精神。而在刑事法上,不管是罪责刑相适应的刑法基本原则,还是刑事程序法上强制措施的规定和适用,都明确体现了比例原则的精神。所以,第一,即便眼下面临信息风险社会,国家还是要强调刑法参与社会治理的谦抑立场和最后手段性,社会治理应当优先考虑非刑罚措施。第二,面对法益危险,即使国家有必要整体上采取预防性措施(如国家面对恐怖主义犯罪采取预防性措施),相对于民事或行政性预防措施,预防性刑罚措施还是应尽可能地最后使用。

3. 刑法体系内的节制:法益危险作为刑法预防的限度

虽然刑法原则都是从宪法中推导出来的,但宪法毕竟只能为预防刑法的节制提供原则指导和制度框架,节制预防刑法只有回到刑法本身,才能找到切实可行的路径。具体而言,国家立法如果肯定预防刑法的合法性,必须回答立法者不优先使用民事和行政预防性措施转而采取刑罚预防的正当性,而这必然牵涉刑法的根本任务这个"元点"问题。对于刑法的根本任务,罗克辛教授总结性写道,刑罚有助于稳固规范,这一点是确定无疑的;然而,我们不能为了稳固规范而稳固规范,稳固规范的作用实际在于防止个人或者社会在将来遭受现实的损害(法益侵害)。因此,对规范的稳固最终服务于法益保护,如果没有这个目的,它将变得毫无意义。[①] 既然风险社会刑法的根本任务仍然在于法益保护,那么,预防刑法的正当性就仍然必须围绕法益展开。具体来说,就是要确立危险作为法益保护的限度。对于国家在何种场合可以获得刑罚对危险惩罚的权力,胡萨克教授做出了探索性研究,他提出"重大危险要件""预防要件"以及"可归责"的限制要件。[②] 本书认为,既然刑罚是和平时期国家对公民使用的最强烈的谴责机制,立足于刑法谦抑主义立场,立法设置预防刑法条款,除了行为需具备犯罪化的一般条件外,还有必要

---

① 参见[德]克劳斯·罗克辛:《对批判立法之法益概念的检视》,陈璇译,载《法学评论》2015年第1期。

② See Douglas Husak, *Overcriminalization: The Limits of the Criminal Law*, Oxford University Press, 2009, pp. 161 – 165.

充分考虑以下限制条件:

第一,“危险”要件,即立法需要区分法益侵害的“危险行为”和“风险行为”,预防刑法条款只应针对“导致法益危险的行为”。[①] 所谓“危险”是指行为具有造成法益侵害的确定性,只是侵害结果尚没有现实发生。例如,行为人意图实施恐怖主义犯罪而积极从事准备行为,该场合行为具有的危害公共安全的性质是确定的,只是行为人从事的是犯罪预备行为,结果的发生系将来,行为危害性主要系对公共安全的危险。与此不同,“风险”则指的是法益侵害可能发生,也可能不发生。换句话说,行为即便最终会发生一定的结果,但该结果并非一概都具有社会危害性。以骗取贷款罪、高利转贷罪为例,行为人即便实施了符合构成要件的骗取或转贷行为,也不一定会实际导致银行和金融机构的损失和具有造成损失的危险,如行为人在提供足够担保场合仍然在贷款条件或程序方面实施欺骗的案件,又如行为人实施了刑法规定的转贷行为但最终所贷资金安全运转并无风险的案件。本书并非一概排斥对具有法益侵害“风险”的行为犯罪化,只是立法(包括司法解释)在对具有法益侵害“风险行为”犯罪化时,应尽可能采用结果犯的构成要件,避免采取预防刑法的立法模式,将刑法调整的范围集中于最终造成法益侵害的情形。从我国刑法的规定看,在反恐和网络犯罪领域,刑法条款针对“风险”的问题并不明显,但在《刑法》第三章破坏社会主义市场经济秩序罪中,立法针对法益侵害“风险”设置构成要件的问题相当突出,这也是导致我国经济刑法过度化的重要制度性原因。

第二,危险“重大”要件。现实社会,“事实上,几乎所有的行为都会制造不同层次的危险,刑法如果要预防所有危险,那么几乎人类的一切活动都会面临刑事制裁的威胁。因此,除非惩罚某种行为是为了降低重大危险,否则犯罪化理论应排除预防危险”。[②] 强调重大危险要件,也是宪法比例原则的基本要求。这里的重大危险,

---

① 本书这里使用“危险”和“风险”的概念,旨在对两种不同的情形进行区分描述,表达是否妥当,期待学界同人指正。

② See Douglas Husak, *Overcriminalization: The Limits of the Criminal Law*, Oxford University Press, 2009, pp. 161 – 162.

不仅包括法益内容的重大性，也要充分考虑当下网络信息时代法益侵害的范围。如在网络领域，有的行为给每个人造成的损失可能是较小的，但由于网络用户庞大，行为给被害人造成的整体损失是重大的，在这种场合，立法采取预防刑法条款的必要性就会高。①

第三，预防的有效性。立法将犯罪构成要件设定为预防刑法模式，要能降低最终危害结果发生的概率。② 预防无效的场合，立法设置预防刑法条款，欠缺正当性。

第四，重视法益侵害的类型。预防刑法应严格限制在超个人（主要是针对公共安全）法益犯罪或者法益侵害具有弥散性特点的犯罪领域。从目前各国立法看，预防刑法主要适用于恐怖主义犯罪、网络信息犯罪以及经济犯罪领域，这一方面与公共安全法益的重要性有关，另一方面当法益侵害具有弥散性特点时，由于法益侵害对象数量众多且可能分散于不同时空，犯罪因果对应关系的认定变得十分困难。如果采取传统刑法追责模式，将面临犯罪证明的难题。

第五，要避免对"无辜"行为的处罚。预防刑法条款只应针对法益侵害的危险行为，所以，立法在将特定法益侵害危险纳入刑法时，要充分考虑其是否会导致对"无辜"其他行为的不当处罚，这是刑法安定性的要求。所谓"无辜"的其他行为，即不具有（严重）法益侵害或危险的行为。《刑法修正案（九）》增设的帮助信息网络犯罪活动罪，如前分析，就面临这方面的重大疑问。一方面，互联网接入行为和犯罪结果之间的因果性并不充分；③另一方面，立法将网络服务提供者置于网络管理者地位，赋予信息网络安全管理义务，存在将信息网络技术中立行为纳入刑法处罚的风险。

第六，考虑预防的成本与代价。刑法处罚法益侵害危险行为

---

① 参见张明楷：《网络时代的刑法理念——以刑法的谦抑性为中心》，载《人民检察》2014 年第 9 期。

② See Douglas Husak, *Overcriminalization: The Limits of the Criminal Law*, Oxford University Press, 2009, p. 162.

③ 参见周光权：《网络服务商的刑事责任范围》，载《中国法律评论》2015 年第 2 期。

时，还必须考虑犯罪化的成本。① 预防的成本既包括行为犯罪化后的司法运作成本，也包括国家干预危险可能导致对公民权利无法保证的侵蚀等。

第七，主观责任限制。危险及其程度问题虽然是个客观事实，但刑法毕竟属于谴责性机制，所以，关于危险行为的犯罪化，还要考虑行为人对危险的主观责任。在行为制造了对法益严重危害的风险，且行为人欠缺对法益侵害危险的合理注意时，才有必要将法益侵害的危险行为犯罪化。②

第八，避免将危险象征化。理论上刑法的任务虽然被定位为保护法益，但现实社会，立法启动的原因从来都是多样的。预防刑法条款的设置必须强调危险在刑法上的规范结构，警惕将刑法推演为保护国民心理安全和国家寻求国民政治支持的工具。

五、小结

人类历史上从未出现过零风险的社会状态，作为人类机能建造物的刑法，其初衷在于维护和平生活秩序、保障公民自由，但现实运行中刑法从来也不是零风险的，近世以来刑法一直处在既建构刑罚权又限制刑罚权的悖论逻辑中运行。对于当代刑法所蕴含的风险，劳东燕教授指出，这一体系的发展存在重大的不合理之处，这是一种运作上的不合理。对存在不合理与运作不合理必须予以区分，存在与运作属于不同层面的问题，运作不合理与存在不合理并无必然联系。③ 但在笔者看来，预防刑法的风险并非可以完全归咎于运作上的不合理，如前分析，个中风险很大部分内嵌于国家刑罚权的本性中，属于存在论的问题。

面对风险社会出现的各种问题与危机，国家的刑事政策制定和

---

① See Andrew Ashworth and Lucia Zedner, Prevention and Criminalization: Justifications and Limits, *New Criminal Law Review*, Vol. 15, No. 4, p. 551.

② See Andrew Ashworth and Lucia Zedner, *Preventive Justice*, Oxford University Press, 2014, p. 116.

③ 参见劳东燕：《风险社会中的刑法：社会转型与刑法理论的变迁》，北京大学出版社2015年版，第72页。

执行正面临着思想与实践上的双重瓶颈，当下我们至少有两种选择：其一，继续沿着自启蒙主义时代形成的传统刑法路线图，秉持刑罚乐观主义和浪漫主义情怀，认为危险和犯罪可以通过作为专门技术手段的刑罚加以预防与解决，继续增加刑法的负重。其二，面对现实社会中刑法解决社会问题的种种挫败，从根本上反思惩罚与现代社会的关系。麦考密克和魏因贝格尔两位学者在《制度法论》一书的最后部分谈道："人类的状况和正义的理想"时，总结性指出："人类目前的状况需要改变正义的理想，从倾向于我们所属的社会的目标转到倾向于各个社会之间互相谅解的理想。关于犯罪、惩罚和镇压的观念不应当占优先的地位，而应当是发现一种相对和谐、合作的制度。"①面对美国刑法的过度化问题，胡萨克教授指出："刑事司法体制质量是评价一个政治体的重要手段。除发动战争外，国家所做的任何决定都不如将何种行为规定为犯罪并配置相应的刑罚重要。"②惩罚无论是对国家还是对公民个人而言，都意味着一场悲剧，预防刑法观本质上仍然是乐观主义刑罚思维。越来越充满不确定性的社会现实决定了预防刑法的发展在未来社会具有不可避免性。在我国，究竟哪些犯罪类型适合配置预防刑法条款，这不仅是个刑法处罚技术问题，也是国家刑事政策和立法需要战略性考量的法治课题，而国家面对后者问题时，应充分考虑我国法治发展的阶段和成熟度以及刑法参与社会治理可能导致的负面效应。

---

① ［英］尼尔·麦考密克、［奥］奥塔·魏因贝格尔：《制度法论》，周叶谦译，中国政法大学出版社2004年版，第266～267页。

② See Douglas Husak, *Overcriminalization: The Limits of the Criminal Law*, Oxford University Press, 2009, p. Vii.

第二章　预防刑法与反恐

恐怖主义违法犯罪行为针对无辜社会民众，采取无差别的伤害屠杀，是极其野蛮和反人性的。而今恐怖主义已超越国别成为全球关注的、事关国家和国际社会安全的重大战略问题。人类越是面临困难危机，越是遇到棘手问题，越需要保持理性、冷静与智慧。

“就本质而言，恐怖主义就是一种表演。恐怖分子安排一场令人惊恐的暴力演出，抓住我们的想象，让我们以为自己即将陷入中世纪时期的那种混乱当中。”“恐怖分子就像一只想要大闹瓷器店的苍蝇。苍蝇如此弱小，凭一己之力连一只茶杯也挪动不了，于是便找来一头牛，钻到它的耳朵里嗡嗡叫，让牛因为恐惧和愤怒而发狂，从而破坏整个瓷器店。”[①]这是历史学者尤瓦尔·赫拉利（Yuval Noah Harari）在《未来简史》一书中关于恐怖主义本质的论述。面临恐怖主义严重威胁，尤瓦尔·赫拉利在另一部力作《今日简史》中强调“切忌反应过度”：“在大多数时候，对恐怖主义反应过度所造成的危险，其实是比恐怖分子本身更大的威胁。”[②]作为一

---

① ［以色列］尤瓦尔·赫拉利：《未来简史：从智人到智神》，林俊宏译，中信出版集团股份有限公司2018年版，第16页。

② ［以色列］尤瓦尔·赫拉利：《今日简史：人类命运大议题》，林俊宏译，中信出版集团股份有限公司2017年版，第150～152页。

名纯粹的学者，特别是在社会面临恐怖主义的严峻威胁形势之下，赫拉利上述关于恐怖主义治理的想法难免有些过于理想主义，但有时正是这种适度超越现实的理想主义能够在困境解决上提供一些他面思考与新意。

一、问题的提出

"我们总是很快就习惯了各种事物现实的样子。比起过去，今天人们更容易只活在当下，而对于现状出现的历史和过程却浑然不觉。""过去30年英国和美国犯罪控制的历史发展轨迹，几乎和1970年左右所预期的情况恰恰相反。""朝向理性与文明的长久趋势现在看来被完全颠覆了，充满了陈旧和反现代性的惩罚情感和姿态再度出现于官方文件中，挫败了标准的惩罚社会理论和它的历史发展。""如果说刑罚—福利制度（Penal-welfare）传达的是20世纪现代主义的骄傲与理想主义，今天的犯罪政策表达的则是较为幽暗而缺乏宽容的讯息。"[①]这是英国当代著名犯罪学家大卫·加兰（David Garland）在其巅峰之作《控制的文化》一书中对20世纪最后30年欧美国家刑事政策走向的概括。在世界范围内，今日各国刑事政策是否整体性呈现出加兰所言的"幽暗与缺乏宽容"，可能会存在异议，但在反恐问题上，加兰所言的问题恐怕难以否认。不管各国出于何种动机与目的，面临恐怖主义犯罪，都明显采取了步调一致的严厉化立场。从美国"9·11"事件后《爱国者法案》的颁布，到国际社会打击恐怖主义合作框架的建立，再到各国国内反恐法的制定和实施，各国刑事立法都呈现出前所未有的活跃状态。刑法一改传统矜持节制的面容，呈现出明显的预防性特征，伴随而来的是国家在反恐方面的权力空前强化和干预措施的大大前置。

避免可能产生的风险是常见的人类理性的一部分，但人类理性的局限往往使得人们对风险的应对难以避免片面性和选择性。人类、文化和国家常常挑出一个或几个风险作为"显著"风险，而忽视

---

① David Garland, *The Culture of Control—Crime and Social Order in Contemporary Society*, Oxford University Press, 2001, pp. 1, 3, 199.

其他方面的风险。[①] 当人们对风险回应不理智时，可能导致严重的间接损害。[②] 预防性刑法在反恐领域的兴起本意在于预防恐怖活动的风险以维护国家与社会安全，但如何避免预防性反恐立法对公民基本权利可能造成的损害，这是法治国不能回避的重大问题。另外，毫无疑问，极端野蛮和弥漫血腥味的恐怖行为，从根本上挑战着人类的文明和秩序，必须严肃对待，但国家对文明和秩序的维护从来都应是整体性的，现代国家对社会秩序的维护根本上有赖于建立和形塑共享的人类价值，这恐怕是国家在制定反恐战略与刑事政策过程中需要思考的问题。眼下恐怖主义犯罪严重威胁我国的国家安全和社会稳定，《刑法修正案（九）》的积极回应无疑是必要的，也是必需的。但国家在治理恐怖主义过程中如何避免过度倚重刑罚而导致不当弱化其他社会文化措施介入，如何从社会政策整体性的立场构建反恐国家战略，这是我国在反恐立法和司法中需要思考的根本性问题。

以下两个问题需要说明：第一，本书根本上赞同预防性反恐刑事立法眼下出现的正当性，只是意在从另一个层面（主要是法治的立场）思考预防性反恐刑事立法在理论和实践中可能出现的极端化问题，以有助于我国反恐工作在法治框架下更顺利地推进。第二，在任何有组织的社会中，法律作为人际关系的调节器都发挥着巨大和决定性的作用，但对社会的治理仅凭法律这一社会控制力量显然是不够的。[③] 法律是社会政策的片段，当前对恐怖主义犯罪的治理应强调社会政策的结构性反应，而非仅倚重刑法（或法律）手段。努力从法治和社会政策整体性的立场对我国反恐国家战略与刑事

---

① 参见［美］凯斯·R. 桑斯坦：《恐惧的规则：超越预防原则》，王爱民译，北京大学出版社 2011 年版，第 4 页。

② 例如，美国实证研究数据表明："9·11"事件发生后，众多美国公民出于安全考虑不再乘坐飞机，而是使用汽车出行。然而，统计数据显示，更高的交通流量和因此所导致的诸多交通事故在道路上造成的死亡人数却远大于"9·11"事件中被劫持的客机上死亡的乘客数量。参见［德］乌尔里希·齐白：《全球风险社会与信息社会中的刑法》，周遵友、江溯等译，中国法制出版社 2012 年版，第 198 页。

③ 参见［美］E. 博登海默：《法理学：法律哲学与法律方法》，邓正来译，中国政法大学出版社 1999 年版，第 357 页。

政策现代化提出一己之见，是本章的另一中心议题所在。

二、转向“预防性”的反恐刑事立法及其问题核心

在以启蒙思想为根基的近世刑法的理论蓝图中，刑法的功能呈现出复合悖论性。刑法既是“市民自由的大宪章”，也是“犯罪人的大宪章”。[①] 另外，刑事制裁是法律的终极威慑，不仅极具强制性，也极为昂贵，它应被适用于那些真正危害严重的行为。[②] 作为这一思想的规范表现，近世刑法原则上只针对那些现实造成损害的不法行为，国家才启动刑罚权，对预备行为的惩罚，是刑法很例外的选择。

但值得注意的是，晚近二十多年来，在世界范围内，传统刑法面临现代社会问题时，正在悄然发生根本立场的转换。传统刑法被认为是落伍的，因为刑法的反应太迟钝了。如果国家的追诉总是要等到损害结果发生以后才开始，刑罚与已经发生的损害相比犹如抛石打天。[③] 法学工作（包括立法和司法）以历史预设为基础，面向价值并且遵循准则，此外，它还兼具社会效应。[④] 面对种种强烈的社会需求，曾经被视为社会政策之最后手段的刑事政策和作为刑事政策最后手段的刑法，在当前已经被要求作为解决社会问题和调整社会问题的最优先手段来考虑。[⑤]

例如，在素有崇尚哲学理性和恪守法治原则的德国，面临有组织犯罪和恐怖主义活动的威胁时，刑法的功能正在明显地转向预防与安全，国家在犯罪发生之前，在针对某个行为人特定犯罪的嫌疑具体化之前就已经开始介入。学者埃里克·希尔根多夫（Eric

---

① 参见［德］拉德布鲁赫：《法学导论》，米健译，商务印书馆2013年版，第141页。

② 参见［美］哈伯特·L. 帕克：《刑事制裁的界限》，梁根林译，法律出版社2008年版，第246页。

③ 参见［法］米依海尔·戴尔玛斯·马蒂：《刑事政策的主要体系》，卢建平译，法律出版社2000年版，第253页。

④ 参见［德］埃里克·希尔根多夫：《德国刑法学：从传统到现代》，江溯、黄笑岩等译，北京大学出版社2015年版，第3页。

⑤ 参见［韩］金日秀：《风险刑法、敌人刑法和爱的刑法》，郑军男译，载《吉林大学社会科学学报》2015年第1期。

Hilgendorf)指出:“按照传统的、依照同行的理解,作为国家最严厉的刑法应该总是最后的手段:只有在其他所有的方法都失败时,动用刑法才是合理的。现代刑事立法者已经放弃了这个原则,刑法不仅被用作最后的手段,而且经常也被作为首要的手段加以运用,有时甚至是唯一的手段。”[①]乌尔里希·齐白(Ulrich Sieber)教授将德国刑法模式这种转换描述为以下五个方面:(1)在刑事实体法领域,刑事问责移至犯罪行为开展之前的时点;(2)在刑事程序法领域,预防性监控措施的拓展,法律保障标准的降低,特别权力的创设;(3)私人在刑事诉讼之前以及之外的合作义务的增加;(4)作为新型“安全格局”之一部分出现的机构之间以及国家之间行动队的成立;(5)在刑法和行政法中导入新措施,以便针对“推定危险者”的自由限制。[②] 在意大利,晚近刑法的发展也呈现同样的趋势,刑法调整的重心由侧重于对已然造成的侵害科加“处罚”的传统逐渐转变为“预防”对整体的人民或社会造成进一步的损害,随之相伴的是大量的预备行为犯罪化。[③]

在以自由主义为精神传统的英美,晚近刑法处罚范围由核心犯罪转向外围犯罪的趋势也十分突出,风险预防犯(Offences of Risk Prevention)随即在刑法上大量出现。[④] 理论界将这种以预防为导向的刑法思想和法规范前置化现象称为“预防性刑法”(Preventive Criminal Law),以区别于传统以法益损害事实发生才被动介入的“事后干预性刑法”。

在反恐领域,预防性刑法表现得最为显著,而且,现实的做法甚至大大超越了传统法治国应对犯罪的方式。理论上,学者们将各国应对恐怖主义犯罪的做法归纳为两种理论模型:“极端的预防模

---

① [德]埃里克·希尔根多夫:《德国刑法学:从传统到现代》,江溯、黄笑岩等译,北京大学出版社2015年版,第28页。

② 参见[德]乌尔里希·齐白:《全球风险社会与信息社会中的刑法》,周遵友、江溯等译,中国法制出版社2012年版,第167页。

③ 参见[意]弗朗西斯科·维加诺:《意大利反恐斗争与预备行为犯罪化——一个批判性反思》,吴沈括译,载《法学评论》2015年第5期。

④ See Douglas Husak, *Overcriminalization: The Limits of the Criminal Law*, Oxford University Press, 2008, p. 33.

式”与“温和的预防模式”，或称“战争模式”与“刑事司法模式”。[①]前者在刑法之外，国家以战争的形式推进反恐事业。这种模式主要为“9·11”事件后的美国所采用。“9·11”事件严重挑衅了美国的全球霸权地位和国家安全，事件发生后，美国政府立即宣布了对恐怖主义战争的强硬立场，并在伊拉克和阿富汗实践。在美国本土，同样将恐怖分子视为敌人，适用准军事化手段包括特殊引渡措施、军事当局的拘留、军事机构的审判等。[②] 与美国不同，世界上大部分国家（或地区）虽然在反恐的问题上或多或少呈现出采取军事化打击的倾向，但在是否使用战争应对恐怖主义的问题上，却保持了相对克制的态度，大多仍停留在以增设犯罪类型、扩张刑法处罚范围以及强化侦查措施等为主要应对手段，本质上属于“扩展了的刑事司法模式”。

法律是制度化的政治过程的产物。法律的本质是国家依据政治权力所为的强制，在根本上是为了形成并维护社会秩序的目的而要求人们为一定行为的装置或过程。[③] 政治权力采用法律的形式作用于社会生活，法律价值判断的结论是它的具体内容。[④] 所以，不同的政治版本会产生鲜明对比的政治与法秩序图景。在反恐的问题上，国家究竟采取何种战略和政策，换句话说，反恐对一国而言，究竟是意味着国家对恐怖主义的一场正义战争，还是国家在刑事司法的框架内以犯罪治理的思维看待，根本上取决于该国对待恐怖主义的政治宽容度和其面临恐怖主义的威胁程度。而在思想层面，与国家在宪法和法律体系中如何定位恐怖主义活动和恐怖分子的法地位有关。如果国家认为恐怖分子是应当加以消灭和排斥的敌人，则会倾向于采取战争等最激烈措施应对；相反，如果坚持认为恐怖分子仍然是整体国家秩序应当包容和争取复归的市民，则会在法治整

---

① 参见［美］奥德丽·库尔思·克罗宁、［美］詹姆斯·M. 卢德斯：《反恐大战略：美国如何打击恐怖主义》，胡溦等译，新华出版社2015年版，第117页。

② See Andrew Ashworth and Lucia Zedner, *Preventive Justice*, Oxford University Press, 2014, p. 175.

③ 参见［日］川岛武宜：《现代化与法》，王志安等译，中国政法大学出版社2004年版，第251～252页。

④ 同上书，第263页。

体秩序框架内采取相对节制和温和的反恐手段。

三、预防性反恐国家战略与规范表现

我国有根深蒂固的"以刑治国"的法文化传统,由此导致的"刑法肥大"一直是我国法律体系的重要特色。在传统法制实践和观念中,我们并不缺乏强调刑罚的(一般)预防功能,但传统刑法对刑罚(一般)预防功能的理解主要看重的是刑罚适用的威吓效果,即通过刑罚执行产生的杀儆效应,让潜在想要犯罪的人感到害怕而不敢以身试法,此即为消极的一般预防或威吓的一般预防。国家在立法思想层面重视刑法对社会生活的积极干预,只是近期的事情。具体到反恐领域而言,晚近随着《反恐怖主义法》和《刑法修正案(九)》的制定和相继颁布,在反恐刑事政策和立法上,明显呈现出"以预防为导向"的政策与法规范体系。至少可以表现在以下方面:

1.《反恐怖主义法》与"预防为主"反恐预防战略的确立

《反恐怖主义法》第4条第1款规定:"国家将反恐怖主义纳入国家安全战略,综合施策,标本兼治,加强反恐怖主义的能力建设,运用政治、经济、法律、文化、教育、外交、军事等手段,开展反恐怖主义工作。"第5条指出:"反恐怖主义工作坚持专门工作与群众路线相结合,防范为主、惩防结合和先发制敌、保持主动的原则。"第8条第1~2款写道:"公安机关、国家安全机关和人民检察院、人民法院、司法行政机关以及其他有关国家机关,应当根据分工,实行工作责任制,依法做好反恐怖主义工作。中国人民解放军、中国人民武装警察部队和民兵组织依照本法和其他有关法律、行政法规、军事法规以及国务院、中央军事委员会的命令,并根据反恐怖主义工作领导机构的部署,防范和处置恐怖活动。"以上规定可见,《反恐怖主义法》在确立"预防为主"的反恐国家战略的同时,明确肯定了军事手段在打击恐怖主义中的正当性与合法地位。"先发制敌,保持主动"这种明显具有敌我和军事化色彩的表述以及《反恐怖主义法》明确赋予军事机关打击恐怖主义的执法权,都清晰表明国家在打击恐怖主义犯罪的问题上已大大延展了传统的刑事司法应对模式,采取了与欧美国家立场基本一致的"半军事半司法化"的处置战略。

2.《刑法修正案(九)》与预防性刑法的具体体现

有关恐怖主义犯罪的修改是最新通过的《刑法修正案(九)》的最大亮点之一,修正案的规定明显表达着预防性刑法的基本立场。

第一,大量新概念的引入。《刑法修正案(九)》在反恐方面的重大修改首先表现为大量新概念的引入,比如"恐怖主义""极端主义""宣扬恐怖主义、极端主义的图书、音频视频资料或者其他物品""宣扬恐怖主义、极端主义服饰、标志""恐怖主义、极端主义犯罪行为"等。刑法作为禁止规范,系列新概念和新类型行为的导入,带来的是刑法对恐怖主义犯罪干预范围的大幅度扩展。

第二,预备行为的实行行为化。与西方法治国家刑法原则上不处罚预备行为不同,我国《刑法》第 22 条明确肯定了处罚犯罪预备是刑法的一般原则。但在司法实践中,因为证据认定上的难题和《刑法》第 13 条但书对犯罪范围的节制性规定,犯罪的预备行为并不是一概处罚的,[①]《刑法》第 22 条的规定更多具有的是立法宣示和象征意义。面对恐怖主义威胁,1997 年现行刑法颁布时新增组织、领导、参加恐怖组织罪(第 120 条),其中的组织、领导、参加行为,在法律性质上当然属于恐怖活动组织(犯罪集团)中的共同犯罪行为,但相对于其后实施的具体恐怖活动而言,也属于具有预备性的行为。即使刑法不单独设置该罪名,也并非完全不能对此类行为进行刑法评价,如行为人实施了组织、领导恐怖组织行为的,可以按照恐怖组织其后实施的具体恐怖犯罪的组织犯(主犯)处罚。但问题在于,若以刑法规定的共同犯罪(组织犯)处理,需要等到恐怖犯罪分子实施了具体恐怖罪行;当恐怖犯罪分子还没有来得及实施具体恐怖行为时,组织者的行为性质和责任认定都将面临法律难题。刑法将组织、领导、参加行为实行行为化,直接规定为具体罪名,这样一来,只要行为人实施了对恐怖组织的组织、领导和参加行为的,就直接构成本罪,这不仅有效避免了以共犯理论认定组织、领导和参加者刑事责任的难题,也减轻了国家在认定犯罪方面的证明

---

① 参见马克昌主编:《犯罪通论》,武汉大学出版社 1999 年版,第 434 页。

责任。立法将预备行为实行行为化的结果是,刑法对恐怖主义犯罪的防线提前,国家取得对恐怖活动犯罪打击的便利地位。

《刑法修正案(九)》大幅度推进恐怖活动中的预备行为实行行为化,《刑法》第120条之二将“为实施恐怖活动准备凶器、危险物品或者其他工具的”“组织恐怖活动培训或者积极参加恐怖活动培训的”“为实施恐怖活动与境外恐怖活动组织或者人员联络的”以及“为实施恐怖活动进行策划或者其他准备的”等性质上属于预备性行为的行为进行了专门规定。另外,《刑法》第120条之三规定的宣扬恐怖主义、极端主义罪、煽动实施恐怖活动罪,第120条之五规定的强制穿戴宣扬恐怖主义、极端主义服饰、标识罪以及第120条之六规定的非法持有宣扬恐怖主义、极端主义的物品罪,这些条款和罪名甚至超越了刑法对预备行为的干预。《刑法修正案(九)》针对恐怖主义犯罪介入时点的空前扩张,表现出了与《反恐怖主义法》确立的“先发制敌,保持主动”战略遥相呼应的法立场。

第三,公民合作义务的增加。如果一个人不做损害他人的事情,那么法律就不应妨害他随意的生活,这是自古罗马以来法律确认的基本原则。国家作为公民权利的集体代理人,其职能在于防止犯罪,保障社会安全,促进社会福祉,积极地为公民获得正确全面的发展机会创造条件。国家对公民科处惩罚,不管是自由刑,还是财产刑,都与公民的人性尊严和福祉相悖,必须要有正当根据。在西方社会,从自由主义大师密尔(John Stuart Mill)以来,这一正当性的界限被确定为“伤害原则”(Harm Principle)。密尔写道:“对于文明群体中的任一成员,所以能够施用一种权力以反其意志而不失为正当,唯一的目的只是要防止对他人的危害。”“……还有许多积极性的对他人有益的行动,要强迫他人去做,也算是正当的:例如到一个法庭上作证……当然,要在后一种情况下施行强制,比在前一种情况下更加需要谨慎。一个人做了祸害他人的事,要责成他为此负责,这是规则;至于他不去防止祸害,要责他为此负责,那比较说来就是例外了。”[①]密尔所言的后一种例外情况,在刑法上被称为不作

① [英]约翰·密尔:《论自由》,许宝骙译,商务印书馆2017年版,第10~13页。

为犯,该场合刑法例外处罚的理由被严格限定于行为人对于“祸害的不发生”具有保证人义务。在刑法理论上,关于保证人义务的范围并无完全一致看法,各国立法情况也差异很大。我国刑法理论和实践中,保证人义务长期限于法定义务、约定和自愿承担的义务以及先行行为引起的义务,刑法只是在极其例外的情况下才承认公民具有法益侵害防止的积极义务,如1997年《刑法》第311条规定的拒绝提供间谍犯罪证据罪。《刑法修正案(九)》将公民的积极义务扩张至打击恐怖主义、极端主义犯罪,将《刑法》第311条修改为:“明知他人有间谍犯罪或者恐怖主义、极端主义犯罪行为,在司法机关向其调查有关情况、收集有关证据时,拒绝提供,情节严重的,处三年以下有期徒刑、拘役或者管制。”

3. 刑事程序上的特别措施

新修订的《刑事诉讼法》对恐怖主义犯罪的侦查和犯罪人的权利保障措施,也做出了有别于普通犯罪的规定。如第150条第1款规定:“公安机关在立案后,对于危害国家安全犯罪、恐怖活动犯罪、黑社会性质的组织犯罪、重大毒品犯罪或者其他严重危害社会的犯罪案件,根据侦查犯罪的需要,经过严格的批准手续,可以采取技术侦查措施。”第39条第3款规定:“危害国家安全犯罪、恐怖活动犯罪案件,在侦查期间辩护律师会见在押的犯罪嫌疑人,应当经侦查机关许可。上述案件,侦查机关应当事先通知看守所。”刑事程序上特殊干预措施的导入,将便宜国家对恐怖主义犯罪的查处和预防。

立法是国家专业和理性的活动,即便在民主社会,刑法处罚范围的决定性因素仍然是政治机会、权力以及与此联系的一国政治文化。① 法从表现形态上看,是一种规范,但实则是一种价值观念以立法技术方式予以成形的规范集合体。现实社会所有的刑法条款,无不是立法者在社会需求、思想潮流和政治理念支配下形成的价值判断和决定。无论是刑法处罚范围的前置化,公民打击犯罪合作义务的增加,还是刑事程序上特别措施的引入,都是我国面对恐怖主义

---

① See Andrew Ashworth and Jeremy Horder, *Principles of Criminal Law* (7th Edition), Oxford University Press, 2013, p. 39.

犯罪这件“麻烦事”做出的强化安全的价值抉择。

四、立法的正当性与应避免的问题

（一）关于“敌人刑法”

在今日社会讨论反恐刑事政策，“敌人刑法”的概念是我们无法绕开的话题。“敌人刑法”系与市民刑法相对应，由德国刑法学者雅各布斯（Guenter Jakobs）在20世纪80年代提出。雅各布斯提出“敌人刑法—市民刑法”的构造是其规范适用理论的延续。在雅氏看来，传统刑法将法益保护界定为刑法的目的是错误的，刑法的目的应该是保护规范适用。如果行为人不能够或者顽固地不愿意理解这种刑罚所宣称的意义，那么刑罚的这一层否定宣称的含义即无法得到施展。市民刑法通过对规范违反者处以刑罚以保障规范的适用，其前提是被处罚的行为人可以被视为一个具有认识规范和按照规范命令而行为的潜在能力的人。如果行为人不具有这种能力，而是体现了某种持久违反规范的危险特质，成为社会危险的来源，那么这时候市民刑法就不再适用，取而代之应该对他适用敌人刑法。① 在雅氏看来，恐怖分子属于“根本性的偏离者，对于具有人格之人所应为之行为不给予保证，因此，他不能被当作一个市民予以对待，他是必须被征讨的敌人。这场战争乃是为了市民的正当权利，即对于安全的权利而战，与刑罚有所不同，遭到制裁之人并无权利，而是作为一个敌人被排除。”②

社会意味着秩序与合作。文明社会中，人们必须能假定其他人不会故意侵犯我们，必须能假定那些从事某种行为的人在其行为中将适当注意以免给其他人带来遭到损害的不合理危险。③ 恐怖主义犯罪充满敌意，针对无辜民众，诉诸极端暴力，追求社会轰动效应，

---

① 参见王莹：《法治国的洁癖——对话Jakobs“敌人刑法”理论》，载《中外法学》2011年第1期。

② 参见［德］雅科布斯：《市民刑法与敌人刑法》，徐育安译，载许玉秀主编：《刑事法之基础与界限——洪福增教授纪念专辑》，台北，学林文化事业公司2003年版，第39页。

③ 参见［美］罗斯科·庞德：《通过法律的社会控制》，沈宗灵译，商务印书馆2008年版，第8页。

在这个意义上，其无疑构成了对人类文明和社会合作的颠覆性破坏。但是，国家能否简单基于此将现实社会的人在政治层面贴上“市民”与“敌人”的标签并做极端化区分，该问题涉及法治国的根本立场与底线问题，本书将在随后论述中回答。

（二）预防性刑法的正当性：偏向安全的法价值

与极端的“敌人刑法观”不同，在“温和预防模式”下，恐怖分子仍然被作为市民社会中成员看待。但即便如此，如前指出，由于“温和预防模式”下国家打击恐怖犯罪的权力被进一步强化，学者们立足于法治国立场，出于对国家刑罚权前置化和刑事程序上强制处分手段提升可能对法治国人权保障威胁的忧虑，仍然表达了相当警惕的立场。

面对意大利反恐领域预备行为犯罪化的做法，刑法学家弗朗西斯科·维加诺指出，着重于预防的刑法必然会诉诸侵犯个人隐私的侦查手段（通讯窃听、便衣警察等）以搜集证据证明存在预备行为，即使预备行为仍然远离潜在被害人的“领域”。不可避免的是，这一模式会将更多的权重放在个人犯罪意图而非侵害被害人利益的外在行为……另一方面，从传统刑法模式过渡到预防模式的过程中，传统上赋予刑罚的功能也产生了显著的改变：刑事干预的焦点不再是威慑（人们断定对愿意牺牲性命的恐怖分子而言，威慑影响不大），也不是对侵害（尚未造成）的报应，甚至也不是改造罪犯（人们断定对于认为自己在与科处刑罚的国家进行战争的个人，改造是徒劳的），而是着眼于及时打击危险个体——首先必须阻止其侵害社会。在此图景下，与其说根本角色定位在于惩罚，不如说是在于审前防护，这一功能倾向于从单纯服务于审判需要的手段转变成为保护社会免遭危险个人攻击的真正前哨。①

希尔根多夫（Eric Hilgendorf）表达了同样的忧虑，他写道，对于恐怖主义的治理，动用刑法手段虽然并不总能、但有时确实能比使用其他的手段，特别是民法上的防御请求权和损害赔偿请求权，取

① 参见［意］弗朗西斯科·维加诺：《意大利反恐斗争与预备行为犯罪化——一个批判性反思》，吴沈括译，载《法学评论》2015年第5期。

得更好的效果。刑法后果的威吓在这里能够更加有效。恐怖主义的威胁为惩罚性的刑事政策提供了正当性根据，当恐怖组织引起大规模的严重伤害或者死亡的危险时，自由让位于安全是合理的做法，但是，如果国家想有效地保护其公民，就必须采取适当的和必要的手段。然而，这时候不允许舍弃自由国家的核心价值。刑法的每一种严厉化，许可的强制方法的每一种扩展都伴随着一部分自由的丧失。正是恐怖主义的挑战，才更要保持刑事政策的客观性和目的合理性。那些想限制公民自由的政治家有义务说明，他们所建议的措施事实上是否能够增进安全。① 齐白（Ulrich Sieber）教授更是警示性地指出："安全保障的思想在刑法中是被允许的。但是，倘若刑法纯粹以预防为导向，这种思想就会有模糊刑法之界限的危险。"②

国际社会也表达了对预防性刑法的特别关注。2009 年 9 月 20 日在土耳其伊斯坦布尔召开的第 18 届国际刑法学大会上，学者们在专题决议中呼吁："各国刑事法制演进中呈现的将预备行为及参与行为犯罪化之范围的不断扩张受到了特别的关注；这一趋势——固然可以归因为防治有组织犯罪、恐怖主义等严重犯罪之必需——隐含了损害一系列基本价值的巨大风险。""抗制恐怖主义以及有组织犯罪的合法性不能成为扩张适用例外规则的托词。因此，在刑法演进中必须避免任何形式的专制倾向，同时保证刑法根本原则的实现，特别是法律主义、个人责任、最后手段、比例原则以及人权与基本自由。"③该呼吁虽然没有法律效力，但呼吁本身反映出国际社会学者对当前反恐措施偏离法治原则危险性的思想忧虑。

诚如日本法学家川岛武宜所言，任何法律命题都是社会性存在，人们之所以要创造出一定的法律命题，是因为现实的社会生活提出了这种要求，如果现实中并不存在这种要求，就不可能为保障

---

① 参见［德］埃里克·希尔根多夫：《德国刑法学：从传统到现代》，江溯、黄笑岩等译，北京大学出版社 2015 年版，第 28 页、第 44 页。

② ［德］乌尔里希·齐白：《全球风险社会与信息社会中的刑法》，周遵友、江溯等译，中国法制出版社 2012 年版，第 205 页。

③ 吴沈括：《扩张中的犯罪预备及参与形式——围绕第 18 届国际刑法学大会第一专题的展开》，载里赞主编：《望江法学》（2010 年卷·总第 4 期），法律出版社 2011 年版。

其实现而提出法律命题。[①] 法律作为人类高度内在型和自发的价值体系存在，必须与人类社会的生活方式相适应，刑法与时转则治，与世宜则有功，国家不能固守18世纪的精神来解决21世纪的社会问题。虽然预防性反恐刑事立法的出现伴随着排挤公民自由的高度法治风险，但眼下国家的这一抉择并非没有正当化根据。

第一，恐怖主义犯罪与刑罚目的的困境。

以启蒙运动为契机构建的传统刑法体系与理论，面对现代社会的恐怖主义犯罪，呈现出明显尴尬，如刑罚目的这个刑法学上的最根本问题，对此虽然当前刑法理论仍然存在激烈的争议，但无论我们是将刑罚的目的理解为报应，还是界定为犯罪预防（包括一般预防和特殊预防，抑或消极的一般预防与积极的一般预防），在恐怖主义犯罪中都难以认为有存在的空间。首先，恐怖主义犯罪导致的严重社会危害后果，是恐怖分子无法承受的报应。其次，从理论上讲，恐怖分子和恐怖组织并不是完全不可以震慑的，为了个人和组织的存亡，恐怖分子和组织也会对国家激烈的反恐措施做出回应。但是，恐怖主义犯罪有其自身的特殊性，由于其犯罪目的在于针对无辜民众恐怖袭击造成冲击效应，所以，恐怖分子在实施犯罪时，往往很少顾及自身的安全，特别是那些出于宗教动机的犯罪分子一旦将实施恐怖行动视为“高尚的事业”，往往心甘情愿以身试法，他们将彻底变成不受刑法威慑的“冒险者”，刑法对他们可能产生特殊预防的效果或威慑无从谈起。而对于普罗公众而言，他们基本不具有实施恐怖犯罪的可能性，一般预防的必要性并不存在。面对刑罚目的的重重困境，留给国家的最可能的选择就是针对危险个体的恐怖分子，采取防患于未然的预防性刑事法措施，先发制“敌”，确保社会安全。

第二，国家的任务与预防性反恐刑事立法。

提供法律与秩序使公民免受暴力、犯罪与混乱的威胁，是现代国家必须为公民提供的基本利益和国家的基本义务。如前所述，国

---

① 参见［日］川岛武宜：《现代化与法》，王志安等译，中国政法大学出版社2004年版，第221页。

家只有为保护社会和市民安全福祉时,刑事手段的采用才具有正当性。在社会危害性方面,恐怖主义活动对国家和公共安全的威胁是传统犯罪无法比拟的。基于政治、民族和宗教动机的恐怖主义犯罪,不再限于对公民个人的危险,还可以导致政治风险,甚至可以威胁到国家安全。他们成功地利用了对手的技术设施以及资源进行技术通讯,招募同伙,组织训练,募集资金,甚至获取武器。恐怖主义犯罪不仅导致重大的物质损失,还通过其传达的信息和形象,实现更大的心理和政治目标:恐怖暴力散布恐惧和恐怖,通过媒体的宣传扩大声势,刺痛社会之敏感的经济与政治体系,旨在使其屈服于政治讹诈。[①] 法律是人类有目的的创造物,作为一种手段而非目的,体现的是对客观世界的人的需要的制度性满足。[②] 一种犯罪,其对国家和社会的威胁和导致灾难的可能性越大,国家权力介入预防的必要性就越高,这就是世界各国为何普遍将恐怖犯罪中的预备行为、帮助行为和关联行为规定为犯罪的根本原因。[③] 所以,尽管预防性刑法采取的干预恐怖主义犯罪措施有严重侵犯公民自由的风险,但国家基于社会安全的考量,最终还是做出以自由换取安全的价值抉择。

第三,政治民粹主义与预防性反恐刑事立法。

民主制度是人的政治解放的表现,但民主制度在运行过程中却产生了以多数人的暴政和公众舆论为力量奴役他人的危险趋势,这是20世纪上半期著名小说家和翻译家 Ludwig Lewisohn 在《现代喜剧》(*The Modern Drama*)一书中提出的对民主制度及其运行方式局限性的论断。Ludwig Lewisohn 所言问题现早已演变成为现代政治中普遍存在的民粹主义现象。在今日世界很多国家的政治实践中,政策制定已被深度政治化,政策成为民粹主义的结果,政策构

---

① 参见[德]乌尔里希·齐白:《全球风险社会与信息社会中的刑法》,周遵友、江溯等译,中国法制出版社2012年版,第165页。

② 参见周少华:《刑法之适应性:刑事法治的实践逻辑》,法律出版社2012年版,第194页。

③ See Andrew Ashworth and Lucia Zedner, *Preventive Justice*, Oxford University Press, 2014, p. 180.

建的过程也明显表现出政治利益与公众意见的重要性已凌驾于专家观点与研究发现。[①] 具体到犯罪领域而言，理论研究发现，以下场合最容易导致刑法立法和司法上的民粹主义：(1)当问题与公众存在较少的直接接触，却吸引了广泛的媒体报道的；(2)犯罪采取了最极端的手段，对受害人、家庭和社区造成了灾难性严重后果的；(3)犯罪威胁或伤害的是社会群体中脆弱的最容易受到伤害的受害者，如幼儿或老年人的；(4)犯罪问题以悲剧性为代表吸引了大范围社会公众注意的；(5)犯罪问题引起了社会公众极大的愤怒的；(6)问题已被媒体构建成为范例的。[②]

在今日世界范围内，对恐怖主义危险的焦虑已成为重要的文化现象和各国的重要政治议题，恐怖主义犯罪无疑是当前媒体报道最集中的事件，它针对无辜民众，巨大且极度悲剧性的危害结果以及在社会上产生的轰动效应对人们法情感造成强烈冲击，特别是在一个时期内会明显降低人们对社会安全感的信赖。人们不安感的增加，往往会刺激、促成国家严厉刑事政策形成及立法过程的政治化与民粹化。当社会上出现对恐怖主义犯罪惩罚的强烈诉求，当民众要求处罚的情绪达到某种程度，如果国家置之不理，国民就会对政治不信任，遵纪守法的精神就会松懈，对于执政者而言，无异于作政治上的自杀。[③]

民主社会，政治有赖于民众信心支持，通过刑法措施，国家可以营造一种积极性形象。[④] 另外，人天然属于感觉性动物，预防性刑法给人们制造这样一种感觉：刑法可以通过预防性措施应对恐怖主

---

① David Garland, *The Culture of Control—Crime and Social Order in Contemporary Society*, Oxford University Press, 2001, pp. 1, 3, 13.

② See Julian V. Roberts, et al., *Penal Populism and Public Opinion: Lessons Form Five Countries*, Oxford University Press, 2003, p. 162.

③ 参见[日]西原春夫：《刑法的根基与哲学》，顾肖荣等译，法律出版社2004年版，第14页。

④ 参见[德]埃里克·希尔根多夫：《德国刑法学：从传统到现代》，江溯、黄笑岩等译，北京大学出版社2015年版，第39页。

义，给国民提供心理上的安全感。[①] 而这种安全感对于维持社会秩序和国民信心来说，不仅是必要的，而且是十分重要的。

此外，预防性刑法在今日社会的发展，还具有科学基础。在 18 世纪和 19 世纪前期，囿于技术的制约和刑事司法部门（主要是警察）没有真正建立，犯罪预防的思想在实践中没有实现的基础。其后，伴随着警察职业的建立和逐渐发达以及由技术进步所催生的风险管理科学的发展，对犯罪预防不再是国家的纯粹理想。特别是 19 世纪后半期以来，警察的权力、职责范围和管理能力大大提升，情报技术飞速发展，这些变化带来了刑法对犯罪预防能力的大幅度增强，[②]预防性刑法的存在具有了相对开阔的技术空间。

（三）实践中应注意避免的问题

针对"9·11"事件后美国回应恐怖主义的举措，反恐专家奥德丽·库尔思·克罗宁指出，恐怖主义犯罪给人们情感的冲击是很强烈的，社会强烈要求诉诸惩罚性措施是完全可以理解的，但如果国家不能理性地应对民众的诉求，惩罚性措施的过度使用则可能削弱国家反恐的战略目标和布局，从而侵蚀国家反恐行动的合法性。[③] 面对恐怖主义的严峻态势，从法的价值角度看，刑法做出的凸显安全价值的回应，固然可以认为是现实社会需求的结果，但刑法的价值从来都不是单一的，刑法既要维护社会的安全与秩序，也要保障公民的权利与自由。而且，刑法制度对价值世界的建构，其目的不应当是一种价值排斥另一种价值，而应当是将诸多的价值目标统合于它所呈现的"事实世界"，达到事实世界和价值世界的统一。[④] 对于法律的安全价值，法哲学家博登海默指出，安全具有一张两面神似的面容。一种合理的稳定生活状态是必要的，否则杂乱无序会使

---

① 至于这种心理上的安全感是否是现实客观的，一般社会民众很少去理性思考和进行刨根问底式地追问。

② See Andrew Ashworth and Lucia Zedner, *Preventive Justice*, Oxford University Press, 2014, p. 49.

③ 参见［美］奥德丽·库尔思·克罗宁、［美］詹姆斯·M. 卢德斯：《反恐大战略：美国如何打击恐怖主义》，胡溦等译，新华出版社 2015 年版，第 11 页。

④ 参见周少华：《刑法之适应性：刑事法治的实践逻辑》，法律出版社 2012 年版，第 194 页。

社会四分五裂;然而稳定性必须常常为调整留出空间。在个人生活和社会生活中,一味强调安全,只会导致停滞,最终还会导致衰败。[①]

就犯罪的处置方式而言,预防无疑优于惩罚,避免一个人成为流氓远比拘押和让 40 个人得到正义审判要好得多。[②] 预防犯罪当然是刑法的基本价值和目的,只是该目的像其他任何社会目的一样,并非存在于真空中,它必须受到诸多其他社会目的——主要是促进个人自由与实现正义——的制约。[③] 在反恐问题上,同样需要综合刑法多元目的的协调。与其他社会预防性措施明显不同的是,作为犯罪预防的刑罚是以惩罚为代价的,即惩罚性预防,带来的是刑罚权对社会生活和公民自由的高强度干预,所以,“立法者在制定旨在维护安全的法律法规时也必须避免犯下——尽管是出于最善良的目的——导致对法治国的损害更甚于从维护安全中所获之益处的错误。对那些为防止恐怖活动而严重干涉基本权利的措施,必须通过在维护安全和保障自由两大利益之间进行谨慎权衡的方式评估其后果”。[④]

英国刑法学家安德鲁·阿西沃思(AndrewAshworth)指出,为了避免国家权力以预防犯罪为借口行使其他目的和过度干预公民自由,即便在反恐领域,国家对恐怖犯罪分子的自由行使任何具有实质性限制和剥夺时,仍要重视公民的自由权利和无罪推定原则,要遵守“绝对必要原则”“最低限度和适当限制原则”“实体性证据充分原则”以及遵守对恐怖分子的“公正审判”。追求预防犯罪的经济和效率不是反恐措施可以超越刑事程序的根据,也不能为最具

---

① 参见[美]E. 博登海默:《法理学:法律哲学与法律方法》,邓正来译,中国政法大学出版社 1999 年版,第 296 页。

② See Andrew Ashworth and Lucia Zedner, *Preventive Justice*, Oxford University Press, 2014, p. 27.

③ 参见[美]哈伯特·L. 帕克:《刑事制裁的界限》,梁根林译,法律出版社 2008 年版,第 246 页。

④ [德]乌尔里希·齐白:《全球风险社会与信息社会中的刑法》,周遵友、江溯等译,中国法制出版社 2012 年版,第 198 页。

有强制力的刑罚措施导入刑法提供正当理由。[①] 我国也同样重视反恐中的人权保障,《反恐怖主义法》在确立预防型反恐国家战略并强调"先发制敌、保持主动"的同时,在第6条中规定:"反恐怖主义工作应当依法进行,尊重和保障人权,维护公民和组织的合法权益。"

从刑法规定来看,不可否认的是,无论是强制穿戴宣扬恐怖主义、极端主义服饰、标识,还是非法持有宣扬恐怖主义、极端主义的物品,都具有宣传恐怖主义和滋生恐怖主义犯罪的危险性,立法将其规定为犯罪,不失正当性,但这些行为的危险性程度有多高,对其危险的管理是否已超出了行政法的范围,需要动用作为保障法的刑法,特别是在我国采取违法和犯罪相区分的二元违法体系下,刑法只应当针对严重侵害法益或侵害了重大法益的行为,所以,实践中司法机关在判断上述行为是否构成犯罪时,还是有必要慎重考虑刑法介入必要性,能用行政法解决的,尽量不要将其作为犯罪处理。

《刑法修正案(九)》和《刑事诉讼法》在反恐方面新增的罪名和新设的刑事程序措施,毫无疑问都是国家出于维护社会安全的美好动机而为,但在法治社会,美好的立法动机从来都不是刑法正当性的当然理由,任何稍有法律常识的人都应明白,滥用是权力的本性,当人们被赋予权力时,他们就会倾向专横,法律从一开始就应设法压抑这种倾向。[②] 法律的正当性,不仅在于被正当地规定,还在于被适当理解和适用。面对一条条预防性反恐法规范,司法和执法机关必须慎重而有节制地适用,避免国家权力在反恐实践中进一步过度扩张而导致对公民自由的不适当侵犯。眼下司法(执法)机关在适用(执行)刑法过程中,尤其需要重视以下方面的问题。

1. 要尽可能避免过度使用军事化手段

在《反恐怖主义法》颁布前,我国反恐实践中并不乏使用军事手段打击恐怖主义犯罪。《反恐怖主义法》明确肯定了军事手段的

---

① See Andrew Ashworth and Lucia Zedner, *Preventive Justice*, Oxford University Press, 2014, p. 195.

② 参见[美]罗斯科·庞德:《通过法律的社会控制》,沈宗灵译,商务印书馆2008年版,第48页。

合法性,从法治立场看,是值得肯定的。国家究竟是以“战争模式”还是以“刑事司法模式”应对恐怖主义,两者的区别亦如“战争法则”和“法治”的差别。[①] 战争亦称“兵”,《道德经》曾言,“不祥之器,物或恶之,故有道者不处”。当前虽然以战争方式反恐具有一定的不得已性,但对法治社会而言,并非吉祥之兆。枪炮作响法无声,战争对参与战争的任何一方都是灾难性的存在,特别是战争本质上与法治及法治所倡导的人性尊严难以被认为是相容的。

另外,不可否认的是,在人类历史上,战争和军事手段解决了很多国与国之间以及民族和民族之间的问题,但恐怖主义实施主体并非如传统战争那样系国家一方。相对于传统战争主体方的国家,恐怖主义组织要松散得多,其存在具有很大程度的游离性,特别是在现代开放、自由的市场经济社会,国家无论采取如何强力的军事手段,他们都可以成功逃脱国家的防御和打击,继续寄宿于社会中生长发育。这决定了国家采取军事手段对恐怖主义进行治理存在明显的局限性。所以,即便国家立法明确肯定了使用军事手段打击恐怖主义活动的合法性,也没有理由过分依赖使用,军事手段应尽可能地被严格限制在那些事关国家或社会重大安全的恐怖主义犯罪领域。

2. 要避免“借口打人”

在我国,整体上看,国家与社会管理仍具有明显的权力集中化色彩,面临日益增长的恐怖主义、极端主义的威胁,特别是当前中央对反恐工作的高度重视,司法实践中很容易出现对恐怖主义和极端主义的宽泛化把握的问题。过去,有的地方出于维稳的需要,有的因为未能科学掌握恐怖主义、极端主义的含义,把一些原本属于一般危害公共安全的案件拔高认定为恐怖主义犯罪。有的案件本是一般危害公共安全的案件,因发生在特定的地区或特定时期,被定性为恐怖活动。而今《刑法修正案(九)》和《刑事诉讼法》针对恐怖主义犯罪增设了新的规定,赋予了办案机关特殊的侦查措施和权

---

① 参见[美]奥德丽·库尔思·克罗宁、[美]詹姆斯·M.卢德斯:《反恐大战略:美国如何打击恐怖主义》,胡溦等译,新华出版社2015年版,第118页。

力。实践中一旦将某个案件定性为恐怖主义犯罪，执法和司法机关将获得使用特殊侦查的权限，也容易申请到国家人、财、物的支持。在目前的法治环境下，“借口打人”和恐怖主义犯罪打击泛化的风险会相应升高，不无关注的必要。

3. 要严格掌握恐怖主义和极端主义的内涵与外延

法律必须明确，因为这意味着依据法律对所发动的政府强制力的制约是明确的。[①] 刑法概念的不明确是刑事法治最大的“敌人”，因为不明确的条款不仅阻碍了国民预测的可能性，而且还可能为国家刑罚权的滥用提供了法律依据。无论是避免上文所讲的“借口打人”，还是自觉维护刑事法治，国家都应当对恐怖主义或极端主义犯罪作出尽可能明确的界定。在国外的反恐实践中，有的国家对恐怖主义的界定是十分慎重的，如在俄罗斯，对于何为恐怖组织，由联邦最高法院负责解释和认定。长期以来，关于恐怖主义、极端主义概念的界定只能散见于我国参加的国际或地区性公约，如《上海合作组织打击恐怖主义、分裂主义和极端主义上海公约》等。《反恐怖主义法》从根本上解决了恐怖主义和极端主义概念阙如的问题，其第 3 条第 1 款规定：“本法所称恐怖主义，是指通过暴力、破坏、恐吓等手段，制造社会恐慌、危害公共安全、侵犯人身财产，或者胁迫国家机关、国际组织，以实现其政治、意识形态等目的的主张和行为。”该条随后的几款中分别规定了恐怖活动、恐怖活动组织、恐怖活动人员和恐怖事件的概念。《反恐怖主义法》虽然对恐怖主义及其相关概念做了阐述，但仍然面临实践操作性难题，如恐怖活动如何与危害公共安全的犯罪相区别，概念中规定的“政治、意识形态”应如何把握。在过去的司法实践中，因概念不明确而导致刑法滥用的问题我们是有深刻教训的，比如地方司法机关曾普遍出现过关于黑社会性质组织范围认定过于泛化的问题（尤其在个别地区）。有些办案机关不正确理解宽严相济刑事政策在黑社会性质组织认定中的运用，贸然提出“蝌蚪也是青蛙”的办案思路，导致黑社会性质组织

---

① 参见［日］川岛武宜：《现代化与法》，王志安等译，中国政法大学出版社 2004 年版，第 150 页。

在有些地方呈现过度扩大化局面。当前我国面临恐怖主义的严峻威胁，如何避免恐怖主义和极端主义犯罪实践认定的不适当扩大化，将是一个事关国家能否坚持依法反恐的重大问题。

五、超越惩罚：关于恐怖主义犯罪整体性治理的初步思考

在今日各国，反恐早已超越法律范畴，成为社会、政治甚至文化议题。美国社会学家詹姆斯·克里斯（James J. Chriss）在《社会控制》一书的结论部分，针对人类社会控制的未来，不确定地指出："基于近来的趋势，特别是受全球恐怖主义现实的深刻影响，我们很难预知未来，至少在某些措施中无法预知，这些措施受到恐怖主义造成的扭曲社会结构的影响。"①"9·11"事件及紧随其后的各国日益严厉的反恐刑事政策与立法，在很大程度上颠覆了近代特别是"二战"后国际社会刑事政策与刑法发展的基调与方向。但事实是：至少在西方社会，近些年的恐怖主义活动并没有因为国家诉诸战争和大量预防性惩罚措施的导入而呈现降低或平稳的趋势，相反却给人以"越反越恐"的印象。恐怖主义不只是一种对目标政府的不满，也是一种对现代性的不满。② 对于"9·11"以后美国的反恐政策，西方学者批评指出，简单抛开历史、文化背景，在对待恐怖主义威胁时缺乏战略只会增强他们的实力，同时进一步破坏西方国家的安全稳定。③

回顾人类的进步史，"二战"后的这70年，人类的变化比过去任何时代都要快、要大。科学发展大大拓展了人类认识和改造自然界的能力，使人类认知的范围触及微观世界和超微观世界。但科技的能力并不是无限的，至少目前它无法解决人的各种各样的精神问题，而且，随着科技的进步，人的精神问题似乎也呈现升级趋势，变

---

① ［美］詹姆斯·克里斯：《社会控制》，纳雪沙译，电子工业出版社2012年版，第166页。

② 参见［美］詹姆斯·克里斯：《社会控制》，纳雪沙译，电子工业出版社2012年版，第162页。

③ 参见［美］奥德丽·库尔思·克罗宁、［美］詹姆斯·M.卢德斯：《反恐大战略：美国如何打击恐怖主义》，胡溦等译，新华出版社2015年版，第4页、第20页。

得越来越复杂。犯罪是人的行为,人是精神性存在物,所以,在一定意义上,犯罪可以认为是人的思想和精神问题的征表。与普通类型犯罪相比,恐怖主义犯罪更是与人的精神问题相牵连,正因如此,西方学者才断言:“恐怖主义犯罪的主观性丝毫不亚于其客观性。”①国家强力虽然能够一时镇压他们的犯罪行为,但却不能根除他们心中的邪恶感,眼下对恐怖主义犯罪的治理,亟须知识与理性,国家应当从犯罪中寻求人类自我完善与救赎的途径。哲谚云:“如果你真想把病痛好好治治的话,就必须把伤口露出来。”②在我国,直面恐怖主义威胁,特别是在国家治理体系和能力尚未完全实现现代化的现实背景下,刑法丝毫没有退却的法治空间,但在强调刑法惩罚之余,国家若能超越于刑法规范之上寻求社会政策的整体性和体系性的整合应对,也许我们能够在恐怖主义犯罪治理上取得“柳暗花明又一村”的效果。限于篇幅,下文主要从规范有效性的重塑、避免刑事政策朝向幽暗方向发展以及警惕敌人刑法观所导致的恐怖分子与市民社会的根本对立三个层面,对未来国家反恐政策作出整体性的初步反思。

(一)规范有效性的重塑与恐怖主义犯罪的有效治理

规范的有效性问题曾经是美国社会面临的重要难题之一。著名法学家德沃金在《认真对待权利》的“中文版序言”中对我国现代化进程中将会面临的法律有效性问题曾有过预测:“法律有效性的这些问题是中国在继续其社会和经济发展过程中必将越来越多地碰到的问题。”“中国当前正处在一个社会和经济迅速变革的时期。这一变革带来了对于新的法律的巨大需求。而法律迅速发展的时期必然对维护法律的有效性提出特殊挑战。在这样的时期内,法律发展必须要在维持现存的法律和政治实践的一致性与调整和适应由这种社会与经济的迅速变化所急剧产生的新的环境之间找到一个平衡。如果法律未能充分维持其与过去的一致性,那么它将失去

---

① [美]奥德丽·库尔思·克罗宁、[美]詹姆斯·M.卢德斯:《反恐大战略:美国如何打击恐怖主义》,胡溦等译,新华出版社2015年版,第12页。

② [古罗马]波爱修斯:《哲学的慰藉》,贺国坤译,安徽人民出版社2012年版,第1页。

其完整性……如果法律不能充分解决由社会和经济迅速变化所带来的新型争端，人们就会不再把法律当作社会组织的一个工具而加以依赖。他们将寻求其他方法来解决他们的争端。他们将通过腐败的方式，例如政治恐吓或肉体威胁来解决他们的争端。一旦如此，法律将日益成为与社会和经济生活无关的事情，政府也会再次失去它引导该社会的社会与经济发展最有效的手段。"①

法律意味着有效力的秩序，有赖于社会活动参与各方的遵守，如果法律失去效力，它将形同虚设。犯罪表现出来的是对现行规范和法秩序的违反，实际上是对法的有效性的挑战，只不过不同类型犯罪对规范有效性挑战的程度存在轻重差别而已，恐怖主义活动属于其中最极端和野蛮的一种。这就告诉我们，面对恐怖主义犯罪，国家在诉诸刑罚惩罚以解燃眉之急外，须从战略的层面理性思考如何保证法律规范的效力问题。

吊诡的是，历史上法律有效性与社会的乱治之间似乎存在明显悖论关系。在社会秩序混乱和犯罪高发时期，国家和民众总是希望用重典清政弊、塑民风，表现出了对法律特别是刑法的高度依赖；相反，在治世，民风敦厚，人民知书达理，轻典也同样起到很好的效果。个中原因，学者卡思天·M. 儒攀基奇曾作过颇有见地的解析，他写道："法律话语的含义与社会共同价值标准、道德观念及利益休戚相关、紧密相连。""在一个善恶区分明显、美丑界限易辨的社会中，法律的存在几乎没有必要。相反，在一个善恶极难界分、好坏真假难辨的社会中，对于法律的依赖最为强烈；恰恰基于同样的原因，这种依赖是一种幻想。因为，从根本上讲，法律话语没有绝对确定的意义与永恒的客观有效性。""法律说到底只不过是将社会共同价值标准强加在那些不服从于这种价值标准的人身上而已。因此，法律只有在那些具有共同价值标准、极少发生各种冲突、因而对法律的依赖亦极小的社会中才能发挥其作用。在一个没有共同道德观念与价值标准的社会中，人际关系疏远、甚或敌对，争讼迭起，因而对

① ［美］罗纳德·德沃金：《认真对待权利》，信春鹰、吴玉章译，上海三联书店 2008 年版，中文版序言，第 2 页。

法律的依赖更为强烈而迫切,但是,在这样的社会中法律的权威性、确定性及影响力亦荡然无存。因此,在一个社会失范状态严重到一定程度的社会中,对于作为冲突解决工具的法律的需求越大,法律的实际效能反而越差。相反在一个道德价值观念统一、凝聚力强大的社会中,为解决冲突而诉诸法律的情形较少,对于法律的依赖性较小,但法律的效能却非常高。综上可知,真正的关键问题并不在于法治的理性,而在于为社会公众所易于认同并内在化的价值标准之制度化、习俗化(准则整合)。"[①]恐怖主义在今日世界的日益严峻,从形式上看是恐怖分子极端挑战法秩序与法规范,而在本质上反映的是现代性导致的群体隔阂与文明冲突以及社会控制体系与法律效力对恐怖分子的弱化甚至无效。

在现代社会,法律的任务是通过规则体系实现良好的社会控制与治理,但社会控制和有序社会秩序从来都是多重社会措施集体合作的结果。美国学者埃里克森将社会控制体系分为五种:(1)由自我制裁予以实施的个人伦理;(2)基于对方制裁的合约;(3)由社会力量予以执行的社会规范;(4)由组织实施的组织规则;(5)为国家执行的法律。[②] 社会的治理从来都不是局限于被冠以"法律"这一名称的手段,还涵盖了其他不具备"法律"这一形式但具备"法律"实质以及具备行为规制、法益保护和权利保障功能之一部或全部的其他非规范性力量。对于恐怖分子,固然可以通过法律的严厉制裁来维护社会规则和合作,但这种以强力为基础维系的合作关系不仅难以持久和平,而且还会因为恐怖主义犯罪的特殊性令其效能大打折扣。社会学家马克斯·韦伯将人的伦理划分为责任伦理和信念伦理,前者要求行为主体对行为后果承担责任;后者场合行为主体直接按照信念的内在支持行为,而不顾后果。[③] 恐怖分子之所以要

---

① [斯洛文尼亚]卜思天·M.儒攀基奇:《刑法理念的批判》,丁后盾译,中国政法大学出版社2000年版,中文版序言,第4页。

② 参见[美]罗伯特·C.埃里克森:《无需法律的秩序:相邻者如何解决纠纷》,苏力译,中国政法大学出版社2003年版,第158~159页。

③ 参见冯钢:《责任伦理与信念伦理:韦伯伦理思想中的康德主义》,载《社会学研究》2001年第4期。

实施恐怖犯罪,往往基于其内心信念,他们不仅不会认为其行为是反伦理的,反而将其视为“事业”甚至是“正义的活动”,他们的行为对现实社会法律的正当性提出了根本性的挑战。而且,恐怖主义并非只是一个有形的实体,更是一种理念或理论体系,即使国家采取军事行动和严厉的刑罚措施,只要无法从思想上去除其信念,就不会取得实质性效果。相反,国家的强力却可能在恐怖分子思想深处激起更多的仇恨,带来更严重、更持续性的报复与袭击。这恐怕也是眼下西方社会为何越反越恐的重要原因之一。

对于社会治理中重视社会政策与规范整合的重要性,日本法学家川岛武宜是这样认识的,他强调,有社会的地方总是有规范,并且这些规范必须是整合性的。各种社会与其历史、传统、文化相对应,具有其规定的规范体系,具有固有的统一的方法。或者是巫术和迷信的力量,或者是宗教的力量,或者是习俗的公众的意见,或者是政治的社会力量,或者是自主的精神的反省力,都具有其规范的时效性,并且这些规范通过各种方法相互结合和统一,在这个社会里什么规范怎样地互相结合和统一,反映了这个社会的构造和性格。[①]我们在通过刑法对恐怖主义进行严厉打击的同时,国家有必要从社会规范的整体和整合性上去考虑如何避免恐怖主义滋生,维护既有社会规范的有效性,这恐怕才是更具有基础意义的反恐之策。回头反思恐怖活动产生的原因,它是否与具有不同文化、传统、意识形态、宗教、生活方式以及价值标准的国家与人群之间的直接交往所伴生的强烈不平等有关,[②]是否与现代性导致的政治日益隔阂和分裂的社会有关,是否与国家社会政策设计和执行不足有关,这恐怕是世界各国(包括我国)在制定反恐政策时需要思考的重要问题。

(二)反恐与值得警惕的面向幽暗方向发展的刑事政策

在学术界,基本上存在这样的共识,即轻刑化和人道化是“二

---

① 参见[日]川岛武宜:《现代化与法》,王志安等译,中国政法大学出版社2004年版,第43页。

② 参见吴沈括:《扩张中的犯罪预备及参与形式——围绕第18届国际刑法学大会第一专题的展开》,载里赞主编:《望江法学》(2010年卷·总第4期),法律出版社2011年版。

战”后国际社会刑事政策发展的基调与方向,但这种状况随着风险社会和信息社会的到来在过去二十年内出现了明显的逆转。如文首指出,该逆转被大卫·加兰称为“朝向幽暗方向发展的刑事政策”。在加兰看来,“在上个世纪中间的几十年,刑事司法体系成为广泛社会团结工程的一部分。它对犯罪的机制性反映也就是福利国家对贫穷和匮乏的机制性反应的一部分。那时的刑事司法体系是由社会民主政治所塑造,它的理想也是一个包容的福利国家社会的再整合思想。如果它的实践远落后于理想——的确常常如此——则至少会被依照理想的标准批评,并朝向缩小理想与现实差距的方向改革。今天,福利国家制度仍然扮演了一个积极支持经济与社会生活的角色,正如刑罚—福利制度仍然支撑着刑事司法系统一样。但是,这一团结方案已不再主导着政策的修辞或决策的逻辑。更基本的安全、节约与社会控制理念已让社会团结的崇高理想黯然失色。犯罪控制与刑事司法已经脱离较宽广的社会正义与社会重建等主题,其社会功能已经变得较为保守而缺乏企图心,成为对那些处于消费自由世界之外人们的重新控制”。[①]

值得注意的是,上述结论是加兰对 20 世纪 80 年代之后 20 年间欧美刑事政策转变的基本归结。其实,在其著述出版后的 10 年,面对风险社会和信息社会的发展,特别是在反恐和打击有组织犯罪等领域,加兰所言“幽暗而缺乏宽容的讯息”的刑事政策被更进一步加强,预防性刑法和惩罚性社会控制模式再度成为现代各国刑事政策发展的重要特色。在我国,虽然不能否认近些年刑法修正中所表现出的进步因素,但《刑法修正案(八)》和《刑法修正案(九)》整体上呈现的亦是日渐严厉的刑事政策趋势。随着犯罪门槛的下降,系列行为的犯罪化,特别是在反恐领域大量预备行为的实行行为化,所明显征表的同样是国家对犯罪日渐严酷和不再宽容的政策立场,伴随而来的亦是惩罚性社会管理模式的兴起。

没有社会秩序和安全就难有真正的社会进步,保障安全始终是

---

① David Garland, *The Culture of Control—Crime and Social Order in Contemporary Society*, Oxford University Press, 2001, pp. 1, 3, 199.

政府对公民的最重要承诺。本书丝毫不否认在现代风险与信息社会,需要强化刑法的社会保护机能,刑法作为社会政策中的重要一环,面对社会问题,不能装聋作哑。但我们绝不能忘记刑法功能是双面性的,特别是我国法治正处于成长阶段,过分强调刑法对社会生活的干预,极有可能在社会上形成阻碍刑事法治发展的不利因素。人是具有理想的动物,由人集合构成的社会同样应当怀有理想,“朝向幽暗而缺乏宽容刑事政策”的最大危机在于该刑事政策对犯罪治理的未来持过于悲观晦暗的心态,实践中容易造成现代刑法理想的夭折,导致矫正主义和福利主义理想在刑事司法制度中褪色,最终推动惩罚性国家管理模式的形成。刑法属于司法法,[①]不是社会管理法,更不是社会福利促进法,当前我们必须避免实践中国家以反恐之名进一步推动刑法的行政化趋势。刑法并不是改变社会的工具,而仅仅是帮助人们形成彼此相处的自由空间的方式,同时使得这种自由空间具有秩序。[②] 刑法也不是解决社会问题的主要途径,希望通过强化刑法干预解决恐怖主义犯罪(包括其他犯罪),是对刑法功能的过度期望。如前指出,恐怖主义产生是晚期现代性带来社会问题的综合性反映,国家对恐怖主义犯罪的治理需要复杂的作为和制度,过分强调刑法对恐怖主义问题的介入,有可能排挤其他非刑法措施参与恐怖主义违法犯罪治理的应然空间,而那些非刑法措施才真正是抑制恐怖主义犯罪的治本之策。

(三)市民抑或敌人:恐怖分子的政治地位的思考

针对刑法的未来,法学大家拉德布鲁赫指出:“将来的刑法是否可以取得成效,取决于刑事法官能否将歌德在‘马哈德,大地之主’中所说的话铭记于心:他应受惩罚,他应宽恕;他必须以人性度之。”[③]一个人对于人性有了足够的理解,他看人包括看自己的眼光就会变得既深刻又宽容。历史告诉我们,文明有赖于摒弃专横的、

---

① 参见张明楷:《刑法学》(第5版),法律出版社2016年版,第16页。

② 参见[德]克劳斯·罗克辛:《刑事政策与刑法体系》(第2版),蔡桂生译,中国人民大学出版社2011年版,第11页。

③ 参见[德]拉德布鲁赫:《法学导论》,米健译,商务印书馆2013年版,第145页。

固执的自作主张，而代之以理性。[1] 国家对任何犯罪的治理，都必须持以理性的态度，过于情绪化的思维容易导致公共政策的偏私。人类之所以如此严厉谴责恐怖主义犯罪和采取高强度的不惜危及人权保障的预防性和管制性措施，根本上源于人们对恐怖犯罪所造成危害的恐惧。既然理解与宽容被视为文明社会中人性的美德，那么，人类在对待恐怖主义的问题上是否仍有必要坚守理解与宽容呢？美国学者凯斯·R. 桑斯坦在系统研究人的恐惧形成的机理后得出了具有个性化的结论，他写道："就其本质而言，恐惧具有选择性。一些人害怕飞行而不是驾驶。其他人害怕药物而不是避免与药物相关的风险。我们可能害怕运动不足的风险，但忽视过度日晒的风险。我们可能害怕恐怖主义的危险，但忽视吸烟的风险……如果预防原则似乎提供明确的指导，它只是因为，人类认知和社会影响使某些危险在背景中突出出来。例如，当某个事件是'可见'时，在它容易引起注意这一意义上，比起需要，人们倾向于更为焦虑。对于最容易见到的风险，他们可能采取过度的预防措施。而如果某个特定风险没有相关的生动案例，人们可能无所畏惧，从而使自己暴露在真正的危险之中。"[2]

眼下社会，恐怕已没有人会执拗地否认恐怖主义犯罪是全球公害以及对人类正义和国际国内秩序造成的巨大威胁。但问题的复杂性还在于：(1)眼下国际社会对恐怖主义的恐惧是否有凯斯·R. 桑斯坦所言的选择性问题？以及是否存在媒体的注意力集中在一个或几个事件上，从而导致公众的恐惧感可能与现实非常不相称呢？如前指出，"9·11"事件对于国际社会反恐政策的转向具有标志性意义，但它的发生是否与美国外交政策密切关联？另外，世界范围反恐刑事政策转向是否在一定意义上可以理解为是美国外交政策失败的代价呢？(2)强调社会团结，尊重人的价值，是法秩序中不可处分的东西，属于法秩序中不可侵犯的核心构成。法的梦想

---

① 参见[美]罗斯科·庞德：《通过法律的社会控制》，沈宗灵译，商务印书馆2008年版，第15页。

② [美]凯斯·R. 桑斯坦：《恐惧的规则——超越预防原则》，王爱民译，北京大学出版社2011年版，第210页。

是给在这里的所有人提供一个和平的空间，要把他们作为公民并且作为人格体来对待，而不在他们的人类尊严的不可侵犯性上进行任何区别。敌人刑法实际上是法治国的重构：面对风险恐惧、控制需要和预防利益而投降。①

对于雅各布斯的“敌人刑法”观念，韩国学者金日秀教授给予了极具思想高度的批判，他写道：“今天，敌人刑法作为刑法理论登场正是始于对法与爱的理解的欠缺。”“犯罪是对爱的否定，刑罚是对此否定的否定，即爱的恢复。”“刑罚尽管一方面向人的罪恶本性宣泄着强烈的愤怒，但其愤怒本身却不是‘罚’的目的。相反，刑罚的任务在于，洗刷因犯罪而变得肮脏的人的本性之残渣，挖掘隐藏的爱的潜在力，进而唤起对于罪的羞耻心。我们不应抛弃刑罚能够使人获得人格的确信。因此，应该将罪的恐怖和刑罚的恐惧所呈现的强制与恐怖的刑法改变为爱与希望的刑法。这才是刑法的未来音律。”“敌人刑法观具有颠覆或终结启蒙主义或人道主义刑法发展方向的危险，在这点上其是现代刑法理论中最具争议和方向性倒退危险的刑法观……我们必须预测与法治国家刑法原则相矛盾的国家刑罚权战争工具化的危险，甚至需要时刻保持高度警觉。”②

以战争方式解决恐怖主义犯罪显然是敌人刑法的思维，但敌人刑法的观念属于简单化的最极端的以暴制暴的解决问题方式。如果从文化与文明的高度审视这种以暴制暴的法律施行模式，那就更值得反思了。对此，文化学者叶匡政指出，“在现代社会，军队、法院、警察都是合法暴力的使用者，这些执法者如果在执法时不注意暴力的实施边界，损害的不仅是法律的正义，还会将一种暴力心理传导给民众。暴力其实也是守恒的，即便是那些合法施加给社会和个人的暴力，最终也会反弹给社会。暴力对人的损害是双向的，施暴者与受害者同样会受到心灵的损害。如果执法机构常常需要依

---

① 参见[德]哈塞默尔：《面对各种新型犯罪的刑法》，载中国人民大学刑事法律科学研究中心编：《明德刑法学名家讲演录》(第1卷)，北京大学出版社2009年版，第28页。

② [韩]金日秀：《风险刑法、敌人刑法和爱的刑法》，郑军男译，载《吉林大学社会科学学报》2015年第1期。

靠暴力来维持社会稳定,其结果往往造成社会的不稳定。因为暴力执法的覆盖面越大,被暴力扭曲人格的民众也会越多,一个社会的理性空间只会越小,最终损害的是整个社会的稳定。所以真正稳定的社会,绝不可能依靠暴力维持,而是需要民众有对国家法治权威发自内心的认同,这才是一个社会稳定真正坚实的基础。”①作为不满的行为类型之一,恐怖主义犯罪在一定意义上也属于仇恨型犯罪。对于人类何以产生仇恨,周国平先生这样写道:“人与人之间,部落与部落之间,种族与种族之间,国家与国家之间,为什么会仇恨?因为利益的争夺,观念的差异,隔膜,误会,等等。一句话,因为狭隘。一切仇恨都溯源于人的局限,都证明了人的局限。”②人性的局限是根植于人自身之中难以剔除的基因,即便人类发展演化到今天,仍然无法完全避免,这也说明人类还需要自我反省与进化。恐怖主义以极端暴力形式反抗既有法秩序,无疑体现的是人性中最愚昧和野蛮的劣根性。国家作为理性的存在,须在最大限度内克制暴力的使用。因为即便我们打赢了反恐战争,如果我们不能解决规范的有效性问题和随着现代性发展而导致的社会问题,如果社会不能整体性提升文明程度,那么,随之而来的将会是无穷无尽的其他各类型的战争。在一个日益分裂、隔阂和厮杀型的社会氛围中,我们难以建立一个具有人性尊严的法治社会。

正所谓“人间正道是沧桑”,任何事物都具有正反两面性,人类社会发展往往伴随着代价。恐怖犯罪也可以认为是人类进步特别是现代性的代价。为了人类的自由和尊严,恐怖犯罪这件“麻烦事”是我们需要承受的。未来国家治理恐怖主义犯罪,一方面,需要我们保持理性、冷静和忍耐之心;另一方面,人类的知识具有建构性的特点,既有的知识框架会在很大程度上影响人们的思维和国家战略的制定,对恐怖主义的治理,需要我们转换思路,寻找政治智慧。法学家庞德指出,“在我们生活的地上世界里,如果法律在今天是社

---

① 叶匡政:《恶性暴力背后的文化沉思》,载 http://www.aisixiang.com/data/33325.html,最后访问日期:2019 年 5 月 2 日。

② 周国平:《周国平语录》,上海人民出版社 2011 年版,第 220 页。

会控制的主要手段,那么它需要宗教、道德和教育的支持;而如果它不能再得到有组织的宗教和家庭支持的话,那么它就更加需要这些方面的支持了”。[①] 我国未来社会治理体系的现代化也需要从整体社会规范的角度推进,法虽然是社会治理之“端”,但法律的效力需要整体社会规范的支持。面临社会问题时,国家绝不能将目光仅仅聚焦于法律特别是刑法的打击之上。

人作为群体性和社会性存在,最重要动机是希望得到周围人的接受和尊重,[②]将某类群体以另类对待,这种歧视和偏见性的做法将阻断他们与社会的融合与团结,极其容易引起更大规模的仇恨与报复。在这个意义上,建立在将恐怖分子排斥于市民之外观念上的“敌人刑法”,存在导致将恐怖分子与现实社会绝对性和永久性对立的风险,这是一种危险的思考和解决问题的方法。

六、展望

一个没有恐怖主义的世界是个美妙的地方,但随着现代性的来临,这种愿望已难复存在。贫困、人口、教育、政治疏离、民族宗教等问题都是滋生恐怖主义的重要诱因。从历史看,恐怖主义并非产生于美国,但现实中,美国对国际社会恐怖主义的泛滥,难辞其咎。对于美国反恐战略存在的问题,西方学者一针见血地批评道:“苏联解体后的那几年,美国感觉良好,洋洋自得,自以为是世界头号大国,实力空前雄厚。然而,意外的威胁打击了美国……美国目前面临着更紧迫的长期威胁。如果美国政府想继续维持与美国人民的隐形契约,就必须有效应对威胁。恐怖主义成为前所未有的威胁,不仅因为它是一个受宗教启发的激进思想,还因为它可以利用前所未有的技术和渠道传播这种思想。它的危险还在于我们没有很好地理解国际恐怖主义,如果应对不当,那么恐怖主义和反恐怖主义的互

---

① [美]罗斯科·庞德:《通过法律的社会控制》,沈宗灵译,商务印书馆2008年版,第30页。

② 参见[美]戴维·米勒:《政治哲学与幸福根基》,李里峰译,译林出版社2013年版,第25页。

动关系有可能引发另一起灾难性攻击或一场大型系统性常规战争。”①

单从恐怖主义产生的原因看,我国和美国存在很大差异,同样面临利用前所未有的技术和渠道传播的问题,美国反恐失败的经验教训同样值得我们借鉴。与美国等相比,我国在应对恐怖主义的问题上,既有制度优势,也存在治理机制上的不足。就前者来说,我国采取的政府主导的经济社会发展模式,可以保证国家有效动员和统合政治、经济、文化等措施以整体应对恐怖主义;而在后者问题上,虽然中央和《反恐怖主义法》都强调要综合施策,标本兼治,但实践中不少反恐基础性工作未能按照中央的要求扎扎实实地落实,有些部门难以真正地一心一意解决恐怖主义产生的深层次问题。所以,未来我国反恐成效在很大程度上取决于我们如何发挥制度优势,有效克服和避免既有工作体制的不足。

反恐国家战略必须是面向未来的,国家不能脱离社会背景来考虑恐怖主义和反恐政策的制定。未来相当长一段时期,反恐都将占据各国政治与法律中心地位,低估反恐事业的难度是轻率甚至是错误的。刑法是社会的一面镜子,刑法在某种程度上是我们文化状态最忠实的反映并表现着一国占主导地位的精神状态,②缓则治本,急则治标,面临恐怖主义犯罪的严峻威胁,刑法没有绥靖、懈怠和退却的任何余地。而且,面对强烈的社会需求,刑法在我国未来反恐事业中的地位还将进一步上升,刑法对恐怖行为的干预范围还将进一步扩张,刑法的预防性特征也会随之进一步凸显。但是,“任何法律科学必须成为并且保持其作为一种真正的体系性科学;因为只有体系性的认识秩序才能保证对所有的细节进行安全和完备的掌握,从而不再流于偶然与专断,否则,法律的适用就总是停留在业余水平

① [美]奥德丽·库尔思·克罗宁、[美]詹姆斯·M. 卢德斯:《反恐大战略:美国如何打击恐怖主义》,胡微等译,新华出版社 2015 年版,第 4 页。

② 参见李海东:《刑法原理入门:犯罪论基础》,法律出版社 1998 年版,代自序,第 16 页。

之上”。[①] 刑法参与恐怖主义犯罪治理,不能过度扭曲自己的本性,不能忽视社会政策的整体性。“先发制敌、保持主动”是我国《反恐怖主义法》确立的反恐基本方针,必须坚定不移地执行,但是,真正先发制人的战略方针不只是通过追查肇事者应对恐怖袭击,也不应当只是简单强调扩张刑法的范围和强化刑事措施,而应该是着力解决和打击恐怖主义滋事的根源。[②]

我国当下反恐刑事立法价值体系的建构,一方面要与社会需求相适应,另一方面也要与刑法的性质和其在法体系中的地位和功能相协调,还必须维护法律基本价值在反恐领域的有序而合理的组合关系。国家对恐怖主义犯罪的治理能力,取决于我们最终可以在多大程度上摆脱对刑事措施的依赖。一言以蔽之,我国未来反恐国家战略与刑事政策现代化之路,在刑法领域,有赖于合理平衡安全价值与公民自由之间的关系;在社会政策的整体性方面,需要国家妥善处理刑法与其他社会政策之间的有效合作。

---

① [德]克劳斯·罗克辛:《刑事政策与刑法体系》(第2版),蔡桂生译,中国人民大学出版社2011年版,第5页。

② 参见[美]奥德丽·库尔思·克罗宁、[美]詹姆斯·M.卢德斯:《反恐大战略:美国如何打击恐怖主义》,胡微等译,新华出版社2015年版,第240页。

第三章　犯罪门槛的降低与轻罪立法

一、问题的提出

近年，尤其是《刑法修正案（八）》以来，刑法立法开始迈向轻罪构建之路，犯罪门槛下降和轻罪数量增加成为该时期刑法立法的重要特色。而且，可以预测未来这种立法趋势还将进一步强化。对此，不少学者给予了褒扬，如一向倡导“严而不厉”刑法结构的储槐植教授指出这是我国刑法开始走向现代化的标志，①在我国，刑法现代化就是“厉而不严”走向“严而不厉”即刑法结构调整的过程。② 在刑法体系的构造上，本书丝毫不否认轻罪立法及其推进刑法结构向“严而不厉”转向的法治意义，但是，任何制度从来都是体系性存在，我国现行各项刑事法律制度（包括刑罚制度与刑事司法制度）和国民关于犯罪的观念皆建立于违法犯罪区分的二元体系之上，在这种情况下，犯罪门槛降低和轻罪刑法条款扩张是不是一种适宜和值得肯定的立法趋势？

---

① 参见储槐植：《走向刑法的现代化》，载《井冈山大学学报》（社会科学版）2014 年第 4 期。

② 参见储槐植：《刑法现代化本质是刑法结构现代化》，载《检察日报》2018 年 4 月 2 日，第 3 版。

实践效果究竟如何？我国眼下轻罪立法是否秉持了法治的“初心”？如果未来我国继续推进轻罪立法，那么需要哪些配套制度改革？本章主要围绕这些问题展开体系性和建设性的法理思考。

对于本章研究对象的“轻罪”或称“轻犯罪”，以下两点有必要特别说明：第一，其与传统刑法理论中的轻罪概念不同。我国刑法理论长期使用重罪和轻罪的概念，一般将法定最低刑为3年以上有期徒刑的犯罪称为重罪，其他犯罪则为轻罪。① 本章所言的“轻罪”系新型规范现象，是积极刑法立法观和刑法功能扩张在规范上的投射，指的是近年立法为了强化刑法参与社会治理，降低犯罪门槛，将原本或本可由行政法或其他规范调整的行为升格为犯罪而形成的规范体系。第二，其与国外刑法中所称的轻犯罪或微罪的概念及其法体系地位也有差别。从近年轻罪立法的实践看，我国轻罪立法主要是犯罪门槛降低的结果，除劳动教养制度改革等个别情形外，行政处罚的体系地位和行政机关依法享有的处罚权并没有发生根本性改变。② 换句话说，我国眼下轻罪立法是在坚持违法犯罪区分的传统二元体系基础上展开的，其主要目的是强化刑法参与社会治理，并非意在根本解决行政权尤其是人身自由罚司法化问题，这种做法决定了我国轻罪立法在法治上将面临难以避免的先天性缺陷与不足。

二、轻罪立法的规范表现与正当性

（一）立法指导思想的转变与轻罪立法的规范表现

无论是现代国家，中世纪的教堂、古老的城市，或者古老的部落，任何大规模人类合作的根据，都在于某种存在于集体想象中的虚构故事。③ 犯罪本质上是一种文化性存在和人类理性建构物，如何科学构建危害社会行为及其法律制裁体系，这是国家立法首先要

---

① 参见张明楷：《刑法学》（第5版），法律出版社2016年版，第92页。

② 参见李晓明：《“行政拘留”的扩张与行政刑法的转向》，载《法学评论》2017年第3期。

③ 参见［以色列］尤瓦尔·赫拉利：《人类简史：从动物到上帝》，林俊宏译，中信出版集团股份有限公司2017年版，第26页。

面对和解决的课题。在多数国家(地区)刑法中,犯罪成立并无违法数量或程度的限制,行为具有法益侵害或者社会危害性即被规定为犯罪。依据行为危害程度的不同,各国(地区)刑法将犯罪区分为不同类型,如《美国模范刑法典》将犯罪分为重罪、轻罪、微罪和违警罪;法国刑法将犯罪分为重罪、轻罪和违警罪。尽管各国(地区)刑法关于犯罪类型的划分不同,大体来说,调整轻微犯罪的刑法规范,被称为"轻犯罪法",有的国家如日本还专门制定有《轻犯罪法》。在我国,犯罪被认为是具有严重社会危害性的行为,《刑法》第 37 条规定:"对于犯罪情节轻微不需要判处刑罚的,可以免予刑事处罚……或者由主管部门予以行政处罚或者行政处分。"《治安管理处罚法》第 2 条指出,行为"尚不够刑事处罚的,由公安机关依照本法给予治安管理处罚"。可见,在我国,根据行为违法层级,危害社会行为分别由行政法与刑法调整。国外"轻犯罪法"规定的行为类型,在我国相当大一部分属于行政违法行为,由行政法调整。

事物的存在具有对应性。在犯罪成立没有违法数量或程度限制的刑法体系中,立法划定的犯罪圈大,刑事法网严密,刑法规范发达,刑法整体上呈现"严而不厉"构造;与此相对,在我国这样采取违法和犯罪区分体系的国家,刑法关注的只是违法行为中的高端部分,犯罪圈相对窄小,刑法结构呈现"厉而不严"的特征。与前述两种犯罪圈划分相对应,对于危害行为的制裁,分别形成了"司法统一制裁模式"和"行政与司法双轨制裁模式"。[①]

晚近推动我国轻罪立法的动力主要是以下两个方面:第一,国家法治改革。全面推进依法治国是近年国家和社会发展的重要目标,2013 年 11 月 15 日公布的《中共中央关于全面深化改革若干重大问题的决定》决定废止劳动教养制度,同年 12 月 28 日,全国人大常委会通过了《关于废止有关劳动教养法律规定的决定》。劳动教养制度废止后,作为对原劳动教养对象分流处置的措施,立法通过降低犯罪门槛和新增轻罪将过去由劳动教养调整的部分行为纳入

---

① 参见谢川豫:《危害社会行为的制裁体系研究》,法律出版社 2013 年版,第 18 页。

刑法调整范围,这样可以部分填补《决定》通过后留下的处罚空档,[1]轻罪类型随即增加。第二,刑法立法指导思想转向及其影响。强调刑法积极介入社会治理,是近年刑法修正的基本立场,《刑法修正案(八)》提出加强刑法对民生问题、弱势群体的保护,[2]犯罪门槛下降、新增系列罪名成为其重要特色。《刑法修正案(八)》的做法得到立法机关和社会主流意见的普遍肯定,《刑法修正案(九)》在立法指导思想上明确提出要"坚持创新刑事立法理念,进一步发挥刑法在维护社会主义核心价值观、规范社会生活方面的引领和推动作用"。《刑法修正案(九)》强调刑法对社会生活的引领和推动作用,标志着积极刑法立法观在我国的正式确立,轻罪立法现象在《刑法修正案(九)》中进一步凸显。

归纳起来,近年我国轻罪立法主要有以下情形:

第一,扩大既有犯罪范围,将原本由行政法调整的行为犯罪化。如《刑法修正案(八)》将"入户盗窃""携带凶器盗窃"和"扒窃"新增为盗窃罪行为类型,将"多次敲诈勒索"纳入敲诈勒索罪的构成要件。《刑法修正案(九)》将"多次抢夺"纳入抢夺罪的调整范围,也属于该种情形。

第二,增设新罪,将原本由《治安管理处罚法》调整的行为升格为犯罪。近年刑法修正条款中属于该种情形的较多,如《刑法修正案(六)》新增的第262条之一组织残疾人、儿童乞讨罪,《刑法修正案(八)》新增的第205条之一虚开发票罪,第210条之一持有伪造的发票罪以及《刑法修正案(八)》新增、《刑法修正案(九)》进一步完善的第133条之一危险驾驶罪。《刑法修正案(九)》新增的属于该情形的如第120条之三至之六规定的宣扬恐怖主义、极端主义、煽动实施恐怖活动罪,利用极端主义破坏法律实施罪,强制穿戴宣扬恐怖主义、极端主义服饰、标志罪,非法持有宣扬恐怖主义、极端主义物品罪。另外,第280条之一使用虚假身份证件、盗用身份证

---

① 参见周光权:《转型时期刑法立法的思路与方法》,载《中国社会科学》2016年第3期。

② 参见黄太云:《〈刑法修正案(八)〉解读(二)》,载《人民检察》2011年第7期。

件罪,第284条之一组织考试作弊罪,非法出售、提供试题、答案罪,代替考试罪以及第290条第3款、第4款分别规定的扰乱国家机关工作秩序罪,组织、资助非法聚集罪,也都属于此情形。

第三,新增罪名,将原本可以依法按照犯罪预备、帮助犯处理的行为正犯化。如《刑法修正案(九)》增设的第120条之二准备实施恐怖活动罪,第287条之二帮助信息网络犯罪活动罪等。

第四,新增罪名,将以往由职业道德规范调整或处罚不明确的行为犯罪化。比如《刑法修正案(八)》新增的第308条之一泄露不应公开的案件信息罪,披露、报道不应公开的案件信息罪以及第260条之一虐待被监护、看护人罪等。

第五,新增罪名,将性质上主要属于民事纠纷的行为犯罪化。如《刑法修正案(六)》增设的第175条之一骗取贷款、票据承兑、金融票证罪,《刑法修正案(八)》增加的第276条之一拒不支付劳动报酬罪等。①

第六,面对新型社会问题,刑法新增轻犯罪类型。如《刑法修正案(九)》新增的第286条之一拒不履行信息网络安全管理义务罪和第287条之一非法利用信息网络罪等。

(二)轻罪立法的正当性与积极价值

立法降低犯罪门槛,积极推进轻罪体系构建,不仅具有理论和法治上的正当性,也符合现代社会治理的需要,这正是我国很多学者提倡和坚持未来我国刑法立法应进一步犯罪化甚至将其视为刑法现代化转向的重要动因所在。

1. 契合法治建设的方向

权力分工是现代国家履行职能的客观需要,虽然各国政治体制和法治传统有别,但一般都认可立法权、行政权和司法权的划分,只是实践中权力分工及其界限并不是绝对明晰的,即便是西方法治发达国家,也无法克服这一问题。凯尔森指出:“司法权对所谓行政权的分立,也只有在比较有限的范围上才是可能的。这两种权力的严

---

① 参见何荣功:《社会治理“过度刑法化”的法哲学批判》,载《中外法学》2015年第2期。

格分立是不可能的,因为通常以这些术语所称的两种类型活动实质上并不是不同的职能。”[①]为了实现对人权的尊重与充分保护,国际公约和法治发达国家的通行做法是将涉及公民人身自由剥夺事项留与司法权决断。《公民权利和政治权利国际公约》第9条第3款规定:“任何因刑事指控被逮捕或拘禁的人,应被迅速带见审判官或其他经法律授权行使司法权力的官员,并有权在合理的时间内受审判或被释放。”我国宪法明确肯定了立法权、行政权与司法权分工行使的原则,但依照法律规定,公安机关作为行政机关实际上行使着法治原则下普遍由司法机关行使的司法权:首先,公安机关拥有系列强制处分权,如在劳动教养制度废除前,公安机关有权采取劳动教养措施。根据《治安管理处罚法》的规定,对于违反治安管理、扰乱公共秩序、妨害公共安全以及侵犯人身权利、财产权利的行为等,公安机关有权处以罚款和行政拘留。又如,依据《禁毒法》,公安机关可以依法作出对吸毒人员的强制隔离戒毒决定,强制隔离戒毒的期限为二年,最长可以延长一年。其次,在刑事审前程序中,除逮捕以外其他所有强制措施和强制性侦查手段,都由公安机关自行决定、自行执行甚至自行延长和变更。对于大量涉及个人基本权益和自由的事项,公安机关在刑事侦查领域依法拥有权威和最终决定权。[②]

过去,在我国法治不完善和犯罪激增的特殊时期,强大的警察权有利于刑事政策的实现,满足国家高效治理违法犯罪的需求。但公安机关作为行政处罚和刑事强制措施的决定者,毕竟与案件有着直接利害关系,往往优先维护国家、社会利益;公安机关进行的各种活动大多是由管理者与被管理者、处罚者与被处罚者双方构造而成的,这里既不存在中立第三方介入,也不受公安机关以外的其他国家机构有效审查和制约;而且,公安机关拥有对公民个人基本权益最终决定权和处置权,不符合“控审分离”“司法最终裁决”等法治

---

① [奥]凯尔森:《法与国家的一般理论》,沈宗灵译,商务印书馆2013年版,第390页。

② 参见陈瑞华:《司法权的性质——以刑事司法为范例的分析》,载《法学研究》2000年第5期。

原则。所以,如何确立警察权的行政权属性,实现公安机关非司法化,将公安机关拥有的行政拘留等治安行政处罚权纳入司法权之中,以及将刑事侦查领域剥夺、限制个人基本权益和自由的措施纳入司法权控制之下,一直是这些年我国司法改革所面临的重大课题之一,[①]劳动教养制度的废止就是围绕该问题旨在实现行政处罚权司法化改造的重要举措之一。法治国家的核心就是要对涉及公民生命、自由及财产等基本权利的刑事惩罚实行罪刑法定。[②] 在犯罪圈的设定上,实现国家对难以容忍违法行为惩罚的有效方式是通过立法者所确定的刑法规范将值得处罚的危害行为规定为犯罪,赋予被告人辩护机会,尊重和保障其各项权利,将处罚纳入法治轨道。[③] 这正是法治发达国家普遍对犯罪成立不作违法数量或程度限制的根本原因。轻罪立法和犯罪门槛降低,有利于推进以法治方式惩治危害社会的行为,有助于进一步解决我国长期以来事实上属于(甚至严厉性超过)刑罚措施的行政处罚交由行政机关决定而不是由法院审判这种不符合程序正义的问题。

2. 有利于培养公民的守法意识

法律是使人类行为服从规则治理的事业,国家制定法律,赋予国家机关权力,目的之一就是对人们的行为进行规范,从而建立起社会秩序,并将这种社会秩序延续下去。[④] 所以,法治的良好运转必然依赖规则的存在以及人们对规则的尊重与遵守。在我国违法和犯罪区分的二元体系下,没有达到严重社会危害性的行为被纳入行政法的调整范围,由警察机关处理,尽管这种社会治理模式在效率上不失一定优越性,是一种历史的选择,但在道德规训和规则的引导层面上,此种“刑事法网疏漏”的立法模式并非最佳的处理方式。对此,储槐植教授指出,因为刑事法网疏漏,从而直接导致民众是非

---

① 参见陈瑞华:《司法权的性质——以刑事司法为范例的分析》,载《法学研究》2000 年第 5 期。

② 参见卢建平:《论法治国家与刑事法治》,载《法学》1998 年第 9 期。

③ 参见周光权:《转型时期刑法立法的思路与方法》,载《中国社会科学》2016 年第 3 期。

④ 参见[美]汤姆 · R. 泰勒:《人们为什么遵守法律》,黄永译,中国法制出版社 2015 年版,第 393 页。

界限模糊,违法与犯罪界限不清,民众容易产生侥幸心理而难以形成自觉守法的文化。相反,如果立法设定的刑事法网严密,将轻微犯罪纳入刑法调整,那么道德底线刚性化,对违法犯罪行为采取较为严厉的否定态度,即便是较为轻微的违法行为在刑法上也做否定评价。如此,较为容易引导公民养成良好的遵守规则意识,社会诚信体系也较为容易形成。[①] 此外,降低犯罪门槛和轻罪立法也有着科学实证根据,"破窗理论"认为严重犯罪总在失序行为未受约束的区域滋生,该理论支持下的犯罪治理"零容忍"战略,要求刑法积极介入轻微犯罪和非法行为,以预防和制止严重犯罪的发生。[②]

3. 有助于缓解传统刑法结构的矛盾

在违法和犯罪区分的二元体系中,我国刑法明显呈现的是"厉而不严"的刑法构造。近年随着刑法的修改完善,这种刑法结构虽然有所调整,但整体上并没有得到根本性改变。"厉而不严"的刑法结构除了存在前文所述的不利于国民规范意识的养成和国家法规范权威的确立之外,还存在种种问题,如刑事法网的疏漏将难以避免会放纵许多具有刑罚可罚性的行为,实践中还将导致不幸落入刑事法网者受到过度的刑罚处罚。完善我国刑法结构就是要实现刑法结构由传统的"厉而不严"向"严而不厉"方向转型。[③] 犯罪门槛的降低和轻罪体系的构建,带来的是刑事法网趋向严密和轻微处罚的增加,传统刑法的结构性矛盾可以在一定程度上得到缓解。

4. 符合现代社会治理需要

我国进入了现代化发展阶段,为了应对我国社会全面转型时期与全球风险社会背景下不断出现的各类新型风险与安全威胁,整个国家制度设计都呈现预防的价值导向。现实社会,很多犯罪行为一

---

①　参见储槐植、何群:《刑法谦抑性实践理性辨析》,载《苏州大学学报》(哲学社会科学版)2016 年第 3 期。

②　参见[美]乔治·凯林、[美]凯瑟琳·科尔斯:《破窗效应:失序世界的关键影响力》,陈智文译,生活·读书·新知三联书店 2014 年版,第 24 页。

③　参见梁根林:《刑法修正:维度、策略、评价与反思》,载《法学研究》2017 年第 1 期。

旦得逞就会造成重大法益侵害，不仅后果严重，而且涉及被害范围也可能十分广泛。面对这种新情况，犯罪治理上的未雨绸缪，治小罪防大害，就成为一种值得提倡的犯罪治理策略。具体到刑事法领域，立法者不可避免地会通过降低犯罪门槛、增设新罪名、前置刑罚介入点等立法策略与技术，扩大犯罪圈、严密刑事法网和严格刑事责任以满足国民对安全的需求。刑法作为一种重要的社会制度，特别是其在风险预防和社会管理方面具有的特殊功能，使得人们对刑法积极参与现代社会治理一直寄予厚望。眼下刑法价值的预防转向和社会管理法特征逐渐明显化，是各国刑法发展过程中共同呈现出的一种面相。构建明显具有风险预防和社会管理色彩的轻犯罪法体系，自然是我国未来刑事立法无法回避的课题。

具体到眼下我国轻罪立法的动因，较之于违法行为处罚措施的法治化或行政权的司法化改造，强调刑法积极参与社会治理和希望通过刑法强力塑造公民的规则意识，具有更为强烈的社会诉求，这也是我国轻罪立法的特色所在。

三、轻罪立法的实践困境与问题

任何事物都具有无法克服的正反两面性，只有对事物进行全面考察，才能获得妥当认识。犯罪门槛下降和轻罪立法在具有法治正当性和诸多方面积极意义的同时，实践中也面临种种问题。

（一）惩罚的过度化及其有效避免

在田园牧歌时代，社会关系简单，违法犯罪行为类型相对单一，即便立法设置较低犯罪门槛，也不会导致罪名和犯罪类型数量过度庞大，但眼下刑法介入社会领域的范围大幅延展，在社会关系和违法行为类型异常复杂多样的现代社会，伴随着犯罪门槛降低和继之而来的轻罪条款扩张，犯罪数量的整体增加将是个不言自明的结论。如何有效避免实践中刑罚惩罚的增加特别是防止刑罚过度化，自然成为问题。

众所周知，在奉行危害行为由刑法统一调整和“严而不厉”刑法结构的英美两国，刑法扩张导致的刑法过度化已成为眼下重要的社会问题。例如，英国仅在 1997 年至 2006 年工党执政的 10 年中，立法就新创约3000个罪名,目前英国罪名总数已超过1万。[1] 罪名急遽膨胀的重要原因之一就是刑法热心关注琐碎的"麻烦事",将大量轻微的危害行为纳入刑法范围。[2] 美国的情况可能更为糟糕,其被认为是当今刑法过度化最严重的国家之一。学者道格拉斯·胡萨克(Douglas Husak)写道,在美国,犯罪的范围如此广泛,以至于几乎所有人在此时或彼时都会触犯刑法规定的一种或者多种犯罪,刑法不再区分"我们"与"他们",超过70%的成年人可能在其人生的某个时点都已犯下可能判处监禁的犯罪。而且,刑法多,惩罚也就多,过多的刑法很容易产生比实际刑罚更多的惩罚。我们没有受到惩罚并不是源于我们对法律的遵守,有的是因为我们运气好犯罪行为没有被查获,有的是因为司法机关经过裁量没有对我们实施逮捕或提起指控,有的是因为我们拥有逃脱刑事制裁的资源。[3] 导致美国刑法过度化的原因是多方面的,其中之一就是刑法参与社会治理门槛低。这从另一个侧面反映了英美刑法"单纯定性的犯罪概念模式"的实践运行效果并非尽善尽美。

如前所述,我国刑法与英美国家对犯罪概念界定不同,单就刑法罪名数量而言,我国与英美不可同日而语。对此,亦如周光权教授所言,我国刑法现有的罪名,对有着13亿人口的大国治理来说是不够的。[4] 但从立法轨迹可以清楚窥见我国刑法罪名明显增长的趋势:1979年刑法颁布时,罪名约为129个。1997年现行刑法颁布时,罪名增加到413个。[5] 其后历经十次刑法修正,罪名现已达469个。其中,《刑法修正案(八)》和《刑法修正案(九)》新增罪名最为

---

① David Ormerod, *Smith and Hogan's Criminal Law*(13th Edition), Oxford University Press, 2011, p. 3.

② Andrew Ashworth, "Is criminal law a lost cause?", *Law quarterly review* 116 (2000), p. 225.

③ Douglas Husak, *Overcriminalization: The Limits of the Criminal Law*, Oxford University Press, 2009, pp. 24-25.

④ 参见周光权:《积极刑法立法观在中国的确立》,载《法学研究》2016年第4期。

⑤ 1997年现行《刑法》颁布时,最高人民法院和最高人民检察院确定的罪名数量并不一致,分别为413个和414个。参见张国轩:《我国刑法罪名数量的演变和构成》,载《中国刑事法杂志》2012年第2期。

明显。如果未来刑法立法改采“严而不厉”结构，普遍性降低犯罪门槛和规模性新增轻罪类型，那么，如何避免刑法过度介入社会治理，这恐怕是个需要认真思考的问题。

（二）出罪司法体制及其遭遇的难题

不管是英美国家，还是德国、日本，立法对犯罪成立不设违法数量或程度的限制，并不意味着纳入刑法调整的轻微犯罪类型最终都会被定罪量刑。刑罚作为和平时期国家对公民适用的最强烈的谴责机制，须不得已时才适用，此即为刑法的谦抑性或称刑法的最后手段原理。为了体现国家对人权的尊重和避免刑法对社会生活的过度干预，各国都建立有各具特色的限定刑罚适用的过滤机制，这些制度既有共性特征，也有个性之处。在日本，通过判例确立的可罚违法性理论就是刑法上限定处罚范围的理论框架，当行为产生了法益侵害结果，若不具有处罚价值，则作为尚未达到必须处罚程度的违法性，而认为其不可罚。① 与此不同，世界上绝大部分国家并没有形成完整的可罚违法性或类似的理论体系，更多的是通过刑事司法上的出罪机制来限定刑罚范围，如大陆法系国家普遍采取暂缓起诉制度和检察官自由裁量起诉制度。在英美国家，司法出罪制度更为发达，类型也更多样，包括警方撤销案件制度、警察告诫制度、罚款通知程序、缓予宣告制度等。② 我国学者将上述各种节制刑罚适用的措施称为刑罚“缓冲”程序，在该程序下，被立法视为犯罪的行为距离定罪和刑罚还有一段比较遥远的路途，犯罪行为在最终被定罪量刑之前有充分的缓冲空间，以保证刑罚成为最后的、不得已才动用的制裁措施。③

在西方国家大犯罪圈刑法体系下，由于刑事司法扮演着节制刑罚适用的角色，司法过程承载着过滤犯罪和出罪的功能，刑事司法运作过程犹如漏斗，所以，这种刑事司法体制也常常被形象比作“漏

① 参见［日］西田典之：《日本刑法总论》，刘明祥、王昭武译，中国人民大学出版社2007年版，第155页。

② 参见谢川豫：《危害社会行为的制裁体系研究》，法律出版社2013年版，第317页。

③ 同上书，第259页。

斗式”刑事司法体制。[①] 而且，立法对犯罪门槛设置越低，犯罪圈越大，实践中就越需要节制刑法处罚范围的措施，即配套建立“漏斗式”犯罪过滤机制。西方国家通过司法出罪机制限制刑罚范围的做法，从它面视角向我们更为全面地展示了刑法谦抑性实质是一种慎用刑法参与社会治理的理念，在各国法治实践中呈现不尽一致的路线图，对此我们需要整体性思考。刑法谦抑性原理与该国立法关于犯罪圈大小划定并没有必然联系，我们不能武断地认为西方国家大犯罪圈立法例不符合刑法谦抑性，或者认为我国设置犯罪门槛的立法体例更契合刑法谦抑性原理。

但采取“漏斗式”刑事司法体制继之而来的问题是：如果依赖刑事司法节制刑罚范围，司法机关将不可避免地会拥有强大的自由裁量权，这又将陷入各种质疑与批评。美国学者威廉姆·斯顿茨（William J. Stuntz）写道，在这种体制下，“犯罪的界定与刑法执行之间的区别远不像人们所想象的那样重要与具有实质意义”“刑事司法体系的真正立法者是检察官而不是立法者”[②]“即使是刑法专家也不能对潜在的犯罪人命运作出精确的预测，这些人的命运并不掌握在法律手上，真正的刑法，是由警察和检察官掌握的”。[③] 实践中，如果行为最终是否构成犯罪的决定权在于警察和检察官，这的确与罪刑法定和现代社会民主主义的立法原理难以契合。

我国有重刑主义的历史传统，当前国民重刑观念仍然相当浓厚，在刑法的社会保护与人权保障功能的博弈中，国家和社会更青睐前者。与西方国家“漏斗式”出罪刑事司法体制不同，我国刑事司法体制呈现的是“直筒式”构造，具有较为浓厚的追诉犯罪色彩，犯罪嫌疑人一旦进入刑事司法程序，通常就意味着他将被定罪和被追究刑事责任，行为人从刑事司法程序中解脱出来的概率很低。[④]

---

① David Garland, *The Culture of Control: Crime and Social Order in Contemporary Society*, Oxford University Press, 2001, p. 62.

② William J. Stuntz, The Pathological Politics of Criminal Law, *Michigan Law Review* 100 (2001), pp. 535, 506.

③ Douglas Husak, *Overcriminalization: The Limits of the Criminal Law*, Oxford University Press, 2009, p. 31.

④ 谢川豫：《危害社会行为的制裁体系研究》，法律出版社 2013 年版，第 325 页。

在这种法治背景下，国家如果不整体推进现有刑事司法体制改革，怠于构建多元的出罪制度，那么，随着立法规模性降低犯罪门槛，将难以避免惩罚的大量增加和刑罚适用的酷苛。不能否认，近些年刑事司法体制改革取得了明显进步，最高人民法院和最高人民检察院也正在努力尝试建立和完善轻罪诉讼体系（后文详述），但制度的改变往往需要时间，尤其是当既有制度和固有经验成为一种文化性存在和思维方式时，变革就将更为艰难。还有，问题的复杂性往往源于问题具有两面性，如果我们果真大量构建刑事司法上的种种出罪制度措施，那么，在司法机关拥有强大的自由裁量权的情况下如何确保权力不被恣意使用，在眼下我国社会，这并不是个容易解决的问题。在这方面，历史上我们不乏教训。①

（三）基于实证数据的反思：以“醉驾入刑”为例

犯罪门槛降低和轻罪立法是否实现了立法者期望的法治效果，实践中是否存在问题，也是检视国家推进轻罪立法必要性的重要依据之一。关于法规范是否发挥了应有功能或者说是否达到预期的规制效果，我们不能像自然科学一般通过科学实验进行客观验证或者量化呈现，但从既有公开的实证数据和资料看，轻罪立法的法治效果可谓喜忧参半。

众所周知，过去这段时间，轻罪立法最典型的事例莫过于《刑法修正案（八）》新增的危险驾驶罪。立法增设本罪主要是考虑到“醉驾和飙车的社会危险不断加大，立法也应当变结果本位为行为本位，符合对危险控制的需要”。② 本罪自 2011 年施行后，确实取得了一定积极法治效果。公安部 2012 年 5 月统计数据显示，从 2011 年 5 月 1 日至 2012 年 4 月 20 日，全国公安机关共查处酒后驾驶 35.4

---

① 1979 年《刑事诉讼法》规定了免予起诉制度，由于适用范围宽泛，缺乏必要的有效监督制约，检察机关滥用免予起诉权的现象一度相当突出，导致该制度畸形发展。1996 年修改《刑事诉讼法》时，该制度被废除。同时，最高人民检察院也于 1998 年下发文件，开始控制不起诉率，致使实践中不起诉率明显下降。直至今日，检察机关不起诉率低，与该段历史不无联系。参见成懿萍：《刑事不起诉率偏低之实证分析——以某地 2003～2010 年刑事不起诉案件为分析对象》，载《中国刑事法杂志》2011 年第 8 期。

② 黄太云：《〈刑法修正案（八）〉解读（二）》，载《人民检察》2011 年第 7 期。在司法实践中，危险驾驶罪适用的绝大部分案件是醉驾的情形。

万起，同比下降41.7%。其中，醉酒驾驶5.4万起，同比下降44.1%。[①] 醉驾入刑也带来了因酒驾、醉驾导致交通事故起数和死亡人数的明显下降。2014年在“醉驾入刑”三年之际的数据统计显示，全国因酒驾、醉驾导致交通事故起数和死亡人数较本罪实施前分别下降25%和39.3%。[②] 到2016年醉驾入刑五年之时，上述两数据与本罪实施前五年相比分别下降18%和18.3%。醉驾入刑还推动了公民自觉遵守法律，抵制酒驾、醉驾意识的提升，“开车不饮酒、饮酒不开车”逐渐取得广泛的社会共识，直接催生代驾这一新经济业态。[③]

但本罪的施行也带来了不能忽视的社会问题，其中最明显的是：醉驾入刑导致此类案件大量增加和有限司法资源过度消耗的问题。数据显示，截至2016年危险驾驶罪施行五年之际，全国公安机关共查处饮酒后驾驶机动车违法行为247.4万件。[④] 2015年，江苏全省各级法院共受理各类案件163万余件，一审审结的刑事案件有7万余件，其中约有1万件为醉驾案件，占全年刑案的1/7。[⑤] 在广州市，2011年5月至2017年10月，全市基层法院受理醉驾型危险驾驶案件14233件，占同期基层法院受理刑事案件总数的13.6%，部分市辖区甚至高达20%～30%。广州市中级人民法院审理的醉驾型危险驾驶二审案件占所有二审刑事案件的比例超过10%。[⑥] 从全国范围看，2018年《最高人民检察院工作报告》显示，2013年至2017年，全国检察机关共起诉717.3万人，较前5年上升19.2%，其中，危险驾驶罪起诉73.7万人，占整个起诉案件的10.27%，其中

---

① 参见新华社：《“醉驾入刑”这一年》，载《检察日报》2012年5月9日，第5版。

② 参见白阳、邹伟：《公安部交管局：“醉驾入刑”三年，酒驾事故数下降四分之一》，载《新华每日电讯》2014年10月20日，第5版。

③ 参见汤瑜：《“醉驾入刑”五年——全国共查酒驾247万余起》，载《民主与法制时报》2016年5月5日，第1版。

④ 同上。

⑤ 参见《江苏1/7一审审结刑案为醉驾，高院院长吁立法入刑门槛要严》，载http://news.sohu.com/20160311/n440135212.shtml，最后访问日期：2019年5月10日。

⑥ 参见卢文洁等：《陈建华代表：醉驾案件挤占大量司法资源 建立“醉驾案附条件不起诉”制度》，载《广州日报》2018年3月11日，第A4版。

绝大部分案件系醉驾案件。出现上述情况的原因,并不难理解:

第一,刑法在性质上属于事后保障法,目标是通过确认规范的效力(规范的普遍遵守),以实现对各种法益的保护。[①] 刑法的角色和性质决定了其对法益的保护只可能是补充性的,在前刑法规范被有效遵守的情况下,刑法适用的机会就会减少,反之,刑法适用的机会就会大大增加。客观地讲,当前我国国民守法和规范意识并不强,在国民普遍缺乏规则意识的情况下,饮酒、醉酒开车的现象在社会上还有一定的普遍性,在这种情况下,增设危险驾驶罪虽然会带来酒后驾车现象的减少,但必定是以大量犯罪查处为代价的。

第二,从案件办理情况看,过去这段时间各级司法机关对于本罪的认定是相当严格刚性的,如公安部《关于公安机关办理醉酒驾驶机动车犯罪案件的指导意见》(公交管[2011]190 号)指出:"从严掌握立案标准。经检验驾驶人血液酒精含量达到醉酒驾驶机动车标准的,一律以涉嫌危险驾驶罪立案侦查。"检察机关对于醉酒驾驶不起诉的标准,掌握得也很严格。2011 年 5 月 23 日,最高检新闻发言人、办公厅主任白泉民接受采访时也表示,对于检方来说,醉驾案件只要事实清楚、证据充分一律起诉。[②] 在广州市,2011 年 5 月至 2017 年 10 月,检察机关对危险驾驶罪的起诉率高达 98.01%,比所有案件平均起诉率高了约 8 个百分点。[③] 刑事司法上缺乏出罪通道,绝大多数醉驾案件最终会被定罪量刑,危险驾驶罪的数量庞大,挤占有限的司法资源,自然不足为怪。

此外,国家和社会为醉驾入刑付出的成本还包括法院有罪判决后的刑罚执行成本、犯罪所生的标签效应、犯罪前科以及犯罪对行为人自身和家庭带来的负面影响等。例如,依据《行政机关公务员

---

① 参见[德]乌尔斯·金德霍伊泽尔:《刑法总论教科书》,蔡桂生译,北京大学出版社 2015 年版,第 15 页。

② 参见《最高检表态只要证据充分醉驾一律起诉》,载《北京晚报》2011 年 5 月 24 日,第 8 版。

③ 参见卢文洁等:《陈建华代表:醉驾案件挤占大量司法资源　建立"醉驾案附条件不起诉"制度》,载《广州日报》2018 年 3 月 11 日,第 A4 版。

处分条例》第17条第2款的规定:“行政机关公务员依法被判处刑罚的,给予开除处分。”该后果可能比醉驾本身受到的处罚后果还要严重得多。

（四）小结与评论

犯罪及其造成的危害是一种客观事实,但人类据此形成的应对机制却是一种理解和知识。“所有的人类理解都只是一种解释,而且,并没有任何一种解释是决定性的。”[①]对于犯罪圈的划定,我国与西方国家采取了迥然不同的模式,实际上就是人们针对该问题的两种不同理解。通过以上分析,我们可以得出以下两点结论。

第一,从理论上讲,立法采取“刑法统一调整模式”,将轻微危害行为规定为犯罪,纳入刑事程序并赋予被告人辩护机会,确实更能彰显国家对公民人权的尊重和保护,也更契合法治国原理和法治改革方向。但在这种体制下,由于犯罪门槛低,被刑法覆盖的犯罪数量必然多,国家若不配套建立“漏斗式”出罪刑事司法体制,将难以避免实践中过度处罚的问题。而一旦国家采纳“漏斗式”出罪刑事司法体制,司法机关将被赋予强大的自由裁量权,不仅会出现前文所言的“刑事司法体系的真正立法者是检察官不是立法者”的难题,如何确保司法机关权力不被恣意行使也将是个棘手问题。英美两国眼下出现的刑法过度化现象,可以在一定程度上说明由刑法统一调整的大犯罪圈模式以及由此形成的“严而不厉”刑法结构在实践中的效果并非完美无瑕。与此相对,我国采取的是违法犯罪区分的二元体系,在这种体系下,行政机关实际上行使着法治国家普遍由司法机关行使的司法权,单就此而言,确实有违现代法治国原则和存在人权保障不充分的问题。但以行政处罚分流轻微危害社会行为,不仅治理违法犯罪的效率高,而且客观上起到维持刑法处罚谦抑性的作用,特别是在眼下我国权力机关和社会民众对犯罪普遍缺乏必要理性认知和应有宽容以及刑事司法体制入罪色彩相当浓厚的背景下,传统违法犯罪区分的二元体系对于节制刑罚范围,避

---

① 参见[美]布赖恩·Z.塔玛纳哈:《法律工具主义:对法治的危害》,陈虎、杨洁译,北京大学出版社2016年版,第176页。

免刑法过度干预社会，不是完全没有制度上的优越性。

第二，危险驾驶罪曾一度被立法机关誉为刑法重视保护民生的亮点条款，也曾一度被立法者奉为“发挥刑法在规范社会生活方面引领和推动作用”的典型事例，但时间总能让人们的认识更为理性。既有的实证结果告诉我们，危险驾驶罪的实施确实起到了一定的积极社会效果，一定程度上提升了国民遵守交通规则的意识，但大量危险驾驶罪案件导致的挤占有限司法资源和巨大的社会成本，几乎成为司法机关和社会难以承受之重。为了缓解这一窘境，最近司法机关对醉驾案件的处理出现了缓和的立场。2017 年《最高人民法院关于常见犯罪的量刑指导意见（二）（试行）》规定：“对于醉酒驾驶机动车的被告人，应当综合考虑被告人的醉酒程度、机动车类型、车辆行驶道路、行车速度、是否造成实际损害以及认罪悔罪等情况，准确定罪量刑。对于情节显著轻微危害不大的，不予定罪处罚；犯罪情节轻微不需要判处刑罚的，可以免予刑事处罚。”从此我们可以看出，法律的运行是个整体性存在，任何问题的改革都是牵一发动全身的。犯罪门槛的降低和推进轻罪立法，如果没有与之配套制度跟进，将无法避免刑罚处罚的大量增加。另外，倚重刑法塑造公民的规则意识和解决社会问题，确实可以取得一定积极效果，不失为现代国家治理社会的一种选择，但巨大的社会成本决定了其是一种低效和不具有可持续性的社会治理模式。所以，强调以刑法实现社会治理（包括对公民规则意识的培养与塑造），是一种需要谨慎提倡的社会治理模式。

取长补短，见贤思齐，这是人性的美德，我国刑事法治进步亦应学习人类文明制度和法治先进经验。劳动教养制度的废止、犯罪门槛的降低以及轻罪入刑构建“严而不厉”刑法结构，都旨在推动刑事法治进步，希冀以更为法治的方式处理危害社会行为。但现实任何制度都是整体性存在的，日本经济学家青木昌彦曾围绕经济制度改革表达了制度及其改革整体性的观点，“一个体系中的各种制度具有战略互补性，某一项或几项制度发生变革，其他的制度要么进行相应的变化，要么就会与新制度难以配合，对新制度的实施产生阻碍。因此，制度变革本质上就应该是整体推进的，否则，就会存在巨大的制度运行成本”。[①] 不仅经济制度的改革需要体系性思考和整体性推进，在法制建设领域，任何一项法律制度的改革，都会牵涉与其相关的制度改革问题。倘若仅对制度的主体部分进行重构，而不考虑相关或配套的制度改革的话，则这种改革必将带来一系列相关制度的集体“排异”反应。[②] 所以，如果犯罪门槛下降和轻罪立法是未来我国刑法立法不可避免的趋势，那么，配套立法与改革就应当提上日程：一方面，国家应考虑实体法上相关制度的改革完善，特别是与轻罪对应的轻微刑罚制度建设；另一方面，在诉讼程序上，必须要配套构建相对完善的出罪机制或措施（后文展开）。

四、刑法积极参与社会治理：一种需要谨慎提倡的社会治理模式

（一）行政拘留的扩张：轻罪立法中的悖论现象

如前指出，轻罪立法的“初心”在于以更为法治方式处理轻微危害社会行为，保障公民权利。具体到眼下的我国，一方面国家立法要沿着劳动教养制度改革的方向，继续推进行政处罚权（主要是人身自由罚）的司法化改造；另一方面要避免行政处罚中“人身自由罚”的立法扩张。在前者方面，劳动教养制度废除为我国轻罪立法提供了重要契机，但其后围绕行政处罚权的司法化改造，立法基本处于停滞状态。对于后者问题，行政拘留在近年立法中继续增设扩张。如2014年新修订的《环境保护法》第63条规定，企业事业单位和其他生产经营者有下列行为之一，尚不构成犯罪的……对其直接负责的主管人员和其他直接责任人员，处十日以上十五日以下拘留；情节较轻的，处五日以上十日以下拘留。2016年颁布的《网络安全法》也新增了“行政拘留”的处罚措施，第63条第1款规定：“违反本法第二十七条规定，从事危害网络安全的活动，或者提供专门用于从事危害网络安全活动的程序、工具，或者为他人从事危害

① 吴敬琏：《“国进民退”：中国改革的风险》，载《中国民营科技与经济》2012年第Z3期。

② 参见谢川豫：《危害社会行为的制裁体系研究》，法律出版社2013年版，第312页。

网络安全的活动提供技术支持、广告推广、支付结算等帮助，尚不构成犯罪的，由公安机关没收违法所得，处五日以下拘留，可以并处五万元以上五十万元以下罚款；情节较重的，处五日以上十五日以下拘留，可以并处十万元以上一百万元以下罚款。”法律是人类的作品，与其他的作品一样，只有从它的理念出发，才可能被理解。[①] 劳动教养制度废止后行政处罚司法化改造的搁置和行政拘留在立法中扩张的悖论现象，根本上反映的是当前国家在轻罪立法问题上整体法治理念和立场的断裂。眼下我国轻罪立法的动力更多的并不是基于法治国家建设和公民权利保障的考虑，而是在积极刑法立法观的指导下，强调刑法参与社会治理，也即《刑法修正案(九)》立法指导思想所言的“发挥刑法在规范和推动社会生活方面的引领和推动作用”。而从改革实际情况看，若果真要立足于法治国家建设推进轻罪立法，那么就必须要直面行政权的限制和推进行政处罚权的司法化改造，该问题直接牵扯国家权力结构调整，事关国家和社会治理方式深刻变革，由于其中利益纠结复杂，改革难度自然大。所以，理论上推进轻罪立法的种种正当化根据，实践中很可能被扭曲或者只是重视其中某一方面便利行之。

接下来，本书将围绕现代国家为何不能倚重刑法积极参与社会治理展开法理阐述，对该问题进行深入的理论阐述，有助于我们更深刻地理解和科学把握我国未来轻罪立法的方向。

(二)谨慎提倡以刑法积极参与社会治理的法理阐述

作为一种政治动物，人们不得不在同他人分享的生活中寻求善的生活方式。[②] 但是，人的社会与蜜蜂的世界的不同之处在于，人类的基因里并没有遵守规则的生物本能，而蜜蜂世界的规则却是由与生俱来的基因决定的。所以，对于人类社会而言，矩不正，不可为方，规不正，不可为圆，而蜜蜂世界却不会遭遇规矩混乱的烦恼。犯罪表现为行为对法益的损害，但前提却是行为违反社会的规则或规

---

① 参见[德]古斯塔夫·拉德布鲁赫：《法哲学》，王朴译，法律出版社2013年版，第4~5页。

② 参见[美]富勒：《法律的道德性》，郑戈译，商务印书馆2005年版，第16页。

范。也就是说，如果行为与社会伦理、道德以及民事、经济法律法规的要求默契一致，就不会导致法益侵害从而构成犯罪。但人类认知具有选择性，往往忽视犯罪生成的内在逻辑，偏执于对结果的关注。习惯动用刑罚解决社会问题（包括培养公民规则意识），似乎是人类的天性，即便在21世纪的今天，威慑仍然是国家维持社会秩序的主要方法。[①] 国家和社会民众之所以偏爱以威慑和惩罚维持社会秩序，一方面，是基于人天生具有趋利避害本性的考量，坚持认为奖励和制裁是促使人们实施一定行为的基本方法；另一方面，相对于其他社会治理措施，通过刑罚解决社会问题，往往可以起到立竿见影的治理效果，而这种效果更容易得到社会管理体制的青睐和民众的推崇。刑法作为现代社会治理体系中的重要环节，参与社会治理和问题解决并不是没有必要性和正当性的，本书丝毫不否认刑法参与社会治理已取得的积极社会效果，但刑法的保障法属性和刑事制裁的生硬性、粗暴性决定了其天然不适合作为调整社会关系或参与社会治理的手段。[②]

第一，强调以刑法积极参与社会治理，是一种表面和简单化的解决问题方式。

人是社会文化的产物，正是在此意义上，促使人们遵守法律的力量，被认为从来都不只有法律。博登海默写道："虽然在有组织社会的历史上，法律作为人际关系的调节器一直发挥着巨大和决定性作用，但在任何这样社会中，仅仅依凭法律这一社会控制力量显然是不够的。实际上，还存在一些能够指导或者引导人们行为的其他工具，这些工具是在实现社会目标过程中用以补充或者替代法律手段的。这些工具包括权力、行政、道德和习惯。"[③]学者唐纳德·J. 布莱克通过对法律运行机制的考察，得出的结论是：社会分层越多，社

① 参见［美］汤姆·R. 泰勒：《人们为什么遵守法律》，黄永译，中国法制出版社2015年版，第393页。

② 参见［美］诺内特、［美］塞尔兹尼克：《转变中的法律与社会：迈向回应型法》，张志铭译，中国政法大学出版社1994年版，第100页。

③ ［美］E. 博登海默：《法理学：法律哲学与法律方法》，邓正来译，中国政法大学出版社1999年版，第357页。

会关系越复杂，法律也就越多。但是，法律的变化与其他社会控制成反比，当其他社会控制的量减少时，法律的量就会增加。[①] 如本书第二章指出，法官儒攀基奇进一步阐述了现实社会中法律与其他社会控制措施有效性之间存在的反比例关系："在一个善恶区分明显、美丑界限易辨的社会中，法律的存在几乎没有必要。相反，在一个善恶极难界分、好坏真假难辨的社会中，对于法律的依赖最为强烈；恰恰基于同样的原因，这种依赖是一种幻想。""在一个没有共同道德观念与价值标准的社会中，人际关系疏远甚至敌对，争讼迭起，因而对法律的依赖更为强烈而迫切，但是，在这样的社会中法律的权威性、确定性及影响力亦荡然无存。因此，在一个社会失范状态严重到一定程度的社会中，对于作为冲突解决工具的法律的需求越大，法律的实际效能反而越差。相反在一个道德价值观念统一、凝聚力强大的社会中，为解决冲突而诉诸法律的情形较少，对于法律的依赖性较小，但法律的效能却非常高。"[②]

对于社会治理，刑法与其他规范体系的关系同样呈现上述反比例形态。相对于道德伦理规范和民事、经济、行政法律法规，刑法居于保障地位，如本书第一章指出，对于规则效力的维护或者面对社会问题，如果前刑法规范能够很好地解决，刑法参与必要性就会减弱；反之，如果前刑法规范不能很好地维护社会规则或解决社会问题，社会对刑法的需求就会增加，刑法在社会治理体系中的重要性就会凸显，而恰恰在此种情况下，国家和社会对刑法的期待，往往也只是我们主观上的美好愿望。所以，特定时期刑法参与社会治理的程度，可以反映道德伦理和民事、行政法律法规等前刑法规范对社会问题治理有效性的程度。犯罪表现为行为对法益的侵害，根本上反映的是社会既有规范体系对行为规制的无效。社会秩序的维护从来都要依靠道德伦理规范，民事、行政法律规范以及刑事法律规范的整体推进，强调以刑法解决社会问题，只看到了问题的表象，是

---

① 参见［美］唐纳德·J. 布莱克：《法律的运作行为》，唐越、苏力译，中国政法大学出版社 2004 年版，第 14 页、第 125 页。

② ［斯洛文尼亚］卜思天·M. 儒攀基奇：《刑法理念的批判》，丁后盾译，中国政法大学出版社 2000 年版，中文版本序言，第 4 页。

一种过于简单化的问题解决方法。

第二，强调以刑法积极参与社会治理，本质上属于功利的或工具主义思维方式。

眼下我们面临众多社会问题，没有疑问的是，国民规则意识淡薄和不遵守规则是其中最为突出的问题之一。正因如此，如前文指出，我国轻罪立法的重要动因之一是通过将轻微犯罪纳入刑法调整，希望以刑法更为有力地塑造公民规则意识。但这种做法显然过于功利，并没有真正理解人类为什么要遵守法律和规则。个人是一个一体化的、有组织的整体。[①] 对于公民而言，遵守规则是一种行为方式，表现为行为与法律规范的要求相一致，其实，遵守规则和法律更是一种思维方式，体现行为人的人格特征。我们不能期待一个在人际交往中不守信、工作中经常迟到早退、社会生活中常常乱穿马路的人，会尊重法律严守规则；我们也不能指望一个对规则合法性缺乏道义上真诚认同感的人会严格遵守法律（包括刑法）的规定。所以，要有效塑造公民规则意识和有效解决现实社会公民不遵守规则的问题，首先需要清楚人们为什么遵守法律和规则。对此，理论上存在工具主义和规范主义的对立。工具主义以威慑论为基础，认为人们是否遵守法律和规则系基于不同行为可能给自己带来收益还是损失的计算。规范主义强调人们遵守法律源于对法律规范的忠诚，以人们对法律和规范是合法的和正义的道德感为基础，并不是基于对违反法律和规则后果的考量。[②] 美国学者泰勒（Tom R. Tyler）以实证主义方法研究的结论是："人们对法律的尊重，是因为在特定情况下人们有自愿按照一定的方式行为的愿望，他们觉得自己理应那样行事。即使人们触犯法律被抓获和受到惩罚的风险很小，甚至根本没有风险，他们仍然会遵守法律。这是一种行为自律，

---

① 参见［美］亚伯拉罕·马斯洛：《动机与人格》，许金声译，中国人民大学出版社2013年版，第3页。

② 参见［美］汤姆·R. 泰勒：《人们为什么遵守法律》，黄永译，中国法制出版社2015年版，第3～4页。

是因为他们内心认为遵守法律是一种社会责任,并自愿承担这样义务。"[①]泰勒进一步强调,"合法性是一种能够促使人们遵守法律的动机和力量,在促使人们遵守法律方面,合法性比触犯法律被抓获和受到惩罚的风险会产生更大的影响"。[②] 社会学家马克斯·韦伯将人的行为动机分为四种形态:(1)传统型动机;(2)情绪性、爱情性动机;(3)目的合理性动机;(4)价值合理性动机。这种划分更多是基于理论研究便利的考量,并不意味着现实社会行为人的行为动机一定准确对应着其中某一种或几种形态。现实中行为的动机往往是其中某几个的结合,而且结合方式也是多种多样的,问题只是在于上述四种动机中哪种占有优势罢了。[③] 同样,上述工具主义和规范主义的对立也更多具有的是理论框架意义,现实社会公民遵守规则的动机亦并不是绝对的非此即彼关系。换句话说,人们遵守规则可能既有功利的考虑,也有基于对法律或规则的忠诚,而且即便同一行为人在不同时点或者面对不同问题,两者的组合关系也并不是完全一样的。但没有疑问的是,强调通过刑法提升公民的规则意识,显然倚重的是威慑力量,固守的是工具主义思维方式。人与生俱来的趋利避害本能决定了威慑有时确实会对人们遵守法律产生很大的促进作用,但是,"有时候却不能发挥任何作用……人们的行为还会受到其他因素的影响……一旦将其他因素的影响考虑在内,威慑的这种影响作用就没有所说的那么显著了"。[④] 任何时候,我们对事物功能的使用都不能背离事物的本性,道德伦理规范是法规范的基础,民商、行政法律法规直接为国民设定行为模式,属于第一次法规范体系,与此不同,刑法属于二次法规范体系,[⑤]刑法二次法规范的属性决定了其对国民行为模式的塑造具有间接性和补充性。

---

① [美]汤姆·R.泰勒:《人们为什么遵守法律》,黄永译,中国法制出版社2015年版,第396页。

② 同上。

③ 参见[日]川岛武宜:《现代化与法》,申政武、渠涛等译,中国政法大学出版社2004年版,第74~75页。

④ [美]汤姆·R.泰勒:《人们为什么遵守法律》,黄永译,中国法制出版社2015年版,第394页。

⑤ 参见梁根林:《刑事法网:扩张与限缩》,法律出版社2005年版,第34页。

强调以刑法塑造、提升公民规则意识，不仅是工具主义的思维形式，而且在实践中也只能取得事倍功半的效果。刑法参与其他社会问题解决，遵守同样的原理，也面临同样的问题。

第三，强调以刑法积极参与社会治理，是一种幽暗的解决问题方式。

法律是建立在公平基础上的和平秩序，它强迫人们戒除暴力。① 刑法制度本身就是一种天生具有悖论性的制度，它以剥夺公民自由来保护自由，即使在推崇刑法人道性的今天，惩罚也仍然是一场场悲剧，只不过在现代社会，刑罚暴力本性变得更为精巧、隐蔽。《道德经》云："鱼不可脱于渊，国之利器不可示与人"，刑罚不仅是现代国家治理社会的公器，更是重器与利器。积极通过刑法参与社会治理，本质上是一种惩罚性的社会治理模式，与宪法提倡的尊重保障人权以及提升国民尊严的主旨精神并不吻合。这些年，对于刑罚机能，学者们越来越倾向于超越传统刑法理论关于报应和威慑的争论，倡导积极一般预防，即刑罚并不是要威慑公众，而是要积极地强化法忠诚或对法秩序的信任。② 相对于报应和威慑理论，积极一般预防具有理论上的优越性，但无论学者怎样善意理解刑法的积极一般预防机能，该机能的实现都无法回避刑罚是和平时期国家对公民适用的最极端的谴责和权利剥夺措施这一事实。而且，离开了惩罚和威慑，所谓的积极一般预防效果也无从发生。只要刑罚不能彻底断绝与惩罚、权力压制以及权利剥夺的关联性，就无法改变刑罚属于不得已"恶"的本性。所以，在文明社会，对犯罪者施以惩罚注定是社会生活中一件特别令人不安与沮丧的事情。③ 真正崇高的道德和秩序只能期待于自发的人格，仅凭单纯的权力压制，人的道德提升是不能完成的。任何希望通过惩罚和威慑方式解决社会问题（包

---

① ［美］E. 博登海默：《法理学：法律哲学与法律方法》，邓正来译，中国政法大学出版社 1999 年版，第 4 页。

② 参见［德］乌尔斯·金德霍伊泽尔：《刑法总论教科书》，蔡桂生译，北京大学出版社 2015 年版，第 26 页。

③ David Garland, *Punishment and Modern Society: A Study in Social Theory*, Clarendon Press, 1990, p. 1.

括希望通过刑法提升国民规范意识)的做法,都不失为幽暗的思考和解决问题方式,不值得也不应当提倡。

第四,强调以刑法积极参与社会治理,会导致种种社会问题。

美国当代犯罪社会学家大卫·加兰(David Garland)在谈及刑罚参与社会治理的局限性时总结性指出,在任何社会,“惩罚只是一种用于那些较可靠的社会机制的强制性的支持力量,这种支持力量除了有助于管理那些脱逸社会正式控制与整合系统的人外,别无他用。惩罚注定不会取得重大的成功,因为真正能导致服从或者促使犯罪与行为偏差的条件位于刑罚制度的管辖之外”。[①] 现实社会的问题,特别是那些突出的社会问题,其存在都有着复杂的原因,这些原因同样处在刑罚权管辖之外,因此,片面强调以刑法解决问题往往难以产生明显效果。而且,积极以刑法解决社会问题,还会导致严重的社会问题。首先,对人类而言,既定思维容易催生行为依赖,对于社会问题的解决,如果刑法总是积极“出手”,身先士卒,其他非刑法措施可能就无法“出手”,或者压根不想再“出手”。长此以往,不可避免地形成社会治理对刑法依赖,其他社会措施参与社会治理应然空间被排挤。其次,从社会资源使用看,通过刑法解决问题,必然意味着增加国家在该领域的资源投入,但特定时期国家资源总量是一定的,增加刑事资源投入必然意味着非刑法资源参与社会治理的相应减少,而伦理道德、民事、经济和行政等非刑罚措施才是更为根本直接和更具彻底性的社会问题解决机制。再者,倚重刑法解决社会问题,还可能掩盖问题实质,转移社会治理的视线。人作为一种感觉性动物,常常会直觉地认为立法既然已针对社会问题规定了罪名,说明国家和社会已高度重视了,那么,问题就会很快解决;如果问题没有得到良好解决,责任也不在国家和社会而系违法犯罪行为人的“顽固”。事实证明,前者往往是普通民众在观念上容易产生的错觉和误解;后者会极大地转移和松懈国家在社会治理和预防公民违法犯罪方面的责任。

---

① David Garland, *Punishment and Modern Society: A Study in Social Theory*, Clarendon Press, 1990, p. 289.

(三)结论

作为人类的创造物,任何法律和制度本质上都是人类自我设计的一套以满足社会具体需求为目标的问题解决反应系统,刑法也不例外。只是刑法与其他部门法的显著不同之处在于,刑法适用难以避免暴力和压制,对于追求尊严的人类而言,如果社会问题的解决不能完全摒除暴力,则必须尽力将其限制在最狭小的限度。刑法参与社会治理,根本上是一种惩罚性的社会治理模式,着实不值得提倡。所以,犯罪门槛的降低和轻罪入刑必须回归法治轨道才具有道义基础和正当性,未来我国轻罪立法的真正动力和方向不应在于单纯强调以刑法解决社会问题,而应立足于法治国建设和刑法结构现代化的逻辑,构建以更为法治的方式处理轻微危害社会行为的刑法制度,以保障公民权利,这才是未来我国轻罪立法应坚持的"正道"。

五、轻罪立法的方向与配套制度完善的建议

关于立法,孟德斯鸠很早就指出:"要特别注意法律应如何构想,以免法律和事物的性质相违背。"①"常常有立法者,打算要纠正一个弊端,便只想着纠正这一点,它的眼睛只对于这个目标是睁着的,而对于一切弊害则是闭着的。"②如果犯罪门槛的下降和轻罪立法是我国未来刑法立法不可避免的趋势,那么,国家不仅要在宏观层面思考未来轻罪立法应当坚持的立场与方向,而且在具体措施上要积极着手构建与之配套的制度。

(一)关于轻罪立法方向的两个问题

轻罪立法表面上看是犯罪圈大小的划定问题,根本上涉及的是现代国家如何在法治框架内妥当处理对危害社会行为的制裁这一课题。国家通过立法不断增设轻犯罪类型,毫无疑问是我国轻罪立法的重要面相,但必须注意的是:轻罪条款和罪名数量的增加并不意味着轻罪立法就是完全契合法治发展方向的。换句话说,未来国家轻罪立法之路绝不是立法机关简单地增设几个轻罪条款就可以

---

① [法]孟德斯鸠:《论法的精神》(下),张雁深译,商务印书馆1961年版,第300页。

② [法]孟德斯鸠:《论法的精神》(上),张雁深译,商务印书馆1961年版,第86页。

草草了事，立法机关通过刑法修正案增设轻罪罪名，只是轻罪立法的表象，轻罪立法的实质问题在于以更为法治方式处理危害社会的行为，实现国家权力对待轻微危害社会行为的科学配置。要保证轻罪立法在法治轨道上切实推进，国家必须重视以下两个方面的根本性问题：

第一，进一步推进行政处罚权尤其是人身自由罚的司法化改造。由于历史的原因，收容教育、强制隔离戒毒中同样存在行政机关实际行使司法权的问题。例如，根据国务院颁布的《卖淫嫖娼人员收容教育办法》的规定，公安机关可直接对卖淫嫖娼人员进行为期六个月至两年收容教育，这不仅与《立法法》规定相冲突，而且由公安机关以行政处罚方式长时间限制和剥夺公民人身自由，并不符合现代国家法治原则和精神。又如前文指出的，对于吸毒人员，公安机关可依法对其作出长达三年的强制隔离戒毒的决定，公安机关实际行使的是法治国家普遍认可的司法权。未来轻罪立法的任务之一就是沿着劳动教养制度改革的方向，实现对收容教育、强制隔离戒毒的司法化改造。

第二，避免人身自由罚的行政处罚权的扩张。如前指出，轻罪立法表面上看是轻微罪名的增加，将过去由行政处罚的行为纳入刑法调整范围，但实质上反映的是国家将轻微危害社会行为纳入司法权框架处理，以更好贯彻法治原则和保障人权。轻罪入刑本意之一就是要限制人身自由罚的行政处罚权的适用，轻罪与行政违法两者的范围呈现的是此消彼长的结构。行政拘留在《环境保护法》和《网络安全法》领域扩张的做法，背离了国家推进轻罪立法的初衷，未来轻罪立法必须避免行政拘留等“人身自由罚”的行政处罚措施进一步扩张。

（二）刑事法律制度的配套改革与完善

为了避免轻罪立法导致的制度之间的不良“排异反应”，立法机关在刑事实体和程序方面进行以下配套制度改革完善，是必要的。

1. 增设轻微刑罚制度

在《刑法修正案（八）》和《刑法修正案（九）》中，立法关于刑罚配置出现了值得关注的新变化，比如对于危险驾驶罪，刑法规定“处拘役，并处罚金”；对于使用虚假身份证件、盗用身份证件罪以及代替考试罪，立法配置的最高刑也只是拘役。但整体上看，近年我国轻罪立法仍然是在既有刑罚制度的框架内展开的，无论是刑罚的种类，还是刑罚执行制度，都没有发生根本性变化。既有刑罚制度类型过于简单，处罚也相对严厉。对此，储槐植教授写道，目前刑法仍然具有明显的重刑化倾向，其中“有46个死刑罪名，94个无期徒刑罪名；全部犯罪均配置有剥夺自由刑，其中法定刑最低五年以上的罪名有341个，法定刑最高五年以下的罪名仅有127个，刑法规定拘役的罪名有394个”。[①] 犯罪门槛整体性下降和轻罪立法，必然需要刑罚与之呼应，以制度性保证罪责刑相适应刑法基本原则的贯彻。如果不整体性推进刑罚制度改革，就无法确保犯罪与刑罚合理对应关系，造成惩罚过于酷苛问题。冯军教授曾指出，犯罪化的目的是严密法网，不是用严厉的刑罚来处罚轻罪。应根据轻罪的具体情况，规定各种能够有效预防轻罪的刑罚。在未来的刑法典中，可以考虑增设善行保证，禁止执业、禁止驾驶、禁止使用、禁止进入、公益劳动、社区服务、周末拘禁等适合轻罪的刑罚。[②] 本书赞同冯军教授关于犯罪化目的的论述，其指出的现行刑法关于轻罪刑罚措施不足和过于单一问题，也是客观存在的。只是冯教授建议增设的刑罚措施是否有必要，值得进一步讨论，有些措施如禁止驾驶等在我国属于行政处罚措施，纳入刑罚体系未必具有正当性与法治优越性。刑法结构由犯罪侧结构与刑罚侧结构组成，[③]两者具有密切的对应关系，未来我国需要建立哪些轻罪刑罚制度，根本上取决于未来国家在整体上如何协调行政处罚与刑罚的关系。也就是说，未来国家立法越倾向于限制行政权，节制行政处罚和行政强制措施的使用，那么，立法就会越倾向将现有的行政处罚或行政强制措施（尤其是

---

① 储槐植：《刑法现代化本质是刑法结构现代化》，载《检察日报》2018年4月2日，第3版。

② 参见冯军：《犯罪化的思考》，载《法学研究》2008年第3期。

③ 参见储槐植：《刑法现代化本质是刑法结构现代化》，载《检察日报》2018年4月2日，第3版。

剥夺和限制人身自由措施)纳入刑法调整升格为刑罚制度,刑罚种类就会多元化;另外,未来立法对犯罪门槛的设置越低,干预社会范围越大,也就越需要对应增设轻微刑罚。所以,未来我国刑法中轻微刑罚制度的种类根本上决定于违法行为处罚措施的法治化或司法化改造的力度。

2. 构建前科消灭制度

为了避免犯罪导致的过度标签效应,不少国家都规定有前科消灭或复权制度。《俄罗斯联邦刑法典》第 86 条规定:“在下列情况下前科消灭:(1)被判处缓刑的人,考验期届满;(2)被判处比剥夺自由更轻刑种的人,服刑期满后过 1 年……(5)因特别严重的犯罪被判处剥夺自由的人,服刑期满后过 8 年。”“前科消灭或者撤销后,与前科有关的一切法律后果便不复存在。”《法国刑法典》第三章第四节全面规定了复权制度,其中第 133 - 12 条规定:“受重罪、轻罪或者违警罪刑罚的任何人,得依本节之规定依法当然复权,或者按《刑事诉讼法典》规定的条件经法院裁判复权。”我国没有前科消灭或复权制度,相反,《刑法》第 100 条规定了前科报告制度,“依法受过刑事处罚的人,在入伍、就业的时候,应当如实向有关单位报告自己曾受过刑事处罚,不得隐瞒”。《刑法修正案(八)》增设了缓和前科报告制度条款,规定:“犯罪的时候不满十八周岁被判处五年有期徒刑以下刑罚的人,免除前款规定的报告义务。”前科报告义务免除并不是犯罪人前科的消灭,而且,适用对象仅限未成年且被判处五年有期徒刑以下刑罚的人。任何事物发展到一定程度,总有回落的机缘,①这是事物的常理,前科阻碍犯罪人的社会化,既违反刑罚目的,也不人道,所以,越来越多的学者开始主张我国刑法应建立前科消灭制度。对于前科消灭制度的具体构建,立法机关除了需要考虑该制度适用程序外,还需要重点解决作为前科消灭对象的“前科范围”以及前科消灭的条件,这需要立法作出价值选择,免不了争议。但立法针对轻罪和未成年人犯罪建立前科消灭制度,异议小,可行性强,而且,以轻罪和未成年人犯罪作为前科消灭制度构建的契机,

---

① 参见赵秉志主编:《刑罚总论问题探索》,法律出版社 2003 年版,第 640 页。

有助于推进前科消灭制度在我国的全面建立。

3. 完善司法出罪机制

我国现行刑事诉讼体制并非完全没有出罪或者限制刑罚适用的功能,如《刑事诉讼法》第173条第2款规定的酌定不起诉制度就是典型的出罪程序机制;《刑事诉讼法》第15条不追究刑事责任和第206条自诉案件可以调解和解的规定,也承担着刑事诉讼上的出罪功能。[①] 但客观地讲,如前指出,与西方法治国家"漏斗式"刑事司法体制相比,我国司法出罪机制不仅种类少,而且实践效果也不好。以不起诉制度为例,司法实践中,除了针对未成年犯、偶犯、初犯、过失犯罪、防卫过当和避险过当等情形外,不起诉适用率非常低。尽管近年检察机关内部已逐步取消严格控制不起诉比例的内部考核制度,不起诉制度的适用情况也没有出现明显乐观转向。[②] 导致检察机关不敢、不愿依法适用不起诉的原因是多方面的,其中有观念方面的障碍,有现行办案机制程序的限制,也有社会环境的制约。如果未来国家规模性推进轻罪立法,那么就必须重视司法出罪机制的构建,只是放宽犯罪入口而无相应出罪机制的构建,将无法避免实践中惩罚的大量增加,"醉驾入刑"的实践已清晰地证明了这一点。我国有学者将该问题称为"犯罪问题非犯罪化处理的程序机制",提出犯罪化过程中,应扩大自诉案件的范围、建立审前调解制度、改革现行不起诉制度和建立暂缓起诉制度。[③] 有学者立足于诉讼的不同环节,提出应当在制裁危害行为的各个环节中设计相应的司法出罪制度,包括可以在侦查阶段增加警察训诫和撤销案件两种出罪程序;在起诉阶段扩大酌定不起诉的适用范围和增设暂缓不起诉制度;在审判阶段除保留刑事调解制度外,增加缓予刑事宣告制度。[④] 在本书看来,未来立法究竟在刑事诉讼的哪个阶段以及

---

① 参见陈光中:《论我国酌定不起诉制度》,载《中国刑事法杂志》2001年第1期。

② 参见成懿萍:《刑事不起诉率偏低之实证分析——以某地2003~2010年刑事不起诉案件为分析对象》,载《中国刑事法杂志》2011年第8期。

③ 参见汪建成、杨微波:《论犯罪问题非犯罪化处理的程序机制》,载《山东警察学院学报》2006年第3期。

④ 参见谢川豫:《危害社会行为的制裁体系研究》,法律出版社2013年版,第325~330页。

在多大范围构建司法出罪制度,需要考虑以下两方面因素:第一,犯罪门槛下降的程度和轻罪的数量与规模。犯罪门槛越低,轻罪数量越大,对于司法出罪机制的需求就越强。第二,如何确保司法裁量权不恣意行使。司法出罪意味着司法机关将拥有行为是否构成犯罪的决定权,在当前我国法治并不完善的情况下,赋予司法机关是否出罪的自由裁量权后如何确保不被恣意滥用,绝非是一件容易解决的事情。此外,我国学者还提出要进一步推进轻罪案件快速处理机制建设,降低羁押率,减少适用羁押性措施以及减少犯罪附随负面效应制度建设等建议。限于篇幅,这里不再展开。

尝试中的事物,往往非一举即能成其美,刑法制度的改革也一样。推进国家治理体系和治理能力现代化是当前我国社会全面深化改革的总目标之一,刑事立法不能脱离国家治理体系和治理能力现代化改革的总体框架。也就是说,未来我国轻罪立法不仅要符合刑事法治建设方向,还必须在根本上契合国家和社会治理体系现代化的总要求。现代化社会治理应当采取和平且具有可持续发展的社会治理方式,应当是高效和低社会成本的社会治理方式。轻罪立法和"严而不厉"刑法结构的建构的确事关我国刑法结构的现代化,但真正刑法现代化应当是国家和社会逐步摆脱社会治理对刑法依赖,而不是刑法纠结其中越陷越深。未来我国刑法现代化之路,一方面要思考如何在法治框架内妥善处理危害社会行为及其制裁体系问题,另一方面还要战略性思考和解决如何有效避免现代社会治理对刑法的过度依赖。

第四章　行为犯：构成要件的缩水及其正当性

刑法谦抑主义立场不仅体现在法益保护的内容上，也体现于立法技术中。就前者而言，刑法处罚严重侵害法益和侵害严重法益的行为；就后者来说，为了限定刑罚权，立法应尽可能采取结果犯的立法技术。面临风险信息社会，上述原则正在发生结构性变化。本章主要围绕行为犯处罚的正当性探讨刑法的扩张及其边界。

本章所称的结果犯和行为犯皆是在广义上使用的，前者包括具体危险犯；后者指的是以行为为基本构成要件的犯罪形态，包括单纯的行为犯（举动犯）和抽象危险犯。

一、构成要件的缩水：一种值得关注的现象

刑罚是国家和平时期对公民有意施加的最强烈的强力措施，它的适用将导致对犯罪人作为公民的基本权利的限制与剥夺，[①]本质上是一种“恶”。所以，作为施刑者的国家必须坚定地意识到自己的崇高使命，一种没有替天行道意念的人类力量，不

---

① Andrew Ashworth and Jeremy Horder, *Principles of Criminal Law*, Oxford University Press, 2014, p. 1.

足以挥动行刑的刀斧。[①] 近世以来,这种“替天行道的意念力量”被确定为国家客观法上的保护义务,即在现代社会,国家权力合法性的全部基础在于保障公民的权利与自由,一切法规范皆应朝着足以防堵公民权利遭受侵害之方向发展,而不是无目的扩张自己的领地。而且,刑罚“恶”的秉性决定了国家应竭力把它的强制限定在最小的范围内并且不断寻求减少使用它的机会,而不是增加强制的机会并把它当作挽救一切道德败坏的药方。[②] 为了实现国家客观法上之保护义务,在刑事立法上,国家除了要重视刑罚处罚根据的正当性外,还应努力通过种种立法技术确保刑罚范围的最大限度克制。近世以来西方各国刑法普遍采用的处罚故意犯为原则、处罚过失犯为例外,处罚既遂犯为原则、处罚未遂犯为例外、处罚预备犯为例外之例外,以及处罚作为犯为原则、处罚不作为犯为例外的立法技术,皆是法治国克制刑罚范围的自觉性举措。

与结果犯显著不同的是,行为犯的场合,特定行为方式的出现,无需任何可感知的变动,不必有任何结果的发生,构成要件即已该当,犯罪成立既遂。正因为如此,在刑法理论上,行为犯被形象地描述为“构成要件的缩水”。[③] 罪刑法定时代,构成要件划定着刑法的疆域,是国家刑罚权启动的“准生证”,也是公民权利与自由的保障书。构成要件的缩水必然引起刑法处罚范围的变动和刑法判断上的问题,如该场合,刑法上因果关系认定成为不必要;在犯罪判定上,国家证明犯罪之责任亦大大减轻,公诉机关只需要证明行为人实施了构成要件的行为,即可认定犯罪既遂。最终,相对于既非非价行为,又非非价行为之结果的结果犯,行为犯构成要件的采用,带来的是国家刑罚权的向前迈进和处罚上的便宜。

刑法的根本问题是国家对公民诉诸强制力的正当性问题,行为

---

① 参见[德]拉德布鲁赫:《法学导论》,米健译,商务印书馆2013年版,第129页。

② 参见[英]威廉·葛德文:《政治正义论》(下卷),何慕李译,商务印书馆1980年版,第141页。

③ 参见林东茂:《刑法综览》(修订5版),中国人民大学出版社2009年版,第50页。“构成要件的缩水”的概念是我国台湾地区林东茂教授所创,言简意赅,意义形象逼真。

犯构成要件的采用所导致的国家刑罚权防线的向前推进和处罚便宜是否具有正当性,对于任何法治国家而言,都是需要从正面回答的根本性问题。清晰的观念才能确保正确的行动,如果在观念上不能形成对行为犯处罚正当性的确信,构成要件缩水很可能导致刑罚权使用的恣意和国家客观法上的保护义务的缩水。而在该问题上,近些年我国刑法(包括立法和司法解释)明显呈现扩大化倾向。大量行为犯构成要件的设置,虽然在一定程度上满足了国家对犯罪惩罚的需要,但带来的却是刑罚正当化的危机。

法谚曰:"法律是正义与善良之术。"但法律作为规范体系和国家强力措施,并非总意味着善。现实社会法律的存在是一回事,其功过善恶则是另一回事,议论法律功过有助于法律更好、更善地存在。本章重点不是对行为犯这种法律存在做规范论的解释,而是重点探讨刑事立法对行为犯构成要件设置的正当化根据以及当前我国刑法在行为犯设置上的功过问题。

二、行为犯立法的正当化事由

(一)正当性根据的确立

法学家川岛武宜说,作为实用法学研究对象的法主要包含两个要素,即赋予立法与审判以动机并决定其内容的价值判断以及实现该价值判断的手段所采用的词语技术。[①] 这里川岛使用的词语技术具有广泛的含义,涵括了法内容表达的知识、经验、规则、方法和技巧等,准确地讲即我们通常称谓的立法技术。在任何法体系中,立法技术作为表达法价值的形式,旨在保障法价值在社会中的贯彻与实现,所具有的主要是工具性价值。人们之所以采用立法和审判要求或强制人们为某种社会行为,皆是为实现特定的"社会价值"考量。换句话说,法律制定和解释的全部活动,都是为实现一定社会价值以及依据一定社会价值所做的判断。具体到刑法立法而言,犯罪的构成要件如何表述,某种犯罪是规定为结果犯还是行为犯,取

① 参见[日]川岛武宜:《现代化与法》,申政武、渠涛等译,中国政法大学出版社2004年版,第242页。

决于立法者的价值倾向。

从本质上讲,立法是一种出色的政治行为,是否赞成某一法律规定的决定因素是政治或思想的倾向。[①] 对此,英国公法学者马丁·洛克林(Martin Loughlin)一再提醒,“政治并未且也难以终结,法治并未且也难以独行是我们学习法律特别是公法时应当秉持的基本认识”。[②] 法律的目的是以政府的强制力作为后盾要求人们为一定的行为,通过这种方式形成并维护一定的社会秩序。在这个意义上,法律是依据政治权力所为的强制,它是为了实现并维护社会秩序而要求人们为一定行为的装置或过程。[③] 但另一方面,法治国的建立标志着法律从此摆脱了对政治的依附而获得新生,成长为具有独立目的性价值的社会存在,在法治框架内,政治行为也毫无例外地受到法律拘束。国家不仅是法律的渊源,而且是法律的产物,[④] 换句话说,在法治国家,法律作为制度化的政治过程的理念,不再只是政治的产物,还为政治行为预设前提。[⑤] 现代法治国的共性现象是,虽然法律是在国家权力的支配下制定实施的,但法律一旦形成,权力也要服从于法律。法的独立性价值决定了对任何法律部门调整对象和立法技术正当性根据的追问必须集中于部门法的专业领域,而不能再求问于政治。

马克斯·韦伯在被誉为20世纪最伟大的社会学专著《经济与社会》中将事物正当性的基础分为传统、信仰和成文法规三种类型。法律本质上意味着秩序,对于其正当性,他写道,行动者之所以认为某种社会秩序具有正当性,可能是由于:(a)传统;(b)情绪化的——尤其是情感的——信仰;(c)价值理性的信仰;(d)实在的成

---

① 参见[日]川岛武宜:《现代化与法》,申政武、渠涛等译,中国政法大学出版社2004年版,第269页。

② [英]马丁·洛克林:《剑与天平:法律与政治关系的省察》,高秦伟译,北京大学出版社2011年版,译者序,第3页。

③ 参见[日]川岛武宜:《现代化与法》,申政武、渠涛等译,中国政法大学出版社2004年版,第251~252页。

④ 参见[德]拉德布鲁赫:《法学导论》,米健译,商务印书馆2013年版,第53页。

⑤ 参见[英]马丁·洛克林:《剑与天平:法律与政治关系的省察》,高秦伟译,北京大学出版社2011年版,译者序,第11页。

文法规。今天最常见的正当性形式就是对合法性的信仰，以及服从形式上正确并按照惯常方式制定的法规。这种合法性之所以被认为是正当的，可能是因为它产生于当事各方的自愿同意，或者它是由某个被认为具有正当性，因而理应被服从的权威所强加的。[①] 刑法作为实在的成文法规范，其适用事关国家刑罚权的运行，彰显的是国家主权的权威，其性质显然不能与以调整平等主体法律关系的民商法相提并论，其权威和合法性当然无法归结为当事人各方的自愿与同意。那么，其合法性的正当性究竟为何？作为社会学家，韦伯的主要任务是从法律社会学的视角对法律现象和问题进行整体性、体系性解释，不可能究问到作为社会科学具体类型之一的具体部门法学中。作为独立法律部门的刑法学，必须从自身寻求构成要件设置的正当性根据，行为犯构成要件的设置也应当遵循这一思路。

（二）行为犯设置的正当性事由

关于立法采用行为犯构成要件的正当性问题，我国传统刑法理论是很少直接论及的。台湾地区林东茂教授在阐述刑法处罚危险犯的理由时，有如下精炼和创造性的议论，他写道，刑罚是最严厉的国家制裁手段，因此，基本上只有在现实上造成侵害的不法行为，才会被刑罚制裁。这是刑法向来以处罚实害犯为主的原因。[②] 很明显，在林教授看来，现代刑法以处罚实害犯为原则主要基于刑罚严厉性的考量，体现的是法治国对公民权利和自由的眷念，换句话说，刑法处罚范围的谦抑可以认为是法治国比例原则对刑罚范围的限制和要求。对于抽象危险犯的立法理由，林教授写道："在相当程度上，抽象危险犯是一种罗织，透显立法者的霸气，是把刑罚的防卫线向前与向外扩张。正因如此，立法上设计抽象危险犯，司法上解释抽象危险犯，都需谨慎。刑罚是最严厉的国家制裁手段，应当保守运用，人民的灾难方得幸免。"对于保守运用的具体事项，林东茂教授进一步指出，为了更周延地保护法益，以下情形危险构成要件的

---

① 参见［德］马克斯·韦伯：《经济与社会》（第 1 卷），阎克文译，上海世纪出版集团 2010 年版，第 128 页。

② 参见林东茂：《危险犯与经济刑法》，台北，五南图书出版股份有限公司 1999 年版，第 3 页。

运用实不得不然:(1)当处罚实害犯的预备或未遂,刑法保护仍显不足;(2)无法描述行为的侵害结果,更不能坐视结果发生;(3)行为人的责任难以确定;(4)掌握未生实害的侥幸危险行为;(5)危险防御作用。[①]

林东茂教授的上述论述意在回答抽象危险犯的立法理由,并非直接针对行为犯构成要件技术设置的原理,而且,虽然抽象危险犯和纯粹行为犯皆以行为为构成要件,但两者的处罚原理根本上还是有差别的。刑法处罚抽象危险犯主要源于行为所导致的法益侵害的抽象危险;而在单纯的行为犯(举动犯)的场合,刑法关注的是特定行为的实施,即对特定行为施于刑罚即为目的,立法者并不考虑行为是否有法益侵害的抽象危险。在这个意义上,行为犯实际上是抽象危险犯的上位概念。[②] 但是,抽象危险犯和单纯行为犯(举动犯)毕竟在构成要件的类型上具有相同性质,所以,上述林东茂教授的论述,可以为我们思考立法者设置行为犯构成要件原理提供方法论上的重要启迪。另外,虽然法在根本上是由事物的性质产生出来的必然联系,[③]但法本质上是人的理性的表达。人作为理性之存在,无论是何种国别、地区、肤色和种族,都具有种类物种所具备的众多共性。而且,法根源于社会的需要,人们之所以要创造出一定的法律命题,采取一定的立法技术以表达某种法律命题,是因为现实社会提出了这种规范要求。如果现实中并不存在这种要求,就不可能为保障其实现而提出法律命题。[④] 前述林东茂教授对行为犯构成要件立法正当性的论述,虽然主要是借鉴德国刑法学研究成果和基于我国台湾地区的社会和法律实践提出的,但由于大陆面临和德国、我国台湾地区类似的社会现实和法治实践,上述议论在我国同样具

---

① 参见林东茂:《刑法综览》(修订5版),中国人民大学出版社2009年版,第51~52页。

② 参见林东茂:《危险犯与经济刑法》,台北,五南图书出版股份有限公司1996年版,第13页

③ 参见[法]孟德斯鸠:《论法的精神》(上册),张雁深译,商务印书馆2004年版,第1页。

④ 参见[日]川岛武宜:《现代化与法》,申政武、渠涛等译,中国政法大学出版社2004年版,第221页。

有普适性。所以，只要坚持法治国原理和强调国家客观法上的保护义务，刑法立法都必须谨慎谦抑，有必要接纳以结果犯构成要件为原则，以行为犯构成要件为例外的立法技术。只有在例外之场合，国家考虑采取行为犯构成要件的立法技术，才是正当的。对于其中例外之理由，具体看，主要存在以下方面。

1. 避免证明责任的难题，保证刑法的可实施性

法律因社会而生，法律的生命在于实践，刑法规定不能停留于文本纸面，所以，刑法对犯罪构成要件的设定必须考虑在现实中的可操作性。但犯罪性质、类型和特点存在差异，有些犯罪，立法若将构成要件设定为结果犯，将产生犯罪证明上的难题，甚至证明的不可能。比如生产、销售伪劣商品类型犯罪，商品的本质属性在于通过交换实现价值，销售针对的是社会不特定公众。在商品高度国际化、流转化的现代社会，商品的购买者和消费者散布于社会各个角落，甚至超越一国疆域遍及世界各地。如果以实害结果（包括具体危险）为构成要件，为了证明犯罪的存在，司法机关势必面临着对分布于社会各个角落的被害事实进行收集取证的难题，这不仅是昂贵、不经济的，更是不现实的。立法将此类犯罪设置为行为犯构成要件（如生产、销售假药行为和生产、销售有毒、有害食品行为），就很好地避免了责任认定上的难题，保证法的可实施性和经济性。①

又如，有的犯罪场合，行为人责任难以认定，如聚众斗殴，该罪属于必要共犯，成立犯罪需要多人参与，如果立法将其规定为结果犯，在证据认定上就需要证明斗殴行为和伤亡结果之间的因果关系，一旦因果关系得不到确证，将无法归责行为人。为了避免责任认定上的尴尬，立法者一般也会对其倾向采纳行为犯的构成要件立法技术，②将为实施斗殴的聚众行为和斗殴行为设置为处罚对象。

2. 法益的属性决定了立法需采取行为犯构成要件

法益是人类和平、自由地共同生活所必不可少的前提条件，所

---

① 参见何荣功：《自由秩序与自由刑法理论》，北京大学出版社2013年版，第181页。

② 参见林东茂：《危险犯与经济刑法》，台北，五南图书出版股份有限公司1999年版，第17～18页。

以,包括刑法在内的一切法律,根本任务皆在于法益保护。[①] 在刑法上,法益不仅诉说着可罚性的根据,而且也对可罚性的范围加以限定。[②] 刑法正因为具有保护法益的性质,所以才是合理、谦抑和经济的。[③] 现实社会,刑法对法益的保护早已超越了个人法益范围,刑法保护社会、国家等超个人法益已成为普遍的法观念。如在法益之乡的德国,对于超个人法益侵害犯罪,由于行为是否造成法益实害,构成要件往往难以陈述,个案认定上也常常会遭遇实际困难,立法大多会采取行为犯的构成要件。我国也是同样的情况,如货币类犯罪,其侵害的是国家法益,并不存在具体对象,也难以认定发生的具体危害结果,所以,此类犯罪自然也就无法被设定为实害犯,立法将其设置为行为犯构成要件,更符合该类犯罪的属性。

又如我国《刑法》第305条规定的伪证罪和第307条规定的妨害作证罪。就前罪而言,根据刑法的规定,在刑事诉讼中,只要证人、鉴定人、记录人和翻译人对与案件有重要关系的情节,作虚假的证明、鉴定、记录、翻译,就构成本罪,不以造成对被告人错误出入罪之恶害结果为要件。国家之所以将本罪设置为抽象危险犯,是因为立法者认为本罪保护的法益是国家的公正司法秩序,而对该秩序的侵害,无须以造成被告人出罪或入罪结果为必要。而且,伪证行为是否对公正司法秩序造成了损害,是抽象的,难以以实害或具体危险形式陈述。立法采用行为犯构成要件的立法模式可以有效避免刑法规范陈述和司法判断上的难题。[④]

另外,有的犯罪类型,侵害的虽然是个人法益,但该类犯罪的法益难以实体测量,在理论上很难陈述,构成要件也难以描述。为了保证刑法适用的确定性与稳定性,刑法必须尽可能避免将评价中心

---

① 参见[德]克劳斯·罗克辛:《刑事政策与刑法体系》,蔡桂生译,中国人民大学出版社2011年版,中文版序言,第1页。

② 参见[德]克劳斯·罗克辛:《对批判立法之法益概念的检视》,载《法学评论》2015年第1期。

③ 参见熊琦:《论法益之"益"》,载赵秉志主编:《刑法论丛》(第15卷),法律出版社2008年版,第269页。

④ 参见何荣功:《自由秩序与自由刑法理论》,北京大学出版社2013年版,第181页。

集中于这些不可测量的非物质性结果上。如《刑法》第246条规定的侮辱罪和诽谤罪,虽然侮辱、诽谤行为对他人名誉造成的侵犯几乎相当于实害犯,但是这种实害无法具体测量,立法将其设置为行为犯构成要件,同样考虑到了避免责任认定的难题。[①]

3. 为填补刑法处罚的空隙,或处罚特定犯罪的预备行为时刑法仍显不足问题而采取行为犯构成要件

现代各国刑法早已超越了只处罚"核心行为"的立场,为了周全保护法益,刑法不仅处罚直接引起法益侵害之核心行为的犯罪实行行为,还将刑法规制的范围延伸至实行行为的"周边行为"。其中,在纵向方面包括对犯罪实行具有组织、支配力的犯罪组织、领导、指挥、策划行为,启动犯意的教唆行为以及对实行行为具有加工、补充作用的帮助行为。横向上,刑法范围也不再完全限于针对引起具体法益侵害现实危险的着手行为,而推进至对法益侵害具有抽象危险的预备行为。国家在扩张处罚范围的同时,为了保证刑法适用的安定性,避免刑罚过度扩张而危及刑法的人权保障机能,刑法对共犯、预备犯的成立都设置了相应构成条件。无论在大陆法系还是在英美法系,刑法都强调共犯从属性,教唆犯和帮助犯的成立,除了行为人主观上具有教唆和帮助的故意和客观上实施了教唆、帮助行为外,还必须以正犯着手实行为犯罪成立要件。我国刑法对于教唆犯和帮助犯的成立虽然并未完全采取共犯从属性的立场,但共犯从属性的思想在我国共犯立法和处罚实践中也有明显体现。而对于预备犯的认定,同样需要特定条件,除了客观上需要行为人实施了"准备工具,制造条件"的预备行为外,主观上行为人还必须具有"为了实行犯罪"的故意。

立法关于共同犯罪和未遂犯、预备犯等制度的设计,扩大了刑法处罚范围,实现了对法益更为周全的保护。但现实社会中,法益侵害行为样态多样,五花八门,立法者的良苦用心仍然无法"毕其功于一役",现实中仍然存在一些法益侵害行为无法纳入现行制度,或

① 参见张明楷:《"风险社会"若干刑法理论问题反思》,载《法商研究》2011年第5期。

者即便纳入现行制度,处罚上仍显不足的问题,这就为行为犯构成要件的存在留下了法律空间。例如,《刑法》第353条规定的教唆他人吸毒罪就是刑法为避免共犯处罚的间隙而将特定行为特别纳入立法的规定。因为在我国,吸毒被法律认为是行为人自陷风险、自我损害之行为,本身并不属于犯罪行为,所以,教唆他人吸毒的,自然无法按共犯处罚。但国家考虑到教唆他人吸毒具有对他人身心健康重大损害的危险,为了保护吸毒者自身的利益,刑法将教唆他人吸毒的行为类型化,该行为犯构成要件的设立就有效避免了共犯处罚上可能出现的漏洞。另外,《刑法》第307条帮助毁灭、伪造证据罪,第358条组织卖淫罪也体现类似的立法思想。

与上述情形不同,如《刑法》第205条规定的虚开增值税专用发票、用于骗取出口退税、抵扣税款发票罪,则是国家认为处罚特定犯罪的预备行为仍显不足而采取行为犯的立法技术。多年以来,发票的泛滥在我国已成为突出的社会问题,它也触及对腐败源头的治理和整个社会风险的改善。社会上之所以出现关于此类发票的违法犯罪活动,与这些发票的功能息息相关。[①] 从立法目的看,国家处罚虚开增值税专用发票、用于骗取出口退税、抵扣税款发票等行为并不是终极目的,而是为了避免犯罪分子以此为手段骗取、逃避缴纳国家税款。换句话说,相对于最终目的的骗取、逃避缴纳国家税款而言,对上述发票的虚开行为,只是具有预备的性质,属于逃税罪和诈骗罪等犯罪的预备行为。刑法之所以将具有预备性的“虚开”行为类型化,主要是源于如下考虑:如果不将虚开行为类型化,而是以逃税罪、诈骗罪以及其他犯罪的预备犯处罚,那么,就需要司法机关证明“虚开”行为人主观上具有逃税、诈骗等犯罪的故意。现实生活中,从发票的“虚开”到逃税、骗取国家税款的实现,往往会经过多个环节。其中并不排除在有些环节上,行为人“虚开”发票仅仅是为了盈利,并不存在明显的上述所称的最终目的,而且,实践中,有的行为人虚开上述发票,并不关心发票购买者的最终目的为何。如果将此类案件按照逃税罪或诈骗罪的预备犯论处,将给司法机关

① 参见郎胜主编:《中华人民共和国刑法释义》,法律出版社2009年版,第320页。

带来认定上的巨大困难，导致刑法对此类行为处罚上的难题。刑法将“虚开”行为类型化并设置为行为犯构成要件，可以大大减轻国家认定犯罪上的证明责任，强化国家对此类犯罪的打击和治理。①

4. 预防法益危险而主动采取行为犯构成要件

大约自 20 世纪 70 年代起，面对所谓的风险社会的威胁，在德国以及整个西欧，刑事政策出现了明显强化的特点，这种强化态势既涉及实体刑法，也涉及刑事诉讼法。如在德国实体刑法上，立法者对构成要件的描述，不要求在犯罪行为和结果之间存在因果联系，而是满足于描述一种抽象危险的犯罪行为。此外，立法者还从各种既普遍又模糊的法益中寻找出路，比如立法把大众健康视为麻醉剂刑法的法益，把资本市场的功能视为经济刑法的法益，把合法的财政体制和经济体制的稳定性和纯洁性视为法益。而且，很有意思的是，这种刑事政策强化所导致的刑法不法变得模糊不清，不仅没有违背公众的意志，相反却得到了公民的各种正面期待和赞同。②

现代社会究竟能否被描述为风险社会，本书无意卷入其中的争论。但无法否认的事实是：不管是因为人文社会科学研究的滞后，或者人类治理风险能力所限而引起的心理上的“焦虑”的原因，还是社会发展所导致的社会认同感的消弱，抑或是人们对安全感需求的增加的缘故，人类确实生活在文明的火山上，面临着来自自然和社会的种种安全威胁与危机。而且，新类型犯罪如恐怖犯罪、环境犯罪、黑社会性质组织犯罪的出现和蔓延，对人类从事社会治理的事业提出了史无前例的挑战。刑法卷入其中，忙于处理和预防各种危机，并非奇怪之事。

例如，面对黑社会性质组织和恐怖活动组织的威胁，我国《刑法》规定了组织、领导、参加恐怖组织罪和组织、领导、参加黑社会性质组织罪以及其他罪名体系。从实践情况看，对黑社会性质组织和恐怖活动组织的“组织”“领导”行为，具有双重形态：一是犯罪组织

---

① 需要指出的是：该情形下，对于刑法介入的必要性和正当性，本书持保留态度。

② 参见［德］哈塞默尔：《面对各种新型犯罪的刑法》，载中国人民大学刑事法律科学研究中心编：《明德刑法学名家讲演录》（第 1 卷），北京大学出版社 2009 年版，第 23 页。

成立后,对具体黑社会性质组织或恐怖活动组织实施的组织、领导行为,该场合的“组织”“领导”行为属于典型的共同犯罪行为。二是为此类组织成立所实施的筹划、组建等行为,该类行为在性质上显然属于为黑社会性质组织和恐怖活动组织成立及其后具体犯罪活动做准备的犯罪预备行为。相对于恐怖活动组织和黑社会性质组织的参加者和实行者而言,其中的组织者、领导者属于首要分子,是犯罪集团的大人物,应当严厉打击,但关键问题还在于,要认定行为人成立犯罪集团中的组织犯并按照刑法规定让其对犯罪集团的全部罪行承担刑事责任,往往需要参加者实施了恐怖活动犯罪和黑社会性质的犯罪。恐怖活动组织和黑社会性质组织是严重威胁社会生存的严重罪行,如果刑法非要等到犯罪集团成立后实施具体的恐怖活动犯罪和黑社会性质犯罪时再介入,将被认为是过于迟钝的。刑法将此类组织组建、筹划、招募成员的行为规定为犯罪,可以保证国家对此类犯罪的打击处于更为优势之地位。所以,对那些为恐怖活动组织、黑社会性质组织组建、筹划、招募成员等预备性的行为独立设置行为犯构成要件,反映的是国家对此类犯罪严厉惩罚的刑事政策。

(三)简要的小结

以上本书归纳了刑事立法采取行为犯构成要件的四种具体类型。在上述四种具体情形中,行为犯构成要件的立法技术采用的理由并非完全相同。前三种场合实则是立法者“不得已”而为之,立法将此类犯罪设置为行为犯构成要件主要是出于刑法的实践性考虑,所以,可以归纳为行为犯设置的技术性事项原因。与此不同的是,第四种场合则是基于刑法实质处罚理由的考量,可以称为行为犯设置实质事项之原因。从我国现行刑法对行为犯构成要件扩大化使用的情况看,上述情形兼而有之。

三、行为犯扩张的规范表现与问题

(一)行为犯扩张的表现

我国刑法立法对行为犯构成要件扩大化使用尤其表现于经济犯罪等法定犯中,司法解释出于强化对犯罪的打击,在不少犯罪中对行为犯构成要件的范围作进一步扩张解释。具体来说：

1. 强调秩序保护与行为犯构成要件的扩张

如前分析，从构成要件的设置原理看，大凡将秩序确定为某一犯罪法益的，往往会采取行为犯的构成要件，因为秩序属于超个人的法益，本身是抽象的，难以具体描述，无法以结果犯的形式呈现。强调对秩序保护一直是我国刑法的重要特色，该思想不仅体现在立法上，也贯彻于司法实践甚至个案的定性中。现行《刑法》第三章破坏社会主义市场经济秩序罪和第六章妨害社会管理秩序罪明确冠以“秩序”，即鲜明体现我国刑事立法的这一根深蒂固的传统。而正是该两章中，立法采取行为犯构成要件以及由此导致的刑法过度化问题也是最凸显的。

例如，《刑法》第三章第三节是妨害对公司、企业的管理秩序罪，很明显，在立法者看来，本节罪名保护的法益是由我国公司、企业法等行政法律法规确定的有关公司、企业成立、运行、破产、清算等管理秩序。从外延上看，对公司、企业的管理秩序的破坏当然不限于违法行为必须要发生具体的法益侵害结果，当行为违反公司、企业管理法律法规即便不存在具体侵害结果，同样可能妨害对公司、企业的管理秩序。一旦刑事立法对本节“管理秩序”的内涵把握不严，行为造成具体的、现实的法益侵害结果自然就会成为本节之罪的选择性要件。所以，无论是虚报注册资本罪，虚假出资罪，抽逃出资罪，[①]还是欺诈发行股票、债券罪，违规披露、不披露重要信息罪，刑法都没有要求构成犯罪必须以造成严重后果为必要，而是将它们规定为“半行为犯半结果犯”，即只要行为违反特定秩序，行为数额巨大、后果严重或者具有其他严重情节的，都构成犯罪。如根据《刑法》第160条规定，行为人在招股说明书、认股书、公司、企业债券募集办法中隐瞒重要事实或者编造重大虚假内容，发行股票或者公司、企业债券，数额巨大、后果严重或者有其他严重情节的，即

---

① 随着2014年《全国人民代表大会常务委员会关于〈中华人民共和国刑法〉第一百五十八条、第一百五十九条的解释》颁布，《刑法》第158～159条只适用于依法实行注册资本实缴登记制的公司，该三罪处罚范围大大限缩，这里所指的问题在很大程度上得以缓解。

构成欺诈发行股票、债券罪。2010 年最高人民检察院、公安部《关于公安机关管辖的刑事案件立案追诉标准的规定(二)》第 5 条规定:“在招股说明书、认股书、公司、企业债券募集办法中隐瞒重要事实或者编造重大虚假内容,发行股票或者公司、企业债券,涉嫌下列情形之一的,应予立案追诉:(一)发行数额在五百万元以上的;(二)伪造、变造国家机关公文、有效证明文件或者相关凭证、单据的;(三)利用募集的资金进行违法活动的;(四)转移或者隐瞒所募集资金的;(五)其他后果严重或者有其他严重情节的情形。”

又如《刑法》第三章第四节规定的破坏金融管理秩序罪,同样,立法一旦对金融秩序的内涵把握不严,金融犯罪的处罚范围便一样会出现宽泛的问题。比如骗取贷款的场合,只要行为人使用欺骗手段贷款,就可以认定为危害了国家贷款秩序,而不必考量行为人主观上是否具有非法占有的目的。正是基于此种考虑,现行刑法规定以欺骗手段取得银行或者其他金融机构贷款,给银行或者其他金融机构造成重大损失或者有其他严重情节的,即构成本罪。最高人民检察院、公安部 2010 年《关于公安机关管辖的刑事案件立案追诉标准的规定(二)》规定,凡以欺骗手段取得贷款等数额在 100 万元以上的,或者以欺骗手段取得贷款等给银行或其他金融机构造成直接经济损失数额在 20 万元以上的,或者虽未达到上述数额标准,但多次以欺骗手段取得贷款的,以及其他给金融机构造成重大损失或者有其他严重情节的情形,应予立案追诉。本罪同样采取的是“半行为犯半结果犯”的立法模式。

再如转贷牟利罪,众所周知转贷牟利是我国金融法律法规明令禁止的行为,当然侵害国家金融秩序。刑法出于对金融秩序的保护,规定以转贷牟利为目的,套取金融机构信贷资金再高利转贷给他人,违法所得数额较大的,构成高利转贷罪。本罪并不考虑行为之结果,采取的是典型的行为犯构成要件。

单从立法技术看,“半行为犯半结果犯”与单纯的行为犯在构成要件设定上是有差别的,但“半行为犯半结果犯”的场合,由于刑罚的范围及于单纯的行为实施,与典型行为犯并无二致,所以,“半行为犯半结果犯”在法律性质上亦属于行为犯。现行刑法的不少犯罪，立法将其设置为行为犯构成要件，面临处罚正当性的疑问。如骗取贷款罪，由于刑法规定有贷款诈骗罪，所以，很明显，骗取贷款罪处罚的对象系行为人主观上具有非法使用目的而骗取银行或其他金融机构贷款的情形。但将该情形纳入刑法范围，本身就突破了近代以来刑法介入财产关系的一般原则。[①] 而且，上述犯罪中行为犯构成要件的采用，实践中会导致与立法本意事与愿违的后果。立法设置骗取贷款罪，主要是因为骗取金融机构贷款的行为，使金融资产运行处于可能无法收回的巨大风险之中，危及金融安全与秩序。[②] 但事实上，很多案件中行为人即便客观上实施了刑法规定的骗取贷款的行为，但其后所贷款项和利息都如期偿还。这类案件连民事纠纷都算不上，何从谈起要构成犯罪呢？同样，高利转贷罪的立法本意在于保护国家的贷款秩序和所贷资金的安全。但问题在于：行为人从银行或其他金融机构贷款后，没有按照贷款合同约定用途将资金投入使用，而是转给他人，性质上属于违反贷款合同的民事行为，应由民事法调整，难以认为刑法具有介入的正当性。[③]

以上分析可见，无论是骗取贷款罪，还是高利转贷罪，即便"行为"违反国家的行政法律法规所建立的金融秩序，但是否会造成具体的法益侵害结果，是不确定的。实践中大量存在行为违反经济金融秩序却并不产生具体法益侵害的案件。此类情形一旦刑法将评价的中心针对违反经济金融秩序的行为，很可能导致尴尬的结果。如早在 21 世纪之初轰动一时的孙大午案中，农民企业家孙大午因

---

① 参见何荣功：《自由秩序与自由刑法理论》，北京大学出版社 2013 年版，第 75 页。

② 参见黄太云：《〈刑法修正案（六）〉的理解与适用（下）》，载《人民检察》2006 年第 8 期。

③ 而且，该行为在我国出现有特定社会背景。过去一个时期，金融机构的贷款长期存在"贷大不贷小，贷公不贷私，贷长不贷短"的问题。但社会发展中最需要金融机构贷款的往往是大量中、小、微等非公有制企业。大量中、小、微等非公有制企业对资金的需求就导致了高利转贷具有了市场。所以，高利转贷现象的存在与国家融资渠道有限，银行和其他金融机构垄断国家和社会融资渠道有重要关系，银行对贷款条件的限制不符合市场经济条件下国家对银行功能的定位，而这种现象不仅不利于市场经济鼓励交易的基本立场，也妨害了大量中、小、微等非公有制企业的健康发展。从这个角度看，《刑法》设立本罪本身就面临正当性疑问。

被指控向三千多户农民借款达一亿八千多万元，最终被判处非法吸收公众存款罪。对于本案定性，辩护律师强调，大午公司名副其实地把所借款项用到生产经营上，而且经营得很好，形成了具有良好盈利能力的良性资产，而且孙案中，大午公司解决了当地就业，带动了地方产业发展，并不具有社会危害性，不应当构成犯罪。[①] 又如，被告人袁某系南洋学校财务负责人，该校在未得到相关行政主管部门批准的情况下，被告人参与向 450 名学生家长收取教育储备金 108060000 元，该校用收取的教育储备金的孳息折抵学生应交纳的学杂费。本案被检察机关指控为属于典型的变相吸收公众存款行为。但反对的意见认为，教育储备金模式是在国家教育投入不足而实施的鼓励社会力量办学政策的背景下，一些地方创制的融资办学模式，实践中发挥了一定功效，且无具体法益侵害结果，不应构成非法吸收公众存款罪。[②]

2. 重视行为对象与行为犯构成要件的扩张

该问题可以从刑法对持有型犯罪的处罚范围的设定中得以明显体现。持有型犯罪作为一种立法技术，是立法为避免刑事处罚的漏洞而有意设置的。在行为性质上，持有型犯罪本质上属于"介入选择型行为"（Intervening Choice），持有行为本身只具有法益侵害的危险性，并不会直接导致危害结果的发生，实害结果是否发生最终取决于介入者（持有者或第三人）是否实施了进一步行为。也就是说，持有行为和危害结果之间具有的是间接因果关系，危害结果是否发生并不确定。比如非法持有枪支的行为虽然具有致人伤亡的危险，但这种危险的发生还需持有者本人或第三人事后的使用枪支行为。持有行为属于"介入选择型行为"的性质决定了刑法对此类行为的评价，必须强调公正归罪。[③] 长期以来我国刑法在持有型

① 参见雷滇、洪尘：《孙大午：为农民而生，一个农民企业家的努力与反思》，中国社会科学出版社 2004 年版，第 264 页。

② 参见赵秉志主编：《刑事法判解研究》（2010 年第 1 辑），人民法院出版社 2010 年版，第 85 ~ 87 页。

③ Andrew Von Hirsch, *Extending the Harm Principle*: "*Remote*" *Harms and Fair Imputation*, In A. P. simester and A. T. H. smith (ed.), *Harm and culpability*, Clarendon Press, 1996, pp. 264 – 266.

犯罪处罚范围的设定上应当说是谨慎节俭的，犯罪对象限于假币、毒品、枪支、弹药等具有高度法益侵害风险的物品。但近年，持有型犯罪对象呈现明显的扩大化趋势。

面对社会上的“发票乱象”，特别是公安、税务机关的反映，①《刑法修正案（八）》最终突破了刑法对发票违法行为的克制立场，新增虚开发票罪和持有伪造的发票罪，将刑法处罚范围扩张至对普通伪造发票的持有行为。不能否认发票泛滥在我国当前已成为严峻的社会问题，但究其原因，问题是深处且复杂的。发票伪造，有的是为了逃税、避税，有的是为了冲抵工资，而且发票的乱象与发票管理机关的管理机制、监督机制不到位，管理手段滞后不无关系。国家通过规范财务和报销制度，加快网络化建设，以经济、行政手段破除假发票的利益链条，增大假发票的违法成本，②该问题应该并不难解决。在上述制度尚未全面推进的条件下，仓促动用刑法，不能不说是过急的行为。另外，在行为的性质和危险性程度方面，虚开、非法持有的普通“假发票”无论如何也不能与非法持有的“枪支”“弹药”以及伪造、变造、非法持有的“货币”这类特定对象相提并论。

因行为对象特殊性考虑而扩大设置行为犯构成要件突出表现在《刑法修正案（九）》中。例如，面对恐怖主义、极端主义的威胁，《刑法修正案（九）》又新增数个罪名，其中之一为非法持有宣扬恐怖主义、极端主义服饰、标志罪，对此，《刑法》第 120 条之六规定：“明知是宣扬恐怖主义、极端主义的图书、音频视频资料或者其他物品而非法持有，情节严重的，处三年以下有期徒刑、拘役或者管制，并处或者单处罚金。”又如《刑法修正案（九）》新增的第 280 条之一规定：“在依照国家规定应当提供身份证明的活动中，使用伪造、变造的或者盗用他人的居民身份证、护照、社会保障卡、驾驶证等依法可以用于证明身份的证件，情节严重的，处拘役或者管制，并处或者单处罚金。”刑罚乃国家之利器，惩罚的严厉性决定了只有为实现其

① 参见黄太云：《〈刑法修正案（八）〉解读（三）》，载《人民检察》2011 年第 8 期。

② 参见陈景清：《假发票大规模侵袭中央部门 成谋取违法利益手段》，载《中华工商时报》2012 年 1 月 14 日。

目标而绝对必要时，国家刑罚权方可发动。明知是伪造、变造的居民身份证、护照、驾驶证等证件而使用的，当然属于违法行为，但在我国违法和犯罪区分的二元体系下，将只是对伪造、变造的居民身份证、护照、驾驶证等证件的"使用"行为也纳入刑法范围，是否存在选择性纳入刑法处罚问题，不无疑问。

3. 关注法益侵害的抽象危险与行为犯构成要件的扩张

如果刑法热心于法益侵害的抽象危险，那么，立法势必会采取行为犯的构成要件。所以，该场合行为犯构成要件设定与抽象危险犯处罚实质是个一体两面的问题。起源于德国的风险刑法理论近年在我国近乎成为一种思潮，我国当前刑事立法是否受到风险刑法观的影响，论者不得而知，但抽象危险犯在我国刑法上的扩张却是客观存在的事实。危险驾驶罪增设就是其中适例。立法之所以要新增本罪，主要目的在于，"醉驾和飙车的社会危险不断加大，对危险控制的难度不断加大的情况下，立法思想也应当变结果本位为行为本位，将醉酒驾车、飙车增加规定为犯罪，符合对危险控制的需要"。[①] 又如生产、销售假药罪，刑法修正案将本罪由具体危险犯修改为行为犯，只要实施生产、销售假药的行为就构成犯罪（既遂），这可以避免实践中因果关系确定的难题，以更有力地打击生产、销售假药犯罪。[②]

（二）小结与评述

刑法是特定价值理念以立法技术形成的集合体，也是反映现实社会的一面镜子。行为犯构成要件扩大化反映的是国家主义刑法机能和价值观。通过以上论述，行为犯构成要件在我国立法上的扩大化使用，主要可以归结为两种情形：一是刑法过分关注秩序，二是刑法过分回应了法益侵害的抽象危险。前文对刑法保护秩序限度已有简单提及，这里再进一步补充论述。

不可否认，在任何社会，良好的秩序是一切之基础，因为秩序体

---

① 黄太云：《〈刑法修正案（八）〉解读（二）》，载《人民检察》2011年第7期。

② 同上。

现的是自然和社会进程中所存在着的事物之一致性、连续性和确定性。[①] 法律的目的就是创造一个稳定的、可以理解的行动结构即秩序，在这个结构中人能够执行其计划并多少意识到可能产生的结果。社会失去了秩序，人类将无法延续共存与合作。秩序对人类存在的意义，拉德布鲁赫曾有形象的比喻："法律秩序关注的是，人类不必像哨兵那样，两眼不停地四处巡视，而是能够不时无忧无虑地举目仰望星空和放眼繁茂的草木，举目所及是实在的必然和美好；不间断地自我保护的呼声至少有一段时间的沉寂，以使良心的轻语终归能为人们所听闻。"[②]秩序固然重要，但并不意味着刑法对所有的社会秩序都应不加选择地保护。因为国家基于社会控制目的所建立的秩序类型多样、性质不一，内容也千差万别。如果不具体区分秩序的价值和类型，只是简单地、笼统地强调刑法对秩序的保护，刑法有可能蜕变为国家的强力措施，偏离其法益保护的根本立场，甚至有可能成为阻碍社会变革和发展的力量。[③]

刑法的根本目的在于法益保护，法益指的是宪法承认和保障的公民自由而和平地共同生活在一起的一切条件。其中不仅包含公民的生命权、自由权、财产权等具体的个人法益，也包含超个人的法益，如市场经济必需的公平、公正、公开的竞争秩序，人类生存必需的自然环境等。但包括秩序在内的超个人法益，从来都不是个飘忽不定的概念，本质上属于个人法益的集合体，具有公共利益的属性。西原春夫教授在论及公共利益和个人利益关系时这样写道："就公共利益而言，只要认为刑法是为了保护国民的利益而存在的，就应当考虑把它尽量还原为个人的利益。否则，处罚范围就会有扩大化的趋势。"[④]其实，公共利益与个人利益两者间的关系与超个人法益与个人法益的关系完全同理。实践中，行政国家单纯基于管理之便

---

① 参见[美]E. 博登海默：《法理学——法律哲学与法律方法》，邓正来译，中国政法大学出版社1999年版，第219页。

② [德]拉德布鲁赫：《法学导论》，米健译，商务印书馆2013年版，第25~26页。

③ 关于刑法保护秩序限度问题的具体论述，可以详细参见本书第八章的相关论述。

④ [日]西原春夫：《刑法的根基与哲学》，顾肖荣等译，法律出版社2004年版，第95~96页。

利而通过行政法律法规建立的秩序,并非都一概具有法益的内容。如果不以法益保护为内容,就难以存在动用刑法强化保护的正当性。而且,如果对某种秩序的损害,总是同时以某种个人法益受到损害为前提,那就不应随便地把该秩序理解或认定为刑法保护的利益。①

回溯前文论述的高利转贷罪、骗取贷款罪、非法吸收公众存款罪,此类案件场合,都可能存在具体法益损害,没有理由完全忽视具体法益而将这类犯罪的法益确定为抽象的经济秩序。而且,在市场经济条件下,银行等金融机构(除中国人民银行外)和其他市场主体在法律地位上应当是完全平等的,其财产权同样属于私权的范畴,没有特殊保护的理由。现行刑法将对他们财产侵害的行为评价为破坏经济秩序,反映了我国刑法仍染有明显的计划经济的思维习惯。退一步讲,即便立法者基于经济管制的考虑而处罚高利转贷、骗取贷款和非法吸收公众存款等行为,也应当将其处罚范围严格限定在发生具体法益侵害的场合。关于刑法应如何面对法益侵害的抽象危险,接下来进一步论述。

四、刑法应谨慎介入法益侵害的抽象危险

如前文指出,近代刑法以处罚既遂犯为原则,处罚未遂犯为例外,处罚预备犯为例外的例外,刑罚被认为主要是针对犯罪人犯罪行为的事后惩罚性和报应措施。对于近代刑法的这一根本立场,理论上一直有强烈的批评意见认为,“传统刑法是落伍的,因为刑法的反应太迟钝了,损害已经成为既成事实了。实际上,人们的追溯总是要等到损害结果发生以后才开始,刑罚与已经发生的损害相比犹如抛石打天”。②

法律是社会的产物,任何法律和制度必须跟上社会和人类的进步。刑法作为国家的公共政策措施,面对社会出现的问题当然不能

---

① 参见[德]克劳斯·罗克辛:《对批判立法之法益概念的检视》,载《法学评论》2015 年第 1 期。

② [法]米依海尔·戴尔玛斯·马蒂:《刑事政策的主要体系》,卢建平译,法律出版社 2000 年版,第 253 页。

熟视无睹，社会发展必然促使新生事物不断涌现，并驱使法律（包括刑法）不断变更自己的保护边界，也会迫使人类不断审视和修正既有的观念和认识，以跟上时代发展的步伐。[①] 那么，面对现代社会中存在的种种法益侵害的抽象危险，刑法是否有必要改变传统立场呢？对于刑法介入危险及其限度，本书第一章已有所论述，这里再作必要的补充论证。

在本书看来，理解刑法规制法益侵害抽象危险的限度，需要明确以下具体问题：第一，刑法对于预防法益侵害危险的效用；第二，抽象危险的法律性质；第三，刑法积极回应抽象危险所导致的刑法扩张的法治风险。

首先，刑法作为保障法和其他部门法的制裁力量，所具有的对法益侵害的预防功能是不能被否认的，对此，我们可以从刑法的规范属性上得以确证。刑法条文是以罪刑规范为载体的，从形式上看，它所规定的是在行为满足了何种前提条件的情况下，国家对其科处刑罚。但有必要注意的是，刑法条文虽然没有直接规定什么是刑法秩序所禁止的行为，或者什么是刑法秩序命令公民必须实施的行为，但其罪刑制裁规范却是以指示一定的行为形态正当或不正当为内容的行为规范为前提的。[②] 也就是说，在刑法规范之前，社会已存在大量的前刑法规范，[③]包括道德伦理规范，民事、行政法律规范等。如《刑法》第 231 条规定，故意杀人的，处死刑、无期徒刑或者 10 年以上有期徒刑，情节较轻的，处 3 年以上 10 年以下有期徒刑。其实，在刑法规定故意杀人罪之前，禁止杀人已是人类社会的基本法秩序，也是人们共同遵守的道德伦理规范。刑法规定故意杀人罪只不过是将这种前刑法秩序纳入刑法保障的范围。刑法作为制裁规范，其重要功能在于恢复被违反的前刑法规范，强化社会民众对

---

① 参见于志刚：《网络“空间化”的时代演变与刑法对策》，载《法学评论》2015 年第 2 期。

② 参见［日］高桥则夫：《规范论和刑法解释论》，戴波、李世阳译，中国人民大学出版社 2011 年版，第 3 页。

③ 在法学理论上，这些前刑法规范，又称首要或主要法规范。相对于首要的法规范，刑法规范又被称为次要或从属法规范。

法秩序的忠诚与信赖以及增强国民的法规范意识,保障人类和平自由的共同生活。而国家通过对公民法规范意识的强化,当然可以在一定程度上实现刑罚的积极预防机能,避免法益侵害危险(包括抽象危险)的发生。

但问题的另一方面在于,刑法对法益侵害的预防机能能否被过高期待?或者说刑罚主要机能是否应被确定为法益侵害之预防呢?该问题从根本上关乎社会控制系统的构造和刑法在社会控制系统中的价值地位问题,从来都不是个没有疑问的课题。美国学者埃里克森将社会控制体系分为五种,即由自我制裁予以实施的个人伦理,基于对方制裁的合约,由社会力量予以执行的社会规范,由组织实施的组织规则以及国家所执行的法律。[①] 可见,国家对社会治理与控制从来都不是仅仅局限于被冠以"法律"这一名称的手段,更不用说刑法了,国家对社会的控制大量涵盖了其他不具备"法律"形式但具备"法律"实质以及具备行为规制、法益保护和权利保障功能之一部分或全部的其他非规范性力量。这些共同力量维护着社会的良好运转,其中就包括对犯罪的控制与预防。所以,对于违法和犯罪的预防,刑罚只是共同社会力量中的元素之一。至于刑罚对犯罪的预防效果,百年前犯罪社会学派集大成者菲利以实证的研究成果对此做出了回答,从根本上否定了人们传统观念对刑罚预防机能的美好期待与心理依赖。他写道:"最后,我纠正一个一直被滥用的古老比喻。犯罪一直被比喻成是应当被刑罚之堤围在中间的激流。否则,文明社会就会被这种激流所湮没。我不否认刑罚是围堵犯罪的堤坝,但我断言这些堤坝是没有多大力量和效用的。每个国家都会从其长期的令人悲痛的经历中发现,它们的刑罚之堤不能保护其免遭犯罪激流湮没。而且,我们的统计资料也表明,当犯罪的萌芽已经生成时,刑罚防止犯罪增长的力量特别弱。"那是因为,"犯罪是一种由三种因素决定的自然现象,所以它符合犯罪饱和法则。根据这一法则,自然的和社会的环境,借助于行为人先天遗传

---

① 参见[美]罗伯特·C.埃里克森:《无需法律的秩序——相邻者如何解决纠纷》,苏力译,中国政法大学出版社2016年版,第158~159页。

和后天获得的个性倾向及其他偶然的刺激，必然决定一个国家某一个时期的犯罪在质和量上的程度。也就是说，一个国家的犯罪在自然领域或受个人的生物心理状况和自然环境的影响，在社会领域受经济、政治、行政和民事法律比受刑法典的影响要大得多”。[①] 英国政治哲学家葛德文也明确论述了环境对人行为的意义和惩罚效用的有限性，他强调，“人类在极大程度上是他们所处的环境的产物。一个惯于受到罪恶刺激的人，不会不成为一个邪恶的人。一个经常沉浸在模棱两可、掩盖真实和诡辩中的人，不能同时又培养起内心里的豪迈感情和对于正直的敏锐的辨识能力”。[②] “责难和惩罚对于在不道德环境中长大的人是没有多大用处的。改进的希望主要在于唤醒那些有能力摆脱不良环境影响的人的良心，从而铲除罪恶的根源。”[③]胡萨克也表达过同样的思考，他写道，国家和社会总是希望以刑事司法制度打赢“反对犯罪”这场战争。但事实已经反复证明刑事司法制度在打赢“反对犯罪”这场战争中的种种明显失败。或许减少犯罪的最有效的策略就是保证以威慑和运用刑罚的方法来教育人们接受法律所规定的道德规范。只有公众将犯罪看作是有罪过的、应受惩罚的与非道德的，这一目标才能达到。而过多地运用刑事制裁不可能教育公众，只能引起藐视、愤恨和混乱。[④]

其次，从抽象危险的法律属性上看，所谓抽象的危险，即意为“不确定的危险”。危险的不确定，就是说某一法益侵害的危险可能发生，也可能不发生。如果立法一旦将某种行为设定为构成要件，那么，事实上不发生危险的行为也一并被纳入刑法范围。这种做法虽然强化了国家的管理和权威，但从犯罪人的角度而言，则面临处罚公平的疑问。而且，事实上所有的人类行为或活动都带有一

---

① ［意］恩里科·菲利：《犯罪社会学》，郭建安译，中国人民公安大学出版社 2004 年版，第 216 ~ 217 页。

② ［英］威廉·葛德文：《政治正义论》（下卷），何慕李译，商务印书馆 1980 年版，第 149 页。

③ ［美］查尔斯·霍顿·库利：《人类本性与社会秩序》，包凡一、王湲译，华夏出版社 1989 年版，第 295 页。

④ 参见［美］道格拉斯·N. 胡萨克：《刑法哲学》，谢望原等译，中国人民公安大学出版社 2004 年版，第 350 页。

定程度的法益损害危险,以刑事责任阻止非实质性法益风险,所有的人类行为将面临惩罚的威慑。作为犯罪化的理论应当排除那些使用刑法对付非实质性法益风险的行为。[①] 刑法一旦对抽象危险反应过于敏感、轻率,难免导致国民行动的萎缩。

最后,反对刑法对抽象危险的积极回应是有深层法治根基考量的。如第一章所论述,国家是一个矛盾存在体,虽然是作为公民安全的保证人而被塑造的,但它的存在同时又扮演着作为公民权利威胁者的身份。刑罚权作为国家权力的分支系统,也存在与生俱来的逻辑悖论,即其原本为打击犯罪而创造,但实践中有时却异化为公民权利的威胁者,近代以来刑事法治的根本任务在于规范国家刑罚权运行,避免刑罚权的任意而导致对公民权利的侵犯。所以,还是那句老生常谈的话,刑罚权是把"双刃剑",在刑罚权的悖论属性没有根本改变的情况下,解除对刑罚权的限制,期望其实现对法益侵害风险的预防,那可能只是我们的美好理想。

我国社会民众对国家权力的悖论属性缺乏必要理性认识和警惕之心,数千年来,国民心中充满着国家权力善与"贤能政府"的美好观念,这种观念被深深地镌刻在每一个国民的脊柱上,演化为一种独特的中国文化现象,短时期难以逝去。文学大师林语堂先生在《吾国与吾民》一书中对该现象有精到的描述,"中国人只知道政府是人民的父母,谓之'父母政府',或者是'贤能政府'。他们将照顾人民之权利,一如父母之照料其子女,是以吾们人民把'便宜行事'的权利交托于政府,便予以无限的信任。"但是,"当你以君子礼待官吏如中国向来之习俗者,则其中十分之一将为真君子,而十分之九将为恶棍,但是当你以对待坏蛋的心理视之,若欧美之所为,准备着政治监狱,或示之以监狱之威吓,则真将变成坏蛋者将远少于十分之一,而十足的十分之九将勉力自命为君子,结果你至少获得一个廉洁政府的外貌"。一国社会民众的刑罚观与国民对国家权力的观念具有一脉相承性。面对社会问题,动辄希望以刑法解决,是贤

---

① Douglas Husak, *Overcriminalization: The Limits of the Criminal Law* , Oxford University Press, 2009, pp. 161 - 162.

能政府的社会心理在刑法领域的一缕折射,潜意识地反映了人们对刑罚功能的美好期待。现代社会,我们应时刻铭记,法治当然是一种美好的生活方式,但刑罚作为国家权力的一种,实质是一种不得已的恶,其并不必然是国家法治的守护者、建设者和促进者,如果缺乏必要的约束也可能演变为法治的破坏者。正因如此,现代法治国家无一例外地强调"把权力关进笼子里",具体到刑事法治而言,就是将刑罚权放入罪刑法定的笼子里。历史反复证明,刑事制裁从来都既是人类自由的保障,同时也是人类自由的主要威胁。慎重和人道地使用刑事制裁,它就是人类自由的保障;如果不加选择、强制性地使用刑事制裁,它就是人类自由的威胁。① 偏离刑法谦抑性,轻率动用刑法解决社会问题(包括干预法益侵害的抽象危险),本身就隐含着极大的法治风险。现代社会所生的种种法益侵害的抽象危险大多根源于科技发展和社会分工的精致化,风险的预防主要还是应仰仗社会"主要规范"调整,刑法干预法益侵害抽象危险的限度还是应继续坚持近代刑法确立的谦抑立场,刑法过度回应法益侵害的抽象危险,可能导致对公民自由不适当地限制与排挤。

五、观点归结

通过以上论述,本章论点可以简要归结如下:

第一,近代以来,刑事责任基本原则的核心是限制国家刑罚权,这一原则表达了国家在创制刑法时必须尊重公民的基本权利。② 与结果犯相比,行为犯在构成要件设置上呈现的是"缩水现象",务必重视正当化根据。对此,理论上大致可以归结为两个方面:一是基于刑法实践性的技术性事项原因。二是出于刑法实质处罚的考量。行为犯构成要件在前者场合系立法技术而生,后者场合的正当性需要论证。

第二,刑法根本目的在于法益保护,秩序并不具有刑法保护的

---

① 参见[美]哈伯特·L.帕克:《刑事制裁的界限》,梁根林等译,法律出版社2008年版,第363页。

② 参见[美]道格拉斯·N.胡萨克:《刑法哲学》,谢望原等译,中国人民公安大学出版社2004年版,第347页。

当然性。如果现实中对某种秩序的损害,总是同时以某种具体法益受到侵犯为前提,那么,刑法对秩序保护限度务必慎重,原则上不应允许超越具体法益再把该秩序规定或解释为刑法法益,进而采取行为犯构成要件。

第三,刑法所具有的预防机能不能被完全否定,但同样也不应被过分期待。国家通过刑事立法不断新增犯罪并期望实现法益保护之效果,这种惯常的做法更多代表的是国家的一个表态,一种立场。现代社会治理,必须重视"前刑法规范"对犯罪的实质预防机能。面对风险社会的种种抽象危险,刑法原则上没有必要抛弃谦抑主义基本立场。

第四,行为犯构成要件的扩张只是近年我国刑法整体扩张的一个侧面。当前我国刑法的发展面临着双重考验:一是思考刑法在强调社会保护机能的同时如何有效提升其人权保障机能,以保持刑法机能的内在平衡;二是在风险社会背景下如何避免刑罚权的过度强化,以实现刑法与其他社会措施的协调,保持刑法机能的外在平衡。这都是事关我国刑法现代化的根本性课题。

第五章　社会治理过度刑法化的避免

一、过度刑法化：一种社会治理的不正常现象

社会意味着秩序，人性表征着自由。也许正是源于此，康德才断言，自由乃是“每个人据其人性所拥有的一项唯一的和原始的权利”。[①] 如果承认自由是人生来就应享有和不可剥夺的权利，那么，人（包括作为人的政治结合体的国家）就不能恣意对人进行裁判和惩罚，惩罚便成为刑法学中的最根本课题。所以，刑法学在作为教义学面容呈现的同时，必须关注其作为政治哲学和道德哲学的属性，回答刑法适用如何体现国家政治结构与权力运转，以及国家对公民诉诸强制力的正当性问题。[②]

现代法律在根本上虽然仍然是制度化政治过程的产物，[③]不同的政治版本会产生鲜明对比的秩序与法图景，但法与其他社会规范却分属不同的生活秩序，刑法作为次要规范和保障法，调整对象与其

---

① ［美］E. 博登海默：《法理学：法律哲学与法律方法》，邓正来译，中国政法大学出版社 1999 年版，第 279 页。

② George P. Fletcher, *Rethinking Criminal Law*, Oxford University Press, 2000, p. xix.

③ 参见［美］马丁·洛克林：《剑与天平：法律与政治关系的省察》，高秦伟译，北京大学出版社 2011 年版，译者序，第 4 页。

他部门法有迥然差别。所谓“过度刑法化”,[①]指的是刑法在参与社会治理过程中,没有遵守与其他法律、社会规范的界限,超出其合理功能的情况。[②]

过度刑法化体现的是国家刑罚权在社会治理中的膨胀与权力体系越位,并非我国特有之现象。20 世纪 60 年代,美国学者哈伯特·L. 帕克(Herbert L. Packer)就发出警示,他写道:“今天,我们面临着严峻的刑事制裁的困境。总起来说,现在的社会治理比起过去更严重依赖刑事制裁这一社会控制手段,而这种手段的哲学基础和实际操作已经受到严厉的批评。”[③]80 年代后,刑事制裁扩张所导致的刑法过度成为美国刑事司法最为引人注目的现象,在联邦和州两级刑事司法系统,都出现了实体刑法的明显扩张和刑罚惩罚的明显增加。[④] 同样情况亦出现在英国,仅在 1997 年至 2006 年工党执政的 10 年间,英国刑法就新创约 3000 个罪名。[⑤] 目前英国罪名总数已超过 1 万,制定法也达到 8000 多部。[⑥]

刑法是社会的产物,人类本性的局限,为刑罚的存在提供了空间与道义基础。但刑法毕竟是以剥夺和限制公民基本权利为主要内容的,无法否认其“恶”的本质,所以,国家毫无疑问应“竭力把刑罚强制限制在最小的范围之内并且不断寻求减少使用它的机会,而不是增加强制的机会并且把它当作挽救一切道德败坏的药方”。[⑦]

---

① “过度刑法化”,亦称“刑法过度化”“过度犯罪化”。本章根据表达习惯的需要,交互使用。

② Andrew Ashworth, Conceptions of Overcriminalization, *Ohio State Journal of Criminal Law* 2008 (Vol. 5), p. 407.

③ 参见[美]哈伯特·L. 帕克:《刑事制裁的界限》,梁根林等译,法律出版社 2008 年版,第 360 页。

④ Douglas Husak, *Overcriminalization: The Limits of the Criminal Law* , Oxford University Press, 2009, pp. 3 – 32.

⑤ Andrew Ashworth and Lucia Zedner, Defending the Criminal Law: Reflections on the Changing Character of Crime, Procedure, and Sanctions, *Criminal Law and Philosophy* 2008(2), p. 22.

⑥ Jonathan Herring, *Criminal Law: Text, Cases and Materials* (5th Edition), Oxford University Press, 2012, pp. 11 – 12.

⑦ [英]威廉·葛德文:《政治正义论》(下卷),何慕李译,商务印书馆 1980 年版,第 141 页。

正是基于此，现代刑法才普遍被视为社会政策的最后手段。刑法过度化是对现代刑法观念的背弃，势必引起社会治理的巨大风险。在英美，刑法过度所引起的罪名的增设和犯罪数量的增加导致了法院和监狱的过度拥挤，已造成了刑罚谴责功能的大大退化。

改革开放以来，在旺盛社会需求的驱动下，我国的刑事立法明显呈现单向犯罪化的特点，刑法条文和罪名数量一直处于增长中，特别是近年刑法修正案频繁颁布所呈现出的刑法立法异常活性化，使当前的社会治理一定程度上染上了“刑法浪漫主义”色彩，整个社会对刑法功能期望过高和过于乐观，进一步强化了具有根深蒂固历史传统的政策导向型工具刑罚观。

刑法作为社会治理体系的重要参与要素，在当前我国构建社会治理体系与能力现代化的过程中应如何理性定位？刑法参与社会治理的过度活性化是否妥当？会导致什么样的问题以及有何风险？这些都是事关刑法“安身立命”的重大理论与实践课题。本书以当前刑法过度化为切入点，深度探讨这一问题。

二、个人自治、社会福利与现代刑法的应然空间

“过度刑法化”之所以被普遍认为是社会治理中的不正常现象，根本原因在于其违背了刑法作为社会政策最后手段的性质和保障法的法体系地位，在规范层面，刑法过多过泛。因此，欲回答当前我国刑法是否存在过度的问题，必须首先确立现代民主社会刑罚的正当化根据、犯罪化原则以及刑法的应然生存空间。哲学大师休谟曾言：“一切科学对于人性总是或多或少地有些关系，任何学科不论似乎与人性离得多远，它们总是会通过这样或那样的途径回到人性”“任何重要问题的解决关键，无不包括在关于人的科学中间”。[①]刑罚处罚范围决定于刑法“元点精神”和法治国根本逻辑，对该问题的解答不可能绕开对人性和法律存在正当性这些法治“本源性问题”的回答。

“人性为何”从来都是个历久弥新和令人迷失的话题，由于其

---

① ［英］休谟：《人性论》（上册），关文运译，商务印书馆 1980 年版，第 2 ~ 4 页。

并非可以通过科学证伪,自然无法得出事实性结论,所以,根本上是个"建构性问题"。近代以来,先哲们几乎都毫无例外地将求解的目光投向人的"理性"与"自由"。对于一个普普通通的人所要的是什么?密尔说,在饮食家庭之外,他要自由。[①] 卢梭认为:"在一切动物之中,区别人的主要特点的,与其说是人的悟性,不如说是人的自由主动者的资格……而人特别是因为他能意识到这种自由,因而才显示出他的精神的灵性。"[②]康德强调:"人,一般说来,每个有理性的东西,都自在地作为目的而实存着,他不单纯是这个或那个意志所随意使用的工具。"[③]马克思、恩格斯也指出,人类"文化上的每一个进步,都是迈向自由的一步"。[④]

承认人是具有理性和自由的存在物,必然意味着国家要尊重个人自治和自我决定,肯定每个人都应是自己生活的作者,反对个人被他人和外界事物决定和操纵。承认人的本性在于理性与自由,还意味着人不能被视为工具或物件,应永远作为目的物对待,人性尊严具有最高价值,必须得到充分尊重。法是客观世界的规范写照,是事物性质产生出来的必然关系,[⑤]其规定必须尽可能与人的本性相一致。

如果社会中每个人都孤单地生活着,根本不知道其他人,也不关心其他人,过着隔世的生活,"鸡犬之声相闻,而老死不相往来",那么,无论如何强调个人自由都不存在问题。但人生来就是从属于特定社会,要过社会生活的,[⑥]法律在人类社会的诞生标志着人类完全机械地适应自然界法令时代的结束,人类的社会秩序开始建立在

---

① 参见[英]麦金德:《民主的理想与现实》,武原译,商务印书馆 1965 年版,第 162 页。

② [法]卢梭:《论人类不平等的起源和基础》,李常山译,商务印书馆 1997 年版,第 83 页。

③ [德]康德:《道德形而上学原理》,苗力田译,上海人民出版社 1986 年版,第 80 页。

④ 韦建桦主编:《马克思恩格斯选集》(第 3 卷),人民出版社 1972 年版,第 71 页。

⑤ 参见[法]孟德斯鸠:《论法的精神》(上),张雁深译,商务印书馆 2002 年版,第 1 页。

⑥ 同上书,第 3 页。

自由选择的法律之上。[1] 而在社会生活领域，如果再单纯强调个体自治和自由，将会出现"多元自我决定主体间的竞争"，导致自由间的冲突，社会有可能陷入"一切人反对一切人的战争状态"。而且，在任何社会，个人都不可能控制自己生活的方方面面，为了实现安全、健康、安宁等个人福利，必须重视人与人之间的联系，强调社会福利和作为人的集合体的社会公共目标的实现。因此，社会生活中，个人理性虽然应被最大限度地弘扬，但现实世界由个人自治所变现的自由却不可能是无限度的，必须被适当限制，不同的只是在不同的国家社会形态，对自由限制的程度不同而已。现代民主社会由于以实现人的自治和促进个人福利最大化为宗旨，所以，法律的"原点精神"在于尽最大可能弘扬人的理性，扩大人的自由范围，限制人的天性中不利于个体和群体生存和发展的自由，以便根本上保证公民获得正确发展机会。

以上可见，法律作为人类规避自身原始本能，体现人类理性能力的建构物，根本目的在于促进、实现和平与繁荣的秩序体系，提升公民自由，实现人类集体生活的最佳方式。[2] 法律是关于正义的学问，正义不是什么能够做的问题，而是应该做什么的问题。[3] "法律限制个人自治的正义根据在于为了本人和他人更大的自治和福利"，包括刑法在内的一切法律，只有作为维护社会存在，保障个人自治免受他人非法侵害和促进个人、社会整体福利而存在时，才具有正当性，才是正义的。刑法的目的不是废除或限制个人自治（自由），而是保护和扩大个人自治（自由），这也在根本上划定了现代刑法的生存空间和行为犯罪化的原则。具体来说：

第一，既然法律存在的根据是弘扬人性，保护个人自治和自由等权利免受侵害，刑法从根本上只有在为保护个人自由和更大的社会利益而存在时才是正当的，所以，刑法规制的对象应限于对他人

---

① 参见周少华：《法律中的语言游戏与权力分配》，载《法制与社会发展》2006 年第 5 期。

② ［美］马丁·洛克林：《剑与天平：法律与政治关系的省察》，高秦伟译，北京大学出版社 2011 年版，第 8 页。

③ 同上书，第 14 页。

权利、国家和社会利益造成伤害的行为。大陆法系和英美法系刑法理论分别称其为“法益侵害原则”和“危害原则”(或“伤害原则”),我国惯称为“严重社会危害性原则”。

第二,法律是使人的行为服从规则治理的事业,建立和从事该事业的前提在于人有能力了解和遵循规则,并对自己的违法行为负责。如果法律命令公民从事不可能实现的事情,就是对人的自觉能力的漠视,是对法律内在道德的背离和对人性尊严的冒犯。① 只有行为人在有能力和有合适的机会做出相反选择而没有做出时,才能让其承担刑事责任。所以,刑法处罚还须要求行为人具备“可责性”,此即为“责任原则”。

第三,真正的道德,必须是出于人的本性,并且促进人之本性的实现和完善,是为了人和人的生活幸福。刑罚通过损害法益来保护法益,本身是一种恶,并非道德与善行。国家必须努力以最小的恶实现最大的社会福利。所以,国家应将刑法禁止的行为限定在绝对必要性的限度内,刑法适用还要强调“最后手段性”或“最小化原则”。

第四,即便特定行为的犯罪化符合“危害原则”“责任原则”和“最小化原则”,刑法所规定的犯罪亦必须是以法益保护为目的而使用的恰当手段,刑罚必须要反映罪行的严重程度,“动用大炮打麻雀”是对法治国比例原则的违反。刑法对惩罚范围的设定必须符合法治国比例原则。

三、社会治理过度刑法化的表现与问题

(一)我国社会治理“过度刑法化”的表现

如文首指出,自1979年新中国第一部刑法颁布开始,我国刑法立法基本上呈现的是单向犯罪化的态势,这种情境延续至今,并无丝毫消减之兆。1997年现行刑法颁布至今,我国已颁布十个刑法修正案。面对一部部法案的通过和一个个罪名的增加,社会主流反映基本上是“溢美之词”。但近年这种“和谐的局面”渐被打破,理

① 参见沈宗灵:《现代西方法理学》,北京大学出版社1992年版,第65页。

论界开始出现质疑之声，这犹如长期平静湖面上突然泛起涟漪，引起了越来越多学者的注意与回应。有学者指出，1979 年《刑法》颁布至今，《刑法》以年均一次的频率修改着，如此频繁的刑法修改，不但在古今中国刑法立法史上绝无仅有，而且在世界刑法立法史上，恐也无出其右。[①] 此外，早在《刑法修正案(八)》时期，就有学者批评道，综观八部刑法修正案，新增罪名三十余个，它们无不以扩大国家刑罚权力、缩小或限制公民之自由为内容。这体现了我国刑事立法仍然在工具主义的轨道上前行，国权刑法的观念仍然深深根植在立法者的脑海中，民权刑法的观念离我们仍很遥远。我国应该停止以犯罪化为内容的刑事立法。[②]

本书丝毫不否定 1979 年以来刑法修正对经济社会发展所具有的积极保障作用，这里只是想尝试着掀开刑法这块“石板”，看看它的另一面。若依据刑法本性和前述现代刑法应然生存空间的论述，当前我国的刑法过度化及其对社会治理造成的负面影响，绝不可小觑。这种过度化，不仅体现在立法、司法上，也深植于社会民众和管理者的思维中。[③]

1. 立法表现

(1)刑法之手不适当伸向民事经济领域，导致调整对象的过度化

立法是国家法治活动的开端，其重要性被哈耶克视为“人类所有发明中充满了最严重后果的发明之一，其影响甚至比火和火药的发明还要深远”，[④]自然没有理由不矜持慎重。在区分部门法体系的现代社会，民法与刑法的属性截然有别，调整范围泾渭分明，但最近的刑事立法在两者界限的问题上屡屡突破，使在这些特定领域犯

---

① 参见邢馨宇、邱兴隆：《刑法的修改：轨迹、应然与实然——兼及对刑法修正案(八)的评价》，载《法学研究》2011 年第 2 期。

② 参见刘艳红：《我国应该停止犯罪化的刑事立法》，载《法学》2011 年第 11 期。

③ “过度刑法化”在思维上的表现，简单地说就是当社会中出现某种问题时，国家和社会民众总会情不自禁地想到动用刑法解决。我国刑法立法和司法上的过度刑法化现象，也是“过度刑法思维”的表现与外化。该问题这里不专门展开。

④ [英]弗里德利希·冯·哈耶克：《法律、立法与自由》(第 1 卷)，邓正来等译，中国大百科全书出版社 2000 年版，第 113 页。

罪与民事、经济纠纷的界限变得模糊起来。

如骗取贷款罪，关于《刑法》增设本罪的初衷，权威的解释是，考虑到公安机关、人民银行等部门提出，实践中一些单位和个人骗取银行或其他金融机构的贷款，难以认定行为人主观上具有非法占有贷款的目的，致使这类案件的处理陷入两难境地，要么无罪，要么重刑（贷款诈骗罪）……客观上造成了此类案件的高发趋势，危害到金融安全。[①] 很明显，本罪处罚的主要是行为人基于非法使用目的而骗取银行贷款的情形。[②] 但稍加思考，我们便不难发现将上述情形纳入刑法范围，难以认为具有足够的正当性：

首先，近代以来，刑法对单纯财产关系的介入范围大大限缩，多限于对财产权最严重侵犯的情形，即一般的民事欺诈行为由民法调整，只有行为人主观上具有"非法占有目的"的场合，才纳入刑法范围。骗取贷款罪的设立，以使用为目的的骗贷行为纳入刑法视野突破了刑法对财产关系的传统介入限度。

其次，平等是法律的基本价值，刑法对包括财产关系在内的任何社会关系的介入，都必须遵循平等原则。平等强调的是"相同的情形相同对待；不同的情形区别对待"。从刑法规定看，我国《刑法》规定的诈骗罪形态多样，除《刑法》第266条规定的普通诈骗罪外，还有特别类型的如合同诈骗罪、信用卡诈骗罪、信用证诈骗罪。与这些犯罪类型相对应，实践中也大量存在行为人主观上出于"非法使用目的"情形，但《刑法》并没有对应设置诸如"骗取合同罪""骗取信用证罪"等罪名。立法特别设置骗取贷款罪，不能不说是一种偏爱和特别的选择。对于其中的理由，如前指出，权威的解释是"避免对于那些没有充分证据证明行为人主观上是否有非法占有目的的案件的处理陷入两难境地"。乍听起来，似乎有理，但很明显是难以成立的，因为在没有充分证据证明行为人是否具有"非法占有贷款目的"的场合，应按照"疑罪从无"的诉讼原则认定，无论如何

---

① 参见黄太云：《〈刑法修正案（六）〉的理解与适用（下）》，载《人民检察》2006年第15期。

② 同上。

也不能成为增设本罪的借口。其实,只要对我国当前经济社会稍有常识的人都会清楚,本罪是人民银行等金融机构强势意见的法律表达,明显存在对银行等金融机构利益过度保护之嫌,严重违背了市场经济的本质和法治平等原则。

最后,随着社会的进步和市场经济的完善,法律对不损害国家和社会公共利益的民事欺诈类行为的法律后果正呈现出越来越“宽容”的态度。《民法通则》第58条第3项规定,以欺诈手段实施的民事行为无效。1999年《合同法》第54条将因欺诈行为签订的合同规定为可变更、撤销合同(附撤销权的有效合同)。本罪的规定难以与整个社会价值观的前进方向契合。

又如拒不支付劳动报酬罪,该罪被《刑法修正案(八)》视为保护民生的亮点工程。[①] 立法增设本罪的原因是“劳动者报酬关乎劳动者的生存等基本人权和社会稳定。拖欠劳动者报酬严重侵犯劳动者权益,甚至会引发群体性事件和诸多社会矛盾”。[②] 其实,对于增设本罪的正当性,在立法过程中就存在巨大争议,梁慧星教授明确反对增设本罪,他认为,轻易采取刑法打击欠薪行为不妥,把老板判几年刑,工厂垮了,劳动者又会失去工作,无益于问题的解决,建议从民事立法的角度,加强保护劳动者的工资债权。[③] 遗憾的是,反对意见没有被立法机关采纳。现在看来,本罪在处罚的正当性和立法技术方面,都存在明显疑问:

首先,现实社会中,欠债不还的现象并非个案,拒不支付劳动报酬在债务对象上虽有特殊性,但性质上仍然没有逃逸于债权债务关系本质,并不具有纳入刑法调整的特殊理由。

其次,从既有法律的规定看,现有制度和刑法条文(如《刑法》第313条)完全可以解决本罪意图解决的问题,本罪设立将导致罪名的重叠和罪刑条款的多余。对此,支持设立本罪的学者有可能会提出,《刑法》第313条的规定无法圆满解决拒不支付劳动报酬罪所

---

① 参见黄太云:《〈刑法修正案(八)〉解读(二)》,载《人民检察》2011年第7期。
② 同上。
③ 参见《“恶意欠薪”入罪有坚实的民意基础》,载《新京报》2010年3月14日。

针对的问题,因为《刑法》第 313 条是自然人犯罪,而拒不支付劳动报酬罪处罚单位。本书并非没有注意到本罪主体范围的规定。对于单位实施的刑法没有明确规定为单位犯罪的案件,在司法实践中并非鲜见,如单位盗窃。此类问题如何处理,理论上素来争议很大。从目前立法和司法解释看,也是肯定可以径直处罚单位主管人员和其他直接责任人员。而且,退一步讲,即便论者否认该场合可以直接处罚单位主管人员和其他直接责任人员,这也不足以成为立法设置本罪的理由。

最后,根据《刑法》规定,本罪在性质上属于不作为犯。现代刑法历来是以处罚作为犯为原则,处罚不作为犯为例外,对不作为犯的处罚范围向来持限制立场。即便对不作为方式实施的故意杀人罪等严重罪行,刑法原则上也以构成要件结果的出现才处罚。现行《刑法》将本罪设定为行为犯构成要件,难以认为是必要和正当的。

(2)立法技术失当,引起刑法范围的过度化

作为一种与人治相对峙体现人类理性的制度安排,法治的要义在于“已制定的法律得到普遍的遵守,而得到普遍遵守的法律又是制定良好的法律”。在现代社会,所谓良好的法律,其含义早已超越了对法律实质内容的关注,还包含法律实施程序和立法技术。日本学者川岛武宜说:“作为实用法学研究对象的法包含着两个要素,即赋予立法与审判以动机并决定其内容的价值判断及作为实现该价值判断的手段所采用的词语技术。”[①]我国学者也指出,法学的内容基本包括两个部分:一是对法律价值的讨论,二是对法律技术的讨论。前一部分是基本的方面,后一部分是从属的方面。[②] 立法技术虽然是为法律价值服务的,但技术的运用可以直接决定着法律价值的走向。我国刑法立法技术失当所导致的刑法范围过度化,已影响了我国刑法的价值抉择,使得刑法弥漫着浓厚的国家主义色彩。具体看,当前刑法立法技术的失当至少体现在以下两方面:

---

① [日]川岛武宜:《现代化与法》,王志安等译,中国政法大学出版社 2004 年版,第 242 页。

② 参见吕世伦主编:《西方法律思潮源流论》,中国人民公安大学出版社 1993 年版,第 232 页。

第一，行为构成要件立法技术的扩大化使用。[①] 刑法以处罚结果犯为原则，以处罚危险犯、行为犯为例外这也是近代以来刑法的重要特色之一。该立法技术展示的是国家限制刑法范围的理想。但随着现代社会发展所导致法益侵害风险的增加，刑法不再耐心等待损害结果的出现，越来越多刑法规范着重于行为的非价判断，以制裁手段恫吓、震慑带有社会风险的行为。危险犯（尤其是抽象危险犯）和行为犯的大量出现，是现代科技文明和经济文明的产物，尤以在环境刑法、经济刑法、交通刑法表现最为突出。[②] 面对行为犯和抽象危险犯的扩张，刑法理论指出，对于任何犯罪构成要件的设定只有符合以下情形，才可以考虑行为构成要件的立法技术，即处罚实害犯的未遂，在刑法保护上仍显不足；侵害结果难以确定；行为人的责任难以认定；掌握过失实害犯所附属的偶然因素等。[③] 在刑法上，有些犯罪采取行为构成要件的立法技术是必要的。如生产、销售伪劣商品类型犯罪，销售行为往往是针对社会不特定公众，如果以结果发生为构成要件，将使本罪的责任证明成为难题。立法将其设置为行为犯构成要件，保证了本罪的可实践性。又如货币类犯罪，其侵害的是国家法益，并不存在具体对象，也难以发生具体法益侵害结果，无法将其规定为结果犯，刑法将行为设置为构成要件，是源于该类犯罪的特性。

但现行刑法将有些犯罪设置为行为犯的构成要件，却难以认为是妥当的。如高利转贷罪，根据《刑法》第 175 条的规定，行为人主观上以转贷牟利为目的，客观上套取金融机构信贷资金再高利转贷给他人，违法所得数额较大的，即构成本罪。但是，单位和个人从银行或其他金融机构贷款后，没有按照贷款合同约定用途将资金投入使用，而是转贷给他人，性质上属于违反贷款合同的民事行为，刑法

---

①　在我国刑法理论上，一般认为行为犯和抽象危险犯是不同的。由于两者采取的都是行为构成要件，所以，本章不再区分两者，而是一并论述。该问题在本书第四章有更为详细的论述。

②　参见林东茂：《危险犯与经济刑法》，台北，五南图书出版股份有限公司 1996 年版，第 15 页。

③　同上书，第 16 ~ 21 页。

介入正当性面临疑问。立法者将高利转贷行为纳入刑法范围，主要是认为此类行为破坏了国家的金融秩序，高利转贷行为给银行等金融机构所放的资金造成了风险。但实践中高利转贷是否会造成银行等金融机构所贷款项的风险，是极不确定的，贷款者将其所贷资金高利转贷后如期偿还银行等金融机构的事例，并非稀罕。对于此类案件，虽然转贷所得数额较大，在没有造成银行等金融机构任何资金损失情况下，将其认定为民事纠纷尚且牵强，如果将其行为认定为犯罪，动用刑法惩罚，将面临法秩序统一性难题。而且，退一步讲，即便国家要动用刑法惩罚高利转贷，保护金融机构资金安全，也应将本罪的范围严格限定在转贷给金融机构造成巨大损失的情形，构成要件应当采取结果犯的立法技术。

与高利转贷罪采取典型行为犯构成要件的立法技术不同，刑法对不少犯罪构成要件的设置采取的是结果犯和情节犯相结合的技术。如骗取贷款罪，骗取票据承兑、金融票证罪等。[①] 根据《刑法》的规定，不仅在行为造成严重后果或重大损失情形下构成犯罪，在行为违法数额巨大或其他严重情节的场合，也构成犯罪。由于情节犯包括了行为犯的情形，这就为司法解释将这些犯罪扩张解释为行为犯，扩大刑法范围，留下了空隙。

第二，兜底条款的过度使用。“兜底条款”因具有陈述概括，弹性大，可以保证法律涵盖范围的最大化以堵截法律漏洞的功能，所以，历来受到立法者青睐而成为重要的立法技术。但任何立法技术的运用必须考虑部门法的特性，刑法的特殊性决定了罪刑法定说到底是一项有利于犯罪嫌疑人、被告人和犯罪人的原则，是规范和限制国家刑罚权，保障犯罪嫌疑人、被告人人权的原则，[②]兜底条款本质上属于不明确的罚则，因为实质上违反罪刑法定，严格地讲，是不

---

① 同样的问题还存在于虚报注册资本罪、虚假出资罪、抽逃出资罪中。随着最新《公司法》和全国人民代表大会常务委员会《关于〈中华人民共和国刑法〉第一百五十八条、第一百五十九条的解释》的颁布，上述三个犯罪中存在的该问题随即解决。

② 参见梁根林：《刑事法网：扩张与限缩》，法律出版社2005年版，第5页。

应被允许的。[①] 从法的价值考量，刑法以法的安定性为追求实现正义的最高限度，立法也要尽可能使用明确、具体的条款。一方面表明立法者试图为公民提供更加明确的行为指南，以保障公民的自由与安全；另一方面表明，立法者试图严格限制刑事领域的司法规范，防止刑罚权的扩张和滥用。[②] 当前我国的客观情况是，刑法立法没有慎重考量兜底条款对罪刑法定原则和刑法人权保障机能的侵蚀，设置数量庞大的刑法兜底性条款，这已成为推动刑法范围扩张的重要助力，也为刑法实践中的过度化提供了法规范上的依据。

(3)不适当将刑法作为"社会管理法"看待，导致了调整对象的过度化

法律是一种能够使人类行为受制于规则治理的过程。任何部门法都以各自的形式承担着社会管理的职能，在这个意义上，刑法亦不失具有社会管理法的性质。但刑法参与社会治理是以矫正正义的方式实现的，刑法本质属于司法法，以法的安定性为最高价值，这就决定了刑法不同于一般意义上的社会管理法，也不属于公共利益服务法。过分强调刑法积极介入社会治理，刑法将面临"变性"的风险。该问题在近年刑法修正中表现得日益突出，一旦社会上出现某种乱象，国家总是情不自禁地动用刑法进行治理。当现行刑法缺乏对应条款时，国家总会通过立法，以新增罪名方式解决。以发票类犯罪为例，1997 年《刑法》对发票违法行为还持比较克制的态度，处罚范围主要限于增值税专用发票，可以用于骗取出口退税、抵扣税款的发票以及针对普通发票的非法制造、非法出售行为。面对实践中发票的乱象，《刑法修正案(八)》突破了相对克制的立场，新增虚开发票罪和持有伪造的发票罪。谁都无法否认，假发票在当下我国已蔓延成为严重的社会问题，需要规范和严厉打击。但某些领域存在的发票制度本身就是一种特权制度，是市场经济改革的对象，而且，该问题的形成原因复杂，国家以非刑法措施也并非不可能

① 参见[日]山口厚：《刑法总论》，付立庆译，中国人民大学出版社 2011 年版，第 17 页。

② 参见周少华：《刑法之适应性：刑事法治的实践逻辑》，法律出版社 2012 年版，第 32 页。

解决。[①] 在尚未充分动用经济、行政措施着力解决该问题之前，简单地将此类行为大幅度犯罪化，难以认为符合“刑法的最后手段性”，实际上是将刑法作为社会管理法在对待。从法理上看，虚开发票、持有伪造发票的行为性质上属于“介入选择型行为”（Intervening Choice），最终法益侵害结果的发生还需要后续行为的介入，行为的特点决定了国家对这类行为的犯罪化，需要慎重考虑“虚开”“非法持有”行为本身的危险性程度和行为对象的属性。但显而易见的事实是：在行为的性质和危险性程度方面，虚开、非法持有普通“假发票”无论如何也不能与非法持有“枪支”“弹药”以及伪造、变造、非法持有“货币”这类特定对象相提并论，动用刑法规制，在处罚正当性上难以认为是充足的。

另外，刑法新近增设的组织残疾人、儿童乞讨罪，组织未成年人进行违反治安管理活动罪，出售、非法提供公民个人信息罪，组织、领导传销活动罪，大型群众性活动重大安全事故罪、危险驾驶罪，也都明显闪烁着国家将刑法作为社会管理法看待的影子。“此类行为通过公安行政部门的治理，是完全可以得到有效控制的，然而，行政机关一方面因法律依据不足，另一方面因这种管理不具有收益性质而不愿进行管理，于是……干脆来个犯罪化……在没有充分动用行政管理手段就将此种行为纳入刑法，则违背了刑法不得作为‘最先保障法’的原则，并且也因此使本罪成为‘立法者的法’而不是民众的法。”[②]

2. 司法表现

第一，司法解释扩张刑法范围，将刑法防线进一步提前。如骗取贷款罪，根据《刑法》的规定，行为给银行或者其他金融机构造成重大损失或者有其他严重情节的，都构成本罪。如前指出，立法并没有将其规定为结果犯，这就为本罪的实践扩张留下了空间。根据《最高人民检察院、公安部关于公安机关管辖的刑事案件立案追诉

① 参见陈景清：《假发票大规模侵袭中央部门　成谋取违法利益手段》，载《中华工商时报》2012 年 1 月 14 日。

② 刘艳红：《当下中国刑事立法应当如何谦抑？——以恶意欠薪行为入罪为例之批判性分析》，载《环球法律评论》2012 年第 2 期。

标准的规定(二)》第27条规定,行为涉嫌下列情形之一,应予立案追诉:"(一)以欺骗手段取得贷款……数额在一百万元以上的……(三)虽未达到上述数额标准,但多次以欺骗手段取得贷款……"很明显,司法解释已将本罪的处罚范围扩张至行为犯。试想,即便骗贷数额达到一百万元以上,或者多次实施"骗贷"行为,若所贷银行款项及利息都如期偿还的,在没有给银行造成直接经济损失的情况下,恐怕在民事责任方面都难以认为存在问题,怎么会认为需要刑法追诉呢?

第二,法定犯的判定过分依附行政认定,刑法适用出现了"行政化倾向"。根据刑法规定,法定犯的成立,行为需以违反特定经济、行政法律法规为前提。对于是否存在该前提行为,司法实践中普遍的做法是:首先寻求特定主管部门的行政认定意见,如相关行政主管部门给予肯定结论或对行为作出行政处罚,涉案行为数量较大或具有其他严重情节的,司法机关往往以犯罪论处。如对于高利贷行为能否认定为犯罪,司法机关往往先征求银行等金融主管部门的意见,或者先看看金融主管机关是否已对行为作出了行政违法的处理与认定。现实社会,法定犯认定由于需要具有特定领域的专业知识支持,人民法院有时难以胜任。所以,由相关行政主管部门给予必要的答复意见,对案件进行慎重处理是完全必要的,而且也有助于维持国家法制统一。但必须注意的是:虽然刑法与行政法同处"公法之家",但两者的法属性、价值取向、归责原则存在重大差异,法定犯的判定如果过分依附行政认定,将会导致刑法对行政法的依附,形成"刑法行政化取向",刑法将面临演变为保护纯粹行政利益的危险。而且,实践中亦不排除行政主管部门的答复意见或责任认定,可能具有保护特殊部门利益的色彩,过分强调以行政部门的答复意见和行政认定为判定犯罪的依据,很可能导致国家动用刑法保护垄断或特定部门利益的严重后果。该问题在我国司法实践中并非个案,值得重视!

第三,司法机关不适当扩张兜底条款范围,导致刑法范围扩张。兜底条款的性质决定了司法实务应当对其采取限制解释立场。比如,关于以危险方法危害公共安全罪中"危险方法"的范围,应严格限制在与放火、决水、爆炸、投放危险物质相当的方法，绝不是泛指任何具有危害公共安全性质的方法。[①] 但实际情况是：不少司法机关对本罪的掌握过于随意，特别是当案件出现严重后果或恶劣社会影响时，司法机关往往不顾本罪“危险方法”的性质和本罪的特点，将一些本不属于本罪的情形认定为本罪，使以危险方法危害公共安全罪呈现“口袋罪”的特征。[②] 较本罪有过之而无不及的是非法经营罪，自设立以来，司法不断扩大“其他严重扰乱市场经济秩序的非法经营行为”的外延，行为类型除涵盖外汇、证券、期货、保险、出版、电信、传销、医药、饲料等多个领域外，实务中有的将“违法建设中的经营行为”[③]“销售假冒伟哥的行为”[④]也纳入本罪，本罪现已成为笼罩经济社会方方面面的“口袋罪”，[⑤]处罚范围与市场经济提倡的经济自由存在明显矛盾，而且，实践中本罪的过大适用，也已违背了立法设立本罪的初衷。

第四，司法机关将社会转型时期的“灰色行为”纳入刑法范围，难以符合犯罪的本质。当前比较受社会关注的是有些司法机关将民间金融行为（如高利贷、集资等行为）视为“灰色经济”，纳入刑法范围，大量以非法经营罪、变相吸收公众存款罪论处。另外，对于违反国家规定，未经监管部门批准，或者超越经营范围，以营利为目的，以超过36%的实际年利率的非法放贷行为，2019年《最高人民法院、最高人民检察院、公安部、司法部关于办理非法放贷刑事案件若干问题的意见》已明确规定为非法经营罪。包括民间高利贷、集资在内的民间金融行为在我国当前经济生活中的效用是正负兼具的，实践证明其对于解决国家正规金融制度不足，为小微企业提供畅通融资渠道，整体提升金融服务水平，促进区域经济发展等方面

---

① 参见张明楷：《刑法学》（第4版），法律出版社2011年版，第10页。

② 参见张明楷：《论以危险方法危害公共安全罪——扩大适用的成因与限制适用的规则》，载《国家检察官学院学报》2012年第4期。

③ 参见刘光圣：《违法建设治理中的刑法适用》，载《人民检察》2012年第4期。

④ 参见金泽刚：《销售假冒伟哥的行为如何定罪量刑——兼论非法经营案件的法律适用问题》，载《法学》2006年第9期。

⑤ 参见高翼飞：《从扩张走向变异：非法经营罪如何摆脱“口袋罪”的宿命》，载《政治与法律》2012年第3期。

都起到了积极作用。经济学家陈志武指出："如果能开放民间金融并发展各类小额金融品种，不仅能让各地像浙江那样调动好自有的资源，而且能够为更广泛的老百姓家庭提供更好的致富机会。"①实践将该类行为入罪的做法，只是窥其效用之一端，难以完全符合社会经济实际情况，有的案件以非法经营罪等处理激起了社会对刑法适用的抵触情绪，没有取得好的法治效果和社会效果，该问题在"孙大午案""吴英案"中都有明显体现。

第五，司法机关不当使用刑事手段插手经济纠纷，导致刑法的过度化。司法机关插手经济纠纷，是个老问题。近年，随着司法体制改革和中央的三令五申，该问题在实践中得到一定程度改观，但仍难以让人满意，尤其是在经济社会发展相对落后地区，该问题仍有一定的普遍性。个中原因，有的是因为办案机关出于经济利益的驱动（随着法治的进步和国家财政制度改革，该问题越来越少了），有的是办案人员业务水平所致，有的是因为腐败引起，有的与司法机关对国家刑事政策错误理解相关。例如，有的地方司法机关漫无边际把握刑法中"伪劣产品"的范围，甚至把质量不符合合同约定的办公用品解释为"不合格产品"，认定为生产、销售伪劣产品罪，远远偏离了本罪的立法本意。有的地方司法机关不慎重把握合同纠纷与合同诈骗的界限，导致合同诈骗罪的司法滥用，严重误伤了正常的民事经济活动。

（二）社会治理过度刑法化的问题

刑法不只是规定犯罪构成要素条文的组合，也是一个由具有特定价值判断，特别是人权价值、法治国家原则及民主原则所组成的整体。从刑法对犯罪范围的设定，可以窥见国家在社会治理中奉行的价值决定。刑法过度反映的是国家对刑法价值理解的偏离，这将导致社会治理面临巨大的风险。对于刑法过度的危害，西方学者指出，一方面，刑法过度所呈现的罪刑扩张意味着国家刑罚权的不适当膨胀，必然相应导致公民权利的限制与压缩，形成对公民行动自由的妨碍；另一方面，刑法作为社会控制高度专业化手段，只有在针

---

① 陈志武：《金融的逻辑》，国际文化出版公司2009年版，第100页。

对特定目的时才有效用,超越目的之外的不适当使用将是无效的,而且会导致更大危害。[①] 这些问题在我国亦同样存在。

第一,刑法过度化将改变国家权力与公民权利的结构。公民的基本权利和自由乃一种“先验”的存在,应受到国家所有法律秩序之维护,[②]这是法治国的基本命题。现代社会,没有不受限制的权利和自由,只是对公民权利和自由的限制须有正当理由。任何社会,国家刑罚权和公民权利的量都不可能是无限的,两者的关系犹如“蛋糕”之两半。法治社会两者关系的理想状态是:刑罚权与公民自由应处于平衡状态,两者能够合理、平等分得各自份额“蛋糕”。国家刑罚权一旦扩张,意味着国家分得“蛋糕”份额会相应扩大,在“蛋糕”总量不变情况下,公民的“蛋糕”份额就不得不减少。刑法过度化引起的是国家刑罚权的不适当扩大,势必形成对公民权利和自由的不适当压缩。

第二,刑法过度化将导致国家司法资源的不合理配置。经济学家萨缪尔森曾指出,“稀缺这一事实存在于经济学的核心之中。没有一个社会达到了一种无限供给的乌托邦。物品是有限的,而需求则似乎是无限的”。[③] 司法资源紧缺亦是我国当前和今后一个相当长时期的基本社会现实。通过绝对增加国家对司法资源的投入,当然不失为问题解决之道,但在社会资源整体供给无法绝对满足社会需求的情况下,通过优化既有资源配置,实现效益最优化,无疑是问题解决更为可行有效的办法。任何社会,社会纠纷整体上呈现的都是“金字塔”结构。作为社会纠纷极端形态的犯罪虽然高居“金字塔”体系顶端,但其往往发源、形成于处在“塔基”的民事经济纠纷或一般违法行为。正基于此,科学的反犯罪之策是国家应尽可能将有限的司法资源“下沉”用于解决和应对处于社会纠纷“金字塔”体

---

① Sanford H. Kadish, The crisis of overcrimination, *American Criminal Law Quarterly* (1968 - 1969), Vol. 7, pp. 17 - 34.

② 参见陈新民:《宪法基本权利之基本理论》(上),台北,元照出版有限公司 1999 年版,第 213 页。

③ [美]萨缪尔森、[美]诺德豪斯:《经济学》(第 14 版),胡代光译,北京经济学院出版社 1996 年版,第 14 页。

系底端的普通社会纠纷和细小违法行为，消除犯罪生成的土壤，达到对犯罪治理“事半功倍”之效。刑法一旦过度化，将人为地扩大处于“金字塔”顶端的犯罪圈范围，国家将相应增加对犯罪治理的资源投入。在特定时期国家司法资源总量投入既定的情况下，如果过多投入司法资源对犯罪进行治理，那么，相应地就难免造成司法资源对“前犯罪阶段行为”（一般社会纠纷和细小违法行为）投入的消减，严重情况下甚至可能会形成“倒金字塔”式的犯罪治理机制。这种机制由于与犯罪生成机理相违背，自然不可能达成国家对犯罪治理效果的“帕累托最优状态”。

第三，刑法过度化将削弱刑法的公众认同。常言道：“法律必须被信仰，否则它将形同虚设。”现代社会，刑法的权威不仅源于国家的强制力，更来自国民对刑法的公众认同。[①] 刑罚是和平时期国家对公民基本权利与自由限制的最极端形式，其适用最能彰显国家的权力与权威，也最容易挫败公民的自由，必须强调其德性。刑法的过度化使国家对公民权利的剥夺与限制失去了正当化理由，在民主法治社会必然引起民众质疑。以我国刑法立法为例，过去刑法颁布几乎总是能够得到社会的一致好评，但近年刑法修改却引起了越来越多学者的质疑甚至批评的声音，个中反映的就是国民对刑法认同感的减弱。

第四，刑法过度化将阻碍经济社会的创新。在过于压制的社会秩序下，公民自由被严重束缚，创新往往是理想者的奢望。经济社会的创新需要自由的社会环境，只有自由，每个人才可以做自己擅长之事，在分工中发挥自己的优势。刑法过度化引起的对公民自由空间的排挤，将对公民创新造成阻碍。该问题特别反映在经济领域，市场经济的本质在于鼓励经济自由和经济的改革与创新，若刑法过分强调对既有经济秩序的保护，经济创新行为动辄得咎，往往造成对市场主体创新动力的挫败，形成对经济社会发展源动力的扼杀。在这个意义上，到了对我国《刑法》第三章破坏社会主义市场经济秩序罪中那些明显染有“半统治、半市场”色彩的罪名如非法

---

① 参见周光权：《论刑法的公众认同》，载《中国法学》2003 年第 1 期。

经营罪、骗取贷款罪、非法吸收公众存款罪[①]的处罚范围，确实有必要谨慎使用。

四、社会治理“过度刑法化”形成机理的解读

任何具有一定普遍性的问题的产生，都不可能是无缘无故的，“过度刑法化”作为社会治理中的不正常现象，其中纠缠着历史和现实诸多因素。在现实方面，社会转型期引起的严峻社会治安形势，使国家面临巨大压力，而动用刑法解决这些问题，往往有立竿见影之效果，该效果恰好迎合了当前社会流行的“绩效”考核体制；该体制反过来又推动助长了刑法适用，促成了两者间的“恶性”互动。本章尝试从刑事政策、刑罚权属性、社会纠纷解决机制缺位的角度对当前刑法过度化机理作些澄清。

1. 刑法对刑事政策的过度回应与刑法过度化

刑法作为刑事政策最重要的核心、最高压区和最亮点，[②]本质上不失为一种刑事政策。但罪刑法定原则的确立，使刑法超越了政策的属性，确立了其作为规范体系的本质。现代社会，刑法与刑事政策的分立早已是客观事实，但两者的联系从未中断，一方面，刑法作为社会治理的重要措施之一，必须以社会为基础，回应社会需求，受到国家公共政策制约。另一方面，刑法毕竟不是简单地作为国家权力或控制力的体现，而是使权力成为有效维护和促进社会法治与文明的一种力量，刑事政策的法治化可以有效避免国家以政策代替法律的错误做法，限制国家立法与司法权力的恣意行使。

重视贯彻刑事政策的思想历来是我国刑事立法的特色。1979年《刑法》第1条规定：“中华人民共和国刑法……依照惩办与宽大相结合的政策……制定。”1997年《刑法》虽然没有再明确规定刑事政策，但惩办与宽大相结合刑事政策仍然被认为是1997年《刑法》

---

① 立法设置非法吸收公众存款罪无可厚非，本罪的问题主要在于司法实践中的不适当扩张，这一点与非法经营罪、骗取贷款罪不同。

② 参见[法]米海依尔·戴尔玛斯－马蒂：《刑事政策的主要体系》，卢建平译，法律出版社2000年版，第1页。

制定的灵魂。[①] 2005 年宽严相济基本刑事政策提出以来，刑法立法体现刑事政策更是表现得十分突出。如近年来颁布的《刑法修正案》，无论是总则的修订，还是分则罪名的增设，很明显体现着宽严相济的基本刑事政策的指导。[②]

现代社会，否定刑法与刑事政策的联袂是不明智的，因为否定两者的关联意味着将刑法的发展推回到“机械物理地理解犯罪与刑罚关系的古典刑法时代”。而且，刑法如果欠缺刑事政策的指导，将会蜕变为一堆没有灵魂的条文的聚合。但刑法与刑事政策，毕竟在本质属性、制定主体和程序、表现形式与内容、实施方式、调整范围、稳定性程度方面有显著不同，两者的差异决定了应各自归位，各就各位，不能越俎代庖、互相替代、混为一谈，[③]刑法必须在合理限度内回应刑事政策。刑法一旦超越了自身的限度，过度回应刑事政策，就不可避免地出现调整范围的过度化。回顾现行《刑法》中的“问题罪名”，不少就是刑法过度回应社会需求、过度政策化的结果。有的罪名如拒不支付劳动报酬罪的增设，主要源于特定时期国家对民生问题的重视，而拒不支付劳动报酬的现象恰巧成为该时期热点民生问题。有的罪名如危险驾驶罪，其增设与特定时期“醉驾”和“酒驾”成为社会焦点有莫大关系。有的罪名如新近发票类犯罪的增设，则直接动因于国家特定时期开展的对发票专项治理行动。当前我国虽然大力提倡社会治理的现代化，但拘于社会资源、国家治理能力等多重因素的制约，短时期社会治理难以彻底摆脱刑法的政策化、民粹化和工具化的思维范式，由此而导致刑法的过度化仍将是一个长期困扰我国社会治理的突出问题。

2. 刑罚权的扩张本性与刑法过度化

孟德斯鸠曾精辟地指出，“一切有权力的人都容易滥用权力，这是万古不易的一条经验。有权力的人们使用权力一直到遇有界限

---

① 参见胡康生、李福成主编：《中华人民共和国刑法释义》，法律出版社 1997 年版，第 2 页。

② 参见郎胜：《〈刑法修正案（八）〉解读》，载《国家检察官学院学报》2011 年第 2 期。

③ 参见卢建平：《刑事政策与刑法关系论纲》，载《法治研究》2011 年第 5 期。

的地方才休止”。[①] 现代民主制度的建立，只是改变了权力的运行路径，不可能彻底改变国家权力与生俱来的扩张本性。权力一旦获得扩张的机会，便总会趁机行事。我国刑法过度化的背后明显闪烁着刑罚权扩张的影子，归纳起来，主要通过以下两条路径。

第一，刑罚权主动扩张所导致刑法范围的扩大。刑法是现代国家实现对社会控制的重要手段之一，刑法范围实际上反映了国家在处理保护公民自由、社会福利与自身利益时的容忍度。国家出于强化对社会秩序和自身利益的保护，以刑罚权为载体扩张权力范围，是无法避免的。即便实践中有立法程序的规范制约，但面对巨大的社会需求和刑罚权动能，立法程序有时也难以发挥实质性约束作用。而国家一旦以立法程序将某种行为犯罪化，就获得了和平时期国家对该类行为最强烈、最优势的治理资源与地位。至于立法是否正当，是否会导致调整范围的过度化，是否危及公民自由，指望刑罚权自律，历来是不现实的。前文指出的当前国家将刑法作为社会管理法对待以及所导致的刑法过度化问题，就鲜明地反映了国家治理社会的上述逻辑。以司法解释扩大刑法范围同样涉及该问题，因为司法解释一旦放宽了刑罚权的范围，同样意味着司法机关获得了打击犯罪更优势地位，其可以动用更多司法资源实现维护社会秩序的任务。例如，司法解释一旦将特定犯罪扩张解释为行为犯，就会明显减轻司法机关对特定犯罪的证明责任，便利犯罪的认定。

第二，刑罚权被动扩张所导致的刑法范围扩大。在法治完善、权力有效分立制约的体制下，司法权因具有权威性、终局性和超然属性，一般并不存在被动性扩张的问题。所谓司法权被动扩张的现象往往发生于司法权地位相对较弱、法治并不理想的环境下。一般而言，一国司法权对立法权和行政权从属程度越高，其被动扩张的问题往往就会越突出。根据我国《宪法》规定，我国采取的“议行合一”的权力运行体制，立法权、行政权与司法权的性质，行使主体和程序都是不同的，这种不同本身就说明了各自的独立性以及相互间

---

① ［法］孟德斯鸠：《论法的精神》（上），张雁深译，商务印书馆 2002 年版，第 154 页。

的平衡与制约。但在实践运行中,政府事实上在很大程度上集行政、司法、部分立法权于一体,在权力构架与体系中具有十分强势地位。该体制虽具有保持国家权力统一稳定、决策迅速和行动高效等优越性,①但政府行政权能过大则可能对立法权和司法权造成冲击,削弱国家立法权与司法权应有的机能。过去这些年,随着我国政治体制改革的大力推进,政府权力的行使越来越受到约束和规范,但在有些领域和社会管理环节,仍然存在不可忽视的问题,与国家治理体系现代化要求存在较大距离。由于政府行政权处于国家权力体系中的核心优势地位,很大程度上主导和影响国家权力和社会运行,政府意愿往往会遍布到社会的各个角落,甚至轻而易举地上升为法律。立法程序对立法权启动的应有制约功能难以发挥,实际工作中主要扮演规范立法过程的角色。以经济刑法范围的设定为例,在政府主导的经济社会发展模式下,如果不能妥善处理好政府管理与市场自由间的关系,法律干预经济自由的范围就会大,刑法调整对象就难以摆脱行政化的色彩,那些与政府特定时期倡导的市场经济理念不符合的行为,在政府(主管部门)的推动下,很容易通过国家立法纳入刑法范围。此外,政府一旦推行某项专项社会治理措施,在政府强大权力能量的动议下,为了体现和贯彻部门协调一致的立场,有时立法、司法机关往往需要对政府的行为做出“背书性”的立法和司法。面对社会问题,特别是重大、紧急、棘手的社会问题,当然需要立法、行政和司法的步调一致、协调应对和解决,问题在于:在不同部门的权力协调运行过程中,应注意各自的角色、功能与特点,一旦权力行使超越各自角色和应有的限度,就会出现权力实际运行的错位和不正义。

3. 社会纠纷解决机制缺位与刑法过度化

社会纠纷的性质和复杂性决定了纠纷解决机制的多元性与复杂性。作为纠纷解决的最终和最高结构,国家所要掌握的应当是最终解决权而不是最先解决权,这应当是国家构建社会纠纷解决机制应秉持的基本原则。从整体上来看,现代社会纠纷解决机制的理性

① 参见钱正荣:《“议行合一”的“前世”与“今生”》,载《传承》2009 年第 11 期。

配置既包括以国家为主体的诉讼和审判机制，又包括以社会为主体的人民调解等非诉讼纠纷解决机制。[①] 但事实上，人类行为的最终目的不是都能通过理性来说明的，往往诉诸着人类的情感和感情。[②] 从古至今，社会纠纷解决机制错位和缺位的现象从未间断。有些社会问题通过民事、行政途径并非得不到合理解决，但由于民事、行政解决机制不畅通，或者以民事、行政途径解决，耗时长、难以即时见效，当该类问题一旦成为社会聚焦点时，国家就会忍不住动用刑法，以求得立竿见影的治理效果，满足社会的即时需求。如拒不支付劳动报酬罪的设立在很大程度上反映的就是当前国家民事、行政制度解决拖欠劳动者报酬的缺位和失效。[③] 又如危险驾驶罪，虽不能否认本罪的设立即刻带来了该类案件明显下降，[④]但有必要进一步思考的是：不将"醉驾"犯罪化，而通过严格行政执法是否就无法达到减少和预防该行为发生的效果，本罪的增设是否存在刑法为行政执法管理不力承担责任的问题，还有，刑法规定有不少发票类犯罪、税务类犯罪、食品安全类犯罪等，刑法积极介入上述领域，与国家对该类社会现象非刑法解决机制（特别是行政执法机制）不到位有无关系呢。社会生活中，任何犯罪的发生都不可能是一蹴而就的，往往需要经过滋生、发展到最终实施、完成的过程，其间面临多重社会控制措施的阻挠和社会纠纷解决机制的消解。在犯罪发生之前的任何一时点，如果相应的社会纠纷解决措施能够发挥效用，犯罪都会被预防制止。从这个意义上来看，大量犯罪的发生不能不说是社会纠纷非刑法解决措施缺位所带来的遗憾结果，而弥补这种缺位结果的代价是国家不得不动用昂贵的刑法来应付。所以，完全可以认为，一国对刑法倚重程度及实践中刑法的适用程度，可以一定意义上反映出该国社会纠纷非刑法解决措施缺位、失效之程度。

---

① 参见宋明：《论和谐社会纠纷解决机制的科学配置》，载《大连干部学刊》2008 年第 4 期。

② 参见［英］休谟：《道德原则研究》，曾晓平译，商务印书馆 2001 年版，第 145 页。

③ 参见刘艳红：《当下中国刑事立法应当如何谦抑？——以恶意欠薪行为入罪为例之批判性分析》，载《环球法律评论》2012 年第 2 期。

④ 参见卢建平：《关于醉驾入刑的理性审视》，载《法制资讯》2011 年第 6 期。

4.刑罚威慑功能的过度倚重与刑法过度化

刑罚是否有威慑功能,在理论上至今并未完全定论。但基于功利主义人类社会的生存和生活方式以及对人所具有的趋利避害本能的考量,多数意见还是倾向认为刑罚具有“杀儆效应”与威慑功能的,只不过刑罚的威慑效果取决于多个因素,除刑罚轻重外,还决定于刑罚的确定性及其程度。如贝卡里亚很早就断言:“对于犯罪最强有力的约束力量不是刑罚的严酷性,而是刑罚的必定性。”[①]犯罪学上的种种实验(如“破窗实验”)也证明了该论点。现代犯罪学理论普遍认为,刑罚的严厉性和确定性是实现刑罚威慑效果的两个基本变量,理想的刑罚模式应当是尽可能提高刑罚确定性以避免通过提升刑罚严厉性而达到犯罪预防。但人性的功利性特点,往往导致对社会问题的解决偏爱选择眼前、表面化的应对之策,而不愿或受种种现实条件约束难以设计出着眼于长远、根本性的应对措施。相对于以提升刑罚确定性实现对犯罪的威慑,通过提高刑罚严厉性和扩大打击范围无疑要便利得多,而一旦国家倚重后者作为威慑和预防犯罪之策,刑法的扩张与过度化便难以避免。

五、刑法参与现代社会治理机制的理论建构

法学家埃利希指出,不论是现在还是其他时候,法律发展的重心既不在立法、法学,也不在司法判决,而在社会本身。[②] 现代社会的高度复杂性使法律所担负的使命更为艰巨,其角色也更具挑战性,一个看似法律方面的问题往往不是或不再仅是一个法律问题,一项形似简单的立法也常常会有许多因素纠结其中。[③] 如前分析,过度刑法化,表象上看,似乎是个刑法专业问题,其实它早已超越了刑法的范围,成为一个社会问题。这在根本上决定了应对刑法过度

① [意]贝卡里亚:《论犯罪与刑罚》,黄风译,中国大百科全书出版社1993年版,第59页。

② 参见[奥]埃利希:《法律社会学基本原理》,叶名怡、袁震译,九州出版社2007年版,前言,第3页。

③ 参见肖世杰:《法律的公众认同、功能期许与道德承载——对刑法修正案(八)的复眼式解读》,载《法学研究》2011年第4期。

化绝非刑法专业本身能完全胜任,必须从刑法与社会关系的维度探讨刑法参与现代社会治理的机制。因篇幅所限,本章主要选取以下两个方面作尝试性探索。

(一)刑法过度政策化的纠偏与“司法法”属性的提倡

维护刑法自主性和处罚范围的适当,必须纠偏刑法的过度政策化,而这首先要从刑法与刑事政策的正当关系谈起。历史上,刑法并非生来就和刑事政策捆绑在一起。刑事古典学派机械、物理地理解犯罪与刑罚的关系,刑罚被认为是对犯罪的机械反动,刑事政策在其思想体系中并无生存余地。近代学派改变了古典学派关于犯罪与刑罚关系的物理性理解,强调“犯罪——刑事政策——刑法”的互动,重视刑法的预防功能,将刑事政策带入刑法体系,催生了刑法与刑事政策的“二重协奏”,但此后刑法始终面临着过度政策化的困扰。

政策的本质仍然是政治,所以,刑法与刑事政策的关系根本上反映的是刑法与政治的关系以及刑法的自主性和限度问题。现代法治国家,法律与政治历来被认为是共生的。法律的本质是国家依据政治权力所为的强制,它是为了实现并维护社会秩序的目的而要求人们为一定行为的装置或过程。① 任何强大的、有组织的政治力量,为了达成自己的政治目标,都要创造自己的法律观念或法律命题。而在社会结构中,法律命题总是为政治力量所支配,法律命题必然或多或少地体现着一定的政治理想。在斗争中获得胜利的社会力量,总会通过创造法律命题的方式来强制保护自己利益的规范实现,因此,法律命题必然带有政治色彩。② 换句话说,法律本质上是政治权力作用于社会生活所采用的形式,法律价值判断的结论是它的具体内容。③ 我国学者也指出,法律与政治的区分只是一种相对的、技术性的、表面化的区分,从彼此构造生成、实际运作实践看,

---

① 参见[日]川岛武宜:《现代化与法》,王志安等译,中国政法大学出版社2004年版,第251~252页。

② 参见[日]川岛武宜:《现代化与法》,王志安等译,中国政法大学出版社2004年版,第230页。

③ 同上书,第263页。

法律与政治始终具有非常密切的内在联结,[①]它们都面对共同的社会公共利益要求而担负着建立和维护共同社会秩序的责任……法律乃是另一种形式的政治,即以其规范化、权威化、统一性的标准化要求表达着政治的诉求;而政治的诉求一旦改变或者消失,将直接导致法律的改变或者法律的完全消失。[②]

法律与政策(政治)的联袂当然有积极意义。具体到刑法领域,如前所述,刑法作为现代国家公共政策的重要环节,在实现社会治理过程中,必须适时回应社会需求,否则刑法将会蜕变成一堆没有灵魂的机械条文,失去存在的必要性。另外,在现代法治国家,法治的推行必须严格贯彻形式理性主义,政治权力必须采取制度化法律的形式作用于社会生活,否则社会生活将会陷入权力的挟持之下,无法预测。[③] “刑事政策刑法化”和“刑法刑事政策化”实际上是刑法与刑事政策联袂互动的结果。但是,法律与政策的分离毕竟是近代制度文明的重要成果,我们在强调刑事政策与刑法共生互动关系的同时,必须重视刑法回应刑事政策的途径与限度,避免刑法对刑事政策的过度回应。因为,一方面,法治首先乃是一种规则之治,在法治国家,政治行为必须受法治约束,“如果一种法律没有规则或者其规则未得到有序的遵守,那么这种法律就不能成为我们所了解的那种法律制度。它是一种随意决断的非正式‘制度’”。[④] 另一方面,虽然法律在本质上决定于政治,但法律本身具有自主性,刑法自主性最重要的体现在于罪刑法定这个刑法帝王原则的确立以及所体现的刑法对法的安定价值的维护。正如学者们反复强调,就国家对犯罪的治理而言,刑法很难被认为是必需的,没有刑法并不妨碍国家对犯罪的有效镇压与打击,而且,没有立法的犯罪打击可能更

---

① 参见姚建宗:《论法律与政治的共生:法律政治学导论》,载《学习与探索》2010年第4期。

② 参见姚建宗:《法律的政治逻辑阐释》,载《政治学研究》2010年第2期。

③ 参见[日]川岛武宜:《现代化与法》,王志安等译,中国政法大学出版社2004年版,第263页。

④ [美]P. S. 阿蒂亚、[美]R. S. 萨默斯:《英美法中的形式与实质:法律推理、法律理论与法律制度比较研究》,金敏、陈林林、王笑红译,中国政法大学出版社2005年版,第61页。

为及时、有效、灵活、便利。实际上，人类之所以需要刑法，一方面是要惩罚犯罪，另一方面是要保证刑罚的正当性。亦即，刑法的目的不只在于遏制犯罪，还在于遏制国家权力。现代刑法存在的一个特别重要的理由，就是限制国家的刑罚权。[1] 刑法一旦过度卷入政治或政策之中，将会松懈近代以来紧套在刑罚权身上罪刑法定的脚镣，刑法的安全价值势必面临危机，导致刑法自主性的消解，国家刑罚权便难免会乘机以推行公共政策为理由，谋取自身利益扩张而危及公民自由，而这是任何法治国家都需要重视和避免的问题。具体来说：

第一，反对刑法的过度政策化，首先必须明确刑法作为“司法法”的根本属性，避免将刑法看作一般的社会管理法。

在西方国家，以三权分立为原理，法律被区分为立法法、司法法和行政法。刑法作为国家的裁判规范，以法的安定性为指导原理，被划分在司法法范畴中。[2] 张明楷教授也指出，司法法以法的安定性为指导原理，这一点与以法的合目的性为指导原理的行政法迥然有别。[3] 其实，深究起来，两者的差异远非限于此。首先，从国家权力结构来看，司法与行政的分类以及司法法的设置不乏是国家精心为雄心勃勃的行政权准备的冷却剂，具有避免行政权过度活跃对公民权利造成不适当排挤的救济、纠偏功能。刑法司法法的根本属性决定了国家刑罚权的发动必须是被动的，只有在行为发生了法益侵害结果或危险时，刑法的介入才具有正当性与合法性。而行政法和一般社会管理法，基于公共利益和国家对社会管理的需要，则可以积极主动介入社会管理活动。其次，从法存在的目的看，司法法的根本目的在于阻止对法律所确认的分配正义的侵害，实现所谓的矫正的正义。而行政法所追求的合目的性在于效率，其内涵是每一个人均在努力最大化他们自己的欲望，国家通过平衡这些相互竞争的

---

① 参见周少华：《刑法之适应性：刑事法治的实践逻辑》，法律出版社2012年版，第94页。

② 参见［日］大塚仁：《刑法概说（总论）》，冯军译，中国人民大学出版社2003年版，第20页。

③ 张明楷：《刑法学》（第4版），法律出版社2011年版，第20页。

利益,实现最大的全体的善。[①] 司法法属性决定了刑法不能成为国家行使分配正义的手段,不应身陷社会琐碎管理活动中,只有存在需要实现矫正正义的场合,介入才有必要。

在国家职能日益强化和多元化的今天,强调刑法的司法法属性,对于避免刑法过度政策化和社会治理过度刑法化,具有现实意义。近世早期,得到人们普遍承认的国家目的除了维护社会内部公共秩序和抵御外来侵略外,就没有什么更多的内容了。而如今,国家被普遍认为应当负有更为广泛的责任,国家不仅要保证公民享有最起码的生存条件,还应积极追求公共福祉、促进经济增长、环境保护及文化教育之振兴。包括刑法在内的所有法律都是国家制定的,国家职能和任务的界定,无疑关系到法律的调整范围。出于对国家权力的戒备,现代各国虽然都强调国家应积极推进社会福祉和公共利益建设,但仍应尽可能给予个人追求利益来满足公共利益,只是在个人"自由的自发性"仍无法达成公共福祉之需求时,国家才可以介入。[②] 但事实上无论国家采取何种措施孤心苦诣地限制国家权力,只要人们要求国家所做的事情越多,国家为实现目标,对个人自由的限制必然越大,刑法扩张本质上是国家权力在质与量上扩增的结果。前文指出的经济刑法的过度化,实际上是政府在当前经济领域的职能过多、权力过大的反映。

强调刑法的司法法属性,必须明确在公民与社会的关系上,司法组织历来被看作一种处于管理者和被管理者之间的中立力量。[③] 刑法作为司法法,意味着对于行政国家建立的行政、经济等秩序,司法权不能一概不加选择地给予保护,对于那些纯粹是基于行政管理需要确立的秩序,即所谓的"单纯的行政性利益",并无刑法保护的必要性。

---

① [美]马丁·洛克林:《剑与天平:法律与政治关系的省察》,高秦伟译,北京大学出版社 2011 年版,第 104 页。

② 参见陈新民:《宪法基本权利之基本理论》(上),台北,元照出版有限公司 1999 年版,第 141 页以下。

③ 参见[英]彼得·斯坦、[英]约翰·香德:《西方社会的法律价值》,王献平译,中国法制出版社 2004 年版,第 364 页。

强调刑法司法法属性,还意味着作为司法权本质属性的刑罚权的行使必须要保持一定的超逸性,重视其与行政法在法律属性和法任务上的根本区别,不能因为公安机关和其他行政机关对某类社会问题、违法行为的反应强烈,就简单地将该类行为通过犯罪化纳入刑法范围。若此,刑法面对的社会问题将会应接不暇,陷入无穷无尽的琐碎的社会事务管理中,调整范围将会无限扩大,刑法最终将迈向"社会管理法"。

第二,纠偏刑法的过度政策化,对于刑法立法和司法而言,有着不同意义。

就立法而言,首先,立法是国家实现分配正义的过程,国家一旦使用法律来实现分配正义的理念,法律便不可避免地被拖进政治事务的争议中,[①]立法本身就是国家的一项政治活动。避免和纠偏立法的过度政策化,针对点主要是强调行为犯罪化的正当化根据,刑法对任何犯罪的增设必须恪守"危害原则""责任原则""刑法最小化原则"以及"比例原则",而不能仅是某个时期国家的政策需要。其次,刑法立法避免过度政策化,当前需要反思刑法频繁修改及其负面作用。"人们在传统上总是以一个法秩序的持续时间的长短,来衡量法律安全目的是否达到。"[②]"如果经常修改法律,那么人们在特定时间将很难发现法律的规定是什么,更为重要的是,人们需要知晓法律,不仅是为短期决定,而且是为长期计划……如果人们受法律的指引做长期决定,稳定性是必要的。"[③]刑法最明显而且最直接地涉及塑造和约束公民行为,"如果法律不能提供稳定性和一定程度的确定性,那么结果必将导致而不是抑制混乱"。[④] 如果刑法可以任意修改,罪刑法定所强调的法的安定性机能就会大大减

---

① 参见[美]马丁·洛克林:《剑与天平:法律与政治关系的省察》,高秦伟译,北京大学出版社2011年版,第117页。

② [英]彼得·斯坦、[英]约翰·香德:《西方社会的法律价值》,王献平译,中国法制出版社2004年版,第55页。

③ [英]约瑟夫·拉兹:《法律的权威:法律与道德论文集》,朱峰译,法律出版社2005年版,第187页。

④ [美]埃尔曼:《比较法律文化》,贺卫方、高鸿均译,生活·读书·新知三联书店1990年版,第67页。

弱。另外,反对刑法过度频繁修改,可以减少和避免刑法工具主义倾向;可以减少社会治理对刑法的依赖,面对社会问题,迫使国家和全社会在刑法之外寻求解决犯罪之道,促使国家和社会反犯罪措施走向理性化、科学化。

在司法上,避免刑法的过度政策化,当前的问题主要是确保刑法适用上的安定性,反对不惜牺牲刑法的形式理性而寻求所谓的社会效果。著名社会学家韦伯曾将法官的审判活动比拟为一台自动售货机,从它的顶端将文件与费用塞进去,利用推理、机械地读出法典化的条文,进而从低端吐出判决意见。韦伯的理想不乏独特,但这种认识被认为是激进版本的审判形式主义观点,无法契合社会现实。① 一方面,"法官是国家结构下的机器,因而不可避免地要作出政治性的判决";②另一方面,现代社会早已超越了田园牧歌时代,社会关系错综复杂、案件形态各异,任何试图一劳永逸构建解决问题方案的想法都是天真的。但韦伯强调法律形式理性的观念却有独特的法治价值,尤其对于刑事法治而言,形式正义是维护刑法安定性的最基础环节。刑法以法的安定性为追求实现正义的最高限度,适用过程必须重视形式正义,必须严格限制刑事领域的司法规范,③强调刑法是刑事政策不可逾越的樊篱。以牺牲刑法的形式理性而换取所谓的个案社会效果,必然危及刑法的是非判断,侵蚀刑事法治的根基。

第三,避免刑法的过度政策化,需要特别关注刑法对热点民生问题的介入。民生问题关系人心向背、社会治乱和政权兴衰,党的十八大强调"要把保障和改善民生放在更加突出的位置",要"着力保障和改善民生",所以民生问题可以说是当前中国最大的政治或政策问题之一。社会现实生活中热点民生问题的形成往往有特殊的背景,是社会矛盾和多方利益冲突的集中反映,作为社会控制手

---

① [美]马丁·洛克林:《剑与天平:法律与政治关系的省察》,高秦伟译,北京大学出版社 2011 年版,第 86 页。

② 同上书,第 110 页。

③ 参见周少华:《刑法之适应性:刑事法治的实践逻辑》,法律出版社 2012 年版,第 32 页。

段之一的刑法当然不该视而不见。而且，热点民生问题反映的社会矛盾往往时效性强、社会关注度高，在社会各方面巨大压力下，国家往往有使用刑法解决的冲动。但刑法最后手段性的特点和热点民生问题形成的原因，更需要国家优先尝试使用社会政策和民事、经济、行政等手段进行化解。国家一旦提倡"民生刑法观"，极容易导致国家各部门过分强调刑法对该类问题的解决，容易形成"口号化""运动式"推进的危险，容易导致刑法过度活跃，推动刑法成为社会管理常规手段的巨大风险。这将松懈和转移其他社会措施对解决社会矛盾的基础意义，导致其他社会纠纷解决机制功能的退化，而后者才是维护国家、社会稳定和健康发展之本。

(二)"刑法最小化"观念的提倡与实践贯彻

"刑法最小化"，在大陆法系刑法上习惯称为"刑法谦抑主义"，强调的是刑法应将处罚范围限制在绝对必要的限度内，在行为对他人造成伤害(或法益侵害)的场合，国家应当优先尝试使用教育、劝诱等非刑事手段，只有在绝对没有其他替代手段情况下，才有必要纳入刑法范围。理论上，关于刑法是否有必要坚持最小化原则，并非没有不同声音，有学者认为刑法并不属于"表面上的不义"，对社会结构和规则的塑造十分重要，行为的犯罪化只要有正当化根据即可，并不需要其作为最后手段使用。① 但考虑到刑罚适用对公民权利与自由造成的妨碍，理论界支配性的观点还是肯定刑法最小化观念的。

对于刑法最小化观念的传统解释，道格拉斯·胡萨克(Douglas Huask)教授批评其缺乏应有深度，因为其没有真正回答动用刑罚的理由。他认为，所谓刑法最后手段性，是指在其他方法能够达到刑法目的时，刑法就不应当被制定。② 安德鲁·阿什沃思(Andrew Ashworth)教授立足于意思自治、社会福利和其他社会控制形式的价值，提出了"刑法最小化"的方法，对于刑法最小化观念走向深入

---

① Jonathan Herring, *Great Debates in Criminal Law* (2nd Edition), Palgrave Macmillan Press, 2012, p. 14.

② Douglas Husak, The Criminal Law As Last Resort, *Oxford Journal of Legal Studies*, Vol. 24, No. 2(2004), p. 217.

作出了实质性贡献。他认为，为了实现刑法范围的最小化，行为的犯罪化必须考虑以下四方面因素，即尊重人权，强调公民有不被国家惩罚的权利，倡导处罚的最后手段性以及处罚的有效性。[①]

现代刑法谦抑主义思想在我国早已被接受，只是长期以来，主要还是停留于观念的层面。近年梁根林教授立足于刑事立法的层面，对犯罪化作业过滤机制的研究将刑法最小化思想推向实践化。他认为："位于现代刑事法律科学与现代刑事政策核心的，就是以刑法干预的正当性考虑与刑法干预的谦抑性思想为基础的'道德—第一次法—第二次法'的犯罪化作业机制过滤原理。这种三阶段递进收缩式的犯罪化作业机制过滤原理，要求刑事立法在决定是否将特定种类行为犯罪化并赋予刑事制裁的法律效果时，应当渐次考量道德规范体系、民商法、行政法等一次法规范体系以及刑事法作为第二次法规范体系对该行为调整的必要性、可能性与有效性。"[②]

刑法参与现代社会治理是否需要坚持"最小化"，实际上关涉法律以及刑法对社会治理的意义问题。法律是人类有目的的创造物，作为一种手段而非目的，体现的是对人的需要的制度性满足。[③]但即便在法治发达国家，法律也只与人类生活的一部分（主要是物质利益冲突）有关。对人类生活中更多、更大的领域，法律最多也只是勉强涉及。[④] 具体到刑法而言，犯罪是错综复杂的社会因素共同作用的结果，刑法的高度专业化、单一性特性难以针锋相对地对犯罪发生的因素产生积极触动效用，这必然决定刑法对犯罪预防的效果是极其有限的，所以，试图通过刑法就达到对犯罪的有效治理，只可能是过于浪漫主义的想法。在现实方面，刑法的适用以再次牺牲犯罪人的权利为代价，虽无法否认其远期目标在于预防和减少犯罪的发生，保障公民自由，但在当前阶段、在具体案件中，刑罚适用毕

---

① Andrew Ashworth, *Principles of Criminal Law* (6th Edition), Oxford University Press, 2009, pp. 31 – 34.

② 梁根林：《刑事法网：扩张与限缩》，法律出版社 2005 年版，第 34 页。

③ 参见周少华：《刑法之适应性：刑事法治的实践逻辑》，法律出版社 2012 年版，第 194 页。

④ 参见［英］彼得·斯坦、［英］约翰·香德：《西方社会的法律价值》，王献平译，中国法制出版社 2004 年版，第 130 页。

竟会导致对犯罪人自由等权利的限制和剥夺，形式上呈现出明显的“伤害”特征，不能否定其“表面不义”的基本属性。特别是刑罚适用对犯罪人和社会都会产生负面后果，如对犯罪人会产生“标签效应”，容易引起国家权力滥用，耗费国家有限的司法资源，把握不好很容易伤及无辜，甚至形成新的、更大的伤害。而且，社会客观事实是，更多人遵守法律是源于对法律的尊重而不是对惩罚的畏惧，所以，好的方法是创造条件减少犯罪的机会，而不是诉诸惩罚减少犯罪的发生，犯罪化应当作为维持社会秩序的最后手段。[①] 现代国家对犯罪的治理必须采取“国家与社会二元参与体系”，尽最大限度采取前置性的非刑法措施，使公民不能犯罪，不敢犯罪，不愿犯罪，不易犯罪，而不是倚重刑法的事后治理。在这个意义上，刑法最小化的观念当然要积极提倡！

第一，对于刑法的调整范围设置，笔者认为，梁根林教授提出的“三重作业过滤体制”是极其有价值的。刑罚事关公民基本权利和自由的限制和剥夺，“一个审慎的立法者在面临是否需要将特定种类行为犯罪化或者是否需要将刑事制裁继续适用于特定种类行为时，要首先扪心自问是否还存在其他可行的控制方法”。[②] 如果认为法律是道德的底线，那么，刑法可以认为是法律的底线。“某种危害社会的行为能够为道德规范体系或者第一次法规范体系有效调整，就不应当进入第二次法的干预范围。只有当道德规范体系以及第一次法规范体系无法有效予以调整，并且符合第二次法调整的要求时，该特定行为才能被立法者纳入刑法干预的范围，赋予刑事制裁的法律效果，并通过正式的立法程序予以犯罪化。”[③]若立足于该立场，现行刑法关于发票、传销、骗取贷款、拒不支付劳动者报酬、危险驾驶等罪的设置是否符合刑法最小化原则，结论便有些不言自明了。

---

① S. Benn and R. Peters, *Social Principles and the Democratic State*, Allen & Unwin Press, 1959, p. 227.

② ［美］哈伯特·L. 帕克：《刑事制裁的界限》，梁根林等译，法律出版社 2008 年版，第 247 页。

③ 梁根林：《刑事法网：扩张与限缩》，法律出版社 2005 年版，第 34 页。

第二,贯彻刑法最小化原则,必须强调实体刑法上公民有不被犯罪化的权利。法治国公民权利与国家权力的逻辑关系决定了公民具有不被犯罪化的权利,反映在刑法上就是确立了“危害原则”或“法益侵害原则”等犯罪化的基本原则。“危害原则”在我国被称为“严重社会危害性原则”,即任何行为构成犯罪必须具有严重社会危害性。近年,传统社会危害性理论一直面临着刑法理论界的反思与检讨,甚至被学者们视为是我国刑法知识去“苏俄化”的一个重要切入点。[①] 该问题并非本章主题,这里不具体展开。但笔者认为,如果刑法理论和实践继续保留传统刑法关于犯罪本质的理解,那么在考察行为是否具有严重社会危害性时,必须重视公民在实体刑法上有不被犯罪化的权利,国家必须对行为的犯罪化承担证明责任。特别是在“权利相互性”的场合,对公民行为的犯罪化要特别考量,公民行使和追求权利的行为,不能轻易被犯罪化。例如,言论自由是现代各国宪法规定的公民基本权利与自由,公民在行使这种权利时,往往具有侵犯他人名誉权、隐私权等危险性。在公民行使言论自由而导致对他人伤害的场合,就不能简单地比照社会中非法侵害他人人身、财产案件同等对待,不能简单地采取单向思维将其犯罪化。如果立法者和法律解释者只是片面、单向地关注被害一方法益损害事实,就很容易认为该情形下的行为符合了犯罪化原则,将其纳入刑法的范围。但这种过于简单的做法很容易导致对公民言论自由这项宪法肯定的权利的限制和侵犯。因此,该类行为犯罪化的特殊性在于:此类情形中权利表现出相互性,权利之间存在冲突,对所谓加害行为是否具有犯罪化的根据以及刑罚的限度如何,需要首先解决权利冲突场合权利体系配置问题,需要回答权利体系中不同类型的具体权利形态,究竟是一律平等,还是存在位阶高低之别,进而决定刑法的介入限度。言论自由属于现代各国宪法保护的最基本权利,在权利体系中具有基础性地位,这就决定了刑法对行使言论自由行为的犯罪化务必慎之再慎。又如,在经济刑法范围

---

① 参见陈兴良:《社会危害性理论:进一步的批判性清理》,载《中国法学》2006 年第 4 期。

方面,既然国家推行市场经济体制,强调市场对资源配置的决定性作用,市场经济原本含义是一种没有外在强制的自发的、自愿的经济,意味着在这种经济体制下,每个人都享有经济自由。[①] 那么,市场主体为争取平等市场经济主体地位和经济自由的行为,即使对现行的转变中的经济体制有所冲击,也不宜轻易被立法犯罪化和在司法上被解释为犯罪。

第三,强调刑法参与社会治理最小化,还必须关注刑法对普遍违法行为的处理问题。“人们往往认为,任何一个神智健全的立法者,甚至一个邪恶的独裁者,也不会有理由制定一个要求人们实现不可能实现事情的法律。”[②]其实,一个健全的立法者不仅不应当制定人们不可能实现事情的法律,也不应当制定司法机关不可能实现之事的法律。如对于经济社会转型期出现的具有规模性、普遍性的违法行为,虽不可否认其具有社会危害性,但因其数量大,法若责众,必将面临巨大的司法成本以及来自社会的普遍抵触情绪,削弱刑法的道义力量。相反,如果国家采取选择性打击,社会民众和犯罪分子就会将惩罚仅看作碰运气时可能会遇到的一种危险,[③]惩罚同样缺乏道义性。对于此类行为的处理,理性的方法应当是国家应尽可能优先通过非刑法措施予以化解,刑法介入尽可能保留在最后的阶段。在以非刑事措施达成对普遍违法行为的大量消解后,刑法再介入为宜。

六、展望:社会治理的现代化与现代刑法的使命

本章以刑法过度化为切入点,集中探讨了刑法过度的风险与危害,并从两个层面展示了刑法参与现代社会治理的机制问题。刑法如何参与现代社会治理,实际上与现代社会刑法的使命,是个一体两面的问题,这里,论者再对该问题作必要的补充性论述,以期本章的观点更为明晰。

---

① 参见王海明:《论经济自由原则》,载《齐鲁学刊》2007 年第 3 期。

② 沈宗灵:《现代西方法理学》,北京大学出版社 1992 年版,第 61 页。

③ 参见[美]查尔斯·霍顿·库利:《人类本性与社会秩序》,包凡一、王湲译,华夏出版社 1999 年版,第 296 页。

法律是人类社会的公共事业,它并不是陈年的古董,充满了灰尘,供奉于架子之上,被收藏并被欣赏。它像一棵古老却又具有旺盛生命的参天大树,顽强地扎根于历史之中,却又依旧开出了新芽,长出了新的树枝,并不时褪去枯木。[①] 美国学者诺内特和塞尔兹尼克将法律的发展归纳为三种形态,即"压制型法""自治型法"和"回应型法"。[②] 这种划分反映的是法律进化的进程以及法律与社会之间的相生关系。陈兴良教授亦指出,一定的法律形态总是与一定的社会形态以及一定的政治形态相联系的。压制型的法律、自治型的法律和回应型的法律总是与压制型的社会、自治型的社会和回应型的社会相对应的。目的决定手段,当我们确立了以和谐社会为建设目标以后,法律不再是专政的工具,而是各种社会关系的调节器,各种社会矛盾的化解器。刑法不再是单纯的暴力强制,尽管刑法仍然具有强制性,但这种强制是具有节制性的,不能超过一定的界限。[③] 刑法是社会的产物,一方面,刑法必须适应时代发展;另一方面,面对社会发展,刑法的立场也应作出相应调整。

当前,国家大力强调国家与社会治理能力的提升实现治理体系与能力的现代化,刑法参与社会治理的机制必须适应社会发展的新要求。具体到对犯罪治理而言,本书认为,我国必须改变传统的主要由国家垄断的反犯罪体系,确立由"国家与社会整体对付犯罪的二元反应体系";要根本上改变传统的间歇性、运动式的犯罪治理模式,建立常态社会的犯罪治理模式。国家和全社会必须充分认识刑罚作为一种心理威慑力量作用的有限性,树立刑罚相对性观念。只要我们承认犯罪源于社会基本矛盾,是社会矛盾和社会结构中诸多致罪因素综合力量作用的结果,就应当合乎逻辑地得出刑罚作为一种来自外部的心理威慑力量,显然不可能与促成犯罪的社会基本矛盾等深层次原因相抗衡的结论。只有在消除或者至少是减少社会

---

① [美]马丁·洛克林:《剑与天平:法律与政治关系的省察》,高秦伟译,北京大学出版社2011年版,第110页。

② 参见[美]诺内特、[美]塞尔兹尼克:《转变中的法律与社会:迈向回应型法》,张志铭译,中国政法大学出版社2004年版,第18~19页。

③ 参见陈兴良:《宽严相济刑事政策研究》,载《法学杂志》2006年第1期。

矛盾与社会结构中诸多致罪因素作用的基础上,刑罚才能发生其预防犯罪的功能。在整个社会控制犯罪系统工程中,刑罚只是发挥有限的和短促的作用。刑罚量投入的多少和犯罪率的高低不可能成简单的反比关系。[1] 对于犯罪的治理国家和社会如果不能着力于改变催生犯罪的因素,只是希望通过传统“严打”“运动式”犯罪表面化治理,只可能产生“割韭菜效应”的犯罪治理效果,与国家治理体系与能力现代化的要求并不契合。

实现社会治理体系的现代化,构建刑法参与现代社会治理机制,还必须清楚:刑罚权是和平时期国家最具有暴力性和工具性的国家公权力。国家刑罚权能不能受到刑事法的有效约束,是一个国家在刑事法领域是否实现法治的根本标志,进而也是判断一个国家是否为法治国的基本标志。[2] 实践已证明:刑事制裁既是人类自由的重要保障,同时也是人类自由的主要威胁。慎重和人道地使用刑事制裁,它就是人类自由的保障;如果不加选择地和强制地使用刑事制裁,它就是人类自由的威胁。[3] 回顾整个 20 世纪,世界范围内主要的政治危险皆源自权力过大的国家产生的威胁,该威胁早已波及刑法领域,引起了刑法的扩张与过度化。今天,行政国家面对公民日益增长的社会福利需求,总会采取雄心勃勃的计划,促进经济繁荣,规制环境风险,应对贫困与社会歧视的挑战,确保安全,防止犯罪,这些都是摆在各国执政者面前的迫切任务。为解决这些任务,国家权力加强,伴随司法权扩大也是必然趋势。但司法本质上是反民主的,法律人必须通过无偏见地坚持贵族统治的信念来缓和民主政治过程中的不确定性、无知的或者过于雄心勃勃的行为。[4] 刑法作为司法法,必须从法治的立场思考在行政国家应对公民日益增长的社会福利需求过程中的基本立场问题。“人是一切价值存在

---

① 参见梁根林:《刑事法网:扩张与限缩》,法律出版社 2005 年版,代自序,第 7 页。

② 梁根林:《刑事法网:扩张与限缩》,法律出版社 2005 年版,第 2 页。

③ [美]哈伯特·L. 帕克:《刑事制裁的界限》,梁根林等译,法律出版社 2008 年版,第 363 页。

④ 参见[美]马丁·洛克林:《剑与天平:法律与政治关系的省察》,高秦伟译,北京大学出版社 2011 年版,第 6 页。

的基础和前提,也是法价值存在的基础与前提,是法价值的最终归宿。”①法律是人类有目的的创造之物,作为满足人的需要的一种规范体系,只有保护人的自由,根本上对人才是有价值的。刑法作为从属性的法益保护手段,其根本任务在于,使其公民在由宪法所保障的基本权利获得维护的前提下,自由而和平地共同生活在一起。②对于社会治理的参与,刑法必须固守其维护矫正正义的精神气质和保护公民自由的根本价值。刑法的制定和实施,不仅要起到预防犯罪、保护法益,维护社会秩序之效用,也要在根本上有助于维护国民的自由,这是现代刑法仍需坚守的根本立场。

---

① 卓泽渊:《法的价值论》(第2版),法律出版社2006年版,第4页。

② 参见[德]罗可辛:《对批判立法之法益概念的检视》,陈璇译,载《法学评论》2015年第1期。

第六章　重刑治毒与刑法理性

毒品侵蚀人的尊严，根本上是反人性的，毒品犯罪具有严重的社会危害性，正因如此，世界各国和国际社会对毒品犯罪都严厉打击。2014 年中共中央、国务院印发《关于加强禁毒工作的意见》，要求各地区各有关部门把禁毒工作纳入国家安全战略，我国禁毒工作进入新时代。任何国家的禁毒工作都离不开刑法的参与，近些年我国也十分重视刑法参与国家禁毒工作，取得了阶段性重要成果。但毒品犯罪根本上是个复杂的社会问题，禁毒刑事政策应具有更宽阔的视野，应尽可能立足于人性，最大限度地理解毒品犯罪和毒品滥用的生成机理以及两者之间的共生关系，唯有如此，我们方可构建更为理性、人道和有效率的毒品犯罪刑事政策。本章采取法社会学的方法和整体性研究思路，探讨刑法参与毒品犯罪治理及其限度问题。

一、“重刑治毒”刑事政策的形成与规范表现

人是理性的动物，但人的观点和行动常常是由情绪而不是理智决定的。现实总与历史相勾连，历史背景总是提供着评估当代事项和目标的参考点。[①]

① 参见［美］詹姆斯・R. 汤森、［美］布莱特利・沃马克：《中国政治》，顾速、董方译，江苏人民出版社 2010 年版，第 4 页。

鸦片战争以后,毒品对国人来讲,总是与国耻家恨相勾连。鸦片"迨流毒于天下,则为害甚巨,法当从严。若犹泄泄视之,是使数十年后,中原几无可以御敌之兵,且无可以充饷之银",民族英雄林则徐沉甸甸的警句,从孩提时代起,被镌刻在每个国人的脊柱上。所以,在我国论及毒品及其危害性,对普通民众而言,并非只是个纯粹的科学问题,而是具有浓厚的情感与文化色彩。

毒品作为精神药物的一种,其使用并不是个新问题,也不是孤立的现象,而是所有人类社会的一个共同特征。[①] 历史上,毒品不仅用作治病,还用于消遣。有的还在经济和宗教方面发挥过重要作用。[②] 但毒品一旦被人为地注入了情感因素,其属性将面临变异的风险。刑法是社会的产物。新中国成立后,我国曾一度被世界誉为"无毒国"。[③] 1979年《刑法》制定时,毒品犯罪在我国尚不是严重的社会问题,[④]那时,国家对毒品采取的是比较温和的刑事政策。改革开放以后,毒品在我国死灰复燃,很快成为严重的社会问题。严峻的毒品泛滥现实和观念上关于毒品非理性的认知,难免催生"重刑治毒"的刑事政策,[⑤]这不仅反映在刑事立法上,也凸显于刑事司法、执法活动中。

(一)刑事立法上表现

新中国成立后,对于毒品犯罪的治理,我国刑法并非一开始就采取严厉立场。"重刑治毒"刑事政策经历了一个逐步演变的过程。

1979年《刑法》第171条规定:"制造、贩卖、运输鸦片、海洛因、吗啡或者其他毒品的,处五年以下有期徒刑或者拘役,可以并处罚金。一贯或者大量制造、贩卖、运输前款毒品的,处五年以上有期徒刑,可以并处没收财产。"可见,1979年《刑法》对毒品犯罪的规定相

---

① 参见[美]O.瑞、[美]C.科塞:《毒品、社会与人的行为》,夏建中等译,中国人民大学出版社2001年版,前言,第5页。

② 同上书,前言,第6页。

③ 参见郑蜀饶:《毒品犯罪的法律适用》,人民法院出版社2001年版,第8页。

④ 参见崔敏主编:《毒品犯罪发展趋势与遏制对策》,警官教育出版社1999年版,第306页。

⑤ "重刑治毒"的刑事政策并非只存在于我国,当今世界很多国家和地区都奉行该刑事政策。

当简单，在罪名上，只有制造、贩卖、运输毒品罪三个罪名；刑罚也不严厉，一般只判处被告人五年以下有期徒刑，对于制造、贩卖、运输毒品罪的惯犯或大量制造、贩卖、运输毒品的，最高刑也只是有期徒刑。这种温和的刑罚政策一方面与当时国家“宜粗不宜细”立法指导思想有关，另一方面根本上是由于当时毒品对整个社会尚不构成严重危害，国家没有必要通过重刑规制的整体社会形势决定的。

进入 20 世纪 80 年代后，随着我国改革开放和经济社会的发展，毒品在我国死灰复燃，问题逐渐严重。这一时期，国家陆续制定颁布了数部重要法律，包括 1982 年 3 月 8 日第五届全国人民代表大会常务委员会第二十二次会议通过的《关于严惩严重破坏经济的罪犯的决定》，1987 年 1 月 22 日第六届全国人民代表大会常务委员会第十九次会议通过的《海关法》，1988 年 1 月 21 日第六届全国人民代表大会常务委员会第二十四次会议通过的《关于惩治走私罪的补充规定》以及 1990 年 12 月 28 日第七届全国人民代表大会常务委员会第十七次会议通过的《关于禁毒的决定》等。1982 年《关于严惩严重破坏经济的罪犯的决定》规定：“贩卖毒品，情节特别严重的，处十年以上有期徒刑、无期徒刑或者死刑，可以并处没收财产。”该《决定》将贩卖毒品罪视为最严重的犯罪类型之一，开启了我国刑法对毒品犯罪设置死刑的先河。《关于禁毒的决定》是我国第一部有关毒品犯罪的专门立法，标志着我国禁毒立法的重大转折。《关于禁毒的决定》系统全面地规定了毒品犯罪的种类、处罚标准以及有关违法行为的行政处罚和行政措施，具体包括：《关于禁毒的决定》大大扩展了刑法对毒品犯罪的调整范围，为严密刑事法网，设置了非法持有毒品罪，将包庇毒品罪犯、隐藏毒品、毒资、走私制毒配剂、非法种植罂粟、大麻等毒品原植物的行为规定为犯罪，对引诱、教唆、欺骗、强迫他人吸食、注射毒品的，容留他人吸食、注射毒品并出售毒品的行为也规定为犯罪等。《关于禁毒的决定》还强调对毒品犯罪的经济制裁，对所有的毒品犯罪都作了附加财产刑的规定，或者附加罚金，或者附加没收财产。《关于禁毒的决定》被认为是我国禁毒立法的一个极其重要的里程碑。①

现行刑法在全面总结过去立法的基础上，构筑了如今“重刑治毒”的规范体系，主要体现在以下方面：

第一，对走私、贩卖、运输、制造毒品罪设置死刑。《刑法》第48条规定，死刑只适用于罪行极其严重的犯罪分子。何谓罪行极其严重？刑法理论和司法实践一般认为，不仅是指已发生的犯罪所造成的客观危害结果极其严重，还包括犯罪行为人的主观恶性和人身危险性极其严重。根据《刑法》第347条第2款规定，走私、贩卖、运输、制造鸦片一千克以上、海洛因或者甲基苯丙胺五十克以上或者其他毒品数量大等情形之一的，应当被处十五年有期徒刑、无期徒刑或者死刑，并处没收财产。毒品犯罪究竟属不属于刑法中最严重的罪行以及配置死刑是否妥当，这是法治国家需要认真思考和慎重考虑的问题。现行刑法对毒品犯罪规定和适用死刑，这是我国“重刑治毒”刑事政策最鲜明、最突出、最直接的体现。

第二，关于毒品数量、含量的规定与刑法不一样的“零容忍”。在违法与犯罪的关系上，我国采取的是违法与犯罪区分的二元违法体系，其中犯罪只是违法行为中的高端部分。毒品犯罪的场合，行为性质是否严重，是否达到了值得动用刑罚惩罚的程度，毒品的数量、类型与成分，毒品的含量以及被告人的其他情节等都是其中重要的决定因素。《刑法》第347条第1款明确规定：“走私、贩卖、运输、制造毒品，无论数量多少，都应当承担刑事责任，予以刑事处罚。”第357条第2款规定：“毒品的数量以查证属实的走私、贩卖、运输、制造、非法持有毒品的数量计算，不以纯度折算。”很明显，现行立法否定毒品数量、含量对毒品犯罪入罪门槛的限制意义，体现出刑法对毒品犯罪不一样的“零容忍”。这不仅难以符合毒品的药物学属性，长期以来，该问题也受到理论界的诟病，引起了案件适用上的尴尬与难题，②例如，被告人两次贩卖毒品，每次0.01克，最终

① 参见崔敏主编：《毒品犯罪发展趋势与遏制对策》，警官教育出版社1999年版，第317页。

② 参见何荣功：《毒品的数量含量与毒品犯罪定罪量刑实务三题》，载高铭暄、赵秉志主编：《刑法论丛》（2012年第3卷），法律出版社2012年版，第323～326页。

人民法院判决被告人犯贩卖毒品罪，判处有期徒刑一年六个月，并处罚金二千元。被告人提出原审判决量刑畸重，上诉请求二审法院改判。二审人民法院驳回上诉，维持原判。[①] 又如被告人赵廷贵贩卖海洛因针剂，含量极低，海洛因含量平均仅为0.064%，总计318克针剂中的纯海洛因仅为0.205克。对于本案定性，第一种意见认为，被告人贩卖的海洛因含量极低，若不折算，直接认定为318克，显然量刑过重，应以纯度折算，认定为0.205克，并据此数量量刑；第二种意见认为，刑法明文规定毒品数量以查证属实的毒品犯罪的数量计算，不以纯度折算，应认定被告人赵廷贵贩卖海洛因318克，但考虑海洛因含量仅为0.064%，故可适用《刑法》第63条第2款，对被告人在法定刑以下判处刑罚；第三种意见认为，既不能以折算后的纯度认定被告人赵廷贵贩卖毒品的数量，也不能对其在法定刑以下减轻处罚，但量刑时可考虑毒品含量极低的情节，酌情从轻处罚。人民法院审理后依法认定其贩卖海洛因318克，判处被告人十五年有期徒刑。[②] 人民法院的上述判决是依法作出的，无可厚非，但从被告人判处的刑罚看，上述案件的刑罚是否存在过于严苛的问题，不无探讨的余地。

第三，专设毒品再犯。行为人再次犯罪，不仅表明了刑罚预防的失败，也显示了行为人对刑罚的迟钝型人格，所以，对再犯从重谴责已成为各国刑法的共同文化传统。我国刑法并未对再次犯罪的情形一概平等对待，而是从再犯情形中区分出累犯加以特别规定。毒品犯罪场合，被告人当然可以依法构成累犯，但现行刑法在总则累犯规定之外，第356条还特别指出："因走私、贩卖、运输、制造、非法持有毒品罪被判过刑，又犯本节规定之罪的，从重处罚。"该规定反映的是国家对毒品犯罪的特殊对待。另外，根据《刑法》的规定，过失犯罪和不满十八周岁的人犯罪，不构成累犯。那么，对于不满十八周岁的人能否构成毒品犯罪的再犯，实务中一直有很大争议，

---

① 参见(2016)湘05刑终295号刑事判决书。

② 参见熊选国主编:《刑事审判参考》(2008年第4集)，法律出版社2008年版，第42～46页。

肯定的做法并不乏见。①

此外，为了避免毒品犯罪处罚上的漏洞，刑法还设立非法持有毒品罪这一堵截条款，在刑罚的设置上，走私、贩卖、运输、制造毒品罪和非法持有毒品罪采取的是由重到轻的非常态排序，刑法还对毒品犯罪设置单位犯罪以及对吸毒周边行为设置罚则，这些都体现的是国家对毒品犯罪格外严厉的刑事政策。

（二）执法与司法上的表现

国家一直很重视禁毒制度的顶层设计。早在1990年11月，国务院决定成立国家禁毒委员会，由外交部、公安部、最高人民法院、最高人民检察院、司法部、民政部、教育部等23个部委组成，2016年已增至38个成员单位。国家禁毒委员会主要负责研究制定禁毒方面的重要措施和政策，协调有关毒品的重大问题，统一领导全国的禁毒工作。国家禁毒委员会的成立，表明禁毒工作已超越了部门职责范围，被视为全社会事务。在具体工作上，自20世纪90年代以来，全国和各省、市、地区相继开展了不计其数规模不同的“禁毒人民战争”和各类型的“专项大行动”。②

在刑事司法领域，“重刑治毒”的立场不仅体现在刑事司法政策上，也体现于毒品犯罪具体认定中。就前者而言，最高司法机关对毒品犯罪一直强调应当从严打击。2008年《全国部分法院审理毒品犯罪案件工作座谈会纪要》（以下简称《大连会议纪要》）指出：“人民法院一定要从民族兴衰和国家安危的高度，深刻认识惩治毒品犯罪的极端重要性和紧迫性……贯彻宽严相济的刑事政策，充分发挥刑事审判职能，严厉打击严重毒品犯罪，积极参与禁毒人民战争和综合治理工作，有效遏制毒品犯罪发展蔓延的势头。”2015年最高人民法院《全国法院毒品犯罪审判工作座谈会纪要》（以下简

---

①　肯定未成年人可以构成毒品犯罪再犯，不符合刑法体系解释，将导致刑罚处罚的体系性失衡，有违刑法的人性基础，也不符合国家关于未成年人犯罪刑事政策的一贯立场。参见何荣功：《未成年人不应构成毒品犯罪再犯》，载《检察日报》2016年1月13日。

②　参见何荣功：《毒品犯罪的刑事政策与死刑适用研究》，中国人民公安大学出版社2012年版，第46～48页。

称《武汉会议纪要》)再次强调:“充分发挥审判职能作用,依法运用刑罚惩治毒品犯罪,是治理毒品问题的重要手段,也是人民法院参与禁毒斗争的主要方式。面对严峻的毒品犯罪形势,各级人民法院要继续坚持依法从严惩处毒品犯罪的指导思想。”在毒品犯罪的具体认定中,司法机关强调从严打击毒品犯罪并积极扩张刑法适用的立场也相当明显。

第一,扩张解释的大量使用。刑法的适用过程就是刑法条文用语的解释过程,究竟是采取限制还是扩张的解释方法,关系到刑法处罚的范围,解释者并非可以随意而为。由于立法对毒品犯罪规定的刑罚相当重,所以,根据罪责刑相适应的刑法基本原则,一般而言,在解释方法上,对于本节刑法条文应尽可能采取限制或节制的解释方法。但在司法实践中,扩张解释甚至超越罪刑法定适用刑法的问题,较之于其他类型犯罪而言,要严重得多。

如“毒品”的含义,根据《刑法》第 357 条的规定,毒品系指鸦片、海洛因、甲基苯丙胺(冰毒)、吗啡、大麻、可卡因以及国家规定管制的其他能够使人形成瘾癖的麻醉药品和精神药品。如本章开头指出,毒品是个法律概念,在医学上,刑法规定的毒品不少系药品,所以,司法实践中必须正确理解毒品的概念,避免将药品不当解释为刑法中的毒品,导致刑法打击错误。根据《刑法》第 357 条的规定,毒品具有依赖性、危害性和违法性。除刑法明确列举的毒品类型外,某种精神药品和麻醉药品能否认定为刑法上的毒品,关键在于考察其是否被国家列管。目前被列管的可以成为刑法中毒品的主要有以下种类的精神药品、麻醉药品:第一,国家食品药品监督管理总局、公安部、国家卫生和计划生育委员会 2014 年 1 月 1 日起施行的《麻醉药品品种目录》(2013 年版)和《精神药品品种目录》(2013 年版)中列管的精神药品和麻醉药品。前者规定的麻醉药品种类为 121 种;后者将精神药品分为第一类精神药品和第二类精神药品,共计 270 种。第二,公安部、国家卫生和计划生育委员会、国家食品药品监督管理总局、国家禁毒办 2015 年 10 月 1 日起施行的《非药用类麻醉药品和精神药品列管办法》规定的非药用类麻醉药品和精神药品,共计 116 种。第三,公安部、国家食品药品监督管理总局、国家卫生和计划生育委员会2017年3月1日起施行的《关于将卡芬太尼等四种芬太尼类物质列入非药用类麻醉药品和精神药品管制品种增补目录的公告》，决定将卡芬太尼、呋喃芬太尼、丙烯酰芬太尼、戊酰芬太尼等4种芬太尼类物质列入非药用类麻醉药品和精神药品管制品种增补目录。第四，公安部、国家食品药品监督管理总局、国家卫生和计划生育委员会2017年7月1日起施行的《关于将N-甲基-N-(2-二甲氨基环己基)-3,4-二氯苯甲酰胺(U-47700)等四种物质列入非药用类麻醉药品和精神药品管制品种增补目录的公告》，决定将N-甲基-N-(2-二甲氨基环己基)-3,4-二氯苯甲酰胺(U-47700)、1-环己基-4-(1,2-二苯基乙基)哌嗪(MT-45)、4-甲氧基甲基苯丙胺(PMMA)和2-氨基-4-甲基-5-(4-甲基苯基)-4,5-二氢恶唑(4,4′-DMAR)四种物质列入非药用类麻醉药品和精神药品管制品种增补目录。第五，公安部、国家卫生健康委员会、国家药品监督管理局2018年9月1日起施行的《关于将4-氯乙卡西酮等32种物质列入非药用类麻醉药品和精神药品管制品种增补目录的公告》，决定将4-氯乙卡西酮等32种物质列入非药用类麻醉药品和精神药品管制品种增补目录。第六，公安部、国家卫生健康委员会、国家药品监督管理局2019年5月1日起施行的《关于将芬太尼类物质列入〈非药用类麻醉药品和精神药品管制品种增补目录〉的公告》，决定将芬太尼类物质列入《非药用类麻醉药品和精神药品管制品种增补目录》。从法律规定看，上述纳入管制的物质在性质上都属于刑法中的毒品。只是多数物质没有定罪量刑的标准，司法实践难以认定。将来，随着列管物质范围的变化与扩大，毒品的范围也将随之变化与扩大。

以《麻醉药品品种目录》和《精神药品品种目录》为例，其列管的精神药品和麻醉药品，由于其兼具药品属性，所以，司法实践在认定其是否属于刑法中的毒品时，必须考虑其实际用途和贩卖对象，谨慎处理，不能一概而论。为了准确认定犯罪，《武汉会议纪要》规定："行为人向走私、贩卖毒品的犯罪分子或者吸食、注射毒品的人员贩卖国家规定管制的能够使人形成瘾癖的麻醉药品或者精神药品的，以贩卖毒品罪定罪处罚。”“行为人出于医疗目的，违反有关药品管理的国家规定，非法贩卖上述麻醉药品或者精神药品，扰乱市场秩序，情节严重的，以非法经营罪定罪处罚。”目前从地方司法机关处理案件的情况看，有的并没有科学把握刑法中毒品的含义和《武汉会议纪要》上述规定的精神，毒品范围存在不适当扩大化认定的问题。

又如“制毒物品”，该概念是个刑法专有术语，在行政法上，其被称为“易制毒化学品”。根据国务院《易制毒化学品管理条例》的规定，易制毒化学品包括三种类型：第一类是可用于制毒的原料，第二类和第三类是可用于制毒的化学配剂。易制毒化学品，作为一种化学品，可以用来制造毒品，也可以用于生产生活，所以，其功能也是双重的，究竟是否属于刑法中的制毒物品，需要在案件中具体考察确定。2009年《最高人民法院、最高人民检察院、公安部关于办理制毒物品犯罪案件适用法律若干问题的解释》规定：“易制毒化学品生产、经营、使用单位或者个人未办理许可证明或者备案证明，购买、销售易制毒化学品，如果有证据证明确实用于合法生产、生活需要，依法能够办理只是未及时办理许可证明或者备案证明，且未造成严重社会危害的，可不以非法买卖制毒物品罪论处。”2016年《最高人民法院关于审理毒品犯罪案件适用法律若干问题的解释》进一步规定：“易制毒化学品生产、经营、购买、运输单位或者个人未办理许可证明或者备案证明，生产、销售、购买、运输易制毒化学品，确实用于合法生产、生活需要的，不以制毒物品犯罪论处。”很明显，司法解释对于涉及制毒物品（易制毒化学品）案件定性采取的是按照其实际用途具体认定的态度，但对于上述司法解释的规定，实践把握同样不理想，有的司法机关并没有切实注意易制毒化学品的实际用途对于案件定性的意义。

再如“贩卖”的含义，司法实践一般认为是指为销售（卖出）而非法收购（买入）毒品或者明知是毒品而非法销售（卖出）的行为。如2012年《最高人民检察院、公安部关于公安机关管辖的刑事案件立案追诉标准的规定（三）》规定：“‘贩卖’是指明知是毒品而非法销售或者以贩卖为目的而非法收买的行为。”与贩卖的日常含义相比,这明显扩大了贩卖的内涵和外延。

关于为吸毒者代购毒品的定性问题,司法实践也采取扩大解释的立场。《武汉会议纪要》指出:“行为人为他人代购仅用于吸食的毒品,在交通、食宿等必要开销之外收取‘介绍费’‘劳务费’,或者以贩卖为目的收取部分毒品作为酬劳的,应视为从中牟利,属于变相加价贩卖毒品,以贩卖毒品罪定罪处罚。”“贩卖毒品罪”的本质是以毒品作为支付手段的交易行为。代购,通俗地讲,就是找人帮忙购买需要的商品(毒品),代购者即便获取报酬,其也可能只是对代购行为的回报,而不是毒品转让的对价。代购者在毒品流传中具有的“帮忙”性质,决定了一般情况下不能将“代购”解释为代购者购买商品(毒品)后再次转卖给托购人的行为。只是在例外的情况下,比如代购者获得的酬劳明显背离代购的性质,将其行为仅仅评价为购买的帮助行为不符合普通社会观念的,才将代购行为解释为代购者购买商品(毒品)后再次转卖给托购人。在《武汉会议纪要》规定的指引下,不少司法机关采取了从严和不利于被告人行为定性的立场:原则上只要存在代购者从代购中“牟利”的事实,往往就被解释为毒品贩卖,该解释也是基于从严打击毒品犯罪的立场。

第二,倚重“口供”定罪。口供作为言词证据的一种,容易受各种主客观因素的影响而出现虚假或失真的情况,而且言词证据主观性较大,稳定性差,所以,《刑事诉讼法》第 55 条第 1 款规定:“对一切案件的判处都要重证据,重调查研究,不轻信口供。只有被告人供述,没有其他证据的,不能认定被告人有罪和处以刑罚;没有被告人供述,证据确实、充分的,可以认定被告人有罪和处以刑罚。”该规定的精神是十分明确的,即为了达到案件事实认定的确实充分,要尽可能重视实物证据,不能倚重言词证据。但是在毒品犯罪的司法实践中,无论是对行为性质,还是对毒品数量的认定,都存在倚重口供定罪和量刑的问题。比如被告人被抓获后供述了毒品交易事实,如果该事实能够得到交易对方(上家或下家)的印证,往往就可以据此定案。倚重口供定罪,势必难以确保案件质量和刑罚公正,特别是在我国当前允许使用特情侦破毒品犯罪的情况下,极有可能导致案件是“人造的”。

第三,司法认定重视推定。推定是指在基础事实被证实的情况下,依据法律规定或经验法则,在没有反证的场合,肯定推定事实的一种认定案件事实的方法。[①] 刑事诉讼实践中,除了现行犯外,绝大部分犯罪的认定过程实际都是依据证据对案件事实的恢复性过程。犯罪情况的复杂性和案件证据类型的特殊性决定了有些犯罪构成要件事实难以直接证明,推定有助于解决案件证明上的困难,[②]便利国家对犯罪的惩罚,所以,世界上不少国家或地区的刑事诉讼法并不禁止推定,我国已有的司法解释也大量涉及推定问题。但问题在于:推定毕竟在很大程度上转移和减轻了国家对犯罪的举证责任和案件事实的证明标准,难免导致结论与客观事实的偏差。所以,在法治国家,推定必须慎重适用。具体到毒品犯罪而言,如前分析指出,立法对毒品犯罪的刑罚配置十分严厉,为了贯彻和体现罪责刑相适应的刑法基本原则,即便允许对事实认定采取推定的方法,但相对于一般案件,推定的适用应更为慎重。但从现有司法文件和实践做法看,推定的适用出现了扩大化的趋势。《大连会议纪要》对主观明知的推定作了具体规定。[③]《武汉会议纪要》在涉及客观行

① 参见李富成:《刑事推定研究》,中国人民公安大学出版社 2008 年版,第 9 页;龙宗智:《推定的界限及适用》,载《法学研究》2008 年第 1 期。

② 参见李富成:《刑事推定研究》,中国人民公安大学出版社 2008 年版,第 14 页。

③ 《大连会议纪要》专门规定了“主观明知的认定问题”,虽然文件中使用的是“认定”概念,本质为推定。该《会议纪要》规定:“毒品犯罪中,判断被告人对涉案毒品是否明知,不能仅凭被告人供述,而应当依据被告人实施毒品犯罪行为的过程、方式、毒品被查获时的情形等证据,结合被告人的年龄、阅历、智力等情况,进行综合分析判断。”“具有下列情形之一,被告人不能做出合理解释的,可以认定其‘明知’是毒品,但有证据证明确属被蒙骗的除外:(1)执法人员在口岸、机场、车站、港口和其他检查站点检查时,要求行为人申报为他人携带的物品和其他疑似毒品物,并告知其法律责任,而行为人未如实申报,在其携带的物品中查获毒品的;(2)以伪报、藏匿、伪装等蒙蔽手段,逃避海关、边防等检查,在其携带、运输、邮寄的物品中查获毒品的;(3)执法人员检查时,有逃跑、丢弃携带物品或者逃避、抗拒检查等行为,在其携带或者丢弃的物品中查获毒品的;(4)体内或者贴身隐秘处藏匿毒品的;(5)为获取不同寻常的高额、不等值报酬为他人携带、运输物品,从中查获毒品的;(6)采用高度隐蔽的方式携带、运输物品,从中查获毒品的;(7)采用高度隐蔽的方式交接物品,明显违背合法物品惯常交接方式,从中查获毒品的;(8)行程路线故意绕开检查站点,在其携带、运输的物品中查获毒品的;(9)以虚假身份或者地址办理托运手续,在其托运的物品中查获毒品的;(10)有其他证据足以认定行为人应当知道的。”

为认定方面做出新的规定："贩毒人员被抓获后，对于从其住所、车辆等处查获的毒品，一般均应认定为其贩卖的毒品。确有证据证明查获的毒品并非贩毒人员用于贩卖，其行为另构成非法持有毒品罪、窝藏毒品罪等其他犯罪的，依法定罪处罚。"虽然《武汉会议纪要》在肯定"一般均应认定为其贩卖的毒品"的同时，还特别指出"确有证据证明查获的毒品并非贩毒人员用于贩卖"，不应认定为贩卖毒品罪，但司法实践中，不少此类案件采取的是简单的"一刀切"的方式，将整个案件事实认定为贩卖毒品罪。有的司法机关甚至将查获的贩毒人员所住宾馆房间的毒品也一并计入认定为贩卖数量之中。无论是主观明知的推定，还是对贩卖行为的推定，体现带来的都是国家对毒品犯罪打击上的优势地位。

第四，犯罪形态认定的例外。该问题主要体现在毒品犯罪既遂和未遂区分的标准上。根据我国刑法规定，任何故意犯罪原则上都存在未完成形态，而且，对于走私、贩卖、运输、制造毒品罪的犯罪未遂和预备认定，刑法条款并没有采取区别于其他犯罪的标准。但在司法实践中，走私、贩卖、运输、制造毒品罪的既、未遂标准却呈现出明显的特殊性，《刑法》总则关于犯罪未遂、预备的规定被忽视，该问题在贩卖毒品罪中表现得最为突出。

关于贩卖毒品罪既、未遂的标准，2000年时任最高人民法院副院长的刘家琛同志《在全国高级法院审理毒品犯罪暨涉外、涉侨、涉港澳台刑事案件工作座谈会上的讲话》中明确指出："贩卖毒品罪包括以出卖为目的买入或者卖出的行为两种情况。行为人持有的毒品，一旦向他人卖出，即构成贩卖毒品罪的既遂；行为人为了贩卖而购进毒品，只要毒品已买到即为既遂。"①刘家琛院长的讲话显然并不是代表其个人学术观点，而是反映了当时最高人民法院对此类案件的基本态度，可以看出关于贩卖毒品罪既、未遂的时点，当时最高人民法院提倡采取"行为完成"的标准，这与一般行为犯并无不同。

---

① 刘家琛：《在全国高级法院审理毒品犯罪暨涉外、涉侨、涉港澳台刑事案件工作座谈会上的讲话》（2000年1月广西南宁）。

随着国家对毒品犯罪打击的加强，这种以“行为完成”为贩卖毒品罪既遂标准的立场发生了改变。2008 年时任最高人民法院副院长的张军同志在《在全国部分法院审理毒品犯罪案件工作座谈会上的讲话》中针对该问题明确强调：“原则上不按照关于未遂的刑法理论来处理具体案件”“对于实践中出现的极为典型的未遂案件，应按照犯罪未遂来处理”。“在毒品犯罪既遂与未遂的认定上，应当以有利于依法严厉惩罚犯罪为原则。具体判定时如产生争议、把握不准的，应按照从严打击犯罪的要求，认定为既遂。”[①]张院长的讲话对此后司法实践处理此类案件产生了重要影响，有的司法机关更是将贩卖毒品罪既、未遂问题简单地“一刀切”，除贩卖假毒品等典型未遂案件外，原则上不再区分贩卖毒品罪的既遂与未遂而一概按既遂处理。这种做法虽然加大了毒品犯罪的惩处力度，但却存在与刑法规定不完全协调的问题，如何科学解释毒品犯罪既遂与未遂的标准，也一直是刑法理论上的难点。

第五，技术侦查措施的使用。使用特殊的侦查手段打击毒品犯罪，这是国际社会的普遍做法。我国《刑事诉讼法》第 150 条第 1 款规定：“公安机关在立案后，对于危害国家安全犯罪、恐怖活动犯罪、黑社会性质的组织犯罪、重大毒品犯罪或者其他严重危害社会的犯罪案件，根据侦查犯罪的需要，经过严格的批准手续，可以采取技术侦查措施。”2012 年《公安机关办理刑事案件程序规定》进一步明确了技术侦查的适用对象（包括针对毒品犯罪）与程序。立法将毒品犯罪与危害国家安全犯罪、恐怖活动犯罪、黑社会性质的组织犯罪并列规定，依法赋予侦查机关技术侦查手段，同样体现的是国家对毒品犯罪严厉惩处的立场。在法治国家，技术侦查措施是把“双刃剑”，既存在有利于发现和打击犯罪的优点，也会出现使用不当危及侵犯公民权利的风险，所以，国家在赋予侦查机关对毒品犯罪可以采取技侦措施权力的同时，一般都会对其适用范围、程序、条件设置特殊规定。我国《刑事诉讼法》采取的也是该立场，比如立法将技

---

① 张军：《在全国部分法院审理毒品犯罪案件工作座谈会上的讲话（节录）》，载熊选国主编：《刑事审判参考》（第 69 集），法律出版社 2009 年版，第 212 页。

术侦查的适用对象规定为“重大”毒品犯罪,又如《刑事诉讼法》规定技侦措施的使用要经过严格的批准手续。但实践中上述限制性规定并没有被很好地执行,“重大”标准的实践把握比较宽泛,基本没有起到限制适用的初衷。而所谓“经过严格的批准手续”,实践中有些地方并没有严格遵守,扩大化使用的问题具有一定的普遍性。

第六,特情与诱惑侦查的肯定。特情与诱惑侦查也是当前我国打击毒品犯罪的有力手段。但诱惑侦查(包括“机会提供型”和“犯意诱发型”)由于根本上侵犯公民的人性尊严,事关国家打击犯罪的底线问题,法治发达国家一般只是承认“机会提供型”诱惑侦查的合法性,严格禁止“犯意诱发型”诱惑侦查。

2012 年《刑事诉讼法》修改之前,我国立法对此并无明确规定。2000 年《全国法院审理毒品犯罪案件工作座谈会纪要》(以下简称《南宁会议纪要》)写道:“运用特情侦破案件是有效打击毒品犯罪的手段。在审判实践中应当注意的是,有时存在被使用的特情未严格遵守有关规定,在介入侦破案件中有对他人进行实施毒品犯罪的犯意引诱和数量引诱的情况。‘犯意引诱’是指行为人本没有实施毒品犯罪的主观意图,而是在特情诱惑和促成下形成犯意,进而实施毒品犯罪。对具有这种情况的被告人,应当从轻处罚,无论毒品犯罪数量多大,都不应判处死刑立即执行。‘数量引诱’是指行为人本来只有实施数量较小的毒品犯罪的故意,在特情引诱下实施了数量较大甚至达到可判处死刑数量的毒品犯罪。对具有此种情况的被告人,应当从轻处罚,即使超过判处死刑的毒品数量标准,一般也不应判处死刑立即执行。”“因特情介入,其犯罪行为一般都在公安机关的控制之下,毒品一般也不易流入社会,其社会危害程度大大减轻,这在量刑时,应当加以考虑。”《大连会议纪要》进一步明确了运用特情侦破毒品案件,是依法打击毒品犯罪的有效手段,只是提出要注意区别不同情形分别处理,基本精神与《南宁会议纪要》一脉相承。

《南宁会议纪要》和《大连会议纪要》“关于特情介入案件处理问题”规定的意义,我们有必要辩证地看待:一方面,纪要的规定对司法实践规范特情介入案件的侦查以及限制此类案件的死刑适用起到了一定积极作用，对此不能否认；另一方面，特情介入特别是在犯意引诱和数量引诱的场合，毕竟涉及国家工作人员参与和教唆公民犯罪的问题，肯定其合法性，难以符合法治国家原理。特别是《刑事诉讼法》第52条明确规定，严禁刑讯逼供和以威胁、引诱、欺骗以及其他非法方法收集证据，不得强迫任何人证实自己有罪。无论是数量引诱，还是犯意引诱，都存在国家机关使用“引诱”“欺骗”非法方法收集证据的问题，明显与《刑事诉讼法》的精神与规定相冲突。司法实践中，在强调严厉打击毒品犯罪的政策背景下，即便是对于“犯意诱发型”诱惑侦查的毒品犯罪案件，检察机关依法做出不起诉或者人民法院依法判决无罪的案件，仍不常见，其中不难看出国家在打击毒品犯罪方面所持的特殊和例外立场。

（三）在刑事诉讼上的体现：侦查中心主义色彩比较浓厚

切实推进以审判为中心的诉讼制度改革，是党的十八届四中全会作出的重大改革部署，是我国当前关于全面推进依法治国的重大问题。2016年10月最高人民法院、最高人民检察院、公安部、国家安全部、司法部发布的《关于推进以审判为中心的刑事诉讼制度改革的意见》对推进该项工作做了明确要求与规定，包括严格按照法律规定的证据裁判要求，没有证据不得认定犯罪事实，侦查机关应当全面、客观、及时收集与案件有关的证据，所有证据应当妥善保管、随案移送，依法保障控辩双方的质证权利，严格依法裁判等。但客观地讲，毒品犯罪的诉讼及其过程距离中央提出的以审判为中心诉讼制度改革还存在一定差距，当前毒品犯罪的诉讼活动仍然带有明显的侦查中心主义色彩。例如，毒品犯罪案件先侦查后立案的现象并不乏见，前述的倚重言词证据定罪问题仍然比较突出，实践中肯定犯意引诱和数量引诱合法性问题仍然普遍存在。又如，《刑事诉讼法》第154条规定：“依照本节规定采取侦查措施收集的材料在刑事诉讼中可以作为证据使用。如果使用该证据可能危及有关人员的人身安全，或者可能产生其他严重后果的，应当采取不暴露有关人员身份、技术方法等保护措施，必要的时候，可以由审判人员在庭外对证据进行核实。”实践中条文规定的“必要的时候”被司法实践不当理解甚至滥用,如在有的地方其被异化解读为技术侦查手段获取证据可以不随案移送,可以不经法庭质证而作为定案依据的“合法理由”。以审判为中心的诉讼制度改革的核心问题就是建立这样的刑事诉讼格局与构造,即整个刑事诉讼要以人民法院审判为中心,人民法院的审判要以庭审为中心,庭审要以证据质证为中心,如果据以定罪的证据可以不经过法庭质证,自然谈不上以审判为中心的问题了。

二、“重刑治毒”的实践效果

付出总会有回报,重刑治毒的刑事政策起到了积极的效果,这从中央到地方各级禁毒机关有关毒品违法犯罪案件查处的实证数据中可见一斑。(见后文实证数据)笔者完全明白历史是不能假设和回溯的,不能设想如果国家不采取重刑禁毒政策,今日社会上的毒品犯罪和滥用将是何种情形,但严峻的毒品犯罪和滥用形势从另一个层面折射出“重刑治毒”刑事政策效果的有限性。

2017 年 9 月 26 日,习近平主席在北京出席国际刑警组织第 86 届全体大会开幕式时指出,让民众享有一个安全稳定的生存生活环境,是我国治国理政的重要目标。当前,中国社会安定有序,人民安居乐业,越来越多的人认为中国是世界上最安全的国家之一。“我国是世界上最安全国家”这一论断是有事实根据的。2015 年公安部发布的数据显示,杀人、爆炸、强奸、抢劫等八类严重暴力犯罪案件连续 10 年下降。① 但就毒品犯罪而言,整体并不乐观,特别是与我国社会整体治安形势好转的大趋势并不一致。毒品犯罪“在打击中发展,在治理中蔓延”的态势并没有根本改变。

20 世纪 90 年代初开始,国家禁毒委员会每年定期向社会发布“中国禁毒报告”,这些报告对于我们理解和认识我国毒品滥用和犯罪的形势具有重要的资料价值。报告有关毒品违法犯罪的数据可以在一定程度上显示我国这一时期毒品犯罪的基本态势。

---

① 参见 http://news.sina.com.cn/c/2015-01-25/122531441435.shtml,最后访问日期:2019 年 4 月 2 日。

图6－1至图6－4的数据①清晰地反映出我国二十多年来毒品犯罪整体上升的态势(期间只有少许波动)。如2012年,国家共查处毒品刑事案件12.2万起,抓获毒品犯罪嫌疑人13.3万名,2013年,上述两数据分别上升为15.09万起和16.83万名。2014年全国共破获毒品犯罪案件14.59万起,抓获毒品犯罪嫌疑人16.89万名。2015年,全国共破获毒品刑事案件16.5万起,抓获毒品犯罪嫌疑人19.4万名,缴获各类毒品102.5吨,同比分别增长13.2%、15%和48.7%。2016年全国共破获毒品刑事案件14万起,抓获犯罪嫌疑人16.8万名。

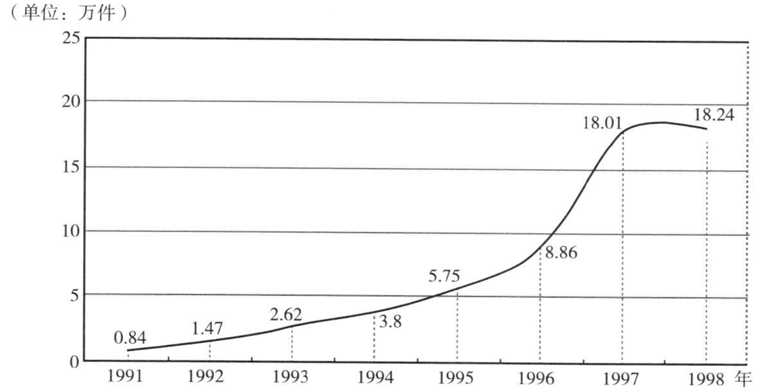

图6－1 1991年至1998年查处的毒品违法犯罪的数量

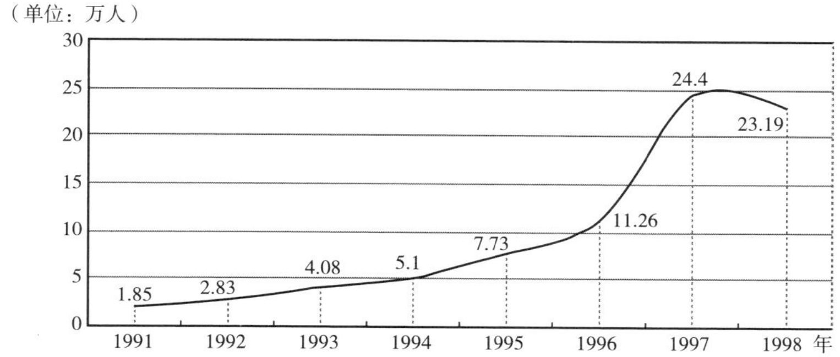

图6－2 1991年至1998年抓获的毒品违法犯罪的人数

① 需要注意的是:1991年至1998年和1999年以后阶段中,中国禁毒报告统计数据依据的标准并不相同。前者按照破获的毒品违法犯罪案件数量和抓获的涉案违法犯罪人数为标准;后者以破获的毒品犯罪案件数量和抓获毒品犯罪嫌疑人人数为标准。但这并不影响对我国该时期毒品犯罪发展态势的判断。(为统计方便,数据最多保留至小数点后两位)

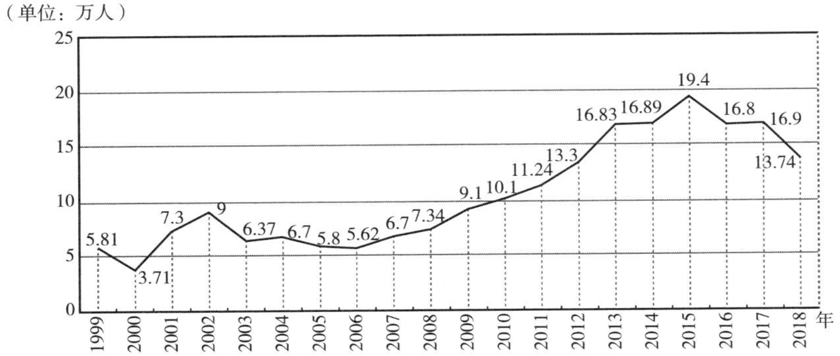

图 6－3　1999 年至 2018 年查处的毒品犯罪的人数

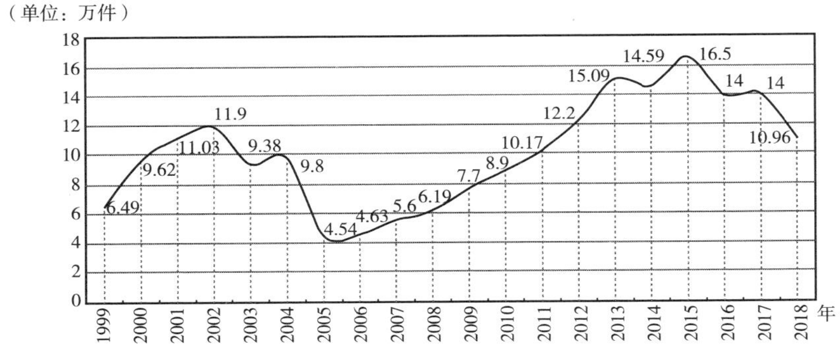

图 6－4　1999 年至 2018 年查处的毒品犯罪案件的数量

2017 年 6 月 21 日最高人民法院发布了《人民法院禁毒工作白皮书》(2012～2017 年)，从人民法院审判工作的实际情况看，近年来毒品犯罪案件数量总体呈上升趋势。《人民法院禁毒工作白皮书》:2012 年至 2016 年，全国法院一审审结毒品犯罪案件数、判决发生法律效力的毒品犯罪分子人数总体呈上升趋势，案件数从 2012 年的 7.63 万件增至 2016 年的 11.76 万件，增幅为 54.12%；犯罪分子人数从 2012 年的 8.1 万人增至 2016 年的 11.59 万人，增幅为 43.09%。其中，2015 年毒品犯罪案件结案数和生效判决人数达到历史最高点，分别为 13.9 万件和 13.72 万人，2016 年小幅回落。同时，毒品犯罪案件在全部刑事案件中的比例也从 2012 年的 7.73% 增至 2016 年的 10.54%。毒品犯罪成为增长最快的犯罪类型之一，其增长幅度是全部刑事案件总体增幅的 4.12 倍。2012 年至 2016

年,毒品犯罪案件判处五年有期徒刑以上刑罚的重刑率总体为21.91%,各年度的重刑率均高于同期全部刑事案件重刑率十几个百分点。

对于最新的毒品犯罪形势,最高人民法院2018年6月26日发布的《司法大数据专题分析报告之毒品犯罪》显示:2017年,全国法院判处五年以上有期徒刑、无期徒刑或死刑的毒品犯罪分子2.17万人,重刑率为21.93%,高出同期全部刑事案件重刑率7.89%。2017年,全国法院一审审结毒品犯罪案件11.32万件,同比下降3.74%,人民法院审理的毒品犯罪案件数量在2015年达到最高值后,近两年有所回落,但仍处于高位。我国仍然处于毒品问题蔓延期、毒品犯罪高发期和毒品治理攻坚期。广东、四川、湖南、云南等多个省份毒品犯罪数量相对较多。涉案毒品种类多样化,初步呈现出海洛因、冰毒、新精神活性物质等毒品"三代并存"的态势。[①]

这些年我国毒品犯罪的结构趋向复杂。禁毒报告提供的数据显示:在毒品犯罪的类型上,近些年新类型合成毒品犯罪上升趋势十分显著,制造毒品罪日渐增多,我国已由过去的"毒品过境国、受害国"演变为"毒品过境国、制造国、消费国和输出国"。[②] 还有,我国当前制毒问题日益严重,毒品犯罪在我国由"点"到"面"铺开,毒品滥用和犯罪不再是个别省份或地区的突出问题,而是成为全国性社会问题。

毒品滥用和毒品犯罪具有相生正比例关系(后文详述),禁毒年度报告提供的关于毒品滥用的各方面数据,也同样可以反映我国毒品犯罪的严峻现实。以登记吸毒人数为例,1999年我国登记在册的吸毒人数为68.1万人,其后呈持续上升态势,2010年上升至154.5万人。截至2013年年底,累计登记吸毒人员已达到247.5万

① 参见 https://www.chinacourt.org/article/detail/2018/06/id/3371760.shtml,最后访问日期:2019年4月2日。

② 参见何荣功:《二十年来我国毒品犯罪动向的实证分析》,载《青少年犯罪问题》2012年第1期。

人，而社会上实际吸毒人数估计超过1400万人。① 截至2016年年底，全国登记吸毒人数达250余万人。② 而且，当前的毒品滥用已表现出类型多样、滥用方式和主体多元的特征。在空间上，毒品滥用虽然仍存在区域不平衡的问题，但已超越了区域范围，成为全国性问题等。③

三、毒品犯罪的生成机理与“重刑治毒”局限性

（一）毒品犯罪的形成机理与“重刑”面临的问题

通过以上介绍可以看出，过去一个时期，国家对毒品问题不可谓不重视，刑法对毒品犯罪惩罚也不可谓不严厉，虽然当前毒品滥用和毒品犯罪形势出现了一定程度的好转，但形势依然严峻。困而后知不足，对此，我们有必要思考和追问的是：在国家整体社会治安形势持续好转的情况下，为何毒品犯罪没有像其他犯罪（如严重暴力犯罪）一样呈现积极趋势呢？国家一直大力宣传毒品的严重社会危害性，教育民众要珍爱生命，远离毒品，而且人人都有珍爱自己生命健康的本能，为何现实社会越来越多的人要滥用毒品自我伤害？

对犯罪的有效治理，首先需要了解犯罪的特点与生成规律。与其他犯罪相比，毒品犯罪有自身的显著特殊性，如在侵害对象上，没有通常意义上的被害人。在证据方面，毒品犯罪案件的证据具有流动性和不确定性。其中，毒品犯罪最重要的特点在于其与毒品滥用之间具有密切的相生正比例关系，即毒品犯罪及其数量根本上取决于特定时期社会毒品滥用的程度，而这又都源于毒品的物理特性。

毒品从生产到最终被消费的过程由制造、运输、买卖等多个环

---

① 参见《国家禁毒委：我国实际禁毒人数估计超1400万》，载《南方周末》2015年5月12日。

② 国家禁毒办2019年6月17日在京发布《2018年中国毒品形势报告》，报告显示，截至2018年年底，全国现有吸毒人员240.4万人（不含戒断三年年未发现复吸人数、死亡人数和离境人数），同比下降5.8%。2018年现有吸毒人数占全国人口总数的0.18%，首次出现下降。

③ 参见何荣功：《十年来我国毒品滥用趋势与特点的实证分析——兼论我国毒品治理方向的调整》，载《辽宁大学学报》（哲学社会科学版）2012年第2期。

节组成，刑法只是将处于上述整体过程中的特定具体环节行为规定为犯罪。毒品与其他物质不同之处在于其成瘾性特征，包括“身瘾”和“心瘾”。对此，传统毒品和新型合成毒品并没有本质性差别。[①] 由于毒品成瘾性特点决定了特定时期只要毒品滥用人数和结构是特定的，那么毒品消费市场对毒品的需求量也是确定的。而毒品消费市场对毒品数量的需求最终决定了毒品供给的结构，根本上决定着走私、贩卖、运输、制造等毒品犯罪数量的多少。所以，毒品本质上是一种商品，只不过是一种特殊的非法商品。由于吸毒者对毒品强烈的生理和心理依赖原因，在没有外力强制的情况下，吸不吸毒、吸多少毒，根本不取决于吸毒者的主观意念，也很少取决于他的经济收入状况和毒品价格，而是完全由吸毒者体内对毒品的生理反应程度决定。[②]

在法哲学上，人是否具有意志自由，一直存在争议。但无法否认人具有理性，是一种经济理性的动物，人的行为过程总是包含着利益权衡和“成本—收益”的计较。毒品犯罪本质上作为贪利型犯罪，犯罪人必然计较成本与收益。当犯罪行为比其他正当行为更易于给主体带来较大的收益时，犯罪就会发生。同时，在利益最大化原则的支配下，任何理性的犯罪人都会选择那种能以最小的投入获得最大的犯罪收益的犯罪行为。[③] 所以，与其他犯罪一样，“重刑治毒”刑事政策对毒品犯罪同样会产生积极的效果，一方面，对于从事犯罪的行为人（如走私、贩卖、运输、制造毒品）而言，“重刑”政策增加了犯罪的惩罚成本，有助于毒品犯罪的减少。另一方面，“重刑”政策会引起社会上毒品流通量的减少，出现毒品供不应求的状况，这将导致毒品价格的升高和滥用成本的提高。在毒品高价格的压力下，特别是对毒品潜在滥用者来说，部分会因此放弃选择毒品吸食。

但问题还在于，与其他类型犯罪不同的是，“重刑治毒”刑事政

---

① 参见周跃五：《勿陷新型毒品误区》，载《人民日报》2011 年 6 月 29 日。

② 参见郑永红：《毒品犯罪的法经济学分析》，载《贵州警官职业学院学报》2008 年第 2 期。

③ 同上。

策对毒品犯罪的影响不只是简单单向的，还具有逆向效应。国家“重刑”政策的推行，提高了毒品犯罪的惩罚成本从而带来毒品供给的减少，这本是件利好之事，但由于毒品依赖性所导致的特定时期社会对毒品的需求是刚性的，而且，从经济学角度讲，市场上的一般商品都会存在饱和乃至供大于求的问题，但是毒品非法性和成瘾性特征决定了毒品的供给基本不可能满足毒品消费市场的需求，长期呈现的是供不应求的紧张局面。国家一旦施行“重刑”政策，毒品市场供求紧张关系会进一步加剧，引起毒品价格的升高甚至形成价格畸形。马克思曾言，“资本如果有百分之五十的利润，它就会铤而走险，如果有百分之百的利润，它就敢践踏人间一切法律，如果有百分之三百的利润，它就敢犯下任何罪行，甚至冒着被绞死的危险”。我国也有“重金之下，必有勇夫”之说，毒品价格的升高所带来的毒品犯罪利润的升高，必然容易诱发新的毒品犯罪行为的发生。该现象我国有学者将其称为“毒品的缺位填充规律”，[①]该规律决定了“重刑治毒”政策在实践中会发生自我消解效果，这也正是为何多年来国家和社会投入巨大成本惩治毒品犯罪，效果无法达到预期的根本原因所在。达尔文曾言：“科学就是整理事实，以便从中得出普遍的规律或结论。”预防毒品犯罪，无论是科学研究层面，还是国家政策执行层面，都必须尊重毒品犯罪生成规律。理性的第一规范是自然法则，是遵循事物的内在规律，既然毒品犯罪内生于毒品滥用，那么，国家刑事政策的重心和目光只有前移至毒品消费和滥用（施用）环节，才是符合理性的，才可能产生针对性的效果。

（二）作为“精神现象学”的毒品滥用

人为什么会施用毒品，在科学上仍然是个难题。美国学者 O. 瑞和 C. 科塞在研究了毒品使用动机后写道：“对我们大多数人来说，似乎没有必要解释正常的行为，我们很少问某人头疼时为何要吃止痛药。我们要做的事是解释使人惊恐和狂怒的服药行为——不正常的药品使用……我们应该记住关于人类行为的一个事实：尽

---

① 参见郑蜀饶：《毒品犯罪规律的新认识及禁毒策略的思考》，载《法律适用》2007年第12期。

管有好的具有说服力的例子告诉我们‘应该’避免做某事，但不管怎样我们仍要去做。”“人不能仅靠逻辑生存，我们是愿意相互给对方留下印象的社会动物，也是寻求快乐的动物。这些因素有助于说明，为什么人们要做一些不应该做的事情，包括使用毒品。”[①]对于影响毒品使用的因素，两位学者将其归纳为个人、社区和家庭以及与社会有关的三个层次，并没有给出一个固定的毒品使用动机范式。[②]

人是复杂的有机体，毒品使用的动机，就像其他行为的动机一样，是复杂的，甚至吸毒者本人也不清楚吸毒的动机何在。但我们必须承认的是：当毒品滥用不再是个别人的行为，不再局限于特定职业和领域，当其超越性别、年龄和地区，成为一种普遍的社会现象时，从整体社会学的角度探索其动机与原因，便成为必要，也是可能的。

毒品在本质上是一种精神物质，其被使用，不可能与人的精神没有任何牵连。人作为最具有理性和理智的存在物，作为自己生活的作者，应当最清楚自己的利益所在，也是自己幸福与否的最好判断者，既然毒品使用者在清楚滥用毒品将会对自己造成的危害的情况下，仍然执意施用，一定是毒品可以为其带来其所认可或享受的精神上的慰藉与快感。英国学者迈克尔·格索普指出，寻求意识状态的改变似乎是人的本性之一……人们同样也热衷于寻求多种吸毒方式，或者为了放松，或者为了提神，或者为了满足个人的生理或心理寻求，或者为了缓解社会压力。但不管如何，吸毒是实现自我意识状态改变的最快捷的方式之一。[③] 所以，不管人们是否愿意承认或相信，服用精神类药品是体现人类正常状态的一个方面，外部制约力量不可能将之根除。[④]

---

① ［美］O. 瑞、［美］C. 科塞：《毒品、社会与人的行为》，夏建中等译，中国人民大学出版社 2001 年版，第 17 页。

② 同上书，第 19 页。

③ 参见［英］迈克尔·格索普：《“毒品”离你有多远》，冯君雪译，天津人民出版社 2013 年版，第 276 页。

④ 同上书，第 228 页。

对于我国现阶段毒品滥用的动机，现有的研究资料表明，有的是出于满足好奇心，有的是为了追求欣快、刺激，有的是追求“时尚”，有的是为了缓解精神上的空虚无聊，还有的是为消遣、缓解烦恼及抑郁情绪。[①] 好奇心源于人类本性的冲动，其本身难以认为存在是非曲直之分。人生来就是最享受感官愉悦的动物，人的本性决定任何事物都无法完全阻止其追求欣快、刺激和“时尚”的生活。改革开放以来，科技的发展和社会制度的转型，为人们自由实现好奇心、追寻欢快和刺激的生活提供了前所未有的空间。但正如罗素所言，“科学能够告诉人们实现目标的最佳方式，却不能告诉人们追究什么样的目标”“从整体上看，人似乎是一种保守的动物。就发展速度而言，人类的技术能力超过了自己的智慧，直到今天，我们也没有从这种失衡中恢复过来”。[②] 毒品的滥用又何尝不是人在追寻好奇、欢快、刺激生活中犯下的无知与错误呢？人作为精神存在物，唯有培养和提升人的理性和知识，才能有效避免和减少人在好奇心和追求短暂愉悦心理支配下丧失理性而选择滥用毒品。但追求理性和知识的生活，一直都只是人类的理想。至于社会上大量存在的因为缓解精神上的空虚无聊，缓解烦恼及抑郁生活而滥用毒品的问题，则更是源于现实社会中人的精神问题，具有现实的社会基础。

谁都无法否认，眼下时代是历史上“最好”的时代，但恐怕谁也不会否认，今天的社会也充满着种种纠结和复杂的问题。改革开放以来，我国选择了被认为是促进人类合作最有效的制度——社会主义市场经济制度，私有产权得以承认并得到国家法律的保障，人们在思想和行动上都获得了巨大的自由。因为有了自由，我们才得以创造出新的思想，新的技术和新的产品。[③] 市场经济使无论个人的生活，还是国家的整体实力，都迅速地增长。但由于我国市场经济制度不完善，经济社会急遽转型给社会带来了诸多问题。有人将现

---

① 参见《深圳2010年药物滥用监测报告书》，载《深圳商报》2011年6月11日。

② ［英］伯特兰·罗素：《西方的智慧》，伯庸译，电子工业出版社2013年版，第295页、第355页。

③ 参见张维迎：《理念的力量》，西北大学出版社2014年版，第42页。

实的社会描述为欠缺底线的社会,[①]还有的学者将现实社会形容为抱怨型的社会。[②] 其实,生活经验告诉我们,这些认识未免片面,有些甚至是言过其实的。因为在现实社会,只要我们有欣赏善良和美的心情,并不难发现时时处处都不缺乏善良与美。但我们谁也无法否认的事实是,现实社会确实是一个存在种种问题与难题的社会。经过了40多年的经济高速增长,我国在众多领域都拥有了世界上最现代化的器物和设施,经济进步了,社会进步了,但也随之出现了人与自然以及人的身心不和谐的问题。与传统的熟人社会相比,现实社会也弥漫着一些契约和交易型特征,正因如此,香港中文大学校长沈祖尧先生将现实社会形容为“利益在前,道德在后的时代”。此外,现代社会带来的人的寂寞也极大地侵蚀着人性,引起人的精神焦虑、彷徨等问题。文化名人梁晓声在《论寂寞》一文中这样写道:“都认为,寂寞是由于想做事而无事可做,想说话而无人与说。”但是,“寂寞还有更深层的定义,那就是从早到晚所做之事,并非自己最有兴趣的事;从早到晚总在说些什么,但没几句是自己最想说的话……这是人在人群中的一种寂寞……是另类的寂寞,现代的寂寞。”

社会学家贝格尔(P. L. Berger)认为,人本质上是一种精神动物,他不只是寻求生存的手段,他更关注生存的意义,而且在最深层次上寻求生存的意义。[③] 美国著名人本主义心理学家马斯洛(Abraham H. Maslow)将人的需要进行了层次划分,依次为生理需要、安全需要、归属和爱的需要、自尊需要、自我实现的需要。通过实证研究,他归结道,人的基本需要组成的是一个相对优势的层次。[④] 个人是一个一体化的、有组织的整体,[⑤]犹如社会是一个整体一样,社会制度改革和完善需要整体推进,如果不整体推进,而是只

---

① 参见易中天:《当下中国最缺底线》,载《新周刊》2012年2月7日。

② 央视资深媒体人白岩松在厦门大学《阅读与人生》的交流会上曾有精彩的描述。

③ 转引自陈树林:《文化模式中的宗教》,载《世界宗教研究》2009年第3期。

④ 参见[美]亚伯拉罕·马斯洛:《动机与人格》,许金声等译,中国人民大学出版社2012年版,第3页。

⑤ 同上书,第19~30页。

重视某一方面单兵直入，最终导致制度的不协调。人也是一样的，在解决物质需求的同时，必须解决与此相适应的精神需求，否则，精神需求得不到填充，人就会出现精神失衡。大脑的发达和文明的进步，使得人的需求（欲望）精致化和多元化。而且，人的需求是无止境的，一个需求的满足只不过是向下一个新的需求更近了一步而已。[①] 我国小康社会的到来解决了人们的基本生理需求，随即而来的是人们对安全、归属、爱、自尊和自我实现的需要的渴望。当现实社会阻断或无法满足人的这些更高层次需要时，人的精神出现问题就具有必然性。正因为如此，任继愈老先生说，人与动物的区别在于，动物吃饱喝足之后就安静了，人的好多问题却是在吃饱喝足之后产生的。[②] 网络流行语"没有吃饱只有一个烦恼，吃饱了就有无数个烦恼"，说的也是同样的道理。

"心病终须心药治，解铃尚需系铃人。"对于人精神危机的解决，宗教、自杀和吸毒都不失为重要之解决手段。我国《宪法》虽然肯定了公民信仰宗教的自由，但我国并没有宗教信仰的社会基础和文化传统，中国人的生死观决定了"好死不如赖活着"，在这种情况下，吸毒可能变成了"问题人"解决精神问题的一种选择。

所以，如果我们立足于社会学角度看待毒品滥用，我们就可能更容易"理解"毒品滥用现象，更"理解"毒品滥用者吸食毒品的选择。法国社会学家图海纳指出，过去的社会结构是金字塔式的，而今天却是马拉松式的。人们是在跑马拉松比赛，每跑一段就会有人掉队，被甩到了新的社会秩序之外。[③] 吸毒者又何尝不是生活马拉松中的掉队者呢！在这个意义上，他们中的一些人同样属于生活中的弱者与病人，需要社会和他的同类——我们的关爱、理解、宽容与帮助！如果只是将毒品犯罪视为一种规范现象，将毒品滥用看作滥用者道德的堕落，希望用事后惩罚的刑罚措施解决，那是过于简单的思维，会导致对毒品滥用的不正确理解，自然无法起到理想的治

① 参见［英］阿尔弗雷德·马歇尔：《经济学原理》，子衿编译，北京联合出版社公司2014年版，第67～68页。

② 参见严青、郭改云：《任继愈传》，江苏人民出版社2011年版，第87页。

③ 参见龙希成编：《宏观中国》，机械工业出版社2002年版，第123～124页。

理效果。

四、全面理解“重刑治毒”

为了全面理解“重刑治毒”的效果，我们有必要分析和总结国内外“重刑治毒”的代价和可能引起的问题。

从世界范围内的实践看，各国禁毒政策都呈现出探索性特征，这也一直是最受诟病的领域之一。美国学者哈伯特·L. 帕克（Herbert L. Packer）在《刑事制裁的界限》一书中深刻地反思美国毒品犯罪刑事政策的问题：“在过去四十多年里，美国政府一直忠实地奉行镇压‘滥用’麻醉品和其他‘危险药物’的政策。贯彻这项政策的主要手段是刑事制裁，而这种对刑事制裁的依赖造成了严重后果。”“毒品及其他药物控制可能是我们所能想到的、说明不当运用刑事制裁的最合适例子。”书中帕克还细数了美国政府过去四十年毒品犯罪过度依赖严厉刑事制裁造成的恶果：（1）数万人因此遭受严厉的刑事惩罚，而其中绝大多数人是使用者而不是非法贩卖者；（2）形成了一个规模庞大、利润可观的毒品及其他违禁药物的非法交易市场；（3）这个非法交易市场对有组织犯罪集团的成长和繁荣起到了重要作用；（4）吸毒者为了得到用于支付非法市场上高价毒品的费用而犯下大量的贪利性犯罪，如入室盗窃、盗劫、盗窃车辆以及其他性质的盗窃罪；（5）数十亿美元和很大一部分执法资源被耗费在刑事程序过程的各个阶段；（6）因为对毒品犯罪进行调查的巨大困难，警察部门使用了大量令人不安、违规的侦查手段，如违宪的搜查和抓捕、警察圈套、电子监视，而且已习以为常；（7）执法的对象主要针对城区贫民，尤其是黑人和墨西哥裔美国人；（8）使对毒品使用的原因、后果以及诊治的研究变得毫无意义；（9）医学职业已被迫忽视其减轻人类痛苦的这一传统定位；（10）一个庞大而稳固的执法官僚体制维护着现有既得利益，有效地阻碍着哪怕是最轻微的变革；（11）信赖刑事制裁的立法已经自动地、不假思索地将其使用范围从毒品扩展到大麻，扩展到大量新近出现的对大脑有影响的药品，由此进一步恶化了原有的问题。[①]

毒品犯罪的发生各国具有共性特征，所以，帕克教授归纳的美国重刑治毒政策导致的后果，在我国也同样可能发生，甚至有些问题在我国实践中已出现。他山之石，可以攻玉，未来我们应积极避免上述情况的发生或者进一步严重化。具体到当下国家对毒品犯罪的治理而言，“重刑治毒”的刑事政策已给我国刑事法治发展造成了一定困扰。

1. 一定程度上阻碍毒品犯罪刑事立法的完善

世间除却变化，别无永恒之物。法律是人类社会的公共事业，它并不是陈年的古董，供奉于充满了灰尘的架子之上被人欣赏。[②]社会的发展进步，要求法律必须紧跟时代自我完善。如前分析，我国毒品犯罪的刑事立法存在先天性不足，现行《刑法》关于毒品数量、含量的规定存在惩罚过于严厉以及与刑法总则规定不协调诸方面问题。此外，《刑法》第347条将运输毒品与走私、贩卖、制造毒品的行为并列规定，并设置了同样的刑罚。对于该规定，学术前辈周道鸾教授早在2004年实证调研后就提出，运输毒品性质上属于走私、贩卖、制造毒品的帮助行为，其刑罚（主要是死刑）适用的标准应当与走私、贩卖、制造毒品罪有差别，[③]该观点基本上被理论界一致接受，司法实务也在很大程度上积极认可（如《大连会议纪要》）。理论与实务交错推动，特别是在晚近贯彻“宽严相济”刑事政策以及减少和限制死刑适用的大背景下，运输毒品罪的死刑废止曾一度被学者们乐观地认为有望在近年的刑法修正中实现。但也许是迫于眼下严峻的毒品犯罪和毒品滥用形势，也许是考虑到废除运输毒品罪的死刑与中央最新的禁毒政策和要求不协调，运输毒品罪的刑罚问题（包括死刑）并没有引起最新立法修改的关注，关于毒品数

---

① ［美］哈伯特·L. 帕克：《刑事制裁的界限》，梁根林等译，法律出版社2008年版，第329～330页。

② 参见［美］马丁·洛克林：《剑与天平：法律与政治关系的省察》，高秦伟译，北京大学出版社2011年版，第110页。

③ 参见周道鸾：《毒品犯罪的刑事政策和法律适用——云南省毒品犯罪调查》，载赵秉志主编：《刑法评论》（2006年第2卷），法律出版社2006年版，第282页。

量和含量规定的修改完善问题,同样也未能进入刑法最新修正的视野。

2014 年中共中央、国务院发布了《关于加强禁毒工作的意见》,将禁毒纳入国家安全的战略,这对于警醒毒品问题的严重性,对于动员全社会资源参与毒品治理,当然具有积极意义。当前和今后一个时期,毒品犯罪的立法、执法和司法包括毒品犯罪死刑制度改革,都将受到该意见的强烈影响。但是,如果执法(司法)机关在治理中忽视毒品问题的复杂性,不注意尊重问题的产生机理,有可能仍然固守传统严打的粗暴方式,导致中央禁毒政策的实践扭曲。

2. 构成了死刑制度改革的“短板”

毋庸置疑,死刑制度改革是当前中国刑事法乃至整个法治领域最受关注的重大现实问题。[①] 自新世纪宽严相济刑事政策提出以来,我国死刑制度改革和进步是全方位的,不仅包括立法,也包括司法;不仅反映在刑事实体法上,也体现在刑事程序法领域;不仅发生于人们的思维观念上,也彰显于法治实践中。从非暴力犯罪如走私罪死刑的废除,到通过强调法定情节和酌定情节在暴力犯罪死刑限制方面的运用,我国死刑适用被大大限制,全面展示了我国过去十多年刑法在人权保障方面的巨大进步。虽然不能否认近年特别是自 2008 年《大连会议纪要》以来毒品犯罪死刑制度改革取得的巨大成绩,如《大连会议纪要》专门规定“毒品犯罪的死刑适用问题”并尽可能细化死刑适用的情节,明确强调了不适用死刑的情形;又如近年最高人民法院通过司法解释、指导案例等多种形式多方面限制和减少毒品犯罪案件的死刑判处。因为毒品犯罪毕竟不应当属于刑法中最严重的罪行,[②]无论在立法或是司法层面,我国的毒品犯罪死刑制度改革都存有相对较大的空间。特别是资料显示,近年在其他犯罪包括故意杀人罪死刑判处持续回落的情形下,毒品犯罪的死刑适用情况并不乐观。这种升降的对比,不能不说毒品犯罪的死刑

---

① 参见赵秉志:《死刑改革之路》,中国人民大学出版社 2014 年版,第 54 页。

② 参见何荣功:《“毒品犯罪”不应属于刑法中最严重的罪行》,载《辽宁大学学报》(哲学社会科学版)2014 年第 1 期。

制度改革构成我国当前死刑制度整体改革中的一块“短板”，仍然需要国家下大力气推进。“杀人偿命、欠债还钱”在我国具有根深蒂固的观念，所以，无论是立法还是司法上完全废除故意杀人罪或者与其关联犯罪的死刑，在未来的一个时期，是难以具有现实性的。根据眼下我国毒品滥用和犯罪的形势，可以预测毒品犯罪的死刑制度改革在我国整体死刑制度改革和刑事法治中的地位将不可避免地被凸显。

3. 一定意义上弱化了人民法院的司法属性

我国《刑法》第 2 条规定：“中华人民共和国刑法的任务，是用刑罚同一切犯罪行为作斗争……”《刑事诉讼法》第 2 条写道：“中华人民共和国刑事诉讼法的任务，是保证准确、及时地查明犯罪事实，正确应用法律，惩罚犯罪分子，保障无罪的人不受刑事追究……”对于司法机关在打击犯罪中的角色分工，《宪法》第 140 条规定：“人民法院、人民检察院和公安机关办理刑事案件，应当分工负责，互相配合，互相制约，以保证准确有效地执行法律。”第 128 条规定：“中华人民共和国人民法院是国家的审判机关。”第 131 条规定：“人民法院依照法律规定独立行使审判权，不受行政机关、社会团体和个人的干涉。”根据《宪法》的规定可见，在对犯罪的查处方面，《宪法》虽然强调了公检法三机关互相配合，但也明确了人民法院独立审判的地位。人民法院在性质上属于典型的审判机关，行使审判权，审判权属于典型的司法权。司法权，本质在于正义，在公民与社会的关系上，司法组织历来被看作一种处于管理者和被管理者之间的中立力量。司法权兼具国家权力和社会权力双重属性，面对犯罪，司法机关一方面要惩罚犯罪人，阻止对法律所确认的分配正义的侵害，实现矫正的正义，实现社会保护机能，另一方面发挥刑法的人权保障机能。人民法院作为国家的审判机关，其主要任务在于对既有犯罪进行公正审判，通过判处刑罚这种事后惩戒性措施，实现和维护社会公平正义。刑罚的性质和功能决定了刑法的主要机能并不在于积极预防违法犯罪活动的发生。

但现实情况是，在毒品犯罪治理上（也包括其他类型犯罪治理上），刑法行政化和刑事政策化特征有些明显，政策导向型刑罚工具观表现得比较突出。对于毒品犯罪，最高人民法院一直强调："各级人民法院要毫不动摇地坚持依法从严惩处毒品犯罪的指导思想，充分运用刑罚手段，有效打击、威慑和预防毒品犯罪。"从此可以明显看出其强调刑法的打击功能。而且，"充分运用刑罚手段"的表述，不仅不符合刑法谦抑主义原理，也与我国慎刑的传统观念与文化存在距离。

4. 难以契合以审判为中心司法制度改革的方向与要求

在以审判为中心的诉讼构造中，审判案件应当以庭审为中心，即事实证据调查在法庭，定罪量刑辩论在法庭，裁判结果形成于法庭，要保证庭审在查明事实、认定证据、保护诉权、公正裁判中发挥决定性作用。如前文分析，较之于其他类型犯罪，毒品犯罪的刑事诉讼制度仍然带有明显的以侦查为中心的色彩，与眼下大力推进的以审判为中心的诉讼制度改革要求存在一定距离。过去这段时间，整体上以审判为中心诉讼制度改革取得了实质性进展，但具体到毒品犯罪问题上，改革的成效与进步远不尽人意，在有些地方，毒品犯罪似乎成为以审判为中心诉讼制度改革中被遗忘的角落，传统的侦查、起诉和审理定罪模式仍然在实践中起着支配性作用。

五、毒品犯罪刑事政策的转型与改革

(一)危害最小化与毒品犯罪刑事政策的框架

在任何国家和社会，犯罪不仅是规范问题，更是社会问题，我们越是立足于社会学的视野，站在整体或体系性的立场去看待和理解犯罪，越能清楚地窥见刑法对犯罪治理的意义及其有限性。

国家禁毒工作，千头万绪，但归结起来，其实并不复杂，大体上看主要涉及两个层面：一是毒品犯罪，二是毒品滥用，这两者又是个一体两面的问题。正是因为现实社会对毒品有需求，才有人冒天下之大不韪去从事走私、贩卖、运输、制造毒品等违法犯罪活动。而且，毒品滥用和毒品违法犯罪之间呈现紧密的正比例相生关系，社会对毒品的滥用需求越大，毒品犯罪也会越严重。如果我们不能有效解决社会对毒品的需求问题，不能真正减少毒品滥用的存量和防止毒品滥用增量，对于毒品犯罪治理，国家将难以摆脱治理中的困境。

一切现实的事物，在决定它存在的因素还在发生作用时，我们是无法凭着自己的想象好恶使它从现实中消失的。毒品问题作为我国社会进步中的次生问题，在未来相当长时期，它都将是困扰我国社会的重要问题之一。国家对毒品问题的治理，需要尽可能多一些知识与理性，少一点固执与偏见。毒品具有严重危害性，但这并不是我们可以粗暴对待它的理由，犹如癌症具有严重危害，我们不能粗暴对待它一样。具体到对毒品犯罪的治理而言，刑罚作为一种易感触的力量，因为其不可能根本改变现实社会毒品滥用的结构，所以其对犯罪治理的意义极其有限。

毒品的治理是人类社会的一项正义事业，唯有获取知识，我们才可能突破思维定式和超越偏见。当前我们亟须获取有关毒品的知识和理性看待毒品的危害。如前文指出，毒品及其滥用具有严重的社会危害性，它伤害人的身体，侵蚀人的尊严，根本上是反人性的，但是，其在现实社会的存在却又有人性基础。在无法根本消除毒品滥用和犯罪的情况下，理性的国家治毒政策应该是考虑如何将其危害性控制在最小的范围内。所以，在现实社会，只有在整体上最有利于减少毒品滥用和犯罪的刑事政策以及对整体社会危害最小化的刑事政策，才是理性的和务实的，才真正契合新时代国家和社会治理体系现代化的要求。眼下我国禁毒政策的现代化，有必要充分考虑以下方面因素：(1)如何最有效地减少毒品滥用和犯罪；(2)如何最大限度节省社会资源；(3)如何尽可能减少惩罚，最大限度避免耗弱人性尊严。三者的结构比例和组合关系，决定着国家禁毒政策究竟是理性的，还是情感型的。

(二)未来改革的几个重要问题

如前指出，2014 年 7 月，国家第一次以中共中央、国务院名义印发了《关于加强禁毒工作的意见》，把禁毒工作提升到国家安全战略和平安中国、法治中国建设的高度。2014 年 9 月，国家禁毒委员会时隔十年再次召开全国禁毒工作会议，部署意见的落实工作。近年中央对禁毒工作和毒品犯罪治理史无前例地重视，也取得了空前成效。为了进一步推进毒品犯罪刑事政策现代化，本书认为重视以下方面具体问题，是有必要的，也是重要的。

第一，关于毒品犯罪治理的方向性调整。在药理学上，毒品具有严重的危害性，是个科学问题，并没有太多的争论空间。但毒品的危害不仅包括对国民身心健康的损害，也包括对国家政治和社会制度体系的损害，还体现于毒品滥用引发的社会治安问题，而且，毒品的危害从来都不只是由毒品的药理属性单独决定的，其危害性及其程度与毒品的摄入不当和国家对毒品的管制方式相牵连。例如，如果不尊重吸毒者作为公民的基本权利，仍然将吸毒与道德堕落相联系，对吸毒者的歧视与偏见将导致毒品问题走向“地下”。而一旦毒品成为“地下问题”，超越国家监管的视线，其危害性将变得不可控。在这方面，历史上曾有有“欧洲艾滋病之都”之称的爱丁堡的惨痛教训，前车之鉴，我们不应该忘记。相反，如果社会能够普遍意识到吸毒问题在很大程度上也应当属于医疗健康问题，吸毒者作为我们同类，应当被作为病人看待，他们需要得到社会的理解与宽容。如果社会能够摒弃成见，开放心态，在国家医疗体系宏观框架下看待和解决毒品滥用问题，吸毒带来的次生违法犯罪问题可以得到有效控制，毒品的危害可以被大大地降低。

所以，表面上看，毒品犯罪是个刑法问题，在深处其却是个社会问题，毒品犯罪的有效治理之道也在“刑法之外”。毒品犯罪具有严重社会危害性，任何国家的刑法都不可能置身事外，但国家的禁毒政策应具有更为宽阔的视野，应尽可能立足人性，理解毒品滥用和毒品犯罪的生成机理以及两者之间的共生关系，唯有如此，我们方可能真正构建理性、人道和有效率的现代化禁毒政策。毒品犯罪的生成机理决定了国家只有将有限的社会资源、司法资源前移到抑制毒品滥用（吸毒）的增量和减少毒品滥用（吸毒）的存量上，才是毒品犯罪刑事政策现代化的人间正道。2008 年 6 月 1 日起施行的《禁毒法》就明确强调“禁毒工作实行预防为主，综合治理，禁种、禁制、禁贩、禁吸并举的方针”，这个方针无疑是科学的，只是问题在于过去的这些年，我们没有能够完全按照《禁毒法》的要求贯彻执行，实践中，倚重打击的思维有余，预防毒品滥用和犯罪以及对毒品切实综合治理还存在明显不足。

第二,继续推进毒品犯罪的死刑制度改革。在国际社会,毒品犯罪普遍被认为不属于最严重的罪行,不应当判处或适用死刑。由于特殊的国情和文化观念,毒品犯罪死刑在我国当前阶段完全废除难以具有现实性,但对毒品犯罪判处或适用死刑确实面临正当性疑问。《刑法》第 48 条规定,死刑只适用于罪行极其严重的犯罪分子。但在法律性质上,走私、贩卖、运输、制造毒品罪属于行为犯,仅发生于毒品生产、流通环节。行为犯场合,犯罪行为对法益侵害只是具有抽象的危险,所以,不论对于何种性质犯罪,立法对行为犯配置死刑,都属过度惩罚。在因果关系方面,走私、贩卖、运输、制造毒品的行为与毒品最终造成的危害结果之间具有的只是间接因果关系,也就是说,相对于毒品对人体最终造成的危害,毒品的走私、贩卖、运输、制造行为顶多只是提供给他人一个自我损害的途径,并不是一个直接的损害行为,[①]毒品最终危害结果的发生要依赖毒品的吸食。作为具有意志自由的社会公民,吸食者不能不对作为一种自我损害的吸毒行为,自我承担责任,这也从根本上减轻了走私、贩卖、运输、制造毒品罪的罪责程度,使走私、贩卖、运输、制造毒品的行为不可能再配称最严重罪行。再有,现实中被查处的走私、贩卖、运输、制造毒品案件,大都具有"人赃俱获"的特点,在这个意义上,可以认为实践中此类案件只可能处于"未遂状态"。[②] 毒品因被司法机关查获,无法再继续流向社会最终造成对滥用者身体的自我损害,所以,即使现实社会存在毒品危害,也是其他未被查获的案件所致。在具体案件的审理中,如果将走私、贩卖、运输、制造毒品罪评价为最严重罪行,将面临"个人责任"这一刑法根本原则的疑问。[③]

2008 年《大连会议纪要》颁布后,宽严相济刑事政策在我国毒品犯罪刑事审判中得以全面贯彻,彻底改变了过去很长时期刑事审

---

① 参见张天一:《对重刑化政策下贩卖毒品罪之检讨》,载《月旦法学杂志》2010 年第 5 期。

② 这里的"未遂"是相对于毒品对人体造成的损害而言。根据《刑法》规定,由于走私、贩卖、运输、制造毒品罪是行为犯,在该场合,不排除同样构成走私、贩卖、运输、制造毒品罪的犯罪既遂形态。

③ 参见何荣功:《"毒品犯罪"不应属于刑法中最严重的罪行》,载《辽宁大学学报》(哲学社会科学版)2014 年第 1 期。

判过度强调毒品数量对死刑适用意义的做法。《大连会议纪要》还通过尽可能细化毒品犯罪死刑适用的情形，明确规定不判处或可以不判处死刑的情节，大大限制和减少了毒品犯罪的死刑适用。这些巨大的进步虽不能被否定，但我们必须清醒认识到我国毒品犯罪的死刑制度改革还有较大的法治提升空间。例如，如前指出，在立法上，理论界和实务界曾一度对运输毒品罪的死刑废除抱有很高期望，但立法上却看不到运输毒品罪死刑废除的明显迹象。《武汉会议纪要》虽然在限制运输毒品罪死刑适用方面做出了具体针对性的规定，但仍然肯定了运输毒品罪死刑适用的基本立场。运输毒品罪死刑的立法或司法废除，是我国未来刑事法治改革和发展的方向。另外，随着新型毒品犯罪的增长和国家对新型毒品治理的重视，司法机关将面对新类型合成毒品犯罪死刑适用的巨大压力，而国家一旦在刑事政策层面放松对新型毒品犯罪死刑判处的条件，将极有可能带来毒品犯罪死刑判处数量的急遽上升。还有，过去一个时期毒品犯罪在我国具有明显的区域性、地域性特征，今日我国毒品犯罪虽然仍存在地区不平衡的问题，但区域性特征已明显淡化，毒品犯罪已发展成为全国性问题，随之而来的是毒品犯罪的死刑判处也已成为全国性问题。在这种形势下，如何防止毒品犯罪死刑判处适用数量的上升将成为未来一个时期国家面临的重要课题。

2013 年《中共中央关于全面深化改革若干重大问题的决定》指出："国家尊重和保障人权……逐步减少适用死刑罪名。"而从我国死刑制度改革历程和方向看，尽管现行《刑法》还规定有 46 个死刑罪名，但司法实践中真正被判处死刑的罪行主要集中于故意杀人、抢劫杀人、强奸杀人、绑架杀人等故意非法剥夺他人生命的行为以及走私、贩卖、运输、制造毒品罪。在宽严相济刑事政策指导下，经过多年的努力，故意杀人罪的死刑适用被大大限制，在当前和今后一个时期，此类犯罪死刑进一步限制的空间已相当有限。在当前和未来一个时期我国故意杀人罪死刑改革空间有限的情况下，我国死刑改革的出路在于减少和限制毒品犯罪的死刑。一言以蔽之，减少和严格限制毒品犯罪死刑适用，既是刑罚正当性和我国刑事法治走向文明的体现，也是死刑政策的改革方向。

第三,应重视对涉案财产的查处。毒品犯罪根本上属于贪利性犯罪,彻底断绝和追缴毒品犯罪的违法所得,有助于从根本上打击毒品犯罪。《刑法》第64条规定:"犯罪分子违法所得的一切财物,应当予以追缴或者责令退赔……违禁品和供犯罪所用的本人财物,应当予以没收……"刑法条文虽然明确规定了犯罪所得之物与所用之物的处理原则,但问题的关键在于如何确定"犯罪分子的违法所得"及其范围问题。如果该问题不能合理解决,上述规定就难以具有实践性,该问题恰恰是困扰当前毒品犯罪打击的重要难题之一。

第四,新精神活性物质的滥用与有效规制。当前的毒品犯罪与滥用初步呈现出海洛因、冰毒、新精神活性物质等毒品"三代并存"的态势。从刑法规定看,有些新精神活性物质已纳入国家管制之中,属于刑法规定的毒品,但刑法调整的滞后性和调整对象的有限性,过高期待刑法参与新精神活性物质的管控是不现实的。新精神活性物质的滥用及其危害将是未来难以避免的问题,新精神活性物质与传统毒品有明显的差别,如何有效规制,国家刑事政策面临严峻挑战。

第五,警惕毒品犯罪向有组织化方向发展。在世界范围内,毒品犯罪有组织化和集团化趋势都很明显。眼下该问题在我国还不突出,但我们有必要警惕未来毒品犯罪向有组织化方向发展。过去一个时期,包括毒品犯罪在内的有组织犯罪在我国没有成为最为重大的社会问题,一方面得益于我们的社会管理模式和政府强大的社会控制力;另一方面与有组织犯罪的发展需要时间和过程有关。当社会对毒品的需求增加,当从事毒品犯罪能够产生足额利润,当国家严厉禁毒政策使得毒品犯罪分子只有通过组织形式才能有效获得生存空间时,毒品犯罪往组织化方向发展就会获得契机。而毒品犯罪有组织化、集团化一旦形成,国家对该问题的治理难度将会大大提升。

(三)未来改革面临的困难

社会是个有机整体,部分必须依赖于整体才能有效运行。毒品犯罪刑事政策现代化从来都不是一个单纯和孤立的问题,其现代化有赖于国家和社会治理体系整体的现代化。换句话说,国家和社会治理体系的现代化水平根本上决定和制约着毒品犯罪刑事政策现代化的水平。当前,我国毒品犯罪刑事政策的现代化还面临种种障碍与难题。

第一,在社会观念和民众心理方面,严峻的毒情和根深蒂固的反毒、拒毒和恐毒的心理,使人们难以心平气和地、理性地看待毒品犯罪和滥用问题。而一提及吸毒,人们往往与道德堕落相联系,阻碍了人们对毒品的理性理解。禁毒是个科学问题,社会民众对毒品犯罪生成机理的理解越科学,越有助于促进国家和社会形成理性、科学的禁毒政策与毒品犯罪治理措施。

第二,在当前社会阶段,与其他违法犯罪的治理一样,毒品犯罪的有效治理离不开绩效考核。绩效考核制度在具有积极意义的同时,也有其难以避免的局限性,如其会减弱治理者在逻辑上和事实上怀有的对毒品治理应有的责任感,难以真正扎实地解决那些引起毒品犯罪和滥用的深层次问题。

第三,倒逼改革契机的相对缺失,也会影响毒品犯罪刑事政策改革的力度。从改革动机来看,有的是自觉性的改革,有的是倒逼式的改革。前者需要改革者的主动性、责任感和觉悟;后者是改革者面临问题不得已采取的措施。人性和既有制度的惰性,特别是改革意味着利益的重新调整与分配,种种因素决定了改革尤其是深层次的制度改革,往往是倒逼式的。回首过去这些年我国司法制度改革,包括非法证据排除的改革,以审判为中心的刑事诉讼制度改革,都明显呈现倒逼式特征,大多是在既有制度惹了"祸",引起社会集中关注甚至公愤,到了不改不行的地步,才改革的。毒品犯罪不同于故意杀人罪,属于没有直接被害人的犯罪,这就使得实践中此类案件不会出现如故意杀人罪案件那样的"亡者归来"冤假错案的情形,错误难以浮现和倒逼改革契机缺失,会在很大程度上减弱甚至失去对诉讼制度改革的动力与契机。毒品犯罪刑事政策的现代化之路,将更依赖于改革者的自觉、担当与责任。

第四,减少和废除死刑的改革有可能面临"政治不正确"的指责。如前分析指出,毒品犯罪的死刑制度改革应当是我们坚定不移的前进方向,但是,我国社会上一直流行一种不正确的观念,一旦某种违法犯罪现象严重，社会上就会将责任归咎于法律规定不严，审判机关的惩罚力度不够。具体到对毒品违法犯罪的治理而言，实践中不乏有人提出当前毒品犯罪形势不乐观与人民法院惩罚不力有关，认为毒品犯罪具有严重社会危害性，该判死刑的案件，还是应大胆判处，没有必要严格限制。特别是中央将禁毒工作提升到国家安全战略的高度的背景下，司法人员担心减少和限制毒品犯罪死刑适用的立场是否符合中央精神，在政治上是否正确。司法人员的上述疑虑是可以理解的，但我们应注意澄清以下观念：面对当前我国毒品泛滥的严峻形势，中央将禁毒工作提升到国家安全战略的高度，旨在强调当前毒品问题的严峻性和治理的急迫性，意在警示全社会应当重视毒品问题。既然毒品问题事关国家安全，就需要国家和全社会的关注与投入，需要我们反思过去禁毒政策的科学性和值得改进之处，需要我们探索与时俱进的禁毒措施。《关于加强禁毒工作的意见》绝非只是针对司法机关提出的要求，也绝非意在进一步强化对毒品犯罪的“严打”。眼下我们必须科学理解中央禁毒政策的精神实质和初衷，将对毒品犯罪治理放置于社会治理体系现代化的背景下看待，务必谨防宽严相济刑事政策在毒品犯罪适用中被人为扭曲和架空，防止在毒品犯罪死刑改革的问题上走回头路，避免毒品犯罪死刑判处的历史回潮。

第五，毒品犯罪虽然是我国严峻的社会问题，但当前社会稳定与就业问题、贪污反腐问题、环境污染问题、司法体制改革问题等，对于政府而言，是更为急迫的民生问题和社会稳定问题，处于更需要优先解决的地位，这在无形中也可能转移国家重视毒品治理的视线和投入。

对人类的事务而言，建设性活动总是迟缓，破坏性活动则比较迅速，[①]“急则治其标，缓则治其本”，在严峻毒品犯罪和滥用背景下，国家在未来一个时期很可能会仍然固守传统的重刑打击模式。因为在国家对毒品犯罪治理距离现代化尚存一定差距的情况下，国

---

① 参见［法］让·雅克·卢梭：《爱弥儿》（精选本），彭正梅译，上海人民出版社2011年版，第22页。

家一旦放弃了传统的从严严打,很可能导致对毒品犯罪治理的无力。综上分析可见,不能否认的是,近些年我国毒品犯罪治理机制取得了巨大成绩,但毒品滥用和犯罪出现了新的更为复杂的情况,我国毒品犯罪刑事政策现代化,不仅要解决既有问题,也要积极面对新问题,任重而道远。

第七章　贪污贿赂罪的构造与刑法修改

胡适先生在《我们走那条路》一文中引用了亨丁顿关于国人国民性的一段触动人心的评价："中国人生活里有一件最惹烦的事，就是有一种特殊的贪小利行为，文言叫作'染指'，俗话叫作'揩油'。上而至于军官的克扣军粮，地方官吏的刮地皮，庶务买办的赚钱，下而至于老妈子的'揩油'，都是同性质的行为。"文中胡适先生在细细数落了横亘于中国社会改革与进步之路上的五大仇敌即贫穷、疾病、愚昧、贪污和扰乱后，悲悯地写道："贪污是我们这个民族最大的特色。"①胡适先生作为一名进步乐观的思想家，关于国民性的这般评价未免过于哀愁与悲观，也并不符合我国社会的实际情况，但其提出的问题和对问题的结论却是直指人心，发人深省的。弹指一挥间，近一个世纪后的今天，国家的政治、经济和社会结构与昔日相比，已是新旧两重天，胡适先生当年所言称的社会问题，早已不复存在，但遗憾的是权力腐败问题仍然形势严峻。十八大以来，中央反腐决心、声势、规模、力度、深度、广度、频度皆史无前例，取得了阶段性重要成绩。贪污贿

---

① 参见胡适：《容忍与自由》，金城出版社 2013 年版，第 193 页。

赂罪刑法修改完善也是该时期刑事立法的重要特色，刑法如何有效参与腐败犯罪治理是事关国家治理体系现代化的重要问题。

一、重刑反腐的规范表现

自柏拉图以来，理性国家的任务一直被认为在于实现德行和推进人的幸福，国家和法的目的在于为使尽量多的人为善创造条件，保证和促进社会福利。社会生活是使个人完善的手段，国家组织应该像整个宇宙和个人有德行的灵魂一样促进人类走向至善。① 而权力一旦陷入腐败，国家将失去存在的正当性和迷失方向，社会秩序将难以为继，最终滑入崩溃的边缘。

在权力腐败的问题上，作为万物之灵的人类千年以来从未间断地重演着一幕幕飞蛾扑火的悲剧。可在观念上，世人对权力腐败的严重恶果从来都不乏清醒认识，似乎使任何关于腐败恶果的再论述都是累赘多余的。但严峻的现实还是警示我们，时时刻刻，腐败的严重性都值得我们刻骨铭心地谨记。正所谓"浊其源而望其流，曲其形而欲其直，不可得也"，②腐败是政治之癌，是国家政权体系的毒瘤，导致权力变异，法律制度扭曲，使社会无法实现公平公正；腐败还会导致社会福利损失、资源配置效率降低、交易费用增加、社会收入分配不公、有效需求不足等一系列经济、社会问题。③ 对任何国家而言，权力腐败都是威胁国家生存和发展的最严峻的社会问题。

2011 年，哈佛大学东亚和中国问题研究权威专家傅高义（Ezra F. Vogel）教授倾十年心力完成了巨著《邓小平时代》，④书的结语部分，傅高义教授这样写道："邓小平所带来的转型的一个结果是，在他退出权力舞台后他的接班人将在未来很多年面临一系列严

---

① 参见［美］梯利：《西方哲学史》，葛力译，商务印书馆 2000 年版，第 73～74 页。

② 《后汉书·刘般传》。

③ 参见万伦来、张本照：《关于腐败问题的经济学思考》，载《华东经济管理》1998 年第 5 期。

④ 该书英文名是 *Deng Xiaoping and the Transformation of China*。2012 年，该书的中文版首次由香港中文大学出版，书名为《邓小平时代》，冯克利译。2013 年《邓小平时代》由生活·读书·新知三联书店出版。

重挑战”。[①] 对于严峻的腐败问题，他指出：“邓小平在台上时一直赞成惩办腐败大案……邓小平接班人所面临的问题是，各级干部都在想方设法捞外快……这些做法现在已到处泛滥，虽然不是所有人都如此，但众多干部或其家属牵涉其中，使克服这类问题变得极为困难。”[②]

法律是人类选择的实现社会集体生活的最佳方式，[③]刑法作为保障法的根本目的同样在于保护人类的这一理性选择。无论何种时代，现实和未来都是受历史制约的，在“乱世用重典”法制传统和严惩腐败的巨大社会现实需求下，党和国家对腐败违法犯罪从来采取的都是严厉的刑事政策，而这一政策也为刑事法的制定和实施设定了基调，即“重刑反腐”。与前章重刑治毒的理解一样，重刑反腐，顾名思义，一方面是指国家重视采用刑事手段（包括刑法和刑事程序法）惩治腐败；另一方面是指相对于普通犯罪，国家对腐败犯罪的处罚整体要更为严厉。

当前国家对腐败犯罪严惩的立场不仅体现在刑法立法上，也体现于刑事司法中。

1. 刑事法网的日益严密

在采取“定性 + 定量的立法体例”下，我国刑法对贪污贿赂等权力腐败行为并没有像西方国家那样完全奉行“零容忍”的态度。这种立法模式是否科学，确实不无思考之处。但在既有的立法体例下，1979 年《刑法》颁布以来，国家对贪污贿赂等权力腐败行为的刑事法网一直处于严密化推进中。以贿赂犯罪为例，1979 年《刑法》将其附属规定于第八章“渎职罪”中，只有第 185 条单条规定，涵摄的行为类型仅为受贿、行贿和介绍贿赂三种。1988 年全国人大常委会通过的《关于惩治贪污罪贿赂罪的补充规定》（以下简称《补充

---

① 这些挑战包括为全民提供社会保障和公共医疗、重新划定和坚守自由的界限、保护环境、维持统治的合法性。参见［美］傅高义：《邓小平时代》，冯克利译，生活·读书·新知三联书店 2013 年版，第 657～659 页。

② 参见［美］傅高义：《邓小平时代》，冯克利译，生活·读书·新知三联书店 2013 年版，第 658 页。

③ 参见［英］马丁·洛克林：《剑与天平——法律与政治关系的省察》，高秦伟译，北京大学出版社 2011 年版，第 8 页。

规定》)在局部限缩受贿犯罪处罚范围之时,[①]整体上大大丰富了贪污受贿罪类型、扩大了受贿罪处罚范围,包括新设受贿罪共犯规定,将收受回扣、手续费的行为以受贿论处,增设单位索贿、受贿罪,新增巨额财产来源不明罪等。1997 年《刑法》制定时,立法指导思想很明确,即继续加大打击贪污贿赂犯罪的力度,立法在将《补充规定》的内容修改补充并纳入刑法的同时,新增斡旋受贿和私分国有资产罪等,并设贪污受贿罪专章。[②] 无论是从条款数量,还是从罪名设置,应该说 1997 年《刑法》对贪污贿赂等腐败犯罪的设置已相当完备,但这并没有终止贪污受贿犯罪处罚范围继续扩大的趋势。2009 年《刑法修正案(七)》增设利用影响力受贿罪,《刑法修正案(九)》新增 390 条之一对有影响力的人行贿罪。此外,《刑法修正案(六)》将贪污受贿罪犯罪所得与产生的收益纳入洗钱罪上游犯罪的范围。整体上看,我国刑法已构筑了严密的惩治腐败犯罪的规范体系:刑法不仅打击核心的贿赂行为,还规制贿赂的周边行为;刑法从打击国家工作人员的贿赂行为,延伸至规制国家工作人员的近亲属、关系密切人、特定关系人;从打击典型的钱权交易行为,扩大至处罚新类型和变相的钱权交易行为。

司法方面扩大腐败犯罪处罚范围的态势同样是明显的。比如受贿罪,《补充规定》增设"为他人谋取利益"的构成要件后,社会上对于立法公正性和社会效果出现了强烈质疑之声,认为没有为他人谋取利益若不构成受贿罪,就会使一些人规避法律、逃避制裁有机可乘。[③] 经过多年的争论,最高人民法院在 2003 年《全国法院审理经济犯罪案件工作座谈会纪要》将为他人谋取利益做了扩张解释,规定:"为他人谋取利益包括承诺、实施和实现三个阶段的行为。只要具有其中一个阶段的行为……就具备了为他人谋取利益的要件。

---

① 如适当缩小了贪污、受贿罪的主体范围,将贪污罪、挪用公款罪的主体修改为"国家工作人员"。为限定受贿罪的范围,《补充规定》规定收受财物,没有为行贿人谋取利益的,不构成受贿罪。

② 参见李淳、王尚新主编:《中国刑法修订的背景与适用》,法律出版社 1998 年版,第 510 ~ 511 页。

③ 参见戴玉忠:《我国贿赂犯罪的立法演变与协调》,载《河南省政法管理干部学院学报》2007 年第 5 期。

明知他人有具体请托事项而收受其财物的,视为承诺为他人谋取利益。”纪要的解释已大大降低了“为他人谋取利益”作为受贿罪构成要件的地位。[①] 2016 年 4 月 18 日起施行的《最高人民法院、最高人民检察院关于办理贪污贿赂刑事案件适用法律若干问题的解释》关于“为他人谋取利益”的解释,进一步体现了对受贿罪从严惩处的立场,其中第 13 条规定:“具有下列情形之一的,应当认定为‘为他人谋取利益’,构成犯罪的,应当依照刑法关于受贿犯罪的规定定罪处罚:(一)实际或者承诺为他人谋取利益的;(二)明知他人有具体请托事项的;(三)履职时未被请托,但事后基于该履职事由收受他人财物的。国家工作人员索取、收受具有上下级关系的下属或者具有行政管理关系的被管理人员的财物价值三万元以上,可能影响职权行使的,视为承诺为他人谋取利益。”

又如,对于成立行贿罪所必需的“为谋取不正当利益”中“不正当利益”的含义,司法解释也呈现的是扩张趋势。2008 年 11 月 20 日《最高人民法院、最高人民检察院关于办理商业贿赂刑事案件适用法律若干问题的意见》明确肯定:“在行贿犯罪中,‘谋取不正当利益’,是指行贿人谋取违反法律、法规、规章或者政策规定的利益,或者要求对方违反法律、法规、规章、政策、行业规范的规定提供帮助或者方便条件。”“在招标投标、政府采购等商业活动中,违背公平原则,给予相关人员财物以谋取竞争优势的,属于‘谋取不正当利益’。”2013 年 1 月 1 日起施行的《最高人民法院、最高人民检察院关于办理行贿刑事案件具体应用法律若干问题的解释》第 12 条规定:“行贿犯罪中的‘谋取不正当利益’,是指行贿人谋取的利益违反法律、法规、规章、政策规定,或者要求国家工作人员违反法律、法规、规章、政策、行业规范的规定,为自己提供帮助或者方便条件。违背公平、公正原则,在经济、组织人事管理等活动中,谋取竞争优势的,应当认定为‘谋取不正当利益’。”司法解释对“不正当利益”的扩张解释,带来的也是贿赂犯罪处罚范围的扩大。

---

① 另外,贿赂犯罪处罚范围的实践扩张还体现在司法解释对新型受贿犯罪类型的规定中,此处不一一列举。

此外,2016 年 4 月 18 日起施行的《最高人民法院、最高人民检察院关于办理贪污贿赂刑事案件适用法律若干问题的解释》的有关规定也明显体现了严密刑法法网的立场,如第 15 条指出:“对多次受贿未经处理的,累计计算受贿数额。国家工作人员利用职务上的便利为请托人谋取利益前后多次收受请托人财物,受请托之前收受的财物数额在一万元以上的,应当一并计入受贿数额。”第 16 条第 2 款规定:“特定关系人索取、收受他人财物,国家工作人员知道后未退还或者上交的,应当认定国家工作人员具有受贿故意。”

2. 刑罚配置的逐步严厉

国家对权力腐败行为从严打击的立场,最鲜明体现在贪污罪、受贿罪的死刑配置上。1982 年全国人大常委会通过的《关于严惩严重破坏经济的罪犯的决定》首次将受贿罪纳入死刑罪名体系。作为人类社会的极刑,死刑的配置表明国家已明确将权力腐败的贪污受贿行为视为与国家和社会最极端对立的行为,并给以最极端的否定性刑法评价,希望以配置极刑实现对其有效预防与惩治。又如巨额财产来源不明罪的处罚,1997 年《刑法》颁布后,司法机关和社会都一再提出,本罪最高法定刑只有五年,明显与这种犯罪的社会危害性不相适应,也与贪污、贿赂犯罪刑罚不平衡。为了贯彻宽严相济的刑事政策,严惩腐败,实现刑罚处罚协调公正,《刑法修正案(七)》将本罪的法定最高刑提高到十年有期徒刑。① 相对于此前的刑法修正案,《刑法修正案(九)》强化对贪污贿赂罪处罚的立场更为积极鲜明:一方面,该修正案在保留对贪污贿赂死刑规定的同时,增设对特定情形下贪污罪犯罪分子的终身监禁制度;另一方面,修正案明显加大对行贿罪的处罚。②

3. 侦查措施的强化

国家强化对腐败犯罪严惩还体现在刑事程序法上,新修订的《刑事诉讼法》朝着该方面明显推进。由于腐败犯罪等职务犯罪的

---

① 参见黄太云:《〈刑法修正案(七)〉对惩治腐败相关条文的完善》,载《中国检察官》2009 年第 5 期。

② 该问题后文详细论述,这里不展开。

隐蔽性，直接、关键性证据收集难度大，同时为了摆脱侦查机关长期对此类案件的侦查过多依赖犯罪嫌疑人口供的问题，2012 年修正的《刑事诉讼法》第 148 条第 2 款规定："人民检察院在立案后，对于重大的贪污、贿赂犯罪案件以及……根据侦查犯罪的需要，经过严格的批准手续，可以采取技术侦查措施，按照规定交有关机关执行。"技术侦查手段正式引入包括对重大贪污贿赂等职务犯罪的侦查中，国家刑罚权在对此类犯罪查处上获得了更为优越之地位。随着国家监察体制改革，2018 年《监察法》第 28 条第 1 款规定："监察机关调查涉嫌重大贪污贿赂等职务犯罪，根据需要，经过严格的批准手续，可以采取技术调查措施，按照规定交有关机关执行。"

此外，面对长期以来严峻的腐败现实，社会上不断提出种种严厉打击腐败的新措施。如近些年一直有学者提出应将性贿赂入罪，①还有的学者提出要尽快完善我国腐败犯罪的刑事推定制度等。②

二、贪腐犯罪定罪量刑数额提升：问题与不得已性

虽然国家对贪污贿赂行为一直奉行的是依法严厉惩治的立场，但在违法与犯罪相区分的二元体系下，长期以来，贪污贿赂罪的成立并不是"零"犯罪门槛，无论是立法还是司法都十分重视贪污贿赂的违纪、违法与犯罪区分。在这种立法体例下，如何确定贪污贿赂罪的犯罪门槛以及定罪量刑数额，不仅事关贪污贿赂罪刑事政策的贯彻，还涉及罪责刑相适应的刑法基本原则以及贪污贿赂罪与其他相关犯罪的处罚协调性问题。

（一）贪污贿赂罪定罪量刑标准的修改

在性质上，贪污贿赂罪属于职务类经济犯罪，行为的数量、情节对于确定行为的社会危害性及其程度具有基础作用。1997 年《刑法》颁布之时第 383 条第 1 款规定："对犯贪污罪的，根据情节轻重，

---

① 参见彭文华：《性贿赂犯罪化的理性分析》，载《法治研究》2014 年第 4 期。

② 参见赵秉志：《中国反腐败刑事法治的若干重大现实问题研究》，载《法学评论》2014 年第 3 期。

分别依照下列规定处罚:(一)个人贪污数额在十万元以上的,处十年以上有期徒刑或者无期徒刑,可以并处没收财产;情节特别严重的,处死刑,并处没收财产。(二)个人贪污数额在五万元以上不满十万元的,处五年以上有期徒刑,可以并处没收财产;情节特别严重的,处无期徒刑,并处没收财产。(三)个人贪污数额在五千元以上不满五万元的,处一年以上七年以下有期徒刑;情节严重的,处七年以上十年以下有期徒刑。个人贪污数额在五千元以上不满一万元,犯罪后有悔改表现、积极退赃的,可以减轻处罚或者免予刑事处罚,由其所在单位或者上级主管机关给予行政处分。(四)个人贪污数额不满五千元,情节较重的,处二年以下有期徒刑或者拘役;情节较轻的,由其所在单位或者上级主管机关酌情给予行政处分。”第386条规定:“对犯受贿罪的,根据受贿所得数额及情节,依照本法第三百八十三条的规定处罚。索贿的从重处罚。”随着社会的发展,刑法的上述规定存在的问题越来越明显。

贪污贿赂罪的修改完善是《刑法修正案(九)》的闪亮之点。其中,立法将贪污罪和受贿罪由原来的主要依据犯罪数额定罪量刑的模式修改为“概括数额+情节”定罪量刑模式的做法被认为更能全面反映贪腐行为的社会危害性,得到社会的广泛赞许。[①] 但立法一旦采取“概括数额+情节”的模式,那么犯罪具体数额和情节的确定这个棘手问题便不可避免地留给了最高司法机关。2016年4月18日起施行的《最高人民法院、最高人民检察院关于办理贪污贿赂刑事案件适用法律若干问题的解释》(以下简称《2016年贪污贿赂解释》)对此作了比较详细的规定:

关于《刑法》第383条第1款规定的“数额较大”和“其他较重情节”含义,《2016年贪污贿赂解释》第1条规定:“贪污或者受贿数额在三万元以上不满二十万元的,应当认定为刑法第三百八十三条第一款规定的‘数额较大’,依法判处三年以下有期徒刑或者拘役,并处罚金。贪污数额在一万元以上不满三万元,具有下列情形之一的,应当认定为刑法第三百八十三条第一款规定的‘其他较重情

---

① 参见赵秉志:《中国刑法的最新修正》,载《法治研究》2015年第6期。

节’,依法判处三年以下有期徒刑或者拘役,并处罚金:(一)贪污救灾、抢险、防汛、优抚、扶贫、移民、救济、防疫、社会捐助等特定款物的;(二)曾因贪污、受贿、挪用公款受过党纪、行政处分的;(三)曾因故意犯罪受过刑事追究的;(四)赃款赃物用于非法活动的;(五)拒不交待赃款赃物去向或者拒不配合追缴工作,致使无法追缴的;(六)造成恶劣影响或者其他严重后果的。受贿数额在一万元以上不满三万元,具有前款第二项至第六项规定的情形之一,或者具有下列情形之一的,应当认定为刑法第三百八十三条第一款规定的‘其他较重情节’,依法判处三年以下有期徒刑或者拘役,并处罚金:(一)多次索贿的;(二)为他人谋取不正当利益,致使公共财产、国家和人民利益遭受损失的;(三)为他人谋取职务提拔、调整的。”

关于《刑法》第383条第1款规定的“数额巨大”和“其他严重情节”含义,《2016年贪污贿赂解释》第2条规定:“贪污或者受贿数额在二十万元以上不满三百万元的,应当认定为刑法第三百八十三条第一款规定的‘数额巨大’,依法判处三年以上十年以下有期徒刑,并处罚金或者没收财产。贪污数额在十万元以上不满二十万元,具有本解释第一条第二款规定的情形之一的,应当认定为刑法第三百八十三条第一款规定的‘其他严重情节’,依法判处三年以上十年以下有期徒刑,并处罚金或者没收财产。受贿数额在十万元以上不满二十万元,具有本解释第一条第三款规定的情形之一的,应当认定为刑法第三百八十三条第一款规定的‘其他严重情节’,依法判处三年以上十年以下有期徒刑,并处罚金或者没收财产。”

关于《刑法》第383条第1款规定的“数额特别巨大”和“其他特别严重情节”含义,《2016年贪污贿赂解释》第3条规定:“贪污或者受贿数额在三百万元以上的,应当认定为刑法第三百八十三条第一款规定的‘数额特别巨大’,依法判处十年以上有期徒刑、无期徒刑或者死刑,并处罚金或者没收财产。贪污数额在一百五十万元以上不满三百万元,具有本解释第一条第二款规定的情形之一的,应当认定为刑法第三百八十三条第一款规定的‘其他特别严重情节’,依法判处十年以上有期徒刑、无期徒刑或者死刑,并处罚金或者没收财产。受贿数额在一百五十万元以上不满三百万元，具有本解释第一条第三款规定的情形之一的，应当认定为刑法第三百八十三条第一款规定的‘其他特别严重情节’，依法判处十年以上有期徒刑、无期徒刑或者死刑，并处罚金或者没收财产。”

以上规定可见，《2016 年贪污贿赂解释》不仅确立了贪污罪和受贿罪的定罪数额，还确定了两罪的量刑数额。根据《2016 年贪污贿赂解释》的规定，贪污罪和受贿罪的数额较大起点标准一般情况下是三万元，在具有其他较重情节时，数额标准下探至一万元；贪污罪和受贿罪数额巨大的起点标准一般是二十万元，在具有其他严重情节时，下探到十万元；而数额特别巨大起点标准一般是三百万元，符合法定情形的，下探至一百五十万元。

（二）《2016 年贪污贿赂解释》提升贪腐犯罪定罪量刑数额的主要理由

我国特殊的国情和腐败犯罪的严峻态势，使贪腐犯罪定罪量刑数额的设定从来都不是一个单纯的法律问题。数额标准设置过高，不利于对贪污罪和受贿罪的惩治；反之，数额标准调整过低不到位，又无法解决实践中的量刑不合理问题，而且，贪污罪和受贿罪定罪量刑标准的设定，还牵动到与其他相关财产和职务犯罪的协调问题。①

单从历史发展看，贪污罪和贿赂罪的定罪量刑标准一直处于上升中，以定罪数额为例，1988 年全国人大常委会《关于惩治贪污罪贿赂罪的补充规定》将贪污罪和受贿罪的定罪数额设定为二千元，如前指出，1997 年《刑法》修改时该数额被提升为五千元。对此，陈兴良教授写道：“从 1988 年到 1997 年，只不过九年的时间，贪污受贿罪的数额已经提高了一倍还要多。但从 1997 年到 2016 年，已经将近二十年时间，仍然维持五千元的定罪数额，确实已经落后于社会发展。”②

---

① 参见陈兴良：《贪污受贿罪数额的合理调整》，载《人民法院报》2016 年 4 月 19 日，第 2 版。

② 陈兴良：《贪污受贿罪数额的合理调整》，载《人民法院报》2016 年 4 月 19 日，第 2 版。

《2016年贪污贿赂解释》提升贪污、贿赂罪定罪量刑标准的原因，最高人民法院在《2016年贪污贿赂解释》新闻发布会上作了权威性说明："随着经济社会的发展变化，1997年刑法所确定的定罪量刑标准已不适应这种发展变化；在近年来的实践中，由于受地域差距等因素的影响，各地对贪污受贿移送追究刑事责任和定罪量刑的标准不尽统一，需要统一规范，一体遵循。""《2016年贪污贿赂解释》制定过程中，始终坚持了以下几项原则：一是突出依法从严。依法从严是惩治贪污贿赂犯罪的一贯原则，《2016年贪污贿赂解释》通篇'严'字当头……"[①]很明显，官方对贪污贿赂罪定罪量刑数额提升做法的科学性，是充满自信的，认为《2016年贪污贿赂解释》提高数额标准既是现实的需求，也仍然体现和贯彻了依法从严反腐的刑事政策精神。

学术界对《2016年贪污贿赂解释》做法，不少学者也持积极褒扬立场。在《2016年贪污贿赂解释》发布的次日，《人民法院报》便刊发了系列权威专家的专题解读论文，几乎每篇论文都涉及对定罪量刑数额提升问题的论述。归纳肯定论者的理由，主要有以下几点：

第一，提升数额是社会现实的需要。例如，赵秉志教授指出，贪污、贿赂罪作为贪利型职务犯罪，犯罪数额是其行为社会危害性及其程度的重要衡量要素，贪腐违法犯罪的社会危害程度是一个变量，它会随着社会经济的发展状况而相应地变化。自1997年《刑法》将贪污受贿罪的入罪门槛设定为五千元至今，我国经济社会发生了巨大变化，人均GDP从1997年至2014年增长了约6.25倍，而适用了近20年的贪污、受贿犯罪五千元起刑点并没有变，已严重不符合立法时国家掌握的社会危害程度。[②]

第二，提升数额可以拉开不同量刑档次的级差，可以更好地做到区别对待，贯彻罪责刑相适应的刑法基本原则。《刑法修正案

---

① 《"两高"发布办理贪污贿赂刑事案件司法解释》，载最高人民法院网：http://www.court.gov.cn/zixun-xiangqing-19562.html，最后访问日期：2019年4月27日。

② 参见赵秉志：《略谈最新司法解释中贪污受贿犯罪的定罪量刑标准》，载《人民法院报》2016年4月19日，第3版。

(九)》之前,根据《刑法》的规定,个人贪污或受贿数额在十万元以上的,处十年以上有期徒刑或无期徒刑,该条款导致的罪刑失衡在我国已成为共识。如由最高立法机关同志参与撰写的著述中就曾明确指出该问题,“对于犯罪数量为一二十万元的案件和一二百万元甚至更多的案件,往往只能判处刑期相近的十年以上有期徒刑,造成量刑不平衡,甚至失衡,无法做到罪刑相适应”。① 该问题更是被理论界和实务部门一致认可,赵秉志教授分析道,1997 年《刑法》规定的贪污、贿赂罪犯罪数额与刑罚相对应的量刑区间狭窄,轻重罪刑之间缺乏科学合理的幅度和梯次,该问题不仅体现在第一、第二量刑档次上,更突出体现在第三量刑档次(十万元以上判处十年以上有期徒刑或者无期徒刑)的罪刑关系上……贪污受贿数额十万元、几十万元的案件与数百万元、数千万元的案件在量刑上差别不大,导致这一档次在实践中长期存在罪刑失衡、重刑集聚的不合理现象,严重违背了我国刑事法治中社会危害性理论的基本原理和罪责刑相适应刑法基本原则的要求,严重损害现代刑事法治的公平正义理念。②

肯定论者在褒扬司法解释提高数额做法的同时,还积极回答了社会上存在的因数额提升可能导致的问题的疑虑和担心。例如,面对《2016 年贪污贿赂解释》提升贪污、贿赂罪定罪量刑数额可能与我国刑事政策奉行的反腐“零容忍”立场相矛盾的问题,肯定论的学者指出,对贪腐行为的“零容忍”绝不等于对贪污受贿犯罪要实行刑事犯罪门槛的“零起点”,③我国采取的是立法既定性也定量的模式,即便某种贪污贿赂行为没有达到司法解释规定的数额标准,行为人也会受到党纪和行政法的处罚,所以,提高贪污受贿罪入罪门槛,与对贪腐犯罪零容忍政策的精神并不矛盾,④不会导致对贪腐

---

① 郎胜主编:《中华人民共和国刑法释义》(第 6 版),法律出版社 2015 年版,第 654 页。

② 参见赵秉志:《略谈最新司法解释中贪污受贿犯罪的定罪量刑标准》,载《人民法院报》2016 年 4 月 19 日,第 3 版。

③ 同上。

④ 参见陈兴良:《贪污贿赂犯罪司法解释:刑法教义学的阐释》,载《法学》2016 年第 5 期。

违法犯罪行为的放纵。

此外,肯定论者还强调,《2016 年贪污贿赂解释》将贪腐犯罪的定罪起点数额从五千元提升到三万元,似乎存在较大幅度的提高,但司法实践中贪污受贿五万元以下被追究刑事责任的案件已经较少,"由于经济社会的巨大发展变化,原来五千元的入罪标准在司法实践中已很难执行,即使低于三万元被追诉的,主要是因为其他犯罪案件被牵连出来的,且多被判处免于刑事处罚",[①]《2016 年贪污贿赂解释》定罪数额的调整不会导致贪污受贿罪的犯罪圈的骤然缩小。[②]

(三)提升贪腐犯罪定罪量刑数额面临的问题

法律是社会生活的产物,必须适应社会关系变化,回应社会的需求与关切,解决实践提出的问题。面对 1997 年《刑法》颁布之时关于贪腐犯罪定罪和量刑数额规定引起的犯罪入罪门槛过低、量刑区间狭小、重刑集聚以及罪刑失衡的问题,立法者和司法者当然不能置之不理,正是在这个意义上,无论是《刑法修正案(九)》对贪腐犯罪定罪量刑模式的修改,还是《2016 年贪污贿赂解释》提升其定罪量刑数额的做法,积极意义都必须充分地肯定。但对任何法律、司法解释是否科学的判断,必须建立在全面、多角度认识的基础上。科学合理的法律,应当表现出适应各种情况的普遍性和系统性,而观察角度的单一性和过于仓促的表态往往导致认识的片面性。如果我们从另外一个角度来审视《2016 年贪污贿赂解释》,如果我们立足于法治的整体性和体系解释的立场,那么,《2016 年贪污贿赂解释》存在或可能导致的问题,便会显现出来。

首先,贪腐犯罪定罪量刑数额的提升,是否真正契合国家一再强调的"严惩腐败"刑事政策的精神,不无疑问。

现代民主社会,国家权力合法性的全部基础来源于公民的授权,国家和公权力机关作为公民的委托代理人承载着社会的信任,

---

① 参见阮齐林:《依法从严惩治贪污贿赂犯罪》,载《人民法院报》2016 年 4 月 19 日,第 2 版。

② 参见陈兴良:《贪污受贿罪数额的合理调整》,载《人民法院报》2016 年 4 月 19 日,第 2 版。

担负着履行公共福利的职能,其能否清廉高效行事,事关国民的福祉。关于贪腐行为的严重危害性,《联合国反腐败公约》在序言中强调,腐败"破坏民主体制和价值观、道德观和正义并危害着可持续发展和法治",正因为如此,世界各国对公权力的贪腐都无一例外地秉持非常严厉的态度,西方国家的刑法几乎都采取了对贪腐(主要是贿赂)犯罪的"零容忍"立场。本书完全明白西方国家在反腐问题上刑法秉持"零容忍"的法治背景以及与我国存在差异的原因,其实,如果全面体系性地考察我国党纪、行政法和刑法的规定,我国对腐败也可以认为同样持的是"零容忍"态度。但这里的问题在于,肯定论者以经济社会发展引起的通货贬值、GDP 增长以及居民工资水平提升等为参照对象,认为《2016 年贪污贿赂解释》提升贪腐犯罪定罪量刑数额具有经济社会原因,进而指出《2016 年贪污贿赂解释》的做法并没改变国家依法从严治理贪腐犯罪的基本立场,在本书看来是难以站住脚的。因为通货贬值、GDP 增长以及居民工资水平提升并非我国特有现象,这几乎是世界任何一个国家在经济社会发展中都存在的问题,如果按照这样的逻辑,那么为何在全球物价和居民平均工资都普遍上涨的情况下,国际公约和其他法治国家几乎都没有调整贪腐犯罪的门槛而仍然严守"零容忍"立场呢。而且,按照这种分析问题的思路,如果绝对考虑经济发展和物价因素,那么,在我国有些地区(如上海、北京等发达地区),《2016 年贪污贿赂解释》确定的数额标准还很可能被认为比 1997 年或之前立法机关规定的数额更为严苛,这显然是背离常理的结论。贪腐犯罪(特别是贿赂犯罪)被世界各国公认是侵害了公务人员职务行为的廉洁性。在现代法治社会,公权力和公务人员职务行为的廉洁性是神圣的,并非可以通过贪腐的数额进行量化计算。正是基于此考虑,《刑法修正案(九)》才改变过去单纯依据犯罪数额定罪量刑而改采"概括数额+情节"的模式。以贪腐数额为主要标准计算和评价贪腐行为危害性及其严重程度的观点,不符合此类犯罪的本质,存在将贪腐犯罪的法益庸俗化的危险。

其次,《2016 年贪污贿赂解释》的规定将导致贪腐犯罪与其他犯罪处罚的不协调,面临违背罪责刑相适应刑法基本原则的疑问。

罪责刑必须相适应，这是我国刑法的基本原则，也是刑法公正的要求。罪责刑是否相适应从来都要体系性考察，它要求国家对作为犯罪后果的刑罚设置不仅要考虑同一犯罪内部不同情节处罚上的平衡，也要充分考虑不同犯罪之间处罚上的协调问题。虽然社会危害性及其严重程度的认定具有浓厚的价值判断色彩，但在我国，一般情况下，较之盗窃罪、诈骗罪等纯粹财产犯罪，贪污贿赂罪的社会危害性都要严重得多。根据司法解释的规定，目前盗窃罪[①]和诈骗罪的入罪门槛分别是一千元至三千元以上和三千元至一万元以上，都明显低于贪污贿赂罪的犯罪门槛。刑法的任务在于通过规范确认来实现法益保护，对于社会的法秩序而言，如果某种社会规范越重要，那么，相应规范违反也就越严重，作为犯罪回应手段的刑罚也就越严厉。[②]《2016 年贪污贿赂解释》引起的结果是：犯性质严重的贪污贿赂罪面临的处罚可能较性质为轻的盗窃罪、诈骗罪轻得多，其中的不合理性，自无须赘言。按照《2016 年贪污贿赂解释》的规定，国家工作人员在犯贪污、受贿罪的场合，很有可能获得刑罚处罚上的优待，这无疑与国家从严反腐刑事政策的立场不一致。为了解决上述困境，我国学者提出国家工作人员利用职务上的便利，窃取、骗取公共财物，虽然没有达到贪污罪的数额起点（不成立贪污罪），但达到盗窃罪、诈骗罪的数额起点的，应认定为盗窃罪、诈骗罪。[③] 从理论解释而言，该观点具有合理性，但实践中几乎不可能被采纳。

最后，从解决问题的角度看，提高定罪量刑数额的做法，终究不是解困的长久之计。

如前文指出，我国司法实践中，尤其是有些经济发达的地区，低于三万元被追诉和判刑的贪腐案件已经很少。《2016 年贪污贿赂解释》将数额较大、数额巨大和数额特别巨大的起点标准分别确定

---

① 而且，需要注意的是，根据《刑法修正案（八）》的规定，盗窃罪的入罪门槛呈现下降趋势。在入户盗窃、扒窃和携带凶器盗窃的场合，立法取消了数额要件。

② 参见[德]乌尔斯·金德霍伊泽尔：《刑法总论教科书》，蔡桂生译，北京大学出版社 2015 年版，第 27 页。

③ 参见张明楷：《刑法学》（下），法律出版社 2016 年版，第 1186 页。

为三万元、二十万元和三百万元,不仅可以解决司法机关办案违反罪刑法定的难题,而且,数额巨大和数额特别巨大标准的分别提升带来每一档次内量刑数额空间的拉大,可以在一定程度上缓解量刑区间狭小、重刑集聚的问题。但这种所谓对问题的缓解也只具有暂时性,如果贪腐的严峻形势得不到根本改变,如果未来贪腐数额继续攀升,我们很快又将陷入同样的尴尬,那时我们是否还要把贪腐犯罪定罪量刑的门槛继续升高呢?如果这样不断地升高下去,刑法反腐的底线在哪里?这是法治反腐需要慎重考量的问题。

现实做法并非总是理性、合理的。《2016 年贪污贿赂解释》颁布之前,虽然实践中贪腐犯罪(主要是受贿罪)入罪门槛早已突破了刑法规定,不少地方犯罪数额五万元以下被追究刑事责任的贪腐案件已不多,如后文分析,这种做法有现实的不得已性,但并非意味着其是值得肯定和提倡的。法律当然要回应实践需求,但法律对社会需求的回应要坚守法治的基本立场,不能是无限度的。《2016 年贪污贿赂解释》将实践中不合理的做法予以肯定并合法化,更多体现的是《2016 年贪污贿赂解释》对实践的妥协。

(四)《2016 年贪污贿赂解释》提升数额的"不得已性"及其问题

以上分析可见,《2016 年贪污贿赂解释》提升贪腐犯罪定罪量刑数额的做法,虽然难以否认具有积极意义,但并不是完全值得褒扬的,甚至可以认为,《2016 年贪污贿赂解释》导致的问题并不亚于已解决的问题。在本书看来,导致这种悖论和困境的真正原因在于当前国家腐败违法犯罪的严峻形势。面对严重贪腐犯罪,国家在治理能力有限无法实现对所有贪腐案件都彻底查处的情况下,刑法只能采取"抓大放小"的策略,惩处其中贪腐数额大、情节严重的案件,这将无法避免地带来贪腐犯罪定罪量刑数额的提升。而贪腐犯罪的严峻现实引起的国民对腐败的感知适应,为《2016 年贪污贿赂解释》做法的正当性提供了社会心理基础。具体分析如下:

1. 现实原因:反腐中的"抓大放小"与贪腐犯罪定罪量刑数额的提升

腐败是官僚政治的伴生物。一般地讲,一切过渡社会才正好是官僚政治孕育发展的温床。[1] 改革开放后,我国在经济社会取得全面进步的同时,贪腐犯罪在我国转型体制的夹缝中获得了广阔的生存发展空间。过去一个时期,特别是党的十八大以来,新一届中央政府采取了前所未有的强度和力度推进反腐工作,国家的政治生态骤然清新起来。但客观地讲,在权力没有被有效关进制度笼子的背景下,在公权力运行尚缺乏完善制度规制和监督的体制下,腐败的严峻形势在我国很难得到根本性遏制。国际新近发布的数据也显示,较之 2014 年,虽然 2015 年我国清廉指数在全球排位提升了 17 位,但仍然居于全球第 83 位,情况并不乐观。“腐败与反腐败呈现两军胶着状态”“惩治腐败这一手必须紧抓不放,利剑高悬”等中央关于反腐形势的提法,也反映出当下我国反腐面临的困难和障碍。

如果国家腐败案件体量大(包括存量和增量),那么,政府事实上便难以像其所宣称的那般对贪腐犯罪从严打击,也难以对所有腐败案件都严格依照党纪国法毫不留情面地一查到底,实现中央强调的反腐“无禁区、全覆盖和零容忍”。[2] 国家宣称“严惩腐败”无法避免地具有一定的象征意义,国家不仅要重视反腐的实际效果,也必须重视反腐的政治宣示功能。个中原因并不难理解,一则即便在今天科技和物质文明高度发达的情况下,社会资源有限性和人们社会需求之间的矛盾仍然是人类社会面临的基本矛盾,该问题在我国尤为突出。在执法和司法方面,囿于国家整体反腐执法和司法资源能力的有限性,国家没有办法全面应对和解决数量庞大的贪腐案件。二则当国家、社会出现数量庞大的腐败时,国家不可能也难以全部查处,否则将引起官僚体系运行的难题。在这种进退两难的境况下,在立法或司法层面留给刑法的选择大体有二:其一,固执地坚守“严厉反腐”的基本立场,立法或司法解释将贪污贿赂犯罪的定罪量刑数额标准确定得较低,以体现刑法对贪腐犯罪较低的政治宽容度。面对执法与司法资源的有限性,实践中司法机关一般采取选择

---

① 参见王亚南:《中国官僚政治研究》,中国社会科学出版社 1981 年版,第 158 页。

② 参见 2016 年 1 月 12 日习近平同志在中国共产党第十八届中央纪律检查委员会第六次全体会议上的讲话。

性司法(执法)。其二,采取"抓大放小"查处策略,立法或司法解释相对提高贪污贿赂罪定罪量刑数额标准,通过提高犯罪门槛过滤实践中贪腐数额小、情节轻的案件,保证将刑法的打击集中于那些数额大、危害性严重的贪腐案件。

第一种反腐策略,从表面上看,国家的刑法似乎保持了与贪腐犯罪势不两立的严正态度,更容易获得社会和民众的情感支持。但因国家刑事司法资源有限而不得不采取的选择性执法(司法),使国家对腐败的惩罚带有"碰运气"的性质,在这种情况下,犯罪分子和社会民众都会将惩罚贪腐犯罪看作碰运气时可能会遇到的一种危险,这不仅会引起国家对腐败治理的道义难题,还将大大折损刑罚的有效性。[①] 相比之下,第二种选择虽然可能遭遇来自从严反腐刑事政策一贯性的难题,但"抓大放小"的反腐策略可以更有效保证国家将有限的刑事司法资源集中于那些较为严重的违法贪腐案件,可以在一定程度上缓解国家在腐败治理上资源和能力有限的尴尬。[②]《2016 年贪污贿赂解释》更多体现的是第二种反腐策略,提升贪腐犯罪定罪量刑数额,是国家在治理资源和能力有限的情况下面对严峻贪腐形势困扰的一种"不得已"选择。

2. 国民的感知适应:贪腐犯罪数额提升的社会心理基础

回顾《刑法修正案(九)》关于贪腐犯罪修改和《2016 年贪污贿赂解释》的颁布过程,我们会发现一个值得关注和反思的现象。《刑法修正案(九)》颁行后,最高人民法院、最高人民检察院如何具体确定贪污、受贿罪的定罪量刑数额,毫无疑问是个兹事体大的问题,最高司法机关背负着巨大社会压力,其间社会上也出现了种种猜测之声。《2016 年贪污贿赂解释》颁布后,对于其提升贪腐犯罪定罪量刑数额的做法,社会反应非常平静,几乎没有看到太多的质疑和批评声音。个中原因当然与主流媒体的积极解释与宣传有关,但在当前这样一个信息自由流动和自媒体的时代,社会对《2016 年

---

① 参见[美]查尔斯·霍顿·库利:《人类本性与社会秩序》,包凡一、王湲译,华夏出版社 1999 年版,第 296 页。

② 当然,需要指出的是,即便采取第二种策略,国家仍然存在采取选择性执法的风险,这主要取决于国家法治化反腐的程度。

贪污贿赂解释》反应平静的原因，恐怕不是主流媒体解释宣传能够完全承载的。在本书看来，过去一个时期我国贪腐犯罪的严峻现实导致的国民对贪腐犯罪的感知适应，为社会的平静反应提供了心理支撑。

人本质上是一种感知适应的动物，同一社会事象的反复，会使我们的反应牢固地变成我们的第二天性。[①] "见怪不怪""入芝兰之室，久而不觉其香；入鲍鱼之肆，久而不闻其臭"，这些都是对感知适应这一人类天性的朴素表达。在心理学上，"感知适应"具体分为感觉适应和知觉适应，指的是由于外界刺激对感受器的持续作用从而使感受性发生变化的现象。感知适应既可引起感受性的提高，也可能引起感受性的降低。关于感知适应的事例在生活中并不乏见，比如当我们从亮处进入暗处，一开始不适应，什么也看不清，过一会儿，周围的事物开始变得可见了。日本心理学家关山薰通过学生戴四棱镜的眼镜证明人具有感知（知觉）适应的功能。四棱镜的眼镜能够对调左、右视野，初戴时学生们会迷失方向，但在几个星期内，学生们就能完成复杂的动作协调性任务。实验结束后，学生们又很快重新适应了正常视野。[②]

人作为一种兼具价值判断和感知性的动物，某种行为是否具有社会危害性及其严重程度，与特定时期国民的心理感受和容忍度有密切关系。所以，犯罪的严重程度以及与之匹配的刑罚的量，从来都是相对性的。而且这种相对性还会随着人的感知相应调整。在一个十分清廉的社会或者时期，即便对于偶尔发生的贪腐数额较小的案件，也可能引起社会的广泛关注和人们的强烈义愤。但随着该社会清廉度的降低，腐败案件越来越多，违法犯罪数额越来越大，当政治变得不再洁净，当贪腐违法犯罪成为非常普遍的社会现象而使人们耳濡目染时，国民对贪腐违法犯罪的义愤感就会慢慢地降低，社会对此类违法犯罪的容忍度也会随之升高。眼下，虽然中央对贪

---

① 参见王亚南：《中国官僚政治研究》，中国社会科学出版社 1981 年版，第 45 页。

② 参见[美]阿比盖尔·A. 贝尔德：《心理学：认识你自己》，宋玉萍译，中国人民大学出版社 2014 年版，第 84 页。

腐犯罪的治理倾注了大量的心力，但现实社会的贪腐犯罪形势与中央的要求和民众的期待仍有一定差距。从已查处的案件来看，贪腐犯罪不仅涉及国家公职人员级别高，而且贪腐数额也大，如果贪污犯罪得不到有效治理，那么其必然侵蚀国民的心理，导致民众对贪腐犯罪违法性感受度的降低，出现感知适应的问题。当社会民众对腐败产生感知适应的社会心理时，这种心理必然会延伸和影响到国家政治生活（包括立法和司法），因为任何立法者和司法者都是现实社会中的人，他们不可能完全超越其所处的生活和时代。《2016年贪污贿赂解释》提升贪腐犯罪定罪量刑数额的做法，是否在一定程度上也反映了社会民众对贪污犯罪的适应性心理，不无思考的必要。

3. 国民贪腐感知适应的危害

法律是人类的作品，并且像其他的人类作品一样，只有从它的理念出发，才能被理解。一个无视人类作品价值的思考是不能成立的，因此对法律，或者对任何一个个别的法律现象的无视价值的思考也都是不能成立的。法律只有在涉及价值的立场框架中才可能被理解。[①] 国家必须为国民创造理性的生存状态，刑法作为保障法，面对贪腐犯罪严峻态势，没有退却的余地，《2016 年贪污贿赂解释》体现出来的刑法在反腐中的立场让步的价值倾向以及由此折射的国民对贪腐的感知适应，存在需要重视的风险。

第一，腐败感知适应将导致国民反腐意识的钝化。

人作为一种社会性存在物，需要在与他人的合作中共建和分享善的生活方式。法律的目的在于引导国民在规则的指导下寻求道德和善良的生活秩序。贪腐犯罪以非法的方式，排他性地追求个人利益，破坏了公民和政府之间的理想道德关系，损害了国民赖以生存的环境。国民心理对贪腐违法犯罪的适应，将会带来民众对腐败政治宽容度的升高和反腐意识的钝化，久而久之，社会将失去对政治的信任和对善的生活理想的坚守。现代民主社会，政治需要国民

---

① 参见［德］古斯塔夫·拉德布鲁赫：《法哲学》，王朴译，法律出版社 2013 年版，第5页。

的支持，当国民失去对政治的信心时，民主制度势必陷入危机。从社会秩序的构建和国家良性运转角度看，今日社会秩序的建立和维系早已摆脱了强制与暴力，而有赖于国民之间建立和形塑共享的价值。政府必须清廉就是其中的核心价值之一。现实社会严峻的贪腐违法犯罪所导致的国民反腐意识的钝化，严重背离现代社会的共享价值和规范共识。

再者，法律是使人的行为遵守规则治理的事业，亦如法学家富勒所言，我们的整个法律体系表现为一套规则的复杂组合，旨在将人们从盲目的随机行为中拯救出来，使他们安全地踏上从事有目的的创造性活动的道路。[①] 民主政治体制下，政府的权力来源于国民的委托，公务人员作为公权力的行使者必须严格按照法律的规定服务民众的福祉，这是现代社会公务人员必须信守的政治伦理，贪腐犯罪背后隐藏的钱权交易在根本上扭曲了政府的行为。民众对腐败的反感和排斥的社会心理，是国家反腐的精神动力，眼下无论是国民对腐败感知适应，还是由此导致的国民反腐意识的钝化，都将侵蚀现代民主社会最根本的政治伦理规则和法治原则，可能引起社会治理的深层次危机。

第二，国民对腐败的感知适应还将导致刑法在反腐中的功能衰退。

习惯使用监狱解决社会问题，这是人类的天性。但对任何犯罪(包括贪腐犯罪)的治理，刑法的功能都是十分局限的，因为导致犯罪的原因在惩罚制度的管辖之外。[②] 眼下我国贪腐违法犯罪的发生有着比较浓厚的体制和社会转型原因。如王亚南先生所言，一切存在的东西，在它取得存在的一般社会条件还在发生作用的限度内，我们是无法凭着一己好恶使它从历史上消失的。[③] 刑罚作为事后型严惩措施，无法触及贪腐滋生的原因，治理效果自然难以是乐观的。

---

① 参见[美]富勒:《法律的道德性》，郑戈译，商务印书馆2005年版，第11页。

② 参见[英]大卫·葛兰:《惩罚与现代社会》，刘宗为、黄煜文译，台北，商周出版社2006年版，第465页。

③ 参见王亚南:《中国官僚政治研究》，中国社会科学出版社1981年版，第15页。

另外,对包括贪腐犯罪在内的一切犯罪,刑法功能的发挥还依赖于多种因素,比如刑罚的确定性、及时性等。当国家对腐败的治理呈现出选择性执法或司法时,换句话说,当刑罚对贪腐犯罪惩处具有不确定性时,刑罚的实际功能还会再次大打折扣。承认刑法对违法犯罪治理功能的有限性,并不意味着认为刑法对犯罪治理没有任何效果。人作为具有选择自由和趋利避害的动物,国家对贪腐犯罪严厉的刑事政策和刑罚措施,不可能不对贪腐犯罪分子产生心理上的强制力和威慑力。

还有,刑罚通过对贪腐犯罪的惩罚,对国民远离贪腐也有一定教育意义。但问题在于:一旦国民对腐败变得感知适应,难免引起国家反腐决心的松弛,削弱刑法在反腐中的道义力量,甚至使国家在腐败问题上逐渐减弱和丧失自我反省的机会与能力。随着国民法规范意识的钝化,接续而来的必然是刑罚对腐败效力的钝化,刑法功能的衰退便无法避免,最终导致在反腐问题上刑法原本极其有限的功能变得更加羸弱。在国家反腐刑事政策距离现代化还有一定距离的情况下,在国家反腐手段和措施还很有限且在一定程度上仍倚重刑罚事后惩罚的情况下,刑法在反腐中的机能衰退,将使国家对腐败犯罪治理变得更加棘手复杂。

对于上述观点,反对的意见可能认为,我国对腐败的惩处从来都是多元体系的,并非单纯依靠刑法,还有党纪和行政处罚。即便社会出现国民对腐败的感知适应和刑法在反腐中的钝化问题,只要党纪和行政法能够坚守底线,同样不会出现国家对贪腐治理的让步。但这种认识的问题在于,从严厉性和可感触性而言,行政和党纪处罚与刑罚相比,不可同日而语,刑法立场的松懈,难免导致国民对贪腐犯罪严重性和国家严正立场的麻痹大意。而且,我们如何保证纪检监察和行政机关在办案中不出现同样的贪腐感知适应和规范意识钝化呢?

(五)小结与建议

法律意味着秩序,只有善的立法才可能构建良好的社会秩序。国家的任何立法活动(包括司法解释),都要特别注意法律应如何构想,以免法律和事物的性质相违背。法律的制定是为了惩罚人类的凶恶悖谬,所以法律本身必须最为纯洁无垢。[①] 以上分析不难看出,《2016 年贪污贿赂解释》提升贪腐犯罪定罪量刑数额的做法,确实在很大程度上可以缓解眼前办案工作中的一些困境,但却带来了刑法在反腐问题上立场的让步,难以认为完全契合法治理性。

明镜所以照形。《2016 年贪污贿赂解释》提升贪腐犯罪定罪量刑数额做法导致的法律尴尬,至少给我们以下启示:

第一,在贪腐犯罪严峻的时期,重视刑法反腐十分重要,但也要注意刑法制度的设计,避免陷入困境。《2016 年贪污贿赂解释》提升贪腐犯罪定罪量刑数额,及其引起的问题,表明了刑法反腐可能导致的尴尬。

第二,刑法作为法律的底线,虽然它对犯罪治理效用并非乐观,但严惩腐败彰显着国家对腐败的严正立场和现代政治的形象,代表着社会的集体良知。刑法在反腐立场上的不适当退步,可能引起公民政治信心的衰退。现代化的反腐刑事政策不仅要微观地考虑司法实践中贪腐案件的妥善处理,也要关注刑法立场和刑事政策底线等宏观问题,在两者之间寻求最佳的问题解决方案。

第三,特别指出的是:随着我国依法治国的全面推进以及国家治理体系与能力的逐步现代化,可以预见将来我国贪污贿赂犯罪有望得到有效控制与治理。我们建议贪污贿赂罪的犯罪门槛适时调整降低,以与从严治吏的刑事政策相吻合,与其他相关犯罪的处罚相协调。

三、贿赂罪的构造与刑法惩治的模式

在理论上,行贿与受贿属于对偶犯(亦称对合犯)。两者究竟应同等处罚还是区别对待,各国刑法立场不尽一致。例如,我国香港地区采取的是同等处罚的立法例,俄罗斯刑法则采取的是区别对待的立场。《联合国反腐败公约》并没有就此问题对缔约国作出统一性要求。

---

① 参见[法]孟德斯鸠:《论法的精神》(下),张雁深译,商务印书馆 1961 年版,第 301 ~ 302 页。

（一）“重受贿轻行贿”的处罚模式及其转向

新中国成立后的两部刑法典都采取的是“重受贿轻行贿”的处罚结构。1979 年《刑法》第 185 条第 3 款规定：“向国家工作人员行贿……处三年以下有期徒刑或者拘役。”而对于受贿罪，《刑法》则规定一般情况下处五年以下有期徒刑或者拘役；致使国家或者公民利益遭受严重损失的，处五年以上有期徒刑。改革开放带来了社会的快速发展，1979 年《刑法》关于行贿罪规定过于简单的问题很快凸显。而且，鉴于实践中行贿行为的危害越来越大，[①]1988 年全国人大常委会通过的《关于惩治贪污罪贿赂罪的补充规定》（以下简称《补充规定》）对行贿罪刑罚做了重大修改，《补充规定》规定：“对犯行贿罪的，处五年以下有期徒刑或者拘役；因行贿谋取不正当利益，情节严重的，或者使国家利益、集体利益遭受重大损失的，处五年以上有期徒刑；情节特别严重的，处无期徒刑，并处没收财产。”“行贿人在被追诉前，主动交代行贿行为的，可以减轻处罚，或者免予刑事处罚。”“因行贿而进行违法活动构成其他罪的，依照数罪并罚的规定处罚。”1997 年《刑法》颁布之时其第 390 条规定：“对犯行贿罪的，处五年以下有期徒刑或者拘役；因行贿谋取不正当利益，情节严重的，或者使国家利益遭受重大损失的，处五年以上十年以下有期徒刑；情节特别严重的，处十年以上有期徒刑或者无期徒刑，可以并处没收财产。行贿人在被追诉前主动交待行贿行为的，可以减轻处罚或者免除处罚。”可见，现行刑法基本上沿袭了《补充规定》的条款设置，只是在刑罚方面，适度柔和了处罚力度。

从司法实践的做法看，过去这些年，虽然最高人民法院和最高人民检察院也时常强调要加大惩治行贿犯罪的力度，例如，1999 年《最高人民法院、最高人民检察院关于在办理受贿犯罪大要案的同时要严肃查处严重行贿分子的通知》中明确强调了严惩行贿的立场。提出对严重行贿犯罪分子，要依法严肃惩处，坚决打击。但严惩的对象主要是多次行贿、行贿数额巨大等场合，国家对贿赂犯罪

---

① 参见李淳、王尚新主编：《中国刑法修订的背景与适用》，法律出版社 1998 年版，第 528 页。

整体上采取的是“重受贿轻行贿”的惩治思路，有的办案机关甚至采取查处行贿服务于打击受贿的策略。近来，越来越多的学者开始对传统“重受贿轻行贿”政策提出批评，认为该政策导致了不好的法治效果，如大量行贿人未被追究刑事责任，法院审理的行贿犯罪案件数远远低于受贿犯罪案件数，行贿案件刑罚适用量过低，缓免刑适用率过高，不利于惩治腐败等。[①] 十八大以来，中央反腐力度、深度、广度空前强化，“惩办行贿与受贿并重”政策随即提出并被实践。2014 年，最高人民检察院部署打击行贿犯罪专项行动，查办行贿犯罪 7827 人，同比上升 37.9%。2015 年 1 月 15 日，时任最高人民检察院曹建明检察长主持召开最高检党组会议，在传达学习十八届中央纪委五次全会精神时，明确要求坚决打击行贿犯罪。[②] 4 月 29 日，曹建明检察长再次强调，要深刻认识行贿犯罪的严重危害性，切实防止和纠正“重受贿轻行贿”的司法观念，采取积极有效措施，进一步加大依法打击行贿犯罪力度，减少行贿犯罪存量，有效控制行贿犯罪增量，特别是要严厉惩处主动行贿、多次行贿、行贿数额巨大、长期“围猎”干部的行贿犯罪。各级检察机关要坚持行贿与受贿统筹查办。[③] 与此同时，最高人民法院也表达了同样的立场，在第十二届全国人大第三次会议上，周强院长在最高人民法院工作报告中指出：“在严厉打击受贿犯罪的同时，进一步加大对行贿犯罪的惩治力度，减少腐败犯罪。”

对于最高人民法院、最高人民检察院的态度转变和司法实践近期的做法，正如我国学者评价，这些迹象都充分表明，我国最高司法机关正在调整惩治腐败犯罪的策略：从过去的“重受贿轻行贿”“打击行贿服务于查处受贿”等政策，转变为当下的“惩办行贿与惩办受贿并重”政策。[④]《中国法学》2015 年第 1 期刊载的最高人民法院

---

① 参见李少平：《行贿犯罪执法困局及其对策》，载《中国法学》2015 年第 1 期。

② 参见《牢记主体责任 全面落实从严治党要求 强化责任担当 坚定不移推进反腐败斗争》，载《检察日报》2015 年 1 月 16 日，第 1 版。

③ 参见王治国、戴佳：《曹建明：加大依法惩治行贿犯罪力度 有效遏制贿赂犯罪蔓延势头》，载《检察日报》2015 年 4 月 29 日，第 1 版。

④ 参见苗有水：《为什么提倡“惩办行贿与惩办受贿并重”》，载《人民法院报》2015 年 5 月 8 日，第 6 版。

副院长李少平的论文《行贿犯罪执法困局及其对策》，无疑属于支撑当前这一政策转向的重要理论言说。

最高人民法院、最高人民检察院和社会上“严惩行贿”的声音不可避免地会影响到刑法的修正工作，《刑法修正案（九）》第45条第2款规定：“行贿人在被追诉前主动交待行贿行为的，可以从轻或者减轻处罚。其中，犯罪较轻的，对侦破重大案件起关键作用的，或者有重大立功表现的，可以减轻或者免除处罚。”较之于此前规定，《刑法修正案（九）》收紧了对行贿宽大处罚的立场。

归纳“行贿与受贿并重惩罚”政策的根据与理由，大致有以下主要方面：

第一，将腐败现象作为一个整体考察，大部分情况下都呈现的是行贿是“因”，受贿是“果”；没有行贿就没有受贿。所以，遏制贿赂犯罪必须从惩治行贿犯罪入手；行贿犯罪惩治效果之好坏，对于国家反腐大局具有至关重要的意义。①

第二，行贿免责将会导致负向激励。有的学者形象地指出，受贿与行贿，是一根藤上结出的“并蒂毒花”。对行贿与受贿同罚，既寄寓了公众的公平诉求与正义期许，也体现在了司法设计中。严惩受贿却宽纵行贿，如此反腐跟开着水龙头拖地毫无两样。受贿落马，行贿免责，只会造成负向激励，也侵蚀反腐制度的肌体。②

第三，“重受贿轻行贿”政策和做法损害了公众的普遍道德感。反对传统“重受贿轻行贿”做法的学者认为，在当前我国市场经济条件下，行贿者多为无孔不入的“权力寻租者”，是国家肌体的腐蚀者。这些人为谋取不正当利益，先是千方百计地收买国家工作人员手中的权力，事后又“积极地”予以“检举揭发”，以求得自身解脱或从宽处罚。这是一种“背信弃义”之举。对此不义之举，我们过去不是予以严厉打击，而是从党纪、行政、司法等多个渠道“给政策”“给出路”，使其轻而易举地逃脱法律制裁甚至纪律制裁，此种做法

---

①　苗有水：《为什么提倡“惩办行贿与惩办受贿并重”》，载《人民法院报》2015年5月8日，第6版。

②　参见《行贿免责的负向激励》，载《华西都市报》2013年5月27日，第3版。

与公众普遍道德观相抵牾。

第四，提倡并重惩罚的论者还指出，行贿与受贿在功能上具有对向性，即双方行为主体分别实施各自的行为，两者彼此补充，相互呼应，形成统一的整体；在成罪条件上，两者具有依存性，即一方的实施或完成，以另一方的存在为条件。行受贿双方的对合关系，要求立法者对两者配置大致相当的刑罚量，也要求执法者对两者一视同仁，否则即背离了刑罚平衡理念和公平正义原则。①

要解决问题，必须首先知道问题所在。无论是立法上还是刑事政策执行层面，要回答行贿与受贿究竟应并重从严处罚，还是如以往那样严惩受贿而宽宥行贿，都须依赖于科学解释行贿、受贿互生机理。若果真如“并重惩罚”论者所言，行贿是因，受贿是果，行贿引起了受贿，那么，将行贿与受贿并重惩罚，甚至惩罚行贿胜于受贿，都无不妥。因此，科学揭示行贿与受贿这个开在一藤之上的两支“并蒂毒花”的生成机理，便成为回答“行贿与受贿并重惩罚”政策是否具有正当性的先决性问题。

（二）行贿的生成机理：一个政治哲学视角的整体性解释

贿赂是权力的附生物，任何社会和国家都不可能完全避免，只是国家须竭力将其控制在社会可以容忍的限度内。贿赂行为发生的原因是复杂和多方面的，个人道德和社会制度都难脱关系。但正如哲学家罗素所言：“当一个普遍性问题被人提出来时，哲学就产生了。”②现实社会，当贿赂现象超越个人、群体、职业和行业的范围，日益成为具有一定普遍性的社会行为模式时，从体制和机制层面进行整体性解释，不仅是必要的，也是必须的。其实，无论是行贿，还是受贿，都代表的是个人在获取社会资源时表现出的行为倾向或模式。而人作为群体性存在物，其行为倾向和选择不仅受社会资源的约束，还要受其他人选择的影响。③ 在本书看来，虽然这些年我国政

① 参见苗有水：《为什么提倡“惩办行贿与惩办受贿并重”》，载《人民法院报》2015年5月8日，第6版。

② ［英］伯特兰·罗素：《西方的智慧》，崔权醴译，文化艺术出版社2005年版，第5页。

③ 参见张维迎：《博弈与社会》，北京大学出版社2013年版，第1页。

治体制和制度改革取得了长远的进步,国家治理体系与能力正在迈向现代化之路,但现实社会官僚制度的宿弊、权力监督体系不完善以及人们合作中的“囚徒困境”仍然大量存在,这在很大程度上催生和塑造了行贿的行为模式。孟德斯鸠曾言:“要特别注意法律应如何构想,以免法律和事物的性质相违背。”①刑事政策的设计也同样要尽可能与事物的性质相吻合,简单地强调“行贿与受贿并重惩罚”的刑事政策,期望以此有效遏制腐败,既不符合事物的性质,也难以取得理想的法治效果。

1. 官僚政治的宿弊与行贿

官僚体制作为一种理性和有效率的非人格化、制度化的管理体制,根本上满足了工业化时代生产模式和管理复杂化的需要,但官僚体制也存在过度科层化、偏重制度化、约束主动性和创造性的缺陷。可以说,在任何国家与社会,有官僚体制存在的地方,就难以避免其体制上的弊端。

对于传统官僚政治,学者孙越生先生指出,它是一种特权政治。特权政治下的政治权力,不是被用来表达人民的意志,图谋人民的利益,反而是在“国家的”或“国民的”名义下被运用来管制人民、奴役人民,以达成权势者自私自利的目的。孙先生将官僚政治从技术与社会两个层面进行说明,②根据孙先生的归纳,我国传统官僚政治具有延续性、包容性和贯彻性三个方面的特殊性:(1)延续性,即中国官僚政治延续期间的悠久,它几乎悠久到同中国传统文化史相始终。(2)包容性,指的是中国官僚政治所包摄范围的广阔,即官僚政治的活动,同中国各种社会文化现象如伦理、宗教、法律、财产、艺术等等方面,发生了异常密切而协调的关系。(3)贯彻性,指的是中国官僚政治的支配作用有深入的影响,中国人的思想活动乃至他

① [法]孟德斯鸠:《论法的精神》(下),张雁深译,商务印书馆2002年版,第300页。

② 参见孙越生:《重读王亚南著〈中国官僚政治研究〉》,载《社会科学战线》1979年第4期。

们的整个人生观，都拘囚锢蔽在官僚政治所设定的樊笼中。[①]

随着新中国的建立，我国政治体制发生了根本性变革，传统官僚政治得以体制性纠正。从道理上讲，人民的时代绝不能容许任何特权性的以及任何名色的官僚政治的存在。[②] 但面对现实，亦如学者们所言，一切社会在某种意义上都是过去历史的产物。研究中国政治必须参照历史，因为这些历史因素笼罩着中国政治的进程。中国人的概念框架具有令人惊异的自我中心和历史特性。[③] 1949 年后，毛泽东虽然一直怀有根除中国几千年官僚政治的美好初衷，但由于那时国家建设主要以苏联的执政模式为样板，最终出现了大规模的官僚中央集权化，导致该时期新中国的官僚主义比中国历史上任何时期都更广泛、更深入地渗透于整个社会。[④] 改革开放后，国家大力推进民主政治建设和社会主义市场经济体制改革，邓小平明确指出："进行政治体制改革的目的，总的来讲是要消除官僚主义，发展社会主义民主，调动人民和基层单位的积极性。"[⑤]但在以经济建设为中心的国家战略下，过去一个时期，民主和法治建设明显滞后于经济社会发展，特别是我国的经济社会发展是由政府主导的。该模式下，公权力体系庞大，国家掌握着社会重要资源及其分配机制，对经济具有决定性影响力，国家透过国有企业或与国家关系密切的企业进行运作，通过对这些企业的控制介入经济。国家政权在经济社会发展中具有中心地位，确定经济优先发展方向和目标，引领经济体制向符合市场需求的方向发展。[⑥] 而且，在众多的社会经济领域，政府及其相关管理部门拥有市场准入权、审批权和资源分配处置权，社会主体对很多社会经济资源尤其是稀缺性资源并非可

---

① 参见孙越生：《重读王亚南著〈中国官僚政治研究〉》，载《社会科学战线》1979 年第 4 期。

② 参见王亚南：《中国官僚政治研究》，中国社会科学出版社 1981 年版，第 192 页。

③ 参见[美]詹姆斯·R. 汤森、[美]布莱特利·沃马克：《中国政治》，顾速、董方译，江苏人民出版社 2010 年版，第 6 页、第 23 页。

④ 转引自张兴国、张兴祥：《再论王亚南的中国官僚政治研究》，载《政治学研究》2007 年第 3 期。

⑤ 《邓小平文选》(第 3 卷)，人民出版社 2001 年版，第 177 页。

⑥ 参见王辉耀：《中国模式的特点、挑战及展望》，载《中国市场》2010 年第 16 期。

以通过自由市场竞争获取,而只能依赖国家公权力机关的配置和审批。

政府主导的经济社会发展模式当然具有优越的方面,该体制下政府强势和集中高效,可以有效地动员社会资源,保证符合国家利益的战略和政策得以高效执行,该模式很快促成了一个世界第二大经济体的形成。但犹如任何事物都有正反两面性,政府主导经济社会发展模式也存在无法完全克服的弊端,该模式具有比较浓厚的政府管理色彩,本质上是一种自上而下的管理型社会经济发展模式。人作为世界上最纠结利益的动物,其行为具有强烈的趋利性特征。常言道:“机会产生意念,意念催生欲望,欲望引起行动”,在公权力机关握有巨大资源分配和缺乏有效监督的体系下,在官民关系尚不尽合理的政治结构中,社会主体必然挖空心思地寻求与权力接近并谄媚权力的机会,向公权力机关行贿,便在所难免。社会上常说的“围猎领导干部”,实际上就是对这一现象的形象描述。

2. 民主监督机制的不完善与行贿

监督权是公民的基本权利。我国《宪法》第 41 条第 1 款规定:“中华人民共和国公民对于任何国家机关和国家工作人员,有提出批评和建议的权利;对于任何国家机关和国家工作人员的违法失职行为,有向有关国家机关提出申诉、控告或者检举的权利……”但实践中,监督权的充分行使面临种种约束和瓶颈。政治实践中,如果政府等公权力机关缺乏来自民众权利的有效监督,那么,行贿就会由可能走向现实。

人是一个一体化的有组织的整体,但本质上是一种不断需求的动物。[①] 行贿是人在获取社会资源时的一种行为抉择,个中反映着行为人的需求和动机。经济学中的激励理论认为,不论是个体还是社会,我们做出任何选择取决于我们的偏好。但是,对于决定我们生产和消费具有同样重要作用的因素是激励。如果一个因素影响了我们选择,那它就是一种激励。有的激励是市场的一部分,例如

---

① 参见[美]亚伯拉罕·马斯洛:《动机与人格》,许金声等译,中国人民大学出版社 2012 年版,第 1 页、第 9 页。

价格,其他激励则来自施加的外部力量。① 政府(广义的概念,系泛指国家公权力机关)是由一个个活生生公民组成的有机集合体,政府的行为(实际表现为政府公务人员的行为)同样需要激励,只是政府作为公共利益的代表者,与一般市场交易主体不同,民主社会对政府行为的激励机制并非直接来自利益诱惑,主要靠的是对权力的制约监督。政府主导的经济社会发展模式虽然为行贿的发生提供了体制或机制性便利,但任何便利或可能性只有在具备现实土壤时才可以生长发育。所以,我们绝不能武断地认为政府主导经济社会发展模式注定会带来大量行贿行为,实践证明,采取政府主导经济社会发展模式的日本、韩国和新加坡等国,政府同样保持了高度清廉洁净。另外,同样在政府主导经济社会发展模式下,近些年我国的贿赂犯罪治理显现出明显好转。所以,决定两者之间关系的还有一个重要变量,即作为资源分配主体的公权力机关能否很好地自我节制或是否存在有效的外部监督激励机制。

谈及对政府等公权力机关监督的必要性,美国《独立宣言》起草人杰斐逊曾指出,“没有人民的监督,政府便会蜕化变质,人民是自己政府唯一可靠的看守人”。但在政治实践中,对政府的有效监督却是个普遍性难题。原因在于,一方面,现实社会中的政府是作为民众的公共代理人存在的。与普通代理关系不同的是,这种代理具有“一仆多主”和链条式的特性。也就是说,政府是由多个委托人授予权力,而不是只有一个委托人。不同委托人要求同一政府官员做的事情可能是替代性的,也可能是互补性的或相同的。在多人委托的情形下,难免产生委托人“搭便车”现象。而且,更为棘手的问题是,一旦委托人之间发生利益对立或冲突,将转移他们对作为公共代理人的政府或官员的监督。另一方面,政府的工作具有多重特征,即便某一部门或官员的职责是单项的,对其进行业绩度量也并不是件容易之事,对此,正如学者们形象的描述,一个官员整天坐

---

① 参见[美]罗伯特·C. 盖尔:《经济学:基本原理与热点问题》,邹薇等译,武汉大学出版社2007年版,第7~8页。

在办公室里,你没有办法知道他是在想着怎样腐败还是怎么反腐败。[①] 况且,政府一旦成立,便成为独立实体,具有自身利益,政府自身的利益未必总是与委托人利益相一致。政府与作为其委托人的民众争利是各国政治实践中的常态现象。

归纳现代民主国家对公权力机关监督激励机制的形态,大体上可以分为内外两种,即公权力机关自身的洁身自好、自我节制和来自公权力机关外部的约束。前者的关键是要建立"贤能政府",后者涉及权力有效监督的问题。从历史传统看,我国有贤能政府的思维习惯,在如何保证政府等公权力机关为社会服务的问题上,儒家意识形态强调的是好人而不是制度化的限制是好政府的保证。为了确保公权力机关决策的公正和明智,我国的政治传统一直是高度重视为官者的个人素质,而不是依靠规则或体制结构。[②] 而在西方社会,对该问题的回答与我国传统思维是明显不同的。近代经典政治理论以无赖政府的假设为前提,强调为了保证公权力不变质,必须对权力进行分立与相互监督,如孟德斯鸠写道:"一切有权力的人都容易滥用权力,这是万古不易的一条经验。有权力的人们使用权力一直到遇有界限的地方才休止。""从事物的性质来说,要防止权力滥用,就必须以权力约束权力。"[③]

若从我国《宪法》的原则性规定看,国家早已摒弃了贤人政治体制。《宪法》明确规定:"中华人民共和国的一切权力属于人民。""人民依照法律规定,通过各种途径和形式,管理国家事务,管理经济和文化事业,管理社会事务。"随着国家强调推进治理体系和能力的现代化,"将权力关进笼子"的观念也日渐深入人心。而且,在现实政治实践中,也不能说我国没有对各级政府或官员的行之有效的监督激励机制,在很多方面,现有的对政府的监督激励机制不少是相当高强度的,如流行于社会各个环节的绩效考核文化,大的方面

---

① 张维迎:《博弈与社会》,北京大学出版社 2013 年版,第 289 ~ 290 页。

② [美]詹姆斯·R. 汤森、[美]布莱特利·沃马克:《中国政治》,顾速、董方译,江苏人民出版社 2010 年版,第 32 页。

③ [法]孟德斯鸠:《论法的精神》(上),张雁深译,商务印书馆 2002 年版,第 154 页。

如国家和各级政府对GDP（国内生产总值）的要求，细微的地方如各级教育管理部门以教师或科研人员发表论文或取得项目研究资金作为工作考核根据等。但现实社会既有的五花八门的监督激励机制带有明显的"自上而下"的特征，实践中不少是通过"上级压下级，一级压一级"的方式运转的，本质上仍然是国家实现社会管理的途径，更多属于权力体系内上级机构对下级机构的单方面要求，这种自上而下的管理型监督体系很大程度上排挤了民主社会公民对政府应有的"权力"。如果民众不能对官员的行为形成有效监督，官员的官僚主义作风势必多发甚至流行，就会造成官强民弱的倒挂体制。而且，权力的行使总是伴随着任性与傲慢，权力过大或者臃肿的官僚机构会倾向于低效率和抗拒变革，[①]在法律规定当为或应为的事项中，公权力机关往往倾向于拖沓和低效率。激励理论有一个重要的结论：如果你不能监督他（政府或官员），就只能"贿赂"他。[②] 其中，就包括使用《刑法》规定的行贿这一非法手段。

3."囚徒困境"与行贿

社会是为着共同的目标进行合作的一群人的组合，[③]良好的社会必须解决好人与人之间的协调与合作问题。如果国家制度设计处理不好人与人之间的合作协调关系，如果不能协调好人的个体理性与集体理性以及事前理性与事后理性的问题，将会导致民众合作陷入"囚徒困境"。[④] 行贿与受贿深层次地反映着公民之间的不合作问题。

经济学理论一般是这样简洁地展示囚徒困境形成原理的：一个由A和B组成的社会，在每一项活动中，A和B都可以选择合作，也可以选择不合作。如果双方合作，每人都能够分享合作的红利，如果两人不合作，两者就会陷入霍布斯所谓的人与人的战争状态，

---

① 参见［美］詹姆斯·R.汤森、［美］布莱特利·沃马克：《中国政治》，顾速、董方译，江苏人民出版社2010年版，第6页。

② 参见张维迎：《博弈与社会》，北京大学出版社2013年版，第290页。

③ 参见［英］罗素：《罗素的道德哲学》，唐译编译，吉林出版集团有限责任公司2013年版，第42页。

④ 张维迎：《博弈与社会》，北京大学出版社2013年版，第338页。

那么,两人都会损失。如果一人选择合作,另外一人选择不合作,则选择合作的一方就会吃亏,选择不合作的一方就会受益最大。从两个人利益总量即所谓的集体利益看,无疑 A 与 B 选择合作是最优的。但是,如果 A 和 B 在行为时都只是考虑自己利益最大化,这一最优的结果就不会出现。[①] 而人的自私本性决定了,若没有制度保证,A 与 B 都会倾向于作出自己利益最大化的行为选择(基于个体理性的选择),对于社会来说,这将是最糟糕的结果(不可能出现集体理性)。为了解决人类合作方面的"囚徒困境",康德曾这样设想制定社会制度:"一群有理性的生物为了保存自己而在一起要求普遍的法律,但是他们每个人又秘密地倾向于把自己除外;他们应该是这样的安排建立他们的制度,以至于尽管他们自己私下的心愿是彼此相反的,却又如此之彼此防范这一点,从而在他们的公开行动中其结果又恰好正像他们并没有任何这类恶劣的心愿一样。"[②]张维迎教授写道:"法律和社会规范第一个功能是提供激励,诱导人们相互合作。……我们知道,社会合作面临的重要问题是囚徒困境所导致的个体理性和集体理性的矛盾。在这种情况下,法律和社会规范可以通过改变博弈的支付结构,为人们提供一种激励,使得个人效率和社会效率保持一致,从而实现帕累托最优。"[③]

从逻辑上讲,人类社会只要有合作的地方,就会发生"囚徒困境"。具体到现代民主政治实践而言,"囚徒困境"不仅存在于民众和作为民众公共代理人的政府的合作中,也发生于被代理人(民众)之间。民主政治的初衷是人民联合起来监督政府以保证政府为人民服务,避免政府与人民之间合作的难题,但吊诡的是,现实政治中,民众在很多场合,不是团结起来制约和监督政府,相反,却在私下互相恶性竞争,结果使得民主制度的效能大大削弱。如果一种制度能够保证,对于每个人来说,事前的理性选择也是事后理性的选择,我们就可以大大缓解"囚徒困境"的问题。但是,当下民主政治

---

① 参见张维迎:《博弈与社会》,北京大学出版社 2013 年版,第 6 ~ 7 页。

② 参见张维迎:《理念的力量》,西北大学出版社 2014 年版,第 25 ~ 26 页。

③ 张维迎:《博弈与社会》,北京大学出版社 2013 年版,第 338 页。

的实践在我国仍处于生长和完善中，我们距离现代民主政治和自由市场经济还有较远的路要走。在政府主导经济和社会发展模式下，政府等公权力机关除了具有优越强势地位外，也还没有建立起足够完善透明的行政程序和制度，民众无法形成对决策公正性的足够信赖。在人性欲望的支配下，每个主体为了最大限度地攫取自己的利益，都会难以避免陷入“囚徒困境”的行为选择模式，甚至不惜采用向官员行贿这种非法的方式。在经济学上，信息对称被认为可以在很大程度上缓解“囚徒困境”这一人类合作中的尴尬，因为一个公正透明的法律程序，不仅可以保证决策主体增加或最大限度地做出公正的决定，[①]也可以大大排除对决策主体的不信赖和民众之间不合作的可能性。公民与政府之间信任是一个世界性难题，在我国当下的官僚体系下，在国家公权力机关行为缺乏完善程序规范以及国家尚没有形成严密的维持合作的事后惩罚规则的情况下，行贿注定是个很难得到满意解决的问题。

4. 小结

英国学者尼尔·麦考密克指出，“合理的思想，无论是关于做什么或关于是什么的思想，必须表现出跨越时间的不变性和适应各种情况的普遍性，而且必须是有系统的”。[②] 国家的刑事政策本质上反映的是国家预防和惩罚犯罪的思想，亦必须是理性和系统的。这种系统性不仅来自对形成政策基础性事实和因素的系统考虑，而且政策自身也必须具有系统性。通过以上分析，我们不难窥见行贿在我国当下的存在具有体制、机制性基础。国家权力是法律秩序的效力和实效，民主本质上意味着国家在法律秩序中所代表的那个“意志”等于国民的意志，[③]从而保证每个人成为自己命运的主宰。人作为利益纠结的功利性动物，行为选择往往出于一定的具有激励性的动机。但当公民缺乏对权力有效监督的体制下，民主的理念就会

---

① 参见[英]尼尔·麦考密克、[奥]奥塔·魏因贝格尔：《制度法论》，周叶谦译，中国政法大学出版社 2004 年版，第 262 页。

② 同上书，第 233 页。

③ 参见[奥]凯尔森：《法与国家的一般理论》，沈宗灵译，商务印书馆 2013 年版，第 404 页。

被倒挂,结果不是权力服务民众,而是民众去讨好权力,行贿便难以避免。滥用和任性是权力的本性,公权力并非总是为人民利益而行动,这是现代民主法治社会公民应当具有的常识。对于权力与生俱来的滥用动机,罗素从道德哲学的角度曾有如下独到的解释:“当人们温饱的需要得到满足后,除非他们因此而变得懒惰,否则,他们就会拥有一些其他的欲望,如贪恋、竞争、虚荣和权力欲……而且,权力和虚荣一样是贪得无厌而无法满足的……在权力欲这一动机的驱使下,人更热衷于施加痛苦而不是使人快乐。如果你在一些正当的时候,向你的老板请假离开办公室,那么,其欲望使他从拒绝而非同意中得到更大的满足。如果你申请建筑许可证,那些有关的低级官员明显地能从‘不行’而非‘可以’中获得更多的快乐。正是这样的事情,使权力欲成为一种危险的动机。”①在行贿和受贿的对合关系中,我们不否认有些场合,是行贿者的行为启动了受贿者的受贿意念,但作为事物的一般性属性,特别是在将行贿受贿关系做整体性考察时,我们便会发现,眼下社会上形形色色的行贿具有被塑造的性质,权力与生俱来的滥用性动机决定了国家应当将对受贿行为的预防和惩治置于刑事政策的中心地位。

(三)“严惩行贿”的问题:法治逻辑的难题

行贿在现代社会的存在有无法避免的体制性基础,我国也不例外。受贿与行贿的对合关系决定了受贿的完成无法离开行贿行为,严惩行贿增加了行贿者的违法犯罪成本,当然可以在一定程度上预防和减少贿赂案件的发生,但亦如前文分析,这种做法并不符合问题的实质,自然难以取得令人满意的法治效果。而且,实践中一旦过度强调“行贿受贿并重惩罚”的刑事政策,还可能导致以下方面问题。

第一,转移国家治理腐败的中心。党和国家一直高度重视对腐败问题的治理,十八大以来,政府为惩罚腐败更是倾注了良苦用心,针对性地提出了种种新的惩治思路。如强调“反腐永远在路上”,

---

① ［英］罗素:《罗素的道德哲学》,唐译编译,吉林出版集团有限责任公司 2013 年版,第 20 页。

坚持“老虎苍蝇一起打”，提出治理腐败，要重视“减存量、遏增量”，要注重机制建设，形成“不敢腐、不能腐、不想腐”的体制机制和政治氛围。新近的反腐行动也鲜明地表明了中央的反腐没有“固定节奏”，没有“高低潮”，日趋常态化。① 在盛赞过去这段时间国家反腐成绩的同时，我们不能忽视的客观事实是，当前的反腐仍然难以完全摆脱“运动式”治理的色彩，与中央和国家治理体系现代化的根本要求还存在距离。对于我国的社会治理，美国学者詹姆斯 · R. 汤森等人在研究后曾给出这样的结论，即自从毛泽东逝世后，中国面临着一种制度化运动的悖论，即改革意味着中国生活的常规化，但它却是以动员的方式进行的。② 囿于社会资源总量和国家治理能力的限制，运动式反腐的做法不可能在短时期内销声匿迹。因为人的精力是有限的，所以，做事总需专注，避免三心二意。国家的司法资源也同样是有限的，应当尽可能将有限的司法资源集中于最需要解决的社会问题和问题的最核心部分。运动式社会治理最大的弊端之一在于对社会问题的解决具有即时性、间歇性特点，属于表面化社会治理方式，难以彻底解决问题，最终导致的是社会资源的低效率配置使用。具体到贿赂犯罪惩治策略的设计而言，既然受贿是权力腐败的核心所在，国家应当将治理的视线集中于对该问题的解决上，当前提出的“行贿与受贿并重惩罚”的政策，如果把握不好，将会导致有限的司法资源和社会对腐败的关注转移至处理行贿问题上。这种偏移问题的中心的做法，将分散国家反腐合力，最终影响反腐的质量与效果。所以，表面上看，“行贿与受贿并重惩罚”的政策似乎是严密了刑事法网，但实践中却存在可能转移国家对腐败核心问题治理的不合理风险。腐败的本质是权力滥用，正如中央一再强调，必须“把权力关进笼子里”，任何不以切实减少和规范国家权力为中心的反腐战略或举措，在很大程度上都只是属于外围的做法。

---

① 参见国平：《反腐没有休止符》，载《央视网》2015 年 7 月 24 日。

② ［美］詹姆斯 · R. 汤森、［美］布莱特利 · 沃马克：《中国政治》，顾速、董方译，江苏人民出版社 2010 年版，第 117 页。

第二,引起刑法适用的道义难题。法律本乎于人情、人性,必须具有德行,法律若离开了公众舆论的支持,将是丝毫没有力量的。法学家哈特也指出,法律的"本质"在于它同道德或正义原则的一致,而不在于它是命令与威胁的结合。[①] 如前文所言,主张"行贿与受贿并重惩罚"政策的重要理由在于认为当下社会普遍存在的行贿者的"背信弃义"行为与传统"重受贿轻行贿"做法有直接关系。不可否认,作为合作性的动物,人类的存在需要人们之间的诚信与忠诚。正因如此,哲人塞内加说:"忠诚是人们心目中最神圣的美德。"在这个意义上,背信弃义不仅是对人类美德的背叛,也可以认为是对人类合作制度的背叛。但问题的关键还在于,任何东西配称为美德的,必须是一种善或正义。正所谓"金钱买来的忠诚一定会被金钱所收买",事前行为人为了谋取利益,阿谀奉承,想尽办法收买接近权力,一旦东窗事犯,出于自保本能和争取法律的宽大处理,又"积极地"对官员的行为"检举揭发",这类现象很难简单地评价为属于背信弃义之举。因为缺乏道德和善良的行为,没有褒奖为"义举"的正当性。在法治国家和倡导正义的社会,我们有必要理性看待"盗亦有道"的存在空间。另外,倡导"行贿与受贿并重惩罚"政策论者提出的所谓"背信弃义"的做法与公众普遍道德观相抵牾,其究竟是基于实证调研得出的结论,还是论者强加给社会公众的,我们不得不持怀疑态度。如果现实社会的国家权力构架本身置行贿者于"求人"的尴尬和宿命境地,如果行贿与受贿双方对贿赂发生的因果力存在重大差别,国家对此不仅不从制度的层面积极化解,反而在司法政策上同等看待,这种简单化的做法,才会导致刑法适用的道义疑问。

第三,弱化宽严相济的刑事政策的执行。宽严相济刑事政策的提出是我国刑事政策走向成熟与现代化的重要标志。宽严相济刑事政策要求国家在处理犯罪问题上要坚持区别对待的原则。从逻辑上讲,任何类型的犯罪,由于具体情形复杂多样,都会存在适用宽

---

① 参见[英]哈特:《法律的概念》,张文显等译,中国大百科全书出版社2003年版,第8页。

严相济刑事政策的余地。如《刑法》中最严重的罪行——故意杀人罪,《刑法》第232条并没有简单地做出笼统性规定,而是区别了基本犯罪构成与情节较轻的情形,对后者的场合,《刑法》设置了“处三年以上十年以下有期徒刑”的宽大法定刑。实践中,为了限制死刑的适用,对于那些即便不属于情节轻微的案件,当具备特定情节时(比如对于那些因婚姻家庭、邻里纠纷等民间矛盾激化引发的故意杀人犯罪,对于被害人一方有明显过错或对矛盾激化负有直接责任的故意杀人案件),国家也积极贯彻宽严相济的刑事政策,尽可能限制死刑立即执行的判处。[①] 又如黑社会性质组织犯罪历来是国家打击的重点,司法实践中秉持的是“打早打小的刑事政策”,但现行立法同样区分了首要分子、积极参加者和一般参加者,对于一般参加者采取了依法宽大处理的做法。“重受贿轻行贿”的处罚策略体现了区别对待的思想,与宽严相济的刑事政策实质是切合的。如果罔顾事理,在严惩腐败的名义下,突兀地改采并重惩罚的策略,将导致宽严相济的刑事政策在贿赂犯罪上的适用空间被排挤。

第四,带来案件查处上的难题。行贿受贿属于对合犯,由于犯罪发生于行受贿人之间,隐蔽性强,查处难度大。从案件办理的实际情况看,过去“重受贿轻行贿”的惩治模式客观上有助于案件的查处,因为在这种处罚模式下,行贿人主动提供案件线索和证据的积极性高。一旦刑法强化了对行贿罪的处罚,出于趋利避害的本能,行贿人往往会和受贿人成为一体或者同盟,共同对抗司法机关对案件的查处,这无疑将大大增加贿赂案件的查处难度。

第五,本书还有必要指出的是,提倡“行贿与受贿并重惩罚”政策的具体根据与理由,也是经不起推敲的。例如,如前所述,主张并重惩罚论者认为,立足于事物的因果关系,行贿是“因”,受贿是“果”,没有行贿就没有受贿,还形象地将严惩受贿宽纵行贿称为开着水龙头拖地。这种看法明显过于形式化地理解了事物因果关系的构造。事物的因果关系本质是决定与被决定关系,具有决定或引

---

① 关于该问题的具体内容,可参见1999年《全国法院维护农村稳定刑事审判工作座谈会纪要》。

起地位的属于“因”，处于被决定或被引起地位的则是“果”。贿赂犯罪场合表象上呈现的是“行贿人提供财物在前，受贿人收受财物在后”，而且，的确实践中不乏一些个案属于行贿引起了受贿的情形。但作为一种社会现象，如前分析，在我国现实体制下，行贿与受贿在整体上呈现的是体制性倒挂形态，表象化理解并不符合行贿与受贿关系的实际。而且，既然并重惩罚论者认为是行贿引起了受贿，为何不主张严惩行贿而宽大受贿呢？又如，主张“惩办行贿与受贿并重”论者根据行贿和受贿对合关系的结构，强调立法者只有对两者配置大致相当的刑罚量，一视同仁看待，才是符合刑罚平衡理念和公平正义原则的。这种认识明显是难以符合我国立法实际的。《刑法》中具有对合关系的犯罪类型并不限于行贿罪与受贿罪，重婚罪和挪用公款罪等也都呈现出一定的对合关系。根据《刑法》规定，在挪用公款罪的场合，刑法只是处罚挪用公款者一方，一般并不处罚公款的使用者。可见，对合犯场合，刑事立法关于对合两方的刑罚配置，从来都不是简单地一视同仁对待。刑事政策如何对待行贿，事关刑法的正义问题，“一种精确的正义理论必然表明，在很多情况下，从某种角度看，某些事情似乎是公正的，而在更严密的调查下和考虑到更多有关观点时，就证明是不公正的……观察的片面性和过于仓促的表态往往是关于正义的错误判断的源泉”。[①] 当下强调“行贿与受贿并重惩罚”的论者忽视了行贿在我国产生的体制或机制性基础，过于表面化地理解了两者之间的因果关系，观察的片面性决定他们自然难以得出合理的结论。

（四）结论：传统处罚立场的重申与立法展望

柏拉图很早就指出，国家组织应该像宇宙和个人有德行的灵魂一样，那就是说，理性应该在其中占统治地位。[②] 刑法的目的是除非去恶，禁民为非，维护正义。国家刑事政策制定事关刑法的方向和国家司法资源的调整与分配，必须是基于缜密地理性分析。腐败是

---

① ［英］尼尔·麦考密克、［奥］奥塔·魏因贝格尔：《制度法论》，周叶谦译，中国政法大学出版社2004年版，第250页。

② 参见［美］梯利：《西方哲学史》，葛力译，商务印书馆2000年版，第74页。

官僚政治的痼疾，是权力扭曲变性的结果，解决权力腐败问题的关键在于从体制上颠覆传统官僚政治的遗弊，加强对公权力的监督，建设法治国家，这是国家反腐战略和刑事政策永远不能忘记的“初心”。20世纪20年代胡适先生在《请大家来照照镜子》一文中关于制度改造及其意义的论述，他写道：“人性是不容易改变的，公德也不是一朝一夕造成的。故救济之道不在乎妄想人心大变，道德日高，乃在乎制定种种防弊的制度……故有公平的考试制度，则用人可以无私；有精密的账簿与审计，则账目可以无弊。制度的训练可以养成无私舞弊的新习惯。”[①]而在此前的《非个人主义新生活》一文中，胡适先生更是明确表达了其对制度改造重要性的独到认识，“要知道个人是社会上种种势力的结果……社会上的‘良好分子’并不是生成的，也不是个人修炼成的——都是因为造成他们的种种势力里面，良好的势力比不良的势力多些。反过来，不良的势力比良好的势力多，结果便是‘恶劣分子’了……改造社会的下手方法在于改造那些造成社会的种种势力——制度、习惯、思想、教育等等。……改造社会即是改造个人。”而今，胡适先生生活的时代与今日已不可同日而语，但制度改进、完善与人的发展关系的问题并没有改变。

当下，国家刑事立法仍然在为有效解决腐败问题而不懈探索，《刑法修正案（九）》对于行贿行为的处罚力度呈现向前跃步的倾向，但整体上看，仍然采取的是“重受贿轻行贿”的立法结构，该立场整体上符合我国社会实际情况，是值得肯定的。但我们有必要注意“严惩行贿”思想和政策在立法和司法实践中的进一步膨胀（尤其在后者领域），立法抑或司法将惩治贿赂的中心转移至（或包括）行贿行为，都难以认为是明智之举。当然，法律和刑事政策都应适应社会关系的发展变化，随着我国社会的快速进步和法治社会的真正建立以及民主监督制度的逐步完善，那时，国家改采“行贿与受贿并重惩罚”的政策，既具有道德基础，又具有制度根据，自然是无可厚非的事。

---

① 胡适：《容忍与自由》，金城出版社2013年版，第184页。

四、反腐刑事政策的完善与刑法参与

对于社会存在的基础，学者奥塔·魏因贝格尔（Weinberger）这样写道："社会不仅仅有赖于人们实际上居住在一起，而且有赖于这样一个事实：他们在某种程度上采取一些取决于义务、价值和期望的结构形式。"①换句话说，社会的存续仅仅依靠民众的美好愿望是远不够的，必须基于人与人的责任、公共义务和公民之间正义地合作才能维系。腐败破坏了民众之间以及民众与政府之间的理想道德关系，从根本上颠覆着国家和社会赖以存在的基石，所以，对任何具有道德和正义的国家、社会以及社会团体而言，腐败都是不能容忍和必须排斥的事实。在反对腐败的问题上，世界各国在经过长时期的各自为战后，最终融为一体，2005 年 12 月 14 日正式生效的联合国历史上第一个用于指导国际反腐败斗争的法律文件《联合国反腐败公约》，集体性地向世界发出呐喊："本公约缔约国，关注腐败对社会稳定与安全所造成的问题和构成的威胁的严重性，它破坏民主体制和价值观、道德观和正义并危害着可持续发展和法治。"

从政治学上看，腐败是官僚政治的积弊和伴生物，根本上反映的是官民之间的对立。国家若不能从体制和制度设计上理顺官民之间的关系，减少和控制腐败的想法将难以取得理想实效。学者孙越生先生根据实践的成效和从人治向法治过渡的程度，将人类历史上的官僚制度划分为五等：（1）最低级的，即提倡清廉官吏的贤人政治；（2）较低级的，就是惩治贪官污吏，当官吏的劣迹被人发现，引起公愤，造成统治不稳时，杀一儆百，以平民愤；（3）中庸的，就是官僚政治本身有意识地实行一套自我调节和防患于未然的措施；（4）较进步的，即所谓君主立宪制；（5）最激进的，在资产阶级时代，就是以资产阶级民主政治取代君主专制的官僚政治，以法治取代人治。② 在实践效果方面，以上五等中资产阶级民主政治是作为官僚

---

① ［英］尼尔·麦考密克、［奥］奥塔·魏因贝格尔：《制度法论》，周叶谦译，中国政法大学出版社 2004 年版，第 262 页。

② 参见王亚南：《中国官僚政治研究》，中国社会科学出版社 1981 年版，再版序言，第 3～4 页。

政治的对立物或否定物出现的,较好地解决了官民对立问题。在腐败治理的问题上,虽然今日西方发达资本主义国家仍然不时爆出权力腐败的种种丑闻,但权力腐败问题基本上被成功地控制在社会可容忍的限度内。随着新中国的成立,我国的政治体制发生了根本性变革,人民的时代绝不能容许任何特权性的以及任何名色的官僚政治的存在。[①] 但历史从来就不只是过去,它决定着现在,也无法避免地影响着我们的未来。

任何问题的解决之道皆蕴含于问题的来龙去脉中,构建现代化的反腐刑事政策,必须以理性认识腐败生成原理为前提。当下腐败违法犯罪的频繁发生与公权力缺乏必要约束根本相关,是过去和当前政府主导经济社会发展模式难以避免的副产品,与过去一个时期我们没有真正理解市场经济是法治经济,没有切实重视法治建设密切相关。未来国家反腐的根本出路在于构建现代化的政治制度体系。

对于反腐的制度构建,学者们立足于自己的知识背景和学术立场,提出了各种各样的设想。经济学家张维迎教授认为:“在所有的这些措施中,减少政府官员的权力是治本的方法,其他的基本上都是治标的方法。只要没有权力了,就不会腐败了。”[②]政治学者汪玉凯教授指出,体制缺陷是中国腐败蔓延的重要源头,治理腐败必须从体制上下手。在汪教授看来,从体制上抑制腐败必须解决三个核心问题,即构筑用权力制约权力的体系,促进权力结构的分化和整合以及建立严格的党政领导干部责任机制。[③] 法学专家何家弘教授的看法是,面对当前体制性、社会性腐败现状,中国的反腐败战略重心要从惩治贪官转向预防腐败。就反腐败的整体成效而言,预防比惩治更重要。[④]

众所周知,世界是复杂的,问题的类型亦是各种各样的。其中

---

① 参见王亚南:《中国官僚政治研究》,中国社会科学出版社 1981 年版,再版序言,第 192 页。

② 张维迎:《博弈与社会》,北京大学出版社 2013 年版,第 295 页。

③ 参见汪玉凯:《巨贪产生的制度反思》,载《炎黄春秋》2015 年第 6 期。

④ 参见何家弘:《反腐败的战略重心与官员财产公示》,载《法学》2014 年第 10 期。

有些问题是易问难答的，有些问题则属于易问易答却难以践行的。腐败问题的治理可能主要属于后者情形。人类在发展过程中，很多政治思想家们已很清晰地从理论上展示了腐败的根源和治理之路，并被运用到国家治理的政治实践中。而今国人也已清晰地认识到只有将权力关进笼子里，才可能从根本上解决腐败的难题。但真正做到这一点，却是十分艰难的。因为人是最纠结于利益的动物，而任何权力的减少和限制都触及的是权力背后的利益。在这个意义上，张维迎教授提出通过减少权力预防腐败的想法是有道理的。作为一名经济学家，他所谓的减少权力，主要是从市场经济的角度而言的，要减的是那些政府对市场不必要干预的权力，是那些不符合市场经济发展方向属于阻碍自由市场发展的权力。减少国家不必要的干预市场的权力，可以大大降低权力寻租的机会。但这种观点只是注意到问题的一面，因为在公共生活的领域，世界性趋势是，政府权力不是在减少而是呈现扩张态势。回顾西方国家职能的变迁历史，我们不难发现，在典型的市民社会，国家的任务被确定为只不过是排除资本主义经济的障碍这样一个消极的作用。国家是为社会服务的，不是与社会相对抗的对立物，国家的功能被认为应当是消极的。[①] 那时，得到人们普遍承认的国家目的，除了维护社会内部公共秩序和抵御外来侵略之外，就没有什么更多的内容了。而如今，随着福利国家的到来，为了生存福祉，人们要求国家为公民做更多的事情。国家不应仅仅保障公民享有最起码的生存条件，它还应以提供福利设施，防止压榨个人资源、破坏社会整体利益等来提高人民的生活质量。[②] 面对这样的现实，英国公法学家洛克林曾总结性地指出，回顾整个20世纪，世界范围内主要的政治危险皆源自权力过大的国家产生的威胁。[③] 在我国，直至今日，在国家体制的层面

---

① 参见［日］川岛武宜：《现代化与法》，王志安等译，中国政法大学出版社2004年版，第12页。

② 参见［英］彼得·斯坦、［英］约翰·香德：《西方社会的法律价值》，王献平译，中国法制出版社2004年版，第204页。

③ 参见［英］马丁·洛克林：《剑与天平——法律与政治关系的省察》，高秦伟译，北京大学出版社2011年版，第6页。

上,仍然没有很好地厘清市民社会与政治国家之间的界限,虽然市民社会在市场经济的发展中正在发育生长,但政府不适当占领和排挤市民社会空间的问题还有一定的普遍性。所以,未来随着社会主义市场经济体系的逐步完善,国家权力逐步退出对市场不必要的干预,权力的减少和限缩将是政府改革的重要内容,但在涉及公共服务、民生和社会、国家安全等众多领域,同西方社会一样,随着社会需求而导致国家权力的扩大,也是难以回避的问题。

另外,在我国,问题的复杂性还在于,中央集权体制根深蒂固,在几千年的历史演进中,并没有自觉生长出有效约束权威体制的足够的基因和力量。而且,在现实社会,权威且有效率的政府对于后进国家而言,是保证国家现代化和赶超世界先进文明的重要的制度基础,实践也证明这种体制在实现我国快速进步发展进程中具有很大优越性的一面。所以,可以认为,政府主导的社会经济发展模式和强势政府的存在是我国未来改革发展的基本条件,超越这一框架的思考将是不合实际的乌托邦的想法。在这个意义上,未来国家反腐战略和刑事政策的出路在于在确保政府主导经济社会发展的框架下,如何构建科学有效的权力结构,即国家公权力的合理分化、有效制衡监督与功能性整合的问题。首先,滥用是权力的天性,“无论作为统治者或者作为公民同胞,人类之倾向把自己的意见和意向当作行为准则来强加他人,是有着人类本性中难免带有的某些最好和某些最坏的情绪的如此有力的支持,以致从来几乎无法加以约束,除非缺乏权力”。[①] 权力的分化与界限设定,从体制设计上可以防止权力独大和无限性问题,是从源头上预防和清除腐败必须解决的首要问题。其次,权力之间的互相监督和制衡,可以避免任何一方面权力的过度专横,可以保证权力在行使之时怀有顾忌,只有心怀顾忌的权力,才可能避免过于任性,腐败问题才可能杜绝与减少。但是,权力的分化必然产生权力之间的掣肘和对立问题,如何避免分权后权力互相对立造成体系性紊乱,保证权力之间的有效协调和合作,同样是个重要课题。因为对于权力而言,没有了效率,将难以

① ［英］约翰·密尔:《论自由》,许宝骙译,商务印书馆2014年版,第16页。

承担社会管理和服务责任，其结果与腐败一样的糟糕。在这个意义上，效率和腐败是权力自身难以克服之两端，犹如鱼和熊掌，任何国家都很难完全兼得，理想的政府只能将两者平衡在一个社会可以接受的限度内。所以，腐败问题，从法规范角度看，是个与犯罪相牵连的问题，但腐败问题的彻底解决实际上是个事关权力体系设计和政治体制改革的根本问题。正是在这个意义上，未来我国反腐的成效与出路根本上取决于国家政治体制改革的勇气与力度，决定于社会主义市场经济体制完善的程度以及国家未来如何处理协调好权力合理分工与有效整合的问题。

此外，就制度的优劣与功效而言，设计是基础，运行是关键。阳光防腐暗生贪，透明公开保清廉，[①]建立一个透明公正的权力运行程序，对于规范权力运行，避免腐败，有着与实体问题解决同等之重要性的地位。因为一个公正透明的法律程序，不仅可以保证决策主体增加或最大限度地做出公正的决定，[②]从而避免权力的滥用和腐败，也可以大大排除对决策主体的不信赖和民众之间不合作的可能性。从国际社会经验看，采取政府主导的经济社会发展模式的国家或地区也有保持清廉的典范，如新加坡。所以，一个国家与社会的腐败程度与政府是否强势没有必然联系，换句话说，在强势政府的体制下，仍然具有建设清廉政府的可能性和可行性。具体到我国而言，未来我们在保持强势政府对社会发展起引领作用的同时，如果国家制度建设能够保证权力依程序运行和最大限度的透明（建设“透明政府”），可以在很大程度上防止权力滥用与腐败。而在这个问题上，我国有很大的改革和完善空间。

任何国家都重视刑法参与腐败犯罪的治理，这不但是国家对腐败强烈谴责的一种立场宣誓，而且客观上刑罚对腐败犯罪的预防也有一定效果。但问题在于：刑法毕竟只是国家惩治腐败的手段之一，与其他犯罪的治理一样，应保持适当限度。一旦不适当地倚重

---

① 参见何家弘：《中国腐败犯罪的原因分析》，载《法学评论》2015 年第 1 期。

② 参见［英］尼尔·麦考密克、［奥］奥塔·魏因贝格尔：《制度法论》，周叶谦译，中国政法大学出版社 2004 年版，第 262 页。

刑法反腐,就将超越刑法的应有机能。现代社会,政治体制改革的根本问题是规范和约束政府权力问题,无论是推进整体体制、机制改革还是法治建设,其实质都是改革、限制和约束国家的公权力。前者而言,需要公权力减少对市场经济不必要或者不适当地干预和对经济资源强力支配,这直接关系到政府对市场的权威和政府的切身利益,关系到政府的手应该何处放、放在哪里以及如何伸、伸多长的问题;后者来说,法治核心也是控制和规范国家权力运行,同样要求的是政府听从于法律,限制政府权力,也与政府利益戚戚攸关。所以,制度改革的实质就是要割除政府的特殊利益和政府自身进行改革调整。利益问题是一个关涉人存在和发展的根本性问题,马克思曾精辟地指出,"人们奋斗所争取的一切,都同他们的利益有关",其所揭示的是人在本质上就是利益纠结的动物。其实,对待利益的问题上,政府也面临这种纠结。希望政府通过自我道德完善进行自律性改革,不是完全不切实际的,只是推进难度更大。国家面对腐败的压力,同时为了维护自身利益,最有可能的选择便是在尽可能保证政府既得利益最大化前提下,通过动用刑法等措施严惩腐败,希望以此扭转严峻的腐败形势。

所以,刑法参与腐败治理及其限度,表面上看是刑法惩治腐败犯罪的力度问题,根本上涉及的是政府公权力的改革与规范问题。可以预测,在未来一段时期,重视甚至倚重刑法参与腐败治理的做法还将是我国反腐刑事政策的重要特色。

第八章 从打黑除恶到扫黑除恶

黑恶犯罪具有严重的社会危害性，不仅给人民的生命财产安全带来了极大的危害，而且也影响到了整个社会的繁荣稳定，党和政府历来重视对黑恶犯罪的严厉打击与综合治理。2017 年 11 月 8 日，习近平总书记在中办《文摘》(第 160 期)《当前农村涉黑问题新动向值得关注》上作出批示：从此件看，当前农村涉黑问题出现了一些新情况，请中央政法委牵头有关部门加强研究，摸清底数，找准病灶，拿出方案。要开展一轮新的扫黑专项斗争，重点是农村，城市也要抓，对群众反映强烈、问题比较突出的地区、行业和领域，应采取强有力的措施，依法重点整治。扫黑除恶要与反腐败结合起来，与基础“拍蝇”结合起来，既抓涉黑组织，也抓后面的“保护伞”。加强基层组织建设，是铲除黑恶势力滋生土壤的治本之策、关键之举，务必把这个基础夯实筑牢。2018 年 1 月，中共中央、国务院发布《关于开展扫黑除恶专项斗争的通知》(以下简称《通知》)，在全国开展扫黑除恶专项斗争。过去两年，扫黑除恶专项斗争取得了明显实效。不少突出问题得到很快解决，社会秩序明显改善。对于扫黑除恶，中央一再强调，要善用法治，提升质效，依法推进，对于黑恶犯罪案件的认定要把握好法律政策界限,既不能降格处理,也不能人为拔高。较之于降格处理,如何有效避免黑恶犯罪的拔高认定,更值得重视和具有实践意义。实现对黑恶犯罪的有效精准打击,避免黑恶犯罪人为降格处理和拔高认定,既需要科学把握扫黑除恶中的刑事政策这一宏观问题,又需要对有关刑法条文和规范文件进行科学细致地解读。本章主要围绕该两者问题展开论述,其中对后者问题关注更多。

一、扫黑除恶:由来与含义

人类的思维具有惯性,人们常常习惯于采取既定思维应对现实和未来问题。扫黑除恶工作推进过程中,无论是政策的科学把握,还是犯罪的准确认定,首先需要理解为何中央提出"扫黑除恶"的概念。

"扫黑除恶"与"打黑除恶"虽一字之差,但其中意蕴和体现的治理理念、方法截然有别。"扫黑除恶"意在强调有关机关要像"大扫除"一样,自觉、主动、积极地甄别发现各种黑恶势力,依法打击处理,突出的是扫黑除恶工作的全面性、主动性、扎实性和彻底性,体现出国家针对黑恶势力更具广度、深度的治理策略,反映了国家治理涉黑涉恶违法犯罪的新理念,具体来说:

第一,"打",即"打击";"扫",指的是"扫除""扫净"的意思。在治理方向上,"打"主要体现的是一种"自上而下"的问题解决方法;"扫"则更强调"自下而上"的治理路径。两者相比,"扫黑除恶"彰显的是一种更为积极主动、全面和彻底的治理策略。

第二,过去我们更多的是将涉黑涉恶看作违法犯罪问题,所以一直强调的是严厉打击,随着国家对违法犯罪治理能力和认识水平的提高,现在中央已清晰认识到涉黑涉恶不仅是违法犯罪问题,还是一个复杂的社会问题。对于复杂社会问题的解决,必须采取综合治理方式。以"扫"的方法解决涉黑涉恶问题,更符合事物的本性,更能取得好的治理效果。

第三,"扫"就要"扫干净",这必然要求有关机关摈弃过去就事论事的工作态度与方法,重视整体部署,体系治理,而不是简单地把违法犯罪分子抓起来,依法起诉判刑就了事。

整体上看,“扫黑除恶”概念反映了新时期中央治理黑恶犯罪的新理念,强调了对黑恶犯罪整体治理的新战略以及工作方法的新思路。

二、《指导意见》等关于黑恶犯罪认定标准是否降低

《刑法修正案(八)》颁布以后,有关黑恶犯罪的刑法规定并没有修改,立法自然不存在黑恶犯罪标准的变动问题。要回答黑恶犯罪的司法标准是否降低,需要重点考察扫黑除恶专项斗争以来的司法文件特别是2018年1月16日最高人民法院、最高人民检察院、公安部、司法部联合发布的《关于办理黑恶势力犯罪案件若干问题的指导意见》(以下简称《指导意见》)、2019年4月9日起施行的《最高人民法院、最高人民检察院、公安部、司法部关于办理恶势力刑事案件若干问题的意见》(以下简称《恶势力意见》)、《关于办理实施“软暴力”的刑事案件若干问题的意见》(以下简称《“软暴力”意见》)等的有关规定。①

第一,根据上述司法文件的规定,黑恶犯罪中的个别具体类型犯罪的确存在犯罪门槛降低或变相降低的问题。比如非法拘禁罪,至今最高司法机关仍没有颁布关于本罪定罪量刑的一般标准,针对国家机关工作人员利用职权非法拘禁,2005年《最高人民检察院关于渎职案侵权犯罪案件立案标准的规定》指出,国家机关工作人员利用职权非法拘禁,涉嫌具有非法剥夺他人人身自由24小时以上的,或者非法拘禁3人次以上的等情形,应当立案。对于黑恶犯罪,《指导意见》规定:“黑恶势力有组织地多次短时间非法拘禁他人的,应当认定为《刑法》第238条规定的‘以其他方法非法剥夺他人人身自由’。非法拘禁他人三次以上、每次持续时间在四小时以上,或者非法拘禁他人累计时间在十二小时以上的,应以非法拘禁罪定

① 此外,还有2019年4月9日起施行的《关于办理“套路贷”刑事案件若干问题的意见》《关于办理黑恶势力刑事案件中财产处置若干问题的意见》。《指导意见》《恶势力意见》等在性质上虽然不是司法解释,只是属于司法文件,但实务中其实际承载着司法解释的功能,是当前黑恶犯罪司法认定的重要依据。

罪处罚。”国家机关工作人员利用职权实施非法拘禁，行为的社会危害性程度当然较之于一般民众要高，《关于渎职案侵权犯罪案件立案标准的规定》要求“非法剥夺他人人身自由24小时以上的”才立案以犯罪追究，而《指导意见》对于黑恶势力实施的非法拘禁，行为累计在12小时以上的，就要以非法拘禁罪定罪处罚。若从行为构成非法拘禁罪的时间看，《指导意见》的规定明显要严格，体现出对黑恶犯罪从严惩治的立场。

又如寻衅滋事罪，根据《刑法》第293条的规定，本罪的情形包括：随意殴打他人，情节恶劣的；追逐、拦截、辱骂、恐吓他人，情节恶劣的；强拿硬要或者任意损毁、占用公私财物，情节严重的；在公共场所起哄闹事，造成公共场所秩序严重混乱的。可见，实施《刑法》第293条规定的寻衅滋事行为，行为的情节只有达到“恶劣的”或者“严重的”等，才构成犯罪。2013年《最高人民法院、最高人民检察院关于办理寻衅滋事刑事案件适用法律若干问题的解释》将“多次随意殴打他人”“多次追逐、拦截、辱骂、恐吓他人，造成恶劣社会影响”“强拿硬要或者任意损毁、占用公私财物，造成恶劣社会影响”规定为“情节恶劣”“情节严重”的具体情形。司法实践中，“多次”系指行为三次以上并无争议，但不同种类寻衅滋事行为能否累加计算？比如，甲实施了两次随意殴打他人和一次追逐、拦截他人，能否认定为“多次”寻衅滋事，从而认定为寻衅滋事罪。如严格按照罪刑法定的要求，难以得出肯定结论，因为上述情形并不符合《刑法》任何条款的规定。《指导意见》指出：“《关于办理寻衅滋事刑事案件适用法律若干问题的解释》第二条至第四条中的‘多次’一般应当理解为二年内实施寻衅滋事行为三次以上。二年内多次实施不同种类寻衅滋事行为的，应当追究刑事责任。”《“软暴力”意见》更明确地指出：“三次以上寻衅滋事行为既包括同一类别的行为，也包括不同类别的行为；既包括未受行政处罚的行为，也包括已受行政处罚的行为。”《指导意见》《“软暴力”意见》明确肯定不同种类寻衅滋事行为应合并计算，这实际上在一定程度上变相降低了寻衅滋事罪的入罪标准。

第二，有的规定显示出黑恶犯罪司法认定标准放宽或降低的趋势。该问题最明显体现于最新司法文件关于"软暴力"的规定上。根据《刑法》《指导意见》的规定，黑社会性质组织和恶势力犯罪都可以"暴力、胁迫或者其他手段"实施，其中，"其他手段"当然不排除"软暴力"。只是"软暴力"毕竟与黑恶犯罪惯常使用的暴力、胁迫手段有别，所以，对于"软暴力"作为黑恶犯罪特别是黑社会性质组织犯罪手段，过去刑法理论和实践都持相当谨慎态度。[①]《"软暴力"意见》在界定"软暴力"内涵的同时，明确指出："'软暴力'手段属于《刑法》第二百九十四条第五款第（三）项'黑社会性质组织行为特征'以及《指导意见》第14条'恶势力'概念中的'其他手段'。"上述规定松懈了过去司法实践关于"软暴力"作为黑恶犯罪手段的节制立场，不可避免地带来黑恶犯罪认定的相应扩张。

第三，有的规定或者现行规定对过去规定的修改，也可能引起黑恶犯罪司法认定标准的降低。众所周知，"经济特征"是黑社会性质组织非法控制社会的物质基础，[②]对黑社会性质组织的认定具有重要意义，2015年最高人民法院《全国部分法院审理黑社会性质组织犯罪案件工作座谈会纪要》（以下简称2015年《会议纪要》）指出："'一定的经济实力'，是指黑社会性质组织在形成、发展过程中获取的，足以支持该组织运行、发展以及实施违法犯罪活动的经济利益……各高级人民法院可以根据本地区的实际情况，对黑社会性质组织所应具有的'经济实力'20～50万元幅度内，自行划定一般掌握的最低数额标准。"扫黑除恶专项斗争以来，《指导意见》《恶势力意见》《"软暴力"意见》等新颁布的司法文件都不再对"经济特征"作具体数额规定。对此，有的司法人员难免会认为眼下黑社会性质组织成立不再有经济实力条件的限制。司法人员不重视或者放弃"经济特征"的认定，将不可避免地导致黑社会性质组织司法

---

① 2015年《会议纪要》指出："在黑社会性质组织所实施的违法犯罪活动中，一般应有一部分能够较明显地体现出暴力或以暴力相威胁的基本特征。否则，定性时应当特别慎重。"

② 参见陈佳佳、刘邦明、胡渡渝：《黑社会性质组织危害性特征的司法认定》，载最高人民法院刑事审判第一、二、三、四、五庭主办：《刑事审判参考》（总第107集），法律出版社2017年版，第174页。

认定标准的降低。

与上述不同,《指导意见》《恶势力意见》等司法文件整体上严格黑恶犯罪认定标准,避免黑恶犯罪认定被人为拔高的立场是鲜明的。比如针对黑社会性质组织认定,《指导意见》明确强调"应根据立法本意,认真审查、分析黑社会性质组织'四个特征'相互间的内在联系,准确评价涉案犯罪组织所造成的社会危害性,做到不枉不纵"。《指导意见》还特别要求犯罪认定要"坚持法定标准,坚持以审判为中心……强化程序意识和证据意识,正确把握'打早打小'与'打准打实'的关系贯彻落实宽严相济刑事政策"。《恶势力意见》进一步强调,要"准确认定恶势力和恶势力犯罪集团,坚决防止人为拔高或者降低认定标准""坚持以审判为中心的刑事诉讼制度改革要求,严格执行'三项规程'"等。而且《指导意见》针对有些问题的规定,如果办案人员能够科学理解并严格依法适用,还可以在一定程度上起到限制黑恶犯罪范围的作用。如恶势力特别是恶势力犯罪集团和黑社会性质组织的界限一直是困扰司法实践的难题,《指导意见》《恶势力意见》都明确区分恶势力、恶势力犯罪集团和黑社会性质组织,这毫无疑问有助于司法机关避免将本属于恶势力犯罪特别是恶势力犯罪集团犯罪的案件拔高认定为黑社会性质组织犯罪案件。另外,《恶势力意见》关于"恶势力、恶势力犯罪集团的认定标准"最新规定(后文详述),更是明显体现出限制恶势力范围避免拔高认定的立场与精神。

以上分析可见,关于黑恶犯罪,《指导意见》《恶势力意见》等只是在个别犯罪要件上出现降低或变相降低标准的问题,整体上严格限制其范围的立场并没有改变,这是黑恶犯罪构成要件解释和认定有必要明确的前提性问题。

三、黑恶犯罪构成要件解释的立场与方法

准确认定黑恶犯罪,办案人员不仅需要正确理解刑法规定的黑

恶犯罪的具体要件,[①]而且需要在观念上廓清黑恶犯罪特别是黑社会性质组织和恶势力犯罪集团的刑法解释原则和方法。

在制定法国家,包括刑法在内,法律以条文的形式写在文本上,但法律的真实含义却存在于适用者的解释与理解之中。面对同一案件事实,办案人员对刑法条文规定的构成要件采取不同解释方法,行为的性质及其处罚范围可能迥然有别。刑法作为社会规范的一种,内容主要是"不得为……"这类禁止规范与"应为……"这类命令规范,[②]所以,一般而言,办案人员对刑法规范用语一旦采取扩大解释,犯罪范围就会变大;反之,刑法处罚范围就会限缩。黑恶犯罪作为一种具有严重社会危害性的行为类型,特别是在"依法严惩"的背景下,办案人员对其规范用语、构成要件整体上是应当采取限制还是扩张解释,这是认定黑恶犯罪需要首先明确的基本立场与方法论。

刑法是现实社会的规范写照,处罚范围受制于特定时期国家和社会对特定行为的政治与社会宽容度。专项斗争时期,由于国家和整个社会对待犯罪的容忍度降低,不可避免地引起对特定犯罪处罚的严厉化和打击范围的扩张,正因如此,过去历次"严打"和专项斗争中,虽然中央都强调依法推进,但总是难以避免出现打击扩大化的问题。新时代的扫黑除恶专项斗争,中央有新期待、新要求与工作新部署,但作为专项斗争之一,拔高认定和打击扩大化的内在机理和风险并没有根本消除。过去近两年的实践也证明拔高认定的问题不容忽视。

黑恶犯罪具有严重的社会危害性,应依法严惩,这是中央确立的扫黑除恶的基本方针,当然不能动摇。但依法严惩并不意味着对刑法或规范性文件规定的黑恶犯罪构成要件一概作扩张解释。相

① 黑社会性质组织系刑法概念,《刑法》第294条明确规定了构成要件。恶势力并非《刑法》明确规定的概念,但随着2018年1月16日《最高人民法院、最高人民检察院、公安部、司法部关于办理黑恶势力犯罪案件若干问题的指导意见》等司法文件的颁布,其也具备了成立要件,成为一个准刑法概念。

② 参见[日]西田典之:《日本刑法总论》,刘明祥、王昭武译,中国人民大学出版社2007年版,第1页。

反，我国现实的政治社会结构、黑恶犯罪在整个违法犯罪体系中的地位以及其处罚面临的沉重负面后果，决定了对于其范围和构成要件的理解应依法采取谨慎、严格限制的立场。

首先，严格限定黑恶犯罪的成立范围根本上是由其在整个违法犯罪构造体系中的地位决定的。社会是个整体性的存在，对社会问题的理解离不开体系思考，作为社会现象与重要问题之一的违法犯罪，也需要采取整体理解与体系性思考。立足于整体的立场，我们不难发现现实社会中的违法犯罪呈现的是"金字塔"构造，从轻微违法到犯罪再演变为犯罪集团以及有组织犯罪，整体上显示出依次递进的发展轨迹。我国有学者通过实证考察治安案件与刑事案件的关系得出的结论是：一般情况下，一个地区如果治安案件数量多，在没有得到有效控制的情况下，就会引起刑事案件数量和犯罪率的快速上升；轻微违法犯罪行为如果缺乏及时有效治理，会形成鼓励违法的氛围，进而滋生严重犯罪。简单地说，治安案件与刑事案件在实践中明显呈现互动正比例关系，"治安案件多，刑事案件就多"。[①] 作为有组织犯罪形态的黑社会性质组织和恶势力犯罪集团，都非一天长成的，普通犯罪生长为黑恶犯罪同样需要演进过程，同样遵循互动正比例关系。无论是黑社会性质组织，还是恶势力，都与普通违法犯罪没有得到有效治理密切相关。长期以来，我国奉行的是政府主导的社会经济发展模式，政府对社会及其资源配置有强大的动员、管理和控制力，该模式下黑恶违法犯罪的滋生、存在、维系和发展都面临制度性障碍，政府主导的社会经济发展模式天然具有从根本上防止黑恶犯罪生长的制度性优势。实践中，国家对黑恶犯罪一直奉行的是"打早打小"的治理策略，近些年，每隔一段时间，中央都会适时部署对黑恶犯罪的专项斗争。[②] 在这种国家管理体制与社会机制下，黑社会性质组织和恶势力犯罪集团即便在现实

---

① 参见李润华、王守江：《论刑事案件与治安案件的关系》，载《北京人民警察学院学报》2007 年第 1 期。

② 2000 年 12 月至 2001 年 10 月，全国公安机关开展我国首次打黑除恶专项斗争，后延长至 2003 年 4 月。2006 年 2 月中央政法委再次布置全国打黑除恶专项斗争，并设全国"打黑办"。

社会存在，往往只能例外性地存在于那些基层政权薄弱的地区或某些特定区域、行业、领域。也许正是考虑到我国这一实际情况，直至今日刑法规定的最高级别的有组织犯罪形态仍然是黑社会性质组织，刑法并不承认我国社会自身存在黑社会组织。无论是政策的执行，还是法律的实施，都要契合社会实际情况，眼下黑社会性质组织的发展实际和其在整个违法犯罪中的地位根本上决定了办案人员对黑恶犯罪特别是黑社会性质组织的认定应采取格外严格的立场和态度，避免扩大化认定，这是我们在推进扫黑除恶专项斗争中需要坚守的基本理性。

其次，谨慎认定黑恶犯罪有利于减少社会对抗，也是贯彻罪责刑相适应这一刑法基本原则的要求。“让我们定个规则，多大的罪用多大的惩罚；应该用树枝纠正的过错，不用可怕的鞭子抽打。”①这是边沁对罪责刑相适应刑法原则的形象表达。罪责刑相适应源于人类根深蒂固的道德情感，也是宪法比例原则的要求。《刑法》第5条明确规定了罪责刑相适应的刑法基本原则。扫黑除恶专项斗争绝非仅是一项法律活动，带有很强的政策性和政治性。实践中，黑恶犯罪的概念早已超出法律范畴，是个极具社会和政治双重否定性评价的术语或话语体系。而且，对犯罪人而言，黑恶犯罪在社会、政治上的否定性评价及其产生的负面后果甚至可能远远超过其在法律层面的否定性评价及后果。行为一旦被定性为黑恶犯罪，这个标签对犯罪人及其家庭和社会关系都会产生强烈的负面效应。沉重的标签应慎重且有节制地适用。

四、黑社会性质组织的本质与认定

（一）关于黑社会性质组织的本质

事物存在于本质之中，对黑恶犯罪本质的理解有助于从根本上廓清、把握黑社会性质组织和恶势力的边界。《通知》强调要深刻领会扫黑除恶工作的政治性、全面性和彻底性。中央对扫黑除恶工

---

① ［英］吉米·边沁：《立法理论》，李贵方等译，中国人民公安大学出版社2004年版，第375页。

作“三性”的重视已触及了黑恶犯罪的本质问题。

单从对法益侵害的严重程度讲，故意杀人罪、抢劫罪、绑架罪等严重暴力犯罪的社会危害性未必不及黑恶犯罪，中央谋划三年时间在全国范围内开展声势浩大的扫黑除恶专项斗争，究其原因，根本上与黑恶犯罪的特点与本质密切相关。一般情况下，犯罪体现的是行为对国家、社会和他人权利的侵害。比如故意杀人罪侵害的是他人的生命权，盗窃罪危害了他人的财产权。黑社会性质组织和恶势力犯罪不仅侵害国家、社会和他人权利，更重要在于其“称霸一方，在一定区域或者行业内，形成非法控制或者重大影响”。自官僚体系形成以来，国家有效管理和社会的良好运行有赖于政府的权威和官僚机构对社会的有效管理与控制，任何国家形态和官僚体系都不会容忍在正式国家管理体系之外存在一个与之对抗的组织与体系。黑恶犯罪尤其是黑社会性质组织称霸一方以及对社会的非法控制，试图在正式国家管理体系之外另外建立组织系统，动摇了国家对社会的有效管理与控制，体现出与政府对社会有效管理和控制的根本性对抗。[①] 黑恶犯罪的这一本质正是中央一再强调开展扫黑除恶专项斗争工作具有深刻政治意义的原因所在。

罪刑法定时代，犯罪认定要以刑法条文为圭臬，犯罪的本质必须体现在刑法规范中。《刑法》第 26 条第 2 款规定：“三人以上为共同实施犯罪而组成的较为固定的犯罪组织，是犯罪集团。”《刑法》第 294 条第 5 款规定：“黑社会性质的组织应当同时具备以下特征：(一)形成较稳定的犯罪组织，人数较多，有明确的组织者、领导者，骨干成员基本固定；(二)有组织地通过违法犯罪活动或者其他手段获取经济利益，具有一定的经济实力，以支持该组织的活动；(三)以暴力、威胁或者其他手段，有组织地多次进行违法犯罪活动，为非作恶，欺压、残害群众；(四)通过实施违法犯罪活动，或者利用国家工作人员的包庇或者纵容，称霸一方，在一定区域或者行业内，形成非法控制或者重大影响，严重破坏经济、社会生活

① 参见何荣功：《避免黑恶犯罪的过度拔高认定：问题、路径与方法》，载《法学》2019 年第 9 期。

秩序。”[①]根据《刑法》的规定,黑社会性质组织首先属于犯罪集团,而且属于犯罪集团的高级形态,即“犯罪集团中的犯罪集团”。决定黑社会性质组织区别于一般犯罪集团的根本性标志是黑社会性质组织的“危害性特征”。正因如此,“危害性特征”被视为黑社会性质组织的本质特征。

(二)“非法控制特征”[②]的认定

1.“非法控制特征”认定标准的扩张

根据《刑法》第294条的规定,成立黑社会性质组织必须同时具备“组织特征”“经济特征”“行为特征”和“非法控制特征”。其中,“组织特征”“经济特征”“行为特征”是黑社会性质组织的基本特征,“非法控制特征”是其他三个特征互相影响,互相作用,共同催生的特征,属于黑社会性质组织的根本特征。[③] 既然黑社会性质组织成立是上述四个特征的有机统一,那么上述四个特征的认定都应严格把握,任何一个特征认定上的松懈,都会导致黑社会性质组织的不适当拔高。只是与“组织特征”“经济特征”“行为特征”相比,实践中“非法控制特征”认定标准降低导致的问题更为突出,更值得关注。具体来看,“非法控制特征”认定标准的扩张,不仅体现在会议纪要等司法文件中,也出现于具体案件处理上。

所谓“非法控制特征”,即“通过实施违法犯罪活动,或者利用国家工作人员的包庇或者纵容,称霸一方,在一定区域或者行业内,形成非法控制或者重大影响,严重破坏经济、社会生活秩序”。其中,无论是“称霸一方”“一定区域”“一定行业”的概念,还是“非法控制”“重大影响”“严重破坏”等术语,都具有浓厚的规范色彩,因

---

① 在刑法理论和实务中,学者和办案人员一般将刑法规定的四个特征简称为“组织特征”“行为特征”“经济特征”和“危害性特征”。

② 在司法文件和实践中“非法控制特征”多称“危害性特征”。本书认为,对一定地区或行业的非法控制本身就是对行为危害性的描述。只是相对于“危害性特征”,“非法控制特征”对行为危害性的描述更为具体、精确,更符合黑社会性质组织本质的要求,也更能体现对行为危害性的程度限制。这里采用“非法控制特征”的表述。

③ 陈佳佳、刘邦明、胡渡渝:《黑社会性质组织危害性特征的司法认定》,载最高人民法院刑事审判第一、二、三、四、五庭主办:《刑事审判参考》(总第107集),法律出版社2017年版,第174页。

概念不明确,词义解释空间大,司法人员往往不好准确把握。为了明确“非法控制特征”的认定标准,2009 年《最高人民法院、最高人民检察院、公安部关于办理黑社会性质组织犯罪案件座谈会纪要》(以下简称 2009 年《会议纪要》)、2015 年《会议纪要》、《指导意见》以及系列指导性案例都一直试图将上述特征解释得更具体、更容易把握。如 2009 年《会议纪要》以例示方式具体列举了八种可以认定为具有“危害性特征”(非法控制特征)的情形:(1)对在一定区域内生活或者在一定行业内从事生产、经营的群众形成心理强制、威慑,致使合法利益受损的群众不敢举报、控告的;(2)对一定行业的生产、经营形成垄断,或者对涉及一定行业的准入、经营、竞争等经济活动形成重要影响的;(3)插手民间纠纷、经济纠纷,在相关区域或者行业内造成严重影响的;(4)干扰、破坏他人正常生产、经营、生活,并在相关区域或者行业内造成严重影响的;(5)干扰、破坏公司、企业、事业单位及社会团体的正常生产、经营、工作秩序,在相关区域、行业内造成严重影响,或者致使其不能正常生产、经营、工作的;(6)多次干扰、破坏国家机关、行业管理部门以及村委会、居委会等基层群众自治组织的工作秩序,或者致使上述单位、组织的职能不能正常行使的;(7)利用组织的势力、影响,使组织成员获取政治地位,或者在党政机关、基层群众自治组织中担任一定职务的;(8)其他形成非法控制或者重大影响,严重破坏经济、社会生活秩序的情形。2015 年《会议纪要》针对上述八种情形作了更进一步的规定:第 1 种情形中的“致使合法利益受损的群众不敢举报、控告的”,是指致使多名合法利益遭受犯罪或者严重违法活动侵害的群众不敢通过正当途径维护权益。第 2 种情形中的“形成垄断”,是指可以操控、左右、决定与一定行业相关的准入、退出、经营、竞争等经济活动。“形成重要影响”,是指对与一定行业相关的准入、退出、经营、竞争等经济活动具有较大的干预和影响能力,或者具有在该行业内占有较大市场份额,通过违法犯罪活动或以其他不正当手段在该行业内敛财数额巨大(最低数额标准由各高院根据本地情况在 20 万 ~ 50 万元的幅度内自行划定),给该行业内从事生产、经营活动的其他单位、组织、个人造成直接经济损失 100 万元以上等情节之一。第 3～5 种情形中的“造成严重影响”，是指具有致人重伤或致多人轻伤、通过违法犯罪活动或以其他不正当手段敛财数额巨大（数额标准同上）、造成直接经济损失 100 万元以上、多次引发群体性事件或引发大规模群体性事件等情节之一。第 6 种情形中的“多次干扰、破坏国家机关、行业管理部门以及村委会、居委会等基层群众自治组织的工作秩序”，包括以拉拢、收买、威胁等手段多次得到国家机关工作人员包庇或纵容，或者多次对前述单位、组织中正常履行职务的工作人员进行打击、报复的情形。第 7 种情形中的“获取政治地位”，是指当选各级人大代表、政协委员。“担任一定职务”，是指在各级党政机关及其职能部门、基层群众自治组织中担任具有组织、领导、监督、管理职权的职务。

严格按照《刑法》的规定，没有疑问的是，“非法控制特征”认定的核心在于判断行为是否形成了“非法控制或者重大影响”。而且，对于黑社会性质组织“非法控制特征”，既然《刑法》明确规定为“形成非法控制或者重大影响”，那么严格贯彻同质解释原理，这里的“重大影响”应当与“非法控制”具有相当性。“非法控制”和“重大影响”的实质都是支配，强调的都是犯罪行为对一定地区或特定行业社会关系的控制力、支配力和影响力，只是表现形式上有所不同而已。[①] 行为是否存在“非法控制”或者“重大影响”，需要结合组织规模、存续时间、组织实施的违法犯罪行为及其强度、组织经济实力以及行为造成后果综合判断。即便行为造成了严重后果比如人员伤亡或重大财产损失，如果组织缺乏对一定地区或行业的控制力，那么就不能认定为符合《刑法》规定的“非法控制特征”。立足于“非法控制特征”的本意，不能不说 2009 年和 2015 年两个《会议纪要》的规定存在过度扩张的问题：一方面，在概念表述上，刑法规定的“非法控制”“重大影响”的概念被上述两《会议纪要》切换为“重要影响”“严重影响”；另一方面，对于“非法控制特征”的认定，上述两个《会议纪要》，特别是 2015 年《会议纪要》更是没有将其严

---

① 参见周光权：《黑社会性质组织非法控制特征的认定——兼及黑社会性质组织与恶势力团伙的区分》，载《中国刑事法杂志》2018 年第 3 期。

格限定在与非法控制、支配同质的程度，将单纯的行为造成的后果严重的情形（比如2015年《会议纪要》对2009年《会议纪要》规定八种情形中的第3～5种情形“造成严重影响”的解释）也规定为符合“非法控制特征”。此外，2009年《会议纪要》关于“非法控制特征”兜底条款的设置，即“其他形成非法控制或者重大影响，严重破坏经济、社会生活秩序的情形”，更是为“非法控制特征”的实践扩张预留了罪刑法定的空间。

在案件处理上，司法人员因没有正确理解和适用《刑法》规定的“非法控制特征”导致黑社会性质组织被拔高认定的情形也多种多样。

有的办案人员在认定黑社会性质组织时，只是重视“组织特征”“行为特征”的判断，忽视或不重视“经济特征”和“非法控制特征”（特别是“非法控制特征”）对黑社会性质组织成立的意义。如郑某某等组织、领导黑社会性质组织、寻衅滋事、非法拘禁、盗窃、容留他人吸毒、贩卖毒品、参加黑社会性质组织案中，人民法院认定被告人郑某某犯组织、领导黑社会性质组织罪的主要事实和理由是：“2014年3月以来，被告人郑某某纠集被告人王某某（另案处理）、门某、肖某等人结成犯罪团伙……多次在某某县实施寻衅滋事、非法拘禁、盗窃等刑事犯罪案件，犯罪情节恶劣，已造成重大社会影响。”“证据能够证实以郑某某、王某某为首，门某、肖某等人为成员的涉黑犯罪组织的组织特征和经济特征，其中，郑某某、王某某以提供生活资金和毒品等方式来笼络和控制组织成员，提供作案资金、作案工具，组织门某、肖某等人实施犯罪，并用犯罪所得收益等收入来支持犯罪集团活动，而门某、肖某等部分成员集中吸食毒品，遇事统一行为，听从郑某某、王某某安排，积极参与犯罪，该组织已形成一个共同的利益犯罪团体，有一定的社会负面影响力，且有被害人陈述、证人证言及相关书证在卷佐证，足以认定。”[1]本案中，人民法院就忽视了“非法控制特征”的认定，这种做法实际上没有真正把握黑社会性质组织的本质。

---

① 参见（2016）豫1324刑初530号刑事判决书。

有的办案人员虽然注意到了“非法控制特征”的认定，但缺乏或者回避对行为如何符合“非法控制特征”进行事实和法律的必要论证。[①] 根据《刑法》规定，不管是“非法控制”，还是“重大影响”，都系针对特定行业、发生于特定区域，并非抽象的概念或存在。一旦“非法控制或者重大影响”变成抽象和缺乏实体内容的概念，那么该特征不仅起不到限定黑社会性质组织范围的立法初衷，相反却有可能为黑社会性质组织被恣意拔高认定提供罪刑法定依据。

有的办案人员采取“打包式”做法，司法文书在列举了行为人实施强迫交易、故意伤害、寻衅滋事等违法犯罪后，对于行为是否符合黑社会性质“组织特征”不作进一步地分析、论证，往往以“综上所述”等笼统地指控或认定行为人构成黑社会性质组织犯罪。这种做法不妥之处在于办案人员忽视了黑社会性质组织系《刑法》规定的独立罪名，具有独立构成要件，行为是否成立黑社会性质组织罪，办案人员需要对涉案行为是否具备“组织特征”“经济特征”“行为特征”“非法控制特征”进行独立、逐一地判断与认定。

2.“非法控制特征”的再界定与排除认定的情形

关于“非法控制特征”的规定，无论是“称霸一方”“一定区域”“一定行业”，还是“非法控制”“重大影响”“严重破坏”，本质上都属于规范构成要件要素。本书无意否定规范性构成要件存在的价值，而且从立法技术上讲，放弃了规范构成要件，黑社会性质组织的把握将更为困难，而只要立法采取规范构成要件的立法技术和概括性表述，就无法回避犯罪认定中的不确定性问题。无论是过去打黑除恶时期，还是当下扫黑除恶的新时代，“非法控制特征”含义扩张而导致黑社会性质组织被拔高认定的问题一直比较突出。个中原因是复杂和多方面的，其中与国家对黑恶犯罪奉行的“严惩”方针政策有重要关系。现代社会，刑事政策与刑法早已超越了李斯特鸿沟，呈现出明显靠近的趋势。刑事政策对刑法具有指导意义，对犯

---

① 参见(2017)粤1972刑初2473号判决书。

罪构成具有制约功能,[①]刑法解释方向和立场必须考虑国家特定时期或针对特定犯罪的刑事政策。“依法严惩”的基本方针和国家对黑恶犯罪宽容度的降低不可避免地带来黑恶犯罪的扩张认定,但如前指出,黑社会性质组织的本质以及其在整个犯罪构造中的地位决定了对其认定应采取谨慎、限制认定的立场。

具体来说,对“非法控制特征”含义作如下层面再界定是必要的,以下情形应排除“非法控制特征”的认定。

第一,在犯罪难以成立犯罪集团时,应排除“非法控制特征”的认定。按照组织的严密程度,犯罪集团可以分为普通犯罪集团、黑社会性质组织、黑社会组织。[②] 如前指出,既然黑社会性质组织是当前我国《刑法》规定的有组织犯罪的最高级、最严密形态,那就意味着黑社会性质组织必须具备普通犯罪集团的基本特征。《刑法》第26条第2款规定:“三人以上为共同实施犯罪而组成的较为固定的犯罪组织,是犯罪集团。”根据《刑法》规定,成立犯罪集团除了需要主体多数性和组织稳定性之外,还要求行为目的的明确性,即犯罪集团的形成是为了反复多次实施一种或数种犯罪行为。[③] 如果行为不具有明确犯罪目的,难以认为成立犯罪集团,也就无从谈起构成黑社会性质组织。例如,A公司使用自有合法资金以年利率30%从事民间借贷活动,交易数量达800余万,其中部分借贷发生纠纷。为了催还本金和利息,A公司在人民法院起诉的同时,公司员工和负责人对债务人私力讨债,其间对部分债务人使用暴力、威胁行为,在当地产生了不良影响。涉案行为不能简单地认为成立黑社会性质组织,因为民间借贷本质上属于民间资金融通的行为。最高人民法院、最高人民检察院、公安部、司法部2019年10月21日起施行的《关于办理非法放贷刑事案件若干问题的意见》规定:“以超过36%的实际年利率实施符合本意见第一条规定的非法放贷行为”,才可能依法构成非法经营罪。本案中借贷的年利率为30%,依法

① 参见陈兴良:《刑法教义学与刑事政策的关系:从李斯特鸿沟到罗克辛贯通——中国语境下的展开》,载《中外法学》2013年第5期。

② 参见黎宏:《刑法学总论》(第2版),法律出版社2016年版,第285页。

③ 参见张明楷:《刑法学》(第5版),法律出版社2016年版,第388页。

不能成立非法经营罪。A公司及其员工讨债的手段行为虽然可能依法构成故意伤害罪、非法拘禁罪、寻衅滋事罪等，但在主体行为（借贷）整体无法评价为犯罪集团（犯罪）时，将其认定为黑社会性质组织，就难以被认为是妥当的。

第二，在非法控制对象只是针对内部成员，属于“内部管理性非法控制”时，应排除“非法控制特征”的认定。组织性是所有犯罪集团的共性特征，也就是说，无论是一般犯罪集团，恶势力犯罪集团，还是黑社会性质组织，都应具备组织性特征。组织意味着成员之间存在领导与被领导关系，[①]组织的本质在于组织体内部的有序地管理和控制。即便对一般犯罪集团而言，首要分子对组织本身和其他成员也有领导、管理、控制作用，但这里的管理、控制属于内部性管理、控制。与此不同，要成立作为犯罪集团高级形态的黑社会性质组织，除了具备一般犯罪集团的内部自我管理、控制之外，关键在于该组织通过实施刑法规定的违法犯罪行为，形成对一定领域或行业的控制或重大影响，即“外部社会性”控制。而只有某一组织具备“外部社会性”控制时，才能真正显示出与政府和社会正统管理的对抗。所以，某一犯罪组织究竟只是属于一般犯罪集团，还是超越了一般犯罪集团成为黑社会性质组织，重在考察非法控制的属性，即究竟只是针对内部成员或组织内部运行而言，还是超越犯罪集团内部形成对外一定区域或者行业的非法控制。当非法控制只是具有犯罪集团的“内部性”而无法体现“外部社会性”时，不能认定行为符合《刑法》第294条关于“非法控制特征”的规定，从而肯定黑社会性质组织的成立。例如，在行为人开设赌场或强迫卖淫的场合，即使参与犯罪集团的人员较多，内部结构组织性明显，成员分工明确，为了违法犯罪活动顺利进行，首要分子对犯罪集团的部分成员（包括参赌人员或卖淫女性）实施暴力、胁迫行为，即便造成了一定伤亡结果或者较大社会影响，如果暴力、胁迫行为只是针对集团内部成员，系出于对犯罪集团内部管理之需，那么该场合下的犯罪集团就只是属于一般犯罪集团，不能认为具备“非法控制特征”从

---

① 参见黎宏：《刑法学总论》（第2版），法律出版社2016年版，第285页。

而拔高认定为黑社会性质组织。

根据《刑法》的规定,非法控制必须“在一定区域或者行业内”。2015 年《会议纪要》指出,黑社会性质组织所控制和影响的“一定区域”,应当具备一定空间范围,并承载一定的社会功能。既包括一定数量的自然人共同居住、生活的区域,如乡镇、街道、较大的村庄等,也包括承载一定生产、经营或社会公共服务功能的区域,如矿山、工地、市场、车站、码头等。对此,应当结合一定地域范围内的人口数量、流量、经济规模等因素综合评判。《会议纪要》还特别强调,如果涉案犯罪组织的控制和影响仅存在于一座酒店、一处娱乐会所等空间范围有限的场所或者人口数量、流量、经济规模较小的其他区域,则一般不能视为是对“一定区域”的控制和影响。可见,关于非法控制的“外部社会性”,2015 年《会议纪要》明显采取了限制解释的立场,既明确了“一定区域”(包括“一定行业”)认定原则和思路,又采取了反向列举的方法将非法控制或影响仅仅局限于一座酒店、一处娱乐场所的情形排除在外。与正面解释“非法控制特征”含义的做法相比,反向归纳和列举不具备“非法控制特征”的情形,标准可能更明确和更具有可操作性。

当前实践中值得研究的问题是:当违法犯罪针对社会不特定对象,并不明显局限于“一定区域”或者“行业”时,能否肯定非法控制的“外部社会性”从而认定黑社会性质组织的成立?比如,某犯罪集团采取暴力、胁迫等手段非法讨债,违法犯罪跨越不同地区,针对不同对象,在“组织特征”“行为特征”“经济特征”都具备的情况下,能否肯定“非法控制特征”从而认定为黑社会性质组织。本书认为,当行为针对社会不特定或者多数对象时,行为已具备公共性或者社会性,并不疑问。正因为如此,刑法理论上对公共安全的解释普遍认为是不特定或多数人的安全。① 而且,一概绝对地认为行为的非法控制只能局限于某一个区域或行业,也不符合社会事实。黑社会性质组织实力越强大,其非法控制或影响的区域或行业随之也

① 参见马克昌主编:《刑法》(第 4 版),高等教育出版社 2017 年版,第 295 页;张明楷:《刑法学》(第 5 版),法律出版社 2016 年版,第 687 页。

会越广泛,完全可能超越某一地区或行业。只是问题在于:一方面,对于“非法控制特征”,《刑法》明确规定为“在一定区域或者行业内”形成非法控制或者重大影响。2015 年《会议纪要》指出:“黑社会性质组织所控制和影响的‘一定行业’,是指在一定区域内存在的同类生产、经营活动。黑社会性质组织通过多次有组织地实施违法犯罪活动,对黄、赌、毒等非法行业形成非法控制或重大影响的,同样符合‘非法控制特征’(危害性特征)的要求。”无论是一定区域,还是一定行业,都是具有实体内容的概念,在区域性和行业特征不明显的情况下,肯定“非法控制特征”,将存在有违刑法和司法文件规定之嫌。另一方面,在黑社会性质组织尚处于初前期阶段,如果违法犯罪的区域或对象不特定,势必会影响或削弱行为的非法控制或影响力,在这种情况下,其能否达到《刑法》要求的“非法控制”程度,就不无疑问。所以,对于上述情形,司法机关还是应以谨慎地肯定“非法控制特征”为妥。

第三,对“一定区域或者行业”的非法控制没有达到“控制或者重大影响”程度时,应排除或谨慎认定“非法控制特征”。这是关于“非法控制特征”量的规定,也是恶势力犯罪集团和黑社会性质组织区别的关键所在。控制的本质是行为人对事物的支配关系,既然《刑法》将“控制或者重大影响”并列规定,根据同质解释的原理,“重大影响”当然应当达到或至少接近“控制”的程度。如前所述,2009 年和 2015 年《会议纪要》对于“非法控制特征”的规定并没有很好地遵守同质性,在这种情况下,司法人员在具体案件处理时应尽可能避免进一步降低《会议纪要》的规定。例如,行为未与他人形成竞争关系的,不应成立非法控制;重大危害后果不能归属于行为人的,不能认定为非法控制;被告人一直本着大事化小的态度处理矛盾的,难以认定具有非法控制性;所谓的“联营体”为维护经营活动结成联盟的,不应属于非法控制。[①] 行为人虽然使用暴力、胁迫等非法手段,但对于纠纷主要诉诸行政或司法渠道解决问题的,不

---

① 参见周光权:《黑社会性质组织非法控制特征的认定——兼及黑社会性质组织与恶势力团伙的区分》,载《中国刑事法杂志》2018 年第 3 期。

宜认定为非法控制。

第四,避免"借用思维"与公司、企业排除涉黑(恶)犯罪认定的情形。"非法控制特征"的成立当然以控制行为系非法为前提,如果行为对一定地区或行业的控制系通过合法行为,自然不存在符合"非法控制特征"的问题。该问题在公司、企业涉黑(包括涉恶)认定中有必要特别注意。实践中虽不排除行为人为了实施黑恶犯罪而专门成立公司、企业,或者公司、企业成立后,主要从事黑恶违法犯罪活动,但更多的情况是:公司、企业依法成立后,在经营管理过程中部分行为牵涉黑社会性质组织(包括恶势力)违法犯罪。公司、企业作为组织形式而存在,自身除了具有一定的组织性特征和一定的经济实力,也具有一定外部影响力,而且,公司、企业的规模越大,实力越强,外部影响力往往也越大。如果公司、企业成立后并非专门或主要从事违法犯罪活动,或者说公司、企业组织形式并不是为了违法犯罪而存在,只是在经营过程中部分行为涉及黑社会性质组织(包括恶势力)违法犯罪活动,那么我们就不能简单将公司、企业在正常生产经营过程中自身具有的组织特征、经济实力特征和一定的影响力事实"借用"或"挪用"以认定该公司、企业符合黑社会性质组织(包括恶势力)特征进而将其认定为黑社会性质组织(包括恶势力)。黑社会性质组织(包括恶势力)成立所需的"非法控制特征"(包括"组织特征"和"经济特征")必须要有一定独立性,即独立于公司、企业正当经营管理的框架与体系之外。

(三)黑社会性质组织中"组织性"的含义

《刑法》第 294 条第 5 款规定了黑社会性质组织的组织特征、经济特征、行为特征和非法控制特征。从刑法条文的表述看,除组织特征外,在经济特征和行为特征中,都使用了"有组织地"字眼,即"有组织地通过违法犯罪活动或者其他手段获取经济利益""有组织地多次进行违法犯罪活动",可见"组织性"对于黑社会性质组织成立的重要意义。正因如此,黑社会性质组织才被认为是犯罪集团的高级形态,即犯罪集团中的犯罪集团。既然黑社会性质组织是犯罪集团的高级形态,那么司法实践中就应重视"组织性"对黑社会性质组织成立的意义。根据刑法的规定,"组织性"至少包括两方面含义：一是在组织结构上，已形成刑法规定的“稳定的犯罪组织”；二是在犯罪行为上，行为人“有组织地”从事违法犯罪活动，即违法犯罪活动有计划、有预谋，即便是突然性作案，往往也是在犯罪集团总的犯罪故意支配下进行的。[①] 所以，即便有多人在一段时间内经常聚集在一起实施违法犯罪活动，形成了具有一定稳定性的犯罪组织，如果不属于“有组织地”从事违法犯罪行为，违法犯罪活动明显具有分散性、随意性，也只是成立犯罪团伙，不能拔高认定为黑社会性质组织。司法实践中一种值得注意的现象是：有的办案人员在证明涉案行为具备“组织特征”后，进一步指控该组织实施了一系列违法犯罪行为，如实施了故意伤害案1起、寻衅滋事案5起、聚众斗殴案1起、窝藏包庇案2起、骗取贷款案2起，另外还有数起违法行为，从而肯定构成黑社会性质组织。这种认定方式的问题在于：尽管涉案主体系多人，涉案违法犯罪事实有多起，但这些违法犯罪事实是否系“有组织地实施”，不无疑问。黑社会性质组织不是主体方面的“一群人”与客观方面“一堆违法犯罪事实”的简单相加之和。

五、“恶势力”的本质与界定

司法实践中，较之于黑社会性质组织，恶势力被拔高认定的问题更为突出。随着《恶势力意见》颁布，有些问题得以明确或解决，但仍存在不少问题需进一步探讨与厘清。

（一）一种不正确的观念（做法）

当前实践中，一种有力的观点认为：“恶势力”并非刑法概念，即便司法机关认定某行为系恶势力犯罪，也不会单独判处被告人恶势力罪名并单独适用刑罚，所以，司法机关对于恶势力犯罪放宽、拔高认定无关大局，没有必要如黑社会性质组织认定那样严格限制。这种观念（做法）是不正确的。

首先，从法律性质看，“恶势力”并非严格意义上的刑法概念，只是因为过去“严打”时期都将其与黑社会性质组织一起列为惩治

---

① 参见张明楷：《刑法学》（上），法律出版社2016年版，第388页。

重点,其逐渐成为司法实践和学者研究所使用的术语。《指导意见》出台前,恶势力并不具有正式刑法制度的地位,对恶势力犯罪的事实认定和法律适用,都是围绕恶势力是否构成共同犯罪、是否成立犯罪集团以及恶势力构成何种罪名进行的。[①] 但恶势力作为非正式制度的状态被《指导意见》改变,《指导意见》规定:"在相关法律文书中的犯罪事实认定部分,可使用'恶势力'等表述加以描述。""公安机关、人民检察院、人民法院在办理恶势力犯罪案件时,应当按照上述规定,区别于普通刑事案件,充分运用刑法总则关于共同犯罪和犯罪集团的规定,依法从严惩处。"[②]《恶势力意见》对于恶势力、恶势力犯罪集团认定进一步规定。对于将罪刑法定原则奉为圭臬的现代刑法而言,《指导意见》上述规定的正当性显然面临疑问,但其明确规定允许以"恶势力"对特定组织及其违法犯罪活动作整体评价、对行为主体作区分性提示,这事实上肯定了恶势力作为一种半正式刑法制度的地位,[③]恶势力由此获得了刑法上的正式身份。这种情况下,"恶势力"刑法学含义的界定就成为无法忽视的重要问题。准确界定恶势力犯罪事关扫黑除恶工作的精准开展,过度扩大或拔高认定恶势力犯罪,都将导致扫黑除恶专项斗争偏离法治轨道。而且,尽管恶势力不属于刑法中的独立罪名,行为性质也最终要依照刑法总则关于共同犯罪和犯罪集团的规定等处理,但《指导意见》《恶势力意见》已清楚地表明恶势力法律标签的确定将带来恶势力所属罪行的从严处罚,对此自然不能轻率马虎。

其次,特别有必要注意的是,当前扫黑除恶专项斗争并非仅仅是一项法律活动,还带有很强的政策性和政治性。[④] 实践中,"恶势力"概念早已超出法律范畴,是个兼具法律和政治双重否定性评价

---

① 参见黄京平:《黑恶势力利用"软暴力"犯罪的若干问题》,载《北京联合大学学报》(人文社会科学版)2018 年第 2 期。

② 各地法院对于判决书是否使用"恶势力"做法并不一致,有的地方使用该概念,有的地方明确要求尽量不使用该术语认定犯罪。后者的主要原因是,该概念的使用,可能会增加犯罪人不服判决而提起上诉。

③ 参见黄京平:《黑恶势力利用"软暴力"犯罪的若干问题》,载《北京联合大学学报》(人文社会科学版)2018 年第 2 期。

④ 对于扫黑除恶的核心要义,中央明确强调了"三性",即政治性、全面性、彻底性。

的术语或话语体系。而且,对犯罪人而言,恶势力在政治上的否定性评价及其产生的负面后果甚至可能远远超过其在法律层面的否定性评价及后果。行为一旦被定性为恶势力犯罪,这个标签对犯罪人及其家庭和社会关系都会产生强烈的负面效应。沉重的标签必须慎重且有节制地适用。

(二)"恶势力"的概念:变迁与小结

概念乃是解决法律问题所必不可少的工具,[①]对恶势力概念变迁的梳理,有利于明确其范围和适用立场。从法律渊源上讲,"恶势力"并非严格意义上的刑法概念。根据陈兴良教授的研究,恶势力概念早在20世纪90年代就已明确提出,只是那时的司法文件没有严格区分黑社会性质组织和恶势力的界限,《2009年座谈会纪要》被认为首次在司法文件中对恶势力做了专门规定。[②]

1999年最高人民法院《全国法院维护农村稳定刑事审判工作座谈会纪要》(以下简称《纪要》)就对农村恶势力犯罪案件有专门规定:"对于团伙成员相对固定,以暴力、威胁手段称霸一方,欺压百姓,采取收取'保护费'、代人强行收债、违规强行承包等手段,公然与政府对抗的,应按照黑社会性质组织犯罪处理。"《纪要》虽对恶势力特征有所描述,但并未对其含义作完整的界定。关于恶势力的性质,《纪要》倾向于拔高认定为黑社会性质组织。

2009年《会议纪要》明确界定了恶势力的性质与含义:"'恶势力'是指经常纠集在一起,以暴力、威胁或其他手段,在一定区域或者行业内多次实施违法犯罪活动,为非作恶,扰乱经济、社会生活秩序,造成较为恶劣的社会影响,但尚未形成黑社会性质组织的犯罪团伙。'恶势力'一般为三人以上,纠集者、骨干成员相对固定,违法犯罪活动一般表现为敲诈勒索、强迫交易、欺行霸市、聚众斗殴、寻衅滋事、非法拘禁、故意伤害、抢劫、抢夺或者黄、赌、毒等。"2009年《会议纪要》明确将恶势力界定为犯罪团伙,并描述了恶势力的

① 参见[美]E.博登海默:《法理学:法律哲学与法律方法》,邓正来译,中国政法大学出版社1999年版,第486页。

② 参见陈兴良:《恶势力犯罪研究》,载《中国刑事法杂志》2019年第4期。

特征以及其惯常实施的违法犯罪类型。

《指导意见》进一步明确了恶势力犯罪含义,第 14 条第 1 款规定:"具有下列情形的组织,应当认定为'恶势力':经常纠集在一起,以暴力、威胁或者其他手段,在一定区域或者行业内多次实施违法犯罪活动,为非作恶,欺压百姓,扰乱经济、社会生活秩序,造成较为恶劣的社会影响,但尚未形成黑社会性质组织的违法犯罪组织。恶势力一般为三人以上,纠集者相对固定,违法犯罪活动主要为强迫交易、故意伤害、非法拘禁、敲诈勒索、故意毁坏财物、聚众斗殴、寻衅滋事等,同时还可能伴随实施开设赌场、组织卖淫、强迫卖淫、贩卖毒品、运输毒品、制造毒品、抢劫、抢夺、聚众扰乱社会秩序、聚众扰乱公共场所秩序、交通秩序以及聚众'打砸抢'等。"第 15 条规定:"恶势力犯罪集团是符合犯罪集团法定条件的恶势力犯罪组织,其特征表现为:有三名以上的组织成员,有明显的首要分子,重要成员较为固定,组织成员经常纠集在一起,共同故意实施三次以上恶势力惯常实施的犯罪活动或者其他犯罪活动。"

与 2009 年《会议纪要》相比,《指导意见》关于恶势力犯罪有不少新的规定和表述:在行为主体上,将"纠集者、骨干成员相对固定"修改为"纠集者相对固定"等;在行为特征中,增加了"欺压百姓"用语;将此前《会议纪要》规定的"尚未形成黑社会性质组织的犯罪团伙"修改为"尚未形成黑社会性质组织的违法犯罪组织";明确了成立恶势力犯罪所必须的基础违法犯罪行为和可能附随实施的违法犯罪行为;规定了恶势力犯罪集团的概念、特征以及指出了司法文书可以使用"恶势力"的概念。

新近颁布的《恶势力意见》围绕恶势力的性质、分类、主体特征、行为特征、结构特征等作了进一步规定,特别是其中例示性排除恶势力认定的规定,对于限制恶势力以及恶势力犯罪集团的范围,更是提供了可操作性标准。如《恶势力意见》第 5 条规定:"单纯为牟取不法经济利益而实施的'黄、赌、毒、盗、抢、骗'等违法犯罪活动,不具有为非作恶、欺压百姓特征的,或者因本人及近亲属的婚恋纠纷、家庭纠纷、邻里纠纷、劳动纠纷、合法债务纠纷而引发以及其他确属事出有因的违法犯罪活动,不应作为恶势力案件处理。"

综上可见，“恶势力”的概念和范围经历了一个从模糊到逐步清晰的过程，而且，司法文件显示出限制其范围的趋势与立场：第一，在性质上，1999 年《纪要》之后的司法性文件都是将恶势力与黑社会性质组织严格区别，将其明确定性为尚未形成黑社会性质组织的违法犯罪团伙或组织。第二，《指导意见》《恶势力意见》进一步区分恶势力与恶势力犯罪集团以及有关恶势力犯罪集团的规定，实际上表明即便是恶势力犯罪集团，也不能拔高认定为黑社会性质组织。第三，《恶势力意见》有关恶势力的规定，特别是排除恶势力（包括成员）情形的规定进一步体现出限制恶势力范围的立场。除上述指出的《恶势力意见》第 5 条规定外，其第 7 条和第 8 条规定也属于此种典型情形。《恶势力意见》第 7 条规定：“‘经常纠集在一起，以暴力、威胁或者其他手段，在一定区域或者行业内多次实施违法犯罪活动’，是指犯罪嫌疑人、被告人于 2 年之内，以暴力、威胁或者其他手段，在一定区域或者行业内多次实施违法犯罪活动，且包括纠集者在内，至少应有 2 名相同的成员多次参与实施违法犯罪活动。对于‘纠集在一起’时间明显较短，实施违法犯罪活动刚刚达到‘多次’标准，且尚不足以造成较为恶劣影响的，一般不应认定为恶势力。”第 8 条规定：“恶势力实施的违法犯罪活动，主要为强迫交易、故意伤害、非法拘禁、敲诈勒索、故意毁坏财物、聚众斗殴、寻衅滋事，但也包括具有为非作恶、欺压百姓特征，主要以暴力、威胁为手段的其他违法犯罪活动。恶势力还可能伴随实施开设赌场、组织卖淫、强迫卖淫、贩卖毒品、运输毒品、制造毒品、抢劫、抢夺、聚众扰乱社会秩序、聚众扰乱公共场所秩序、交通秩序以及聚众‘打砸抢’等违法犯罪活动，但仅有前述伴随实施的违法犯罪活动，且不能认定具有为非作恶、欺压百姓特征的，一般不应认定为恶势力。”

（三）司法文件将恶势力界定为“组织”的理解与简要评论

如前所述，在术语使用方面，2009 年《会议纪要》与《指导意见》关于恶势力的表述并不尽一致，前者将恶势力表述为“犯罪团伙”，后者在界定恶势力的概念时使用的是“组织”“违法犯罪组织”。《恶势力意见》沿用了《指导意见》的规定。在刑法中，“组织”往往与“犯罪集团”或“有组织犯罪”相联系，“组织”术语的使用，是否意味着《指导意见》《恶势力意见》对于恶势力犯罪的定性发生了改变？即是否表明只有达到犯罪集团或者有组织犯罪程度时，才应将特定犯罪组织认定为恶势力犯罪？《指导意见》颁布后，有学者将恶势力界定为有组织犯罪形态，如周光权教授写道："恶势力团伙是在从一般团伙犯罪向黑社会性质组织犯罪动态发展过程中处于较高级阶段的有组织犯罪形态。"①

有必要指出的是，恶势力作为一个兼具政治和法律双重否定性评价概念，整体上节制其范围的立场是值得肯定的，但将其界定为一种有组织犯罪形态，既不符合社会现实，在理论解释方面也面临明显的疑问。首先，法律必须面对现实社会问题，我国眼下恶势力犯罪更多仍然是以犯罪团伙形式存在，组织程度相对低，结构形式比较松散，无法达到犯罪集团或有组织犯罪的程度。对于此类恶势力急需专项治理，防止坐大成势，生长为犯罪集团甚至黑社会性质组织。如果将恶势力犯罪严格界定为有组织犯罪形态，那么势必导致实践中那些没有达到有组织形态的恶势力团伙无法纳入本次扫黑除恶专项斗争的惩治范围，与"扫黑除恶"的政策初衷相背离。其次，任何概念的含义都离不开解释。在解释方法上，与刑法条文解释一样，规范性文件的概念用语也要坚持体系性理解。如前指出，《指导意见》第 14 条明确了恶势力系组织的含义后，第 15 条又专门规定了恶势力犯罪集团的概念和特征。《恶势力意见》在第 4 条（恶势力，是指经常纠集在一起，以暴力、威胁或者其他手段，在一定区域或者行业内多次实施违法犯罪活动，为非作恶，欺压百姓，扰乱经济、社会生活秩序，造成较为恶劣的社会影响，但尚未形成黑社会性质组织的违法犯罪组织。）规定恶势力概念同时，第 11 条专门重申恶势力犯罪集团含义："恶势力犯罪集团，是指符合恶势力全部认定条件，同时又符合犯罪集团法定条件的犯罪组织。恶势力犯罪集团的首要分子，是指在恶势力犯罪集团中起组织、策划、指挥作用的犯罪分子。恶势力犯罪集团的其他成员，是指知道或者应当知道

---

①　周光权：《黑社会性质组织非法控制特征的认定——兼及黑社会性质组织与恶势力团伙的区分》，载《中国刑事法杂志》2018 年第 3 期。

是为共同实施犯罪而组成的较为固定的犯罪组织,仍接受首要分子领导、管理、指挥,并参与该组织犯罪活动的犯罪分子。恶势力犯罪集团应当有组织地实施多次犯罪活动,同时还可能伴随实施违法活动。恶势力犯罪集团所实施的违法犯罪活动,参照《指导意见》第10条第2款的规定认定。”如果认为恶势力必须具有组织性,系犯罪集团,那么上述规定不仅难以协调,也面临体系性矛盾。

在语义上,“组织”一词既可以扩张解释,也可以限制使用。如果采取扩张解释,犯罪团伙也不妨可以理解为一种犯罪组织;相反,如果采取严格限制立场,犯罪团伙只有达到犯罪集团或有组织犯罪的程度,才可称为“有组织性”。前者概念多为社会民众使用,专业领域多用后者狭义的称谓。《指导意见》《恶势力意见》将恶势力性质表述为“组织”“违法犯罪组织”,系广义的称谓,偏离了“组织”的专业惯常意义,不能将其与犯罪集团和黑社会性质组织中的“组织性”等同理解。就概念表达的科学性而言,该做法有失严谨,日后有必要修改完善。

(四)“恶势力”的本质与解释立场

司法实践中,由于对中央扫黑除恶精神把握不准和《指导意见》的理解偏差,有的地方或部门对恶势力认定机械地采取“三人三次的标准”,即只要三人以上共同故意实施《指导意见》规定的三次恶势力惯常实施的犯罪活动,就认定为恶势力犯罪。有的地方甚至出现将三人以上共同实施三次抢夺罪认定为恶势力犯罪的极端做法。《恶势力意见》颁布后,这种不正确的做法有望在一定程度上改善,但其中反映的对恶势力本质理解错位的问题不能忽视。

关于恶势力本质,现有规范性文件并没有明确规定,我们只能从规范性文件关于恶势力特征的规定分析总结。如上所述,无论是打黑除恶时期颁布的2009年《座谈会纪要》,还是扫黑除恶新时期制定的《指导意见》,都不约而同地强调了恶势力要在一定区域或者行业内,为非作恶,多次实施违法犯罪活动,扰乱经济、社会生活秩序,造成较为恶劣的社会影响。其中,《指导意见》还增加了“欺压百姓”的用语。犯罪的本质是行为具有严重的社会危害性,恶势力之所以被视为一种特殊的犯罪形态,重要原因在于其行为造成的社会危害和恶劣社会影响会波及一定区域或行业，社会危害具有散发性和辐射性，换句话说，具有扰乱公共秩序的性质。如果不重视上述特征，就无法区别恶势力与一般违法犯罪的界限，正是基于此考虑，“为非作恶，欺压百姓，扰乱经济、社会生活秩序，造成较为恶劣的社会影响”被认为是恶势力犯罪的本质特征。

立足于恶势力本质，结合《指导意见》《恶势力意见》的规定，关于恶势力的认定，有必要注意以下几个方面的问题：

第一，关于“恶”的限制解释。在法律性质上，所有违法犯罪都属于“恶”，在这个意义上，任何类型的违法犯罪如果形成势力时，都不妨属于恶势力。但这种对“恶”表面文义的理解并不符合恶势力本质。作为黑社会性质组织雏形或“进化”前阶段的恶势力犯罪，与黑社会性质组织具有相类似的本质，即必须体现出与政府对社会有效管理控制对抗的先兆。具体来说，恶势力违法犯罪行为应当体现逞强争胜、在社会上争夺影响力、在一定区域或者行业谋求控制或势力范围、打击竞争对手、插手民事经济纠纷的属性。如果行为人特别是纠集者主观上没有上述违法犯罪目的，行为在客观上也不体现上述性质，只是单纯实施抢夺、故意伤害、非法拘禁、敲诈勒索等违法犯罪行为，即使行为由多人共同多次实施，也只是成立一般性质的犯罪团伙、共同犯罪或犯罪集团，不能拔高认定为恶势力。《指导意见》强调成立恶势力需要“为非作恶，欺压百姓”的规定，以及《恶势力意见》第 5 条将单纯为牟取不法经济利益而实施的“黄、赌、毒、盗、抢、骗”等违法犯罪活动排除在恶势力之外的规定，都是基于此考虑。

第二，恶势力认定应重视“势力”的判断。恶势力系合成词，由“恶”和“势力”组成，完整地把握“恶势力”含义，“恶”与“势力”两者皆不能偏废。恶势力认定要重视“势力”存在与否的判断，这也是司法文件的精神与明确规定。2009 年《会议纪要》在界定恶势力时，特别强调要“扰乱经济、社会生活秩序，造成较为恶劣的社会影响，但尚未形成黑社会性质组织的犯罪团伙”。《指导意见》指出，行为要“扰乱经济、社会生活秩序，造成较为恶劣的社会影响，但尚未形成黑社会性质组织的违法犯罪组织”。可见对于恶势力的危害性,现有司法文件既明确了下限,即扰乱经济、社会生活秩序,造成较为恶劣的社会影响,也规定了上限,即尚未形成黑社会性质组织的犯罪团伙或者尚未形成黑社会性质组织的违法犯罪组织。势力,顾名思义,是指权威、权势、实力。违法犯罪要成为一种“势力”,不仅参与者要达到三人以上,纠集者相对固定,多次实施违法犯罪活动,还需要“经常纠集”在一起实施违法犯罪,即违法犯罪行为要体现“经常性”。对此,《恶势力意见》指出:“‘经常纠集在一起,以暴力、威胁或者其他手段,在一定区域或者行业内多次实施违法犯罪活动’,是指犯罪嫌疑人、被告人于2年之内,以暴力、威胁或者其他手段,在一定区域或者行业内多次实施违法犯罪活动,且包括纠集者在内,至少应有2名相同的成员多次参与实施违法犯罪活动。对于‘纠集在一起’时间明显较短,实施违法犯罪活动刚刚达到‘多次’标准,且尚不足以造成较为恶劣影响的,一般不应认定为恶势力。”相对于此前司法文件,《恶势力意见》关于恶势力构成要件尽可能量化规定,以提升实践认定的可操作性,但有必要注意的是:符合上述数字特征只是成立恶势力的必要条件,是恶势力成立的最低限度标准,司法人员对恶势力的认定不能只是简单抠取上述几个数字对号入座,应立足于恶势力的本质,对于行为究竟是否“成势”作实质性判断。恶势力犯罪作为黑社会性质组织的雏形,只有在黑社会性质组织发展趋势的意义上理解认定,才算真正把握了该概念的要义。“三人三次的标准”只是对《指导意见》《恶势力意见》的片段性理解,该标准虽简单明了,易于把握,但并不能提倡。

第三,关于“恶势力”外延的把握。如前所述,1999年《纪要》和2009年《会议纪要》都只是规定了恶势力含义和基本特征,《指导意见》明确了构成恶势力犯罪需要的基础性或惯常性犯罪以及附属性罪行,即司法实践中常称的“7 + X”违法犯罪。如果严格按照《指导意见》规定,在缺乏基础性犯罪行为场合,不宜仅根据附属罪行认定恶势力犯罪。但《恶势力意见》对此出现了模糊化立场:“恶势力实施的违法犯罪活动,主要为强迫交易、故意伤害、非法拘禁、敲诈勒索、故意毁坏财物、聚众斗殴、寻衅滋事,但也包括具有为非作恶、欺压百姓特征,主要以暴力、威胁为手段的其他违法犯罪活动。”该规定究竟意指基础性罪行包括“其他违法犯罪活动”，还是附属性罪行可以是“其他违法犯罪活动”，不同理解将影响到恶势力范围。考虑到“扫黑除恶”是当前开展的一项专项斗争，特别是《指导意见》对基础性罪行的规定已相当广泛的情况下，司法人员宜采取限制认定立场，不宜随便超越《指导意见》规定的七类基础性罪行认定恶势力，以免恶势力适用漫无边际的扩大。

六、其他两个问题

1. 宽严相济刑事政策与“参加者”范围的限定。黑恶犯罪的场合，涉案人员往往比较多，特别是公司、企业涉黑涉恶案件更是如此。对于组织者、领导者和骨干成员应依法严惩，并无争议，存在的问题是：那些在公司、企业只是从事服务性、劳务性工作的人员，能否将其认定为黑恶犯罪的“参加者”。《指导意见》规定：“知道或者应当知道是以实施违法犯罪为基本活动内容的组织，仍加入并接受其领导和管理的行为，应当认定为‘参加黑社会性质组织’。没有加入黑社会性质组织的意愿，受雇到黑社会性质组织开办的公司、企业、社团工作，未参与黑社会性质组织违法犯罪活动的，不应认定为‘参加黑社会性质组织’。”犯罪是主客观要件的有机统一，《指导意见》从主客观两个方面界定“参加”的含义，从理论上讲，“参加”的含义似乎已很清晰明了。但一旦落实到具体案件的认定，往往产生争议。如甲明知所任职的A公司在正常经营的同时也从事黑恶犯罪活动，仍然受雇工作。但甲在A公司从事的只是单纯的服务性、劳务性工作，也没有领取额外报酬。对于该行为，如果不注意节制本罪的处罚范围，对“参加”采取扩大理解，很可能因为甲主观上明知A公司涉黑恶犯罪，客观上其提供的服务性、劳务性工作对黑恶犯罪的实施起到了一定帮助和便利，从而认定甲构成参加黑社会性质组织罪。这种做法难以认为是妥当的：首先，从行为的社会危害性及其程度看，相对于黑社会性质的组织者、领导者和骨干成员的行为，参加行为特别是积极参加之外的“一般性参加行为”的社会危害性及其处罚必要性要低得多，限定其处罚范围，是罪责刑相适应刑法基本原则的要求。单纯从事服务性、劳务性工作的行为，在性质上属于边缘性行为,与黑恶犯罪实施及其造成法益侵害之间的关联性不强,将其认定为黑社会性质组织违法犯罪的“参加”行为,明显有拔高行为性质之嫌,在解释方法上也是不科学的。其次,现代民主社会,任何制度建立和实施都须有人性基础,刑法也不例外。如果公司、企业并非以违法犯罪为主业,行为人在公司、企业中只是从事劳务性、服务性工作,在没有领取额外报酬的情况下,将其认定为犯罪,势必导致刑法对公民基本生存权的过度排挤,有失人道。2017 年《最高人民法院、最高人民检察院关于办理组织、强迫、引诱、容留、介绍卖淫刑事案件适用法律若干问题的解释》第 4 条第 2 款规定:“在具有营业执照的会所、洗浴中心等经营场所担任保洁员、收银员、保安员等,从事一般服务性、劳务性工作,仅领取正常薪酬,且无前款所列协助组织卖淫行为的,不认定为协助组织卖淫罪。”该解释尽管是针对卖淫刑事案件规定的,但其中蕴含的人道主义精神和犯罪认定思路,值得借鉴。如前所强调,黑恶犯罪是个兼具法律和政治双重否定性评价的概念,相对于普通犯罪,其处罚范围更应审慎严格,将上述行为排除在黑恶犯罪之外,不仅有助于减少社会对抗,也更符合宽严相济刑事政策的要求。

2. 关于避免“保护伞”的拔高认定。根据《刑法》规定,“保护伞”只是黑社会性质组织成立的选择性要件,但深挖和严厉打击保护伞,是“扫黑除恶”的应有之意和必然要求。当前司法实践有必要重视区分国家工作人员实施的贪污贿赂和滥用职权的行为与黑社会性质组织“保护伞”的界限。比如甲为某黑社会性质组织的组织者,因涉黑犯罪被起诉,国家工作人员张某接受黑社会性质组织的请托,非法收受财物,为其开脱罪责,徇私枉法。本案中,张某的行为依法成立受贿罪和徇私枉法罪,不能拔高认定为黑社会性质组织的“保护伞”。“保护伞”,顾名思义,应如“伞”一样地提供保护,行为是否属于黑社会性质组织的“保护伞”,要重点考察国家工作人员参与黑社会性质组织的程度,包括参与的时间,提供保护的形式、次数、力度、深度以及是否获利和非法获利数额等,不能因眼下扫黑除恶专项斗争以及要体现对国家工作人员的从严惩处而不适当拔高行为的性质。

第九章　法益与经济刑法的处罚范围

刑法是现实社会的规范写照，刑法的价值也是时代精神的产物，这就难以避免我国的经济刑法具有体制性改革和过渡性特点。眼下如何确保经济刑法处罚范围的适当，避免刑法干预民事经济纠纷，是个值得思考的重要课题。经济犯罪与民事经济纠纷的界限是个宏大课题，本章主要围绕经济刑法保护的法益这个原点问题展开。

一、问题的提出：经济刑法的“肥大化”

刑法的根本问题是国家对公民诉诸强制力的正当性问题。[①] 但在现实社会，刑法处罚范围从来都不是个纯粹的道德哲学话题。任何时代，刑法处罚范围都最终受制于特定时期政治理念、国家发展程度和社会结构。[②] 我国经济刑法的处罚范围鲜明地反映了过去30多年国家政治、经济社会结构的发展与变迁，而此时期我国政治、经济和社会结构存在的问题也不可避免地投射于经济刑法中。

---

① George. P. Fletcher, *Rethinking Criminal Law*, Oxford University Press, 2000, p. xix.

② Michael Allen, *Textbook on Criminal Law* (11th Edition), Oxford University Press, 2011, p. 12.

西方学者习惯将过去30多年我国经济社会的发展模式归结为“中国模式”,[①]就经济领域而言,即形成了以政府为主导的经济发展模式,[②]或称“半市场半统制的过渡体制”。政府主导有两重基本含义:一是政府掌握了强大的资源配置权力;二是经济发展服从于政府的政绩目标。这种体制的突出特点是:政府对经济发展具有决定性影响力,通过国有企业或与国家关系密切的企业运作,国家权力通过控制这些企业介入经济。国家政权在市场中具有中心地位,确定经济优先发展方向和目标,引领经济体制向符合市场需求的方向发展。[③] 实践表明:政府主导的经济增长方式优缺点兼备。就前者而言,该模式很快促成了一个对世界开放的市场经济框架,使我国在2010年跃居为世界第二大经济体。就后者来说,该模式下如果政府权力得不到有效规范和约束,很容易出现政府权力过大、过分干预经济、腐败问题严重、法律家长主义特征明显、国家行政法律法规发达、法律工具主义倾向明显等问题。刑法居于国家法律体系的最末端,以最具威慑力和强制性的刑罚保障实施,相对于其他社会治理措施而言,对社会问题的解决具有立竿见影的效果,自然受到国家青睐。而一旦不慎用,很容易导致处罚的扩大化。

法益是人类和平、自由地共同生活所必不可少的前提条件,所以,包括刑法在内的一切法律,根本任务皆在于法益保护。[④] 那么,在市场经济体系下,经济刑法保护的法益是什么?该问题直接关系到经济刑法的范围。直至今日,在我国占支配地位的观点仍然认为是社会主义市场经济秩序或制度。在这一观念的主导下,30多年

---

① 参见吴敬琏、俞可平等:《中国未来30年:十七位国际知名学者为中国未来的发展趋势把脉》,台北,灵活文化事业有限公司2011年版,第78页。

② “政府主导的经济增长模式”是相对于欧美自由经济体制模式而言的,“二战”后的亚洲,这种“市场经济+强有力的政府干预”的模式在日本、韩国等实践,所以,又称“亚太模式”。在国际经济学界,一种有力的观点认为,采取这种模式是“二战”后亚太地区如日本、韩国、我国台湾地区等经济高速增长的重要因素。参见吴敬琏:《“赶超思维”的局限》,载《商周刊》2013年第25期。

③ 参见吴敬琏、俞可平等:《中国未来30年:十七位国际知名学者为中国未来的发展趋势把脉》,台北,灵活文化事业有限公司2011年版,第78页。

④ 参见[德]克劳斯·罗克辛:《刑事政策与刑法体系》,蔡桂生译,中国人民大学出版社2011年版,中文版序言,第1页。

来,刑法不断设置新的构成要件,有关经济犯罪的条文由 1979 年《刑法》的 15 条增加至 1997 年《刑法》的 92 条,经济犯罪一章成为刑法分则条文最多之章。[①] 其后,刑法修正案仍频繁涉及对经济犯罪的修改,罪名处于持续的增长中。司法方面,最高司法机关在保护社会主义市场经济秩序的动议下,通过司法解释扩大具体犯罪行为类型和扩张构成要件范围,经济刑法的处罚范围也一直呈现扩大化趋势。如果严格秉持现代刑法处罚范围的正当性,我国经济刑法已不可否认地患上了"肥大症",调整范围不无过大化的问题。例如,有的行为虽然违反行政经济法律法规,但难以一概认为具有构成犯罪所必需的严重社会危害性;[②]有的行为虽然违法,但难以认为具有值得动用刑法处罚的必要。[③] 另外,经济犯罪一章中大量不确定条款和行为犯构成要件的设置,为司法机关扩张刑法适用,提供了法律依据。[④] 在我国,当经济刑法的范围扩大化并不只是属于个案现象时,从法哲学层面整体反思经济刑法处罚范围的正当性,就变得十分必要了。

本章不打算对我国当前经济刑法扩大化的表现、原因及对策等问题展开研究,只是着眼于解决经济犯罪的法益这个基础性问题。具体地说,本章将着墨于经济制度或秩序能否作为经济犯罪的法益以及作为刑法法益的限度。这个根本性问题解决了,经济刑法的处罚范围便是个不难界定的问题。

---

① 参见李淳、王尚新主编:《中国刑法修订的背景与适用》,法律出版社 1998 年版,第 142 页。

② 属于该情形的典型罪名如"两虚一逃罪",即虚报注册资本罪、虚假出资罪和抽逃出资罪。立法者之所以将其规定为犯罪,根本原因在于上述行为违反了《公司法》关于资本制度的规定,危及交易安全,容易造成交易相对人重大财产损失。但实际情况是:实施上述行为并不一定会导致交易相对人财产损失。在实施上述行为却没有造成交易相对人损失情况下,构成犯罪需要的严重社会危害性无从谈起,《刑法》将其规定为犯罪,面临正当性难题。当然,随着新《公司法》改采注册资本认缴登记制,"两虚一逃罪"的刑法处罚范围大大限缩,本章所指的问题会在很大程度上得到解决。

③ 属于该种情形的典型罪名如骗取贷款罪,具体理由将在后文展开。

④ 参见何荣功:《经济自由与刑法理性》,载《法律科学》(西北政法大学学报)2014 年第 3 期。

二、经济犯罪法益的传统理解与问题

(一)经济犯罪法益的传统理解

在我国,何谓经济犯罪,并非没有争议,但理论上一般根据《刑法》的规定,将刑法分则第三章“破坏社会主义市场经济秩序罪”称为经济犯罪。关于经济犯罪的法益,学者们大都立足于解释论的立场,几乎毫无争议地认为其侵犯的是我国的社会主义市场经济秩序,强调刑事立法规定这类犯罪,目的在于用刑罚手段惩治对社会主义市场经济的破坏,保护社会主义市场经济的正常发展。① 具体到各节,如第一节生产、销售伪劣商品罪,被认为侵犯的是社会主义商品市场秩序和广大用户及消费者的合法权益;第三节妨害对公司、企业管理秩序罪侵犯的是国家对公司、企业的管理秩序;第四节妨害的是国家的金融管理秩序等。②

将经济犯罪的法益界定为保护特定的经济秩序,并不是我国的特产。“二战”期间和战后经济混乱期的日本,出于特殊的政治考量,国家大量使用刑法维护统制经济政策,那时经济犯罪法益几乎一致被认为是国家的经济秩序和制度。其后,随着自由经济制度的建立,“秩序论”很快失宠,对经济犯罪法益的认识出现了多元化,如神山敏雄教授将作为刑罚对象的经济犯罪定义为“侵犯或者威胁一般消费者或企业、商人、公共机关等经济主体的财产或者经济利益的行为”。芝原邦尔写道,现代社会不能再动用刑法维护一定的秩序了,经济犯罪的成立,除了要违反经济取缔法外,还需要行为侵害市民的经济生活,经济刑法应重点对一般消费者利益和市民经济生活进行保护。③ 在我国台湾地区,直到今天,保护经济秩序的法益

① 参见高铭暄、马克昌主编:《刑法学》(第4版),北京大学出版社2010年版,第409页。

② 参见马克昌主编:《经济犯罪新论:破坏社会主义经济秩序罪研究》,武汉大学出版社1998年版,第62页、第150页。

③ 参见[日]芝原邦尔:《经济刑法与市民经济生活的保护》,载《法律时报》1986年第4期,第17~28页。

观仍然具有重要地位。①

其实,无论在立法,抑或法哲学层面,能否将经济犯罪的法益在整体上理解为经济秩序或制度,在具体领域界定为特定的经济秩序或制度,至少涉及对两个基础性问题的认识:一是秩序或制度能否成为刑法法益,二是经济秩序或制度具有易变性特点,能否成为经济犯罪的法益。两者中,前者毫无疑问具有基础性地位。

(二)秩序能否成为刑法保护的法益?

在广义上,秩序与制度、规则有类似的意义,强调的是“在自然和社会进程中所存在的某种程度的一致性、连续性和确定性”。②缺乏秩序,无论是自然界和社会,都将变得不可预测和难以确定。在人类社会,人们为了保护自由和更好地生活,从来都是需要秩序的。“任何关于自由的可行的观念,都必须和何种正确的标准联系起来,就像在证券交易所,人们各自不同的目的必须在一定的规则约束下互相妥协。违背正确的规则就是不自由,从根本上讲就是限制个人犯罪。把疯子和罪犯放出来或是让孩子在街上游逛不送去上学,绝不是对自由的贡献。”③“社会秩序,在本质上意味着个人的行动是由成功的预见所指导的,这亦即是说人们不仅可以有效地运用他们的知识,而且还能够极有信心地预见到他们能从其他人那里所获得的合作。”④美国社会法学家庞德以日常生活案例对此给予了鲜活的解释。他写道:“为了了解法律秩序的任务,不妨想一下当首次放映一部新的、大做广告的和由大众欢迎的某个明星主演的影片时,戏院售票处前排队买票的情况……如果那些想进去的人并不排队或者并不让他们这样排队,那么就不可能有很多人进得去,甚至一个人都不能进去。至少,这个进入戏院的过程将会是一个费时

---

① 参见何荣功:《经济自由与刑法理性:经济刑法的范围界定》,载《法律科学》(西北政法学院学报)2014 年第 3 期。

② 参见[美]E. 博登海默:《法理学:法律哲学与法律方法》,邓正来译,中国政法大学出版社 1999 年版,第 219 页。

③ 参见[美]查尔斯·霍顿·库利:《人类本性与社会秩序》,包凡一、王湲译,华夏出版社 1989 年版,第 299 ~ 300 页。

④ [英]弗里德利希·冯·哈耶克:《自由秩序原理(上)》,邓正来译,生活·读书·新知三联书店 1997 年版,第 200 页。

的和麻烦的过程，而且很多人大概会因此而受伤。有许多人将会放弃进去的念头。别的许多人将会因争抢而踌躇不前，不愿参加争抢而转身到别的地方去。很可能当这场争夺过去后，不仅在许多试图买票的人中只有少数人能侥幸进去，而且他们的衣服已被撕破，身上有了伤痕并被殴击，他们将在万分狼狈的状态中享受这次演出。”①

其实，凡是共同的群体生活，不管是人还是动物，都显示着秩序。② 社会秩序的存在，一方面，满足了人们对行为选择及其事件发生的可预期性需求，使得社会生活具有一定的稳定性和有序性，在稳定、有序的社会环境中，人们对于自己在某种特定的场合应如何行动以及他人将会对自己的行为作何种反应可以有一定的预期。这种可预期性既可以满足人们对安全的心理需求，又可以实现人们对生活便利和活动效率的追求。③ 另一方面，它可以有效避免人与人之间利益与意见冲突可能导致的对公共生活的阻碍与解体，“因为，在一个混乱不堪的世界，人类试图过一种有理性、有意义、有目的的生活的所有努力将受到挫折。有序的生活方式要比杂乱的生活方式占优势”。④

秩序的重要性和刑法保障法的属性自然很容易导出刑法对秩序保护的必要性，也许正是源于此，在刑法理论上，强调刑法保护秩序或制度的观念从来都是不容忽视的力量。在持该意见的学者看来，“社会秩序、经济利益、国家安全，虽然只是一种制度性利益。但是这些制度的正常运转，乃个人在社会中，使其人格、自由、利益的实现与展开所不可或缺之条件。因为作为主体的个人并非一种抽象、原子式的个人，或是与社会制度隔绝的个人，而是需要与他人互动、沟通具有社会连带性的个人。因此，一个社会必须拥有某些社

---

① ［美］罗斯科·庞德：《通过法律的社会控制》，沈宗灵译，商务印书馆 2008 年版，第 32 页。

② 参见洪镰德：《法律社会学》，台北，扬智文化事业公司 2001 年版，第 19 页。

③ 参见麻美英：《规范、秩序与自由》，载《浙江大学学报》（人文社会科学版）2000 年第 6 期。

④ ［美］E. 博登海默：《法理学：法律哲学与法律方法》，邓正来译，中国政法大学出版社 1999 年版，第 225 页。

会的、经济的、政治的、文化的制度与秩序,以作为个人与他人互动、沟通以及实现个人利益的平台界面。因而将社会各种秩序与制度正常运转的利益,提升为刑法所要保护的对象,本身即有其正当性的基础”。①

人是社会的产物,生来就是从属于特定社会,要过社会生活的。② 人的本质在于“生命的相互关联性”。③ 法律作为人类有目的的创造物,作为满足人需要的一种规范体系,对人类的价值在于:通过法律这种人类能够把握的方式,可以达到一种确定性的共同生活状态,即秩序与安宁。④ 换句话说,法律作为有组织社会实现自我管理、自我控制的一种手段,它的出现本身就是人类追求生活确定性的一种结果。如果我们把法律秩序与人类的安全需求联系起来,则可以进一步认为,法律就是人类用来追求自身安全的制度化机制。⑤ 在这个意义上,完全否认秩序的价值无异于否认法律对人类社会的价值。

但问题在于:国家基于社会控制目的建立的秩序性质不一、类型多样、内容千差万别。刑法作为和平时期国家对公民适用的最强烈、最具暴力性的强制措施,生来就具有断片属性,即在强调适用精确、精准的同时,对秩序保护只能是断片和不完整的。如果将社会秩序看作是一张大网,刑法的属性和使命决定了其只是择其中的一些关键性“网点”进行保护。而且,刑法之所以选取断片性的“网点”强化保护,根本上源于这些“网点”所体现的法益性质。任何对社会秩序做大而化之的模糊性认识,都将为刑罚权的扩张或恣意行使留下可乘之机。

---

① 王皇玉:《刑罚与社会规训:台湾刑事制裁新旧思维下冲突与转变》,台北,元照出版有限公司 2009 年版,第 181 页。

② 参见[法]孟德斯鸠:《论法的精神》(上册),张雁深译,商务印书馆 2002 年版,第 3 页。

③ 参见洪镰德:《法律社会学》,台北,扬智文化事业公司 2001 年版,第 2 页。

④ 参见周少华:《刑法之适应性:刑事法治的实践逻辑》,法律出版社 2012 年版,第 37 页。

⑤ 周少华:《刑法之适应性:刑事法治的实践逻辑》,法律出版社 2012 年版,第 37 页。

从性质上看,有的秩序对人类社会的存在具有底线意义,在任何时代和社会,都是不允许侵犯的。如杀人越货的行为,因触及人类生存的底线,属于侵犯人类怜悯和正直两种基本人类利他感情的自然犯,自古就有“王者之政,莫急于盗贼”之说,从来都是国家严格禁止的行为。但有的秩序则不然,违反该类秩序的,并不会危及社会共存的底线,甚至有的场合,对特定秩序的违反还具有推进时代进步的意义。如我国自改革开放以来一直在推行的经济体制和政治体制改革,这种对秩序或制度的改革,历来被认为是推动中国社会进步的力量,违反这类具有暂时、过渡性体制或制度的行为,就不宜一概认为具有实质的社会危害性。

在秩序内容方面,有的秩序旨在促进和保护公共利益和社会大多数人的福利,也不乏存在有些秩序只是维护少数人利益、保护特定部门的垄断利益等。特别是在我国市场经济体制还不完整的当下,自由竞争的市场秩序和产权制度没有完全形成,实践中特权思想、特权制度、保护特权的秩序和不平等法律制度并非只是个别现象。

从秩序存在的目的看,不少秩序特别是行政秩序多是基于国家管理便利的考量,并非意在提升和促进人类福利之目的。而在秩序存续的时空方面,大量秩序则具有暂时性特点,多是为维护人类眼前利益而存在。回首人类社会发展进步史,可以从不同的角度阐述,而追求自由和反对秩序两者之间的斗争,是其中的主线之一。

所以,如果不区分秩序的价值、类型和内涵,只是简单地、笼统地强调刑法对秩序的保护,刑法的根本立场将面临变异的风险,甚至有可能成为约束甚至阻碍社会进步和改革的力量。具体来说:

第一,过度强调刑法对秩序的保护,存在动摇刑法的根本属性的危险。

社会中存在各种各样的生活利益,法律不可能对所有的生活利益都给予保护。生活利益要想成为法益,往往需要经过“个人的承认”“社会的承认”和“法的承认”三个阶段。[①] 其实，即便在“法的承认阶段”，由于法律体系内容存在阶位和法属性的差别，也需要经历一个生成过程。如《宪法》是母法，刑法保护的利益首先必须是《宪法》认可的根本利益。换句话说，对于那些《宪法》不承认的利益或者认为不值得保护的利益，就失去了刑法保护的法治基础。在刑法与行政法、经济法的关系上，国家的行政、经济管理秩序，首先应由大量行政、经济法律法规奠基，这些行政、经济制度和秩序是整个国家和社会秩序有效运转的基础，刑法作为法律体系中的一个环节，当然与行政法、经济民商法具有“共同的法目的”。但问题在于：在承认刑法与其他部门法的“法共同目的”的同时，必须注意刑法与其他部门法在法律属性和法目的上的根本差异，而且，部门法具体性质的差异才是决定部门法属性的根本所在。以同属于公法范畴的行政法与刑法为例，在理论上，对于行政法的本质，虽然一直存在“公共权力论”“平衡论”和“控权论”之争，但越来越明显的事实是，现代各国行政法日益重视对社会公共利益的保护，在个人利益与公共利益发生冲突的场合，国家基于管理效率的需要，总不免强调社会公共责任，将公共利益置于优先考量的地位，要求共同体成员在维护和增进共同利益中发挥作用，并在发生冲突时让社会利益优先于私人的和局部的利益，强调共同体成员对政府的服从义务。[②] 政府总是希望通过建立公共利益优先原则以最终促进个人利益的完善和发展，实现社会福利的最大化。简言之，政府所追求的合目的性不可避免地具有偏重功利、效率的明显倾向，即强调在每一个人努力最大化他们自己的欲望之时，国家通过平衡这些相互竞争的利益，实现最大的全体的善。[③] 但刑法根本价值在于公平与正义，个人权利绝非具有服从社会共同利益的义务。所以，近代以来，

---

① 参见[日]关哲夫、王充：《法益概念与多元的保护法益论》，载《吉林大学社会科学学报》2006 年第 3 期。

② 参见沈宗灵、黄枬森主编：《西方人权学说》（下册），四川人民出版社 1994 年版，第 354 页。

③ 参见[英]马丁·洛克林：《剑与天平：法律与政治关系的省察》，高秦伟译，北京大学出版社 2011 年版，第 104 页。

刑法针对的对象被严格限定为法益的侵害行为。在行为没有对法益造成损害的场合，无论出于何种公共利益考量，都不能将行为纳入刑法调整的对象。而且，刑法规定犯罪亦从来不是调和与平衡公共利益与个人利益矛盾的结果。对于那些没有具体法益侵害而只是单纯违反基于行政管理便利所建立的行政秩序或制度的行为，或者没有法益侵害只是单纯违反公民政治义务的行为，国家不具有将其纳入刑法调整的当然正当化事由。

在处理刑法和行政、经济法律法规的关系上，当前的做法仍存在，随意性，尤其体现在行政违法和行政犯（法定犯）的区分上，目前流行的观点和做法是认为两者的区别主要在于违法量的不同。也就是说，违反行政、经济法律法规的行为，数额不大或情节不严重的，属于行政违法；违法行为数额大、情节严重的，即被认为构成犯罪。我们不否认违法的量对于区分行政违法和行政犯的意义，但行政违法和行政犯在"违法的质"上还存在重大差异，仅仅依靠违法量之差别作为两者的界限，很容易导致行政犯处罚范围的失当。换句话说，当行为只是违反行政秩序，即使违法数额再大，只要违法是基于行政管理的便利，没有实质的法益侵害，也是不具有将其作为犯罪规定和处理的正当性的。

犯罪是法益侵害的行为，体现的是国家与犯罪人之间的冲突紧张关系。作为司法法属性的刑法必须给出解决冲突的处方，恢复对法律所确认的分配正义的侵害，实现矫正的正义，一方面实现社会保护机能，另一方面发挥刑法的人权保障机能。在这个意义上，刑罚权在属于国家权力的同时，也兼具社会权力的属性。而作为一项社会权力，必须发挥制约国家权力（包括立法权、司法权和行政权）的职责与使命，刑罚权是否具有社会权力的性质以及是否在实践中实际发挥着约束国家刑罚权的机能，是一国是否建立了刑事法治的重要标志。所以，刑法作为司法法，应发挥对国家行政权和所建立的行政秩序的制约、监督作用，而不是简单地服从、服务于行政国家建立的行政秩序或制度。即便刑法具有保护社会的机能，其保护的社会秩序的范围和限度与行政、经济法构建的秩序，亦不可同日而语，只是择后者之中的"核心部分"。过于强调刑法对秩序的保护，是将刑法作为社会管理法看待的思维方式,很可能导致刑法适用的活性化和行政化,引起刑法根本属性的变异,存在推动政策导向型工具刑罚观形成的风险。

第二,过分强调刑法对特定制度和秩序的保护,可能导致刑法功能的背离。

近世之前,因为缺乏民主政治制度的保障,个人自由无从谈起,那时,“人仅仅是机器,它的齿轮与传动装置由法律来规制”。随着以市场经济、民主政治和个人自由为特征的现代民主社会的登场,自由之理念被倡导,人的目标被认为是“享受有保障的私人快乐”,而自由被视为对“私人快乐的制度保障”。[①] 刑法的功能也由传统的单纯强调犯罪镇压变为重视对人权保障。刑法不仅要面对犯罪人保护国家,也要面对国家保护犯罪人,不单面对犯罪人,也要面对检察官保护市民,成为公民反对司法专横和错误的大宪章。[②]

应然的意义上,在现代民主社会,自由与秩序原本不应是两个对立的体系,因为制度或秩序从来都不是目的而是手段,国家建立秩序旨在满足人类对自由的追求。但在实际运行状态中,上述目标常常带有很大的理想主义成分。在理想的政治观念中,国家是作为公民安全的保证人被设计的,但现实政治实践中,国家却是个具有鲜明两面性的“利维坦”,既是公民自由的强力保护者和伙伴,又是公民自由的最大威胁者。而且,国家职能从来都非单一的。一方面,国家(主要是政府)经合法民主程序产生后,必须组织和动用各种社会资源,改善民生,实现人民福祉最大化。另一方面,国家(政府)一旦成立,就具有了相对独立性:独立从事国家治理,独立行使国家立法权、司法权和行政权,有时也独立从事一定的民事经济活动。在任何社会,社会主体的存在都具有特定利益牵涉,国家(政府)在从事国家治理过程中,也难免有其自身利益。现代国家(政府)运行过程实际上就是国家最大限度促进社会福利化与追求国家

---

① 参见刘军宁、王焱编:《自由与社群》,生活·读书·新知三联书店1998年版,第309页。

② 参见[德]拉德布鲁赫:《法学导论》,米健、朱林译,中国大百科全书出版社1997年版,第96页。

（政府）自身利益的最大化的平衡协调过程。实践中，政府为了社会管理的需要和自身利益的考虑，难免建立种种秩序或制度，这些秩序和制度未必都是为保护和促进公民自由服务的。正是基于现代国家在处理自身利益与社会民众福利过程中可能存在的紧张关系，美国新经济史先驱者道格拉斯·诺斯将国家的形态分为“中性国家”“契约性国家”和“掠夺型的国家”。[①] 法治建立的根本目的就在于约束国家权力，避免政府利用强权不择手段谋取自身利益而导致对公民权利的侵犯，最终滑入“掠夺型国家”。所以，权力扩张的天然属性决定了，即便在今日现代民主法治国家，也没有理由可以信任由权力支配的国家制度和秩序，都是为促进公民自由而设的。民主社会，公民必须对秩序和制度的正当性，保持应有的警惕和适当的怀疑。这也是我国在推进国家和社会治理体系现代化过程中高度重视要把权力关进制度笼子里的根本原因所在。

第三，过分强调刑法对秩序的保护，还可能危及刑法的安定性。

不同部门法，作为法律共同体，整体上具有法的共同价值。但部门法的特殊性决定了各个部门法具有各自优先考虑的法的价值。如《合同法》以促进交易为优先价值考量之方向，刑罚是和平时期国家对公民基本权利与自由限制的最极端形式，罪刑法定原则的确立，使刑罚的使用被戴上了枷锁，法的安定性被认为是刑法的最高价值。

制度或体制的内涵和外延，都是抽象的，不确定的。何谓一定制度，什么是一种体制，都是很难界定的概念。不同阶层、不同利益代表的主体，有着自认为的制度和体制。所以，对某行为是否侵害了特定制度与秩序，不同社会主体的看法往往会存在巨大差异性。以不确定的概念作为刑法保护的对象并指导刑法适用，不可避免地导致刑法边界的不确定性。实践中所谓对制度或秩序的破坏，有时可能沦为惩罚的借口。

从动态发展的眼光看，任何秩序都存在惰性与滞后性。社会规范在建立之初，往往体现当时人们的认识水平，因这些规范而形成

---

① 参见汪玉凯：《破除政府特殊经济利益》，载《中国改革》2011 年第 12 期。

的社会秩序也往往符合人们所追求的理想社会生活模式，秩序与自由处于相对和谐之中。然而随着人们对社会和自身认识的进一步深化，必然要追求一种更能满足自身需求、也更符合人性的社会生活模式，这就要求形成新的社会规范和新的社会秩序。这时，现有的社会规范和秩序就会成为人们自由追求理想生活的桎梏，从而使秩序与自由处于尖锐的对立之中。① 如果国家过分强调刑法对既有秩序的保护，刑法难免成为阻碍社会改革的力量。

（三）经济秩序或制度的特殊性与刑法保护的限度

相对于其他社会基本生活秩序，经济秩序更具有流变性、暂时性、滞后性，这一问题在晚近的我国表现得淋漓尽致。

新中国成立后，在经济领域，中国照搬苏联做法采取计划经济体系，其后很长一段时间，市场经济和计划经济被认为是资本主义与社会主义区分的重要标志。改革开放后逐步确立了社会主义市场经济体制，但何谓社会主义市场经济体制，国家采取的是“摸着石头过河”的态度，至今尚处于探索和完善过程中。1992 年，在邓小平南方谈话的推动下，中国确立了“计划经济不等于社会主义，资本主义也有计划；市场经济不等于资本主义，社会主义也有市场”的基础理念。1992 年的“十四大”确立了我国建立“社会主义市场经济”的目标。此后，虽然建立和完善社会主义市场经济的目标从未动摇，但社会主义市场经济体制的内涵一直处在发展和完善之中。如 1993 年 11 月党的十四届三中全会通过的《关于建立社会主义市场经济若干问题的决定》强调：“社会主义市场经济体制是同社会主义基本制度结合在一起的。建立社会主义市场经济体制，就是要使市场在国家宏观调控下对资源配置起基础性作用。”“十八届三中全会”指出，经济体制改革的“核心问题是处理好政府和市场的关系，使市场在资源配置中起决定性作用和更好发挥政府作用。”随着经济体制改革而来的是国家行政审批制度改革的大范围启动。

可见，经济体制或制度更是个不确定的范畴，尤其是对于处在

---

①　参见麻美英：《规范、秩序与自由》，载《浙江大学学报》（人文社会科学版）2000 年第 6 期。

社会急遽转型期的中国而言，既有的经济体制在大范围内成为改革对象。如果过分强调经济刑法保护的法益是社会主义市场经济体制，将会导致刑法处罚范围的极其不确定性和保护法益的滞后性。在这个推崇提倡改革和创新的时代，经济体制最需要改革和创新，因为它是社会进步和发展的源动力。无论是经济的发展，还是企业的成长，更需要的是国家制度的宽容、规范、引导和鼓励，而不是动辄以破坏既有制度或体制施以惩罚和限制。改革意味着对既有体制的突破，将既有体制视为经济犯罪的法益并动用刑法保护，本身就存在自相矛盾之嫌。

（四）小结：秩序并不具有刑法保护的当然性

现代社会，法律被认为是使人类行为服从于规则治理的事业，法律的目的在于使人类的行为服从于一般性规则的指导和控制，[①]建立人类生存发展所需要的秩序。但规则和秩序并不具有终极性价值，除非人的本性在于乐意接受压制和束缚。秩序对每个人来讲，可能是一种资源，人们可以利用这个资源，实现自我发展获取幸福，也可能是一种束缚和威胁。所以，秩序是个喜忧参半的概念，在法治和理性的社会主体应当对秩序的价值蕴含怀抱必要的理智，不可简单地一概肯定刑法保护秩序的当然正当性。

当前有必要警惕的一种现象是：凡是动辄以保护经济秩序、社会秩序为名的犯罪类型，司法实践中都出现了泛化的问题。如非法经营罪，目前处罚范围已涵盖外汇、证券、期货、保险、出版、电信、传销、医药、饲料等多个领域，被理论界公认已过度扩张为“口袋罪”。[②] 又如寻衅滋事罪，以保护社会秩序为名，近年其处罚范围越来越大，在有些案件中已不适当侵犯公民权利。再如非法吸收公众存款罪，在保护金融秩序的旗帜下，有的司法机关也很不妥当地将一起起难以认为值得动用刑罚处罚的案件纳入刑法调整，有的案件处理甚至引起了社会一定程度的不满情绪。

---

① ［美］富勒：《法律的道德性》，郑戈译，商务印书馆2005年版，第171页。

② 参见高翼飞：《从扩张走向变异：非法经营罪如何摆脱“口袋罪”的宿命》，载《政治与法律》2012年第3期。

法律是关于道德和正义的规范体系，在法律制度和条文的背后，都镶嵌着不可克减、不可动摇的价值体系——自由、平等与公正。所以，我国《刑法》虽然在第三章明确规定了本章的目的是保护社会主义市场经济秩序，但在解释和适用时，对市场经济秩序的理解绝不能脱离法治的本义、市场经济的内涵以及《刑法》第 13 条关于犯罪本质的规定。一言以蔽之，没有具体法益侵害发生的场合，立法机关不能简单地以破坏社会主义市场经济秩序为借口，将行为规定为犯罪，司法机关也不能简单地将其解释为犯罪。

三、经济刑法的范围：经济自由与经济管制的衡平与调和

（一）自由经济、经济自由与经济犯罪的法益

既然经济秩序不能成为刑法当然保护的对象，那么，经济刑法保护的法益究竟是什么？对该问题的回答，必须回溯到刑法的根本目的和市场经济的本质上以寻求破题的答案。本书认为，在现代自由经济体系下，经济犯罪的法益应当理解为是经济自由，经济刑法的根本目的在于保护市场主体的经济自由。经济犯罪本质上是平等市场主体滥用经济自由而导致的对其他平等主体或社会、公共利益伤害的行为。①

首先，将经济犯罪的法益理解为经济自由，是刑法的根本目的决定的。

哲学大师休谟曾言："一切科学对于人性总是或多或少地有些关系，任何学科不论似乎与人性离得多远，它们总是会通过这样或那样的途径回到人性。""任何重要问题的解决关键，无不包括在关于人的科学中间；在我们没有熟悉这门科学之前，任何问题都不能得到确实的解决。"②刑法是最关乎人的科学，对刑法根本目的的理解当然也无法逃开人性这个话题。何谓人性？历来是个见仁见智甚至令人迷失的问题。而且，学者们总是会从自己的研究需要和视

---

①　参见何荣功：《经济自由与刑法理性》，载《法律科学》（西北政法大学学报）2014 年第 3 期。

②　［英］休谟：《人性论》（上册），关文运译，商务印书馆 1980 年版，第 2～3 页。

角出发进行独特的解释。如有学者写道:“法的内容必定是人性的体现,必定是合乎人性的。人性,即人区别于其他事物的本质特征,包括两个方面的内容。一方面,人的需要具有永不满足的特性,另一方面,人满足自己每一个需要的方式都必须得到其他人的支持,至少也要得到其他人的容忍。法律所禁止的,只能是以其他人所不能容忍的方式满足自己需要的行为。”①不过,更多的法哲学家则是从理性与自由的立场看待人性。卢梭认为:“在一切动物之中,区别人的主要特点的,与其说是人的悟性,不如说是人的自由主动者的资格……而人特别是因为他能意识到这种自由,因而才显示出他的精神的灵性。”②康德强调:“人,一般说来,每个有理性的东西,都自在地作为目的而实存着,他不单纯是这个或那个意志所随意使用的工具。”③

如果承认人具有理性和自由,必然意味着国家要尊重个人自治和自我决定,承认每个人都应是自己生活的作者,反对个人被他人和外界事物决定和操纵。承认人的本性在于理性与自由,还意味着人不能被视为一种工具(物件)或手段,而应该永远被作为目的物对待,人性尊严具有最高价值,必须得到充分尊重。法是客观世界的规范写照,是事物性质产生出来的必然关系,④其规定必须尽可能与源于人之本性的理性与自由相一致。所以,人性的本质规定着民主国家的任务在于促进公民自由,实现德行与幸福,国家任务和包括刑法在内的一切法的目的皆在于为尽量多的人创造条件,实现社会和个人福利的最大化。

人的自由具有多重面相。首先人必须具有一切动物必备的行动自由,即自由运动能力。因为一切动物若没有了自由运动能力,

---

① 周国文:《刑罚的界限:Joel Feinberg 的“道德界限”与超越》,中国检察出版社 2008 年版,第 3 页。

② [法]卢梭:《论人类不平等的起源和基础》,李常山译,商务印书馆 1997 年版,第 83 页。

③ [德]康德:《道德形而上学原理》,苗力田译,上海人民出版社 1986 年版,第 80 页。

④ 参见[法]孟德斯鸠:《论法的精神》(上册),张雁深译,商务印书馆 2002 年版,第 1 页。

便不可能维持生存。人的自由还应表现为人应对自己的身体拥有决定权，个人不能作为他人拥有的“财产”。而在财产领域，人的自由表现的是国家法律应当尊重和肯定公民的财产权。在思想领域，国家必须最大可能保障公民的思想自由以及由此延伸的表达自由。而具体到经济领域与经济活动而言，人应当具有经济活动的自由，具有从事交易的权利。在这个意义上，市场经济较之于计划经济而言，是更符合人性的经济制度。一切有关经济活动的法律，在根本上只有系为了促使和保护公民的经济自由，才是正当的。

其次，将经济犯罪的法益理解为经济自由，是市场经济本质决定的。

市场经济是相对于计划经济而言的经济形态，又称自由市场经济或自由企业经济，作为一种经济体系，其核心特征在于：在这种体系下，一切生产要素、产品和服务的生产、销售与提供皆由市场的自由价格机制所决定和引导，而不是由政府强制命令决定。政府的职责在于维持一个公平竞争的环境，让生产要素和资本自由公平地竞争。要实现生产要素、产品和服务自由配置和运行，国家必须首先确立相应的产权制度，市场主体必须具有参与市场经济活动的自由。换句话说，产权制度和经济自由是市场经济运行的两大根本决定性要素。正因如此，经济自由被认为是市场经济最为基本的经济伦理价值，是经济主体的基本权利。在市场经济体制下，一旦市场主体没有了经济自由，市场资源配置机制就无法运行，社会就会失去经济繁荣和发展的内在动力。[①] 回顾过去30多年我国经济社会的成长，何尝不是市场角色不断扩大和企业不断壮大的结果呢。法律因社会需求而存在，包括刑法在内的一切法律，在市场经济条件下，如果不保护市场主体的经济自由，就难以认为是称职的。虽然无法否认的事实是，经济自由需要良好的秩序规范和保障，特别是市场经济本性上属于逐利经济，人在本质上是利益纠结的动物，国家一旦在制度层面上解放、肯定和鼓励人的逐利本性，难免出现市

---

① 参见龚天平：《论经济自由》，载《华中科技大学学报》（社会科学版）2014年第3期。

场主体为了利益而不择手段的情形。所以,一旦没有国家秩序对经济自由的引导和规范,社会将会出现比庞德描述的混乱情形更为糟糕的事情。但是,任何权威和秩序只是维护人类眼前的现实利益,自由才是要维护人类永恒的精神利益。[①] 既然经济秩序并不具有终极性价值,只是维护和保证市场主体从事经济自由的手段和工具,那么,将经济犯罪的法益理解为经济自由,是更彻底的结论。

(二)经济刑法的现实空间:经济自由与经济管制的调和

理想总是丰满的,但现实却充满着种种骨感。当下的世界,即便是欧美发达资本主义国家,也很难认为采纳的是完全自由的市场经济体系。特别是20世纪30年代以后,伴随着古典经济自由主义的退潮和凯恩斯主义逐渐得到各国政府的青睐,国家干预经济从来都是司空见惯的现象。国家管制和干预经济的本意在于改变和克服传统放任自由经济体制中国家只是充当经济社会发展的“夜警”“守夜人”的传统,校正、补充放任自由经济体制的缺陷。其实,从本质上看,国家干预和管制市场经济只是“二战”后国家职能强化和走向多元化在经济领域的表现而已。在这种现实环境下,若将经济犯罪的法益仅仅理解为是经济自由,无疑是过于理想主义的想法。建立在这种观念上的刑法,将很难避免出现脱离社会现实和不具实践性的问题。现实社会刑法处罚范围的设定,实际上反映的是特定时期国家调和、平衡市场经济自由与经济管制关系的结果,经济犯罪范围的大小体现的是国家对经济自由的认可的限度和国家的政治宽容度。

但我们必须明白,无论是调和,还是平衡,本质上都是自由经济理想向现实社会的妥协和让步。任何让步、妥协都应当是合理、有限度的,过度、无原则的让步,将会带来对正义的贬损。刑法作为辅助法,其最后手段性决定了其对经济活动的干预必须矜持、慎重,不能在经济自由与经济管制调和过程中,过度扩大自己的处罚范围。

第一,既然国家选择了市场经济的发展方向,就要坚定不移地

① 参见[英]约翰·埃默里克·爱德华·达尔伯格-阿克顿:《自由与权力》,侯健、范亚峰译,译林出版社2011年版,第269页。

贯彻和推行。刑法是最明显而且最直接地涉及塑造和约束人们行为的法律体系,[①]其强烈的否定评价和谴责措施,也最容易挫败人们追求进步的积极性。所以,对于那些符合市场经济发展方向的行为,即便当下看来对现有的体制有一定的冲击,刑法也应当尽可能地保持克制,避免仓促介入造成人们追求经济创新的挫败。

第二,对于处在改革中、改革边缘或者具有明显过渡性特征的经济秩序或制度,由于该秩序或制度具有不稳定性,是我国经济体制未来改革对象,所以,行为即便对该种体制造成了伤害与冲击,国家也要尽可能地排除刑法干预。

第三,要节制刑法保护经济秩序的范围。如前指出,现代社会是交际型社会,任何人都不是孤立的、以原子式的方式而存在的。一个社会必须拥有某些社会存在必需的制度与秩序,作为人与人之间沟通、关联和实现个人利益和社会福利的平台。在经济领域,经济秩序作为市场主体从事经济交往的基础平台,刑法当然要呵护。但问题的关键还在于国家必须合理确定刑法保护的经济秩序的外延。秩序是典型的不确定概念,若立法者对经济秩序做极度的扩张解释,则任何一个与经济相关的犯罪都或多或少包含秩序的考虑,如此一来,刑法对公民经济自由的保护,则失去实益,刑法对经济领域的干涉将会变得没有确定性,法益对立法权的限制将成为空话。所以,立法者在选择将一定的经济秩序作为刑法保护对象时,必须具有特殊的理由,如是否属于具体法益侵害无法确定的情形,或者侵害的法益是否属于已经超越了单个具体的被害人法益等。当存在具体法益侵害的场合,不能轻易超越对具体法益的保护而以保护经济秩序为由设定罪行和构成要件。

第四,反对将特殊部门、机构的利益作为经济秩序或制度对待。国家的经济秩序本质上属于公共利益的范畴。何种利益属于公共利益,的确很难简单地从正面给出积极解答,但至少可以肯定的是,属于公共利益的情形,利益的对象具有不确定性,利益不能仅归属个别的、特殊的群体或机构。在这方面,现行刑法的某些规定存在

---

① 参见[美]富勒:《法律的道德性》,郑戈译,商务印书馆2005年版,第71页。

可议之处。如《刑法》分则第三章即破坏社会主义市场经济秩序罪中的金融诈骗罪一节，该节犯罪的对象是银行或其他金融机构的财产。不能否认，银行或其他金融机构在任何国家经济体系中都具有特殊地位，这种地位的特殊性是由银行或金融机构承载的经济职能决定的。但刑法、经济行政法对银行的特殊保护只能限于特定职能的范围内。现代各国，大都将银行的特殊职能限定在资产和负债业务领域，而在财产权方面，银行和其他金融机构与其他市场主体并无特别区别对待的理由。现行刑法将金融诈骗行为独立规定于财产犯罪外，上升到经济秩序的高度进行保护，显然存在过于拔高银行或其他金融机构市场主体地位之嫌。

第五，“标签盛行的地方，理性易于枯萎”，由于历史上我国长期受社会本位观念的影响，人们总是习惯地认为侵犯国家利益、公共利益行为的社会危害性，较之于具体法益侵害要重。经济秩序由于具有公共利益的属性，在上述传统观念的支配下，侵害经济秩序的社会危害性很容易被夸张和不理性对待。其实，相对于侵害单个具体法益，侵害经济秩序行为的社会危害性很难一概认为系更为严重。因为在侵犯经济秩序的场合，承受犯罪行为后果的是不特定的多数人，危害后果被分散承受，相对于单个具体的被害人而言，对所谓的损害往往具有更强的承受力，而且，经济秩序也是区分层次和领域，不同层次和领域的经济秩序地位和重要性也存在差别。所以，究竟是侵犯了经济秩序的行为社会危害性大，还是侵犯个体权利行为的社会危害性大，需要具体考虑，不能简单地“一刀切”。刑法范围是国家平衡法益侵害和公民人权保障的结果，而且，两者之间历来存在此消彼长之反向关系。越是强调秩序的重要性，侵犯秩序行为的犯罪化可能性就会越高，刑法处罚范围扩张的可能性就会越大。

（三）司法的“作为”：经济刑法处罚范围的司法限制与局限性

立法和司法处于法治的同一屋檐下，两者唇齿相依，理应互相搀扶，共同推动法治实践。面对当前经济刑法处罚范围过度化的问题，司法者并非只能一筹莫展，通过对刑法条文解释可以在很大程度上得以缓解。当然，所谓的解释必须以正义、道德地理解和适用刑法为前提。

事物都是具体的,刑法也应该是确定的。犯罪的本质在于严重的社会危害性,存在具体法益侵害的场合,秩序是否受到伤害以及受到何种程度之伤害,不可能是抽象和没有任何规范轮廓的,必须通过具体法益来征表。在具体法益侵害阙如的场合,以保护抽象的经济秩序为由认定犯罪,逻辑上是难能成立的。

如骗取贷款罪,本罪设立的目的主要是考虑到"公安机关、人民银行等部门提出,实践中一些单位和个人以虚构事实、隐瞒真相等手段,骗用银行或其他金融机构的贷款。但要认定骗贷人具有'非法占有'贷款的目的很困难……致使这类案件的处理陷入两难境地,要么无罪,要么重刑。有的案件给金融机构带来了较大损失,由于不能定贷款诈骗罪,客观上造成了此类案件的高发趋势,也危害到金融安全"。[①] 单从立法目的看,本罪无疑具有美好的初衷,但仅凭美好的立法初衷从来都不能成为刑法正当性的根据。本罪中立法将主观上并不具有"非法占有目的",而只是具有"非法使用目的"的骗取银行或金融机构贷款的行为入罪,突破了刑法对财产关系的传统介入限度。而且,本罪的设立还存在处罚不平等和难以契合法体系整体价值观的问题。[②] 2010 年《最高人民检察院、公安部关于公安机关管辖的刑事案件立案追诉标准的规定(二)》第 27 条规定:以欺骗手段取得银行或者其他金融机构贷款……涉嫌下列情形之一的,应予立案追诉:"(一)以欺骗手段取得贷款……数额在一百万元以上的……(三)虽未达到上述数额标准,但多次以欺骗手段取得贷款……(四)其他给银行或者其他金融机构造成重大损失或者有其他严重情节的情形。"很明显,《关于公安机关管辖的刑事案件立案追诉标准的规定(二)》第(一)、(三)项的规定处罚的都是行为犯。行为人即便多次实施"骗贷"行为,若所贷银行款项及利息都如期偿还的,在没有给银行造成任何损失的情况下,恐怕在民事责任方面都难以认为存在问题,怎么会认为需要纳入刑法范围

---

① 黄太云:《〈刑法修正案(六)〉的理解与适用(下)》,载《人民检察》2006 年第 15 期。

② 参见何荣功:《自由秩序与自由刑法理论》,北京大学出版社 2013 年版,第 74 ~ 75 页。

呢？实践中，不少办案人员也意识到本罪存在的问题，囿于刑法和司法解释的规定，有时只能爱莫能助。本书认为，对于本罪立法和司法解释存在的问题，司法机关并非只能消极“就范”，可以考虑根据《刑法》第13条的规定，将那些客观上虽然实施了骗取行为，但没有现实造成银行或其他金融机构贷款重大损失或不具有造成重大损失危险的行为排除在本罪以外。而且，任何犯罪都必须具有严重社会危害性，这是《刑法》第13条的总则性规定，具有统领全部刑法条文适用的地位，与该规定相冲突的司法解释应限制适用，也是刑法体系解释的贯彻①。

另外，对骗取贷款罪（包括刑法规定的诈骗类犯罪）的认定，还必须从实质上区分交易风险自担与犯罪的界限问题。甲在银行贷款，客观上虽然实施了提供虚假担保等欺骗的手段，但银行因急于完成放贷任务或者出于谋利等其他目的考虑，在明知存在较高资金安全风险的情况下仍然将该笔贷款贷给甲。本案的定性就不能只孤立地看待甲所实施的提供虚假担保等所谓的骗取行为。本案中的银行实际上并没有被骗，属于市场经济交易中的风险自担行为，应排除其犯罪性。

又如关于变相吸收公众存款行为的认定，也是长期困扰司法实践的问题。如被告人为了得到资金，承诺吸收公众存款后保本付息，后资金主要用于实体生产经营活动的，是否属于变相吸收公众存款？学校收取教育储备金的孳息折抵学生应交纳的学杂费，是否应当认定为变相吸收公众存款行为？② 刑法是一门精确的规范体系，厘清概念对于案件准确定性无疑是必要的，但对于该类案件的定性仅仅纠缠于词语的文义，是远远不够的。对犯罪处罚范围的认定，必须考虑刑法的价值取向和根本目的，它指引着刑法解释的方向。上述事例中的行为既然有利于经济增长，是推进教育与产业结合的有益探索，在无任何一方利益受到损害的情况下，如再抽象地

---

① 值得注意的是：在刑法分则没有将某特定行为规定为犯罪时，不能以《刑法》第13条的规定认为该行为具有严重社会危害性从而认定为犯罪。

② 参见赵秉志主编：《刑事法判解研究》（总第16辑），人民法院出版社2010年版，第85～86页。

谈论破坏了经济、金融秩序，动用刑法打击，又有何实益呢？现实社会案件形态各异，情况千差万别，如果司法人员能够真正善待法治，考虑市场经济的本质和经济自由对于社会进步的意义，那么，通过司法智慧限制经济刑法的范围，避免刑法对经济的不当干涉，不是完全不可能的。

解铃还须系铃人，通过道德、善良的刑法解释的确可以在一定程度上起到纠偏刑法立法问题的效果，但刑法解释的功能不应当被过分夸大。我国刑法理论上有一种有力的观点认为，刑法不是嘲笑对象，将刑法学研究的重心置于批判刑法的做法，不仅偏离了刑法学的研究方向与目标，而且存在诸多不当之处。解释者要善于通过各种途径、运用各种方法收集文本可能具有的意义，而不能单纯质疑文本的意义。所谓的刑法缺陷，大体上都是解释者解释出来的，而不是刑法本身就存在的。[①] 很明显，在持该意见的学者看来，世上没有不好的立法者，只有不好的解释者；没有问题立法，只有对法律的问题解释。该课题的探讨根本上涉及刑法解释与刑法批判的关系以及刑法学发展的方向问题。政治哲学家葛德文指出，我们有时候把法律称作是我们祖先的智慧。但这是一种难于想象的欺骗。法律也常常是根据他们的激情、怯懦、猜忌、垄断心理和对于权力的贪婪制定的，[②]本书认为，包括刑法在内任何法律中都存在非理性甚至偏私的因素，不应当享有被批评的豁免权。历史上，如果没有近代法学思想家以自然法为根基展开对实定法（法律）的反思、批判与嘲笑，就不会有近代法治社会的诞生。自古以来，法被认为是善良与公正的艺术（古罗马法学家塞尔苏斯语），但现实社会中的法律历来与法的要求都是存在落差的。这些年随着我国法治的巨大进步，立法的民主性、科学性都得到很大程度的提升，但任何情况下，法律都是平衡各方面利益的结果，立法过程中难免存在不同社会主体之间的利益争论，这样一来，不平等法律规定就不可避免出

---

① 参见张明楷：《刑法学》，法律出版社2011年版，第2页。

② 参见［英］威廉·葛德文：《政治正义论》（下卷），何慕李译，商务印书馆1980年版，第150页。

现在法律中,导致法律的规定与法的精神和要求存在差距。而且,在现实社会,法律一旦制定,将很难修改,这是世界各国之通弊,寄希望于司法者通过善良的解释和适用刑法,避免刑法理解的扭曲,相对于修改立法而言,只能认为是一种次优的选择而已。而且,任何解释都是解释主体价值观和方法论的表达,具有不确定性,所以,刑法解释对刑法理论的意义虽不可低估,但实务中对纠偏刑法立法不足的效果并非一定明显。正所谓"浊其源而望其流,曲其形而欲其直,不可得也",包括经济刑法在内的刑法处罚范围的科学设定决不能忽视立法正本清源的作用,而且,人们只有通过立法所建立的自由、公正的法秩序,才可以将人类的行为导向共同的善。

四、余论

英国历史学家、政治哲学家阿克顿勋爵在"古代自由史"的演讲中曾说:"自由,与宗教一样,一直既是善行的动力,又是罪恶常见的借口……它在每个时代的进步,总是受着它的天敌——无知与迷信、征服欲与贪恋安逸、强人对权力的渴望和穷人对食物的乞讨——的阻扰。"经过对自由与人类进步关系的深思熟虑,阿克顿总结道,"自由、正义和文明是人类历史上经常相互斗争以推动历史进步的三种力量"。[①] 现代社会,自由被公认是个好东西,因为自由意味着我们每个人可以做自己最擅长的事情,在分工合作中发挥自己的优势,而且能使我们的聪明才智得到最好的发挥。也正是自由,使我们创造了好思想、新技术和新产品。[②]

马克思和恩格斯在《共产党宣言》中曾作出过这样的经典论断:"资产阶级在它不到一百年的阶级统治中所创造的生产力,比过去一切时代创造的全部生产力还要多,还要大。"在本书看来,这一论断与其说是马、恩在肯定资产阶级和工业革命对生产发展的巨大动力意义,倒不如说在褒扬自由经济对社会发展的巨大贡献。回首

---

① ［英］约翰·埃默里克·爱德华·达尔伯格－阿克顿:《自由与权力》,侯健、范亚峰译,译林出版社2011年版,第273页。

② 参见张维迎:《任何法律必须符合天理》,载《长江日报》2014年3月20日。

我国改革开放以来经济社会发展取得的奇迹般的成就,同样与我国社会主义市场经济体制改革而释放的经济自由与市场活力紧密相关。

法律是人类追求自身安全的制度化机制,也是推动人类进步和发展的主要力量。刑法安定性的最高价值、保障法的法体系地位和司法法的本性决定了我们不能指望刑法成为引领社会进步的力量,但应尽可能地避免刑法成为社会进步的阻碍力量。具体到经济犯罪而言,刑法应合理平衡经济自由与经济管制之间的关系,立法和司法上都需要科学确定经济犯罪的处罚范围。美国著名社会学家库利在考察了人的本性与社会秩序的关系后写道:“自由属于那些有较高责任感的个人与国家,属于社会中的某些个人或者某些作为整体的社会。在我的一生中,我目睹了我们国家社会组织中的自由的增长……”[①]经济自由是社会发展的原动力,国家建立经济秩序最终是服务于经济自由的。所以,相对于经济秩序,经济自由具有更为基础性的价值,包括刑法在内的一切法律,应为保障经济自由而不遗余力。

---

① 参见[美]查尔斯·霍顿·库利:《人类本性与社会秩序》,包凡一、王湲译,华夏出版社1989年版,第299~300页。

参考书目

一、著作

(一)中文著作

1.《邓小平文选》(第3卷),人民出版社1993年版。

2. 高铭暄:《中华人民共和国刑法的孕育诞生和发展完善》,北京大学出版社2012年版。

3. 高铭暄、马克昌主编:《刑法学》,北京大学出版社2010年版。

4. 马克昌主编:《犯罪通论》,武汉大学出版社1999年版。

5. 马克昌主编:《经济犯罪新论:破坏社会主义经济秩序罪研究》,武汉大学出版社1998年版。

6. 赵秉志主编:《刑事法判解研究》(2010年第1辑),人民法院出版社2010年版。

7. 赵秉志主编:《刑罚总论问题探索》,法律出版社2003年版。

8. 赵秉志:《死刑改革之路》,中国人民大学出版社2014年版。

9. 陈兴良:《教义刑法学》,中国人民大学出版社2017年版。

10. 陈兴良:《刑法的启蒙》,北京大学出版社2018年版。

11. 陈兴良:《判例刑法学》(上卷)(下卷),中国人民大学出版社 2009 年版。

12. 张明楷:《刑法学》(第 5 版),法律出版社 2016 年版。

13. 张明楷:《法益初论》,中国政法大学出版社 2000 年版。

14. 梁根林:《刑事法网:扩张与限缩》,法律出版社 2005 年版。

15. 梁根林主编:《刑法体系与犯罪构造》,北京大学出版社 2016 年版。

16. 梁根林主编:《刑事政策与刑法变迁》,北京大学出版社 2016 年版。

17. 林亚刚:《刑法学教义》(总论),北京大学出版社 2017 年版。

18. 黎宏:《刑法学总论》(第 2 版),法律出版社 2016 年版。

19. 周光权:《刑法总论》(第 3 版),中国人民大学出版社 2016 年版。

20. 周光权:《刑法各论》(第 3 版),中国人民大学出版社 2016 年版。

21. 刘宪权:《金融犯罪刑法学原理》,上海人民出版社 2017 年版。

22. 于志刚:《虚拟空间中的刑法理论》(第 2 版),社会科学文献出版社 2018 年版。

23. 刘艳红:《实质犯罪论》,中国人民大学出版社 2014 年版。

24. 孙国祥:《贪污贿赂犯罪研究》(上册)(下册),中国人民大学出版社 2018 年版。

25. 车浩:《刑法教义的本土形塑》,法律出版社 2017 年版。

26. 劳东燕:《风险社会中的刑法:社会转型与刑法理论的变迁》,北京大学出版社 2015 年版。

27. 周少华:《刑法之适应性:刑事法治的实践逻辑》,法律出版社 2012 年版。

28. 李海东:《刑法原理入门:犯罪论基础》,法律出版社 1998 年版。

29. 谢川豫:《危害社会行为的制裁体系研究》,法律出版社

2013 年版。

30. 李富成:《刑事推定研究》,中国人民公安大学出版社 2008 年版。

31. 周国文:《刑罚的界限:Joel Feinberg 的“道德界限”与超越》,中国检察出版社 2008 年版。

32. 崔敏主编:《毒品犯罪发展趋势与遏制对策》,警官教育出版社 1999 年版。

33. 郎胜主编:《中华人民共和国刑法释义》,法律出版社 2009 年版。

34. 胡康生、李福成主编:《中华人民共和国刑法释义》,法律出版社 1997 年版。

35. 李淳、王尚新主编:《中国刑法修订的背景与适用》,法律出版社 1998 年版。

36. 卓泽渊:《法的价值论》,法律出版社 2006 年版。

37. 沈宗灵:《现代西方法理学》,北京大学出版社 1992 年版。

38. 蔡枢衡:《中国法理自觉的发展》,清华大学出版社 2005 年版。

39. 沈宗灵、黄枬森主编:《西方人权学说》(下册),四川人民出版社 1994 年版。

40. 洪镰德:《法律社会学》,台北,扬智文化事业公司 2001 年版。

41. 周国平:《周国平语录》,上海人民出版社 2011 年版。

42. 胡适:《容忍与自由》,金城出版社 2013 年版。

43. 刘军宁、王焱编:《自由与社群》,生活·读书·新知三联书店 1998 年版。

44. 王海明:《新伦理学》,商务印书馆 2002 年版。

45. 王亚南:《中国官僚政治研究》,中国社会科学出版社 1981 年版。

46. 陈志武:《金融的逻辑》,国际文化出版公司 2009 年版。

47. 吴敬琏、俞可平、[美]罗伯特·福格尔等:《中国未来 30 年》,灵活文化有限公司 2011 年版。

48. 张维迎:《理念的力量》,西北大学出版社 2014 年版。

49. 张维迎:《博弈与社会》,北京大学出版社 2013 年版。

50. 高长见:《轻罪制度研究》,中国政法大学出版社 2012 年版。

51. 龙希成编:《宏观中国》,机械工业出版社 2002 年版。

52. 严青、郭改云:《任继愈传》,江苏人民出版社 2011 年版。

53. 雷滇、洪尘:《孙大午:为农民而生,一个农民企业家的努力与反思》,中国社会科学出版社 2004 年版。

54. 甘添贵总主编:《德国刑法翻译与解析》,台北,五南图书出版股份有限公司 2018 年版。

55. 林东茂:《刑法综览》(修订 5 版),中国人民大学出版社 2009 年版。

56. 林东茂:《危险犯与经济刑法》,台北,五南图书出版股份有限公司 1996 年版。

57. 张丽卿:《刑法总则理论与运用》,台北,五南图书出版股份有限公司 2015 年版

58. 陈新民:《宪法基本权利之基本理论》(上),台北,元照出版有限公司 1999 年版。

59. 陈新民:《德国公法学基础理论》(增订新版·上卷),法律出版社 2010 年版。

60. 王皇玉:《刑罚与社会规训:台湾刑事制裁新旧思维下冲突与转变》,台北,元照出版有限公司 2009 年版。

61. 王皇玉:《刑法总则》,台北,新学林出版股份有限公司 2014 年版。

62. 许福生:《刑事政策学》(第 3 版),台北,元照出版有限公司 2017 年版。

63. 刘刚编译:《风险规制:德国的理论与实践》,法律出版社 2012 年版。

64. 沈岿主编:《风险规制与行政法新发展》,法律出版社 2013 年版。

65. 古承宗:《刑法的象征化与规制理性》,台北,元照出版有限公司 2017 年版。

66. 中国人民大学刑事法律研究中心编:《明德刑法学名家讲演

录》(第1卷),北京大学出版社2009年版。

67. 许玉秀主编:《刑事法之基础与界限:洪福增教授纪念专辑》,台北,学林文化事业公司2003年版。

(二)译著

1. [德]汉斯·海因里希·耶赛克、[德]托马斯·魏根特:《德国刑法教科书》(总论),徐久生译,中国法制出版社2001年版。

2. [德]克劳斯·罗克辛:《刑事政策与刑法体系》(第2版),蔡桂生译,中国人民大学出版社2011年版。

3. [德]埃里克·希尔根多夫:《德国刑法学:从传统到现代》,江溯、黄笑岩等译,北京大学出版社2015年版。

4. [德]乌尔斯·金德霍伊泽尔:《刑法总论教科书》,蔡桂生译,北京大学出版社2015年版。

5. [德]康德:《道德形而上学原理》,苗力田译,上海人民出版社1986年版。

6. [德]乌尔里希·齐白:《全球风险社会与信息社会中的刑法:二十一世纪刑法模式的转换》,周遵友、江溯等译,中国法制出版社2012年版。

7. [德]乌尔里希·贝克:《世界风险社会》,吴英姿、孙淑敏译,南京大学出版社2004年版。

8. [德]马克斯·韦伯:《经济与社会》(第1卷),上海世纪出版集团2010年版。

9. [德]汉斯·J. 沃尔夫等:《行政法》(第3卷),高家伟译,商务印书馆2007年版。

10. [德]阿图尔·考夫曼:《法律哲学》(第2版),刘辛义等译,法律出版社2011年版。

11. [德]拉德布鲁赫:《法学导论》,米健译,商务印书馆2013年版。

12. [德]古斯塔夫·拉德布鲁赫:《法哲学》,王朴译,法律出版社2013年版。

13. [德]哈贝马斯:《在事实与规范之间:关于法律和民主法治国的商谈理论》(修订译本),童世骏译,生活·读书·新知三联书店 2014 年版。

14. [奥]凯尔森:《法与国家的一般理论》,沈宗灵译,商务印书馆 2013 年版。

15. [奥]埃利希:《法律社会学基本原理》,叶名怡、袁震译,九州出版社 2007 年版。

16. [美]乔治·弗莱彻:《反思刑法》,邓子滨译,华夏出版社 2008 年版。

17. [美]道格拉斯·N. 胡萨克:《刑法哲学》(第 2 版),谢望原等译,中国人民公安大学出版社 2004 年版。

18. [美]哈伯特·L. 帕克:《刑事制裁的界限》,梁根林等译,法律出版社 2008 年版。

19. [美]E. 博登海默:《法理学:法律哲学与法律方法》,邓正来译,中国政法大学出版社 1999 年版。

20. [美]罗纳德·德沃金:《认真对待权利》,信春鹰、吴玉章译,上海三联书店 2008 年版。

21. [美]约翰·罗尔斯:《正义论》,何怀宏等译,中国社会科学出版社 1988 年版。

22. [美]汤姆·R. 泰勒:《人们为什么遵守法律》,黄永译,中国法制出版社 2015 年版。

23. [美]埃尔曼:《比较法律文化》,贺卫方、高鸿均译,生活·读书·新知三联书店 1990 年版。

24. [美]诺内特、[美]塞尔兹尼克:《转变中的法律与社会:迈向回应型法》,张志铭译,中国政法大学出版社 2004 年版。

25. [美]凯斯·R. 桑斯坦:《恐惧的规则:超越预防原则》,王爱民译,北京大学出版社 2011 年版。

26. [美]奥德丽·库尔思·克罗宁、[美]詹姆斯·M. 卢德斯:《反恐大战略:美国如何打击恐怖主义》,胡溦等译,新华出版社 2015 年版。

27. [美]O. 瑞、[美]C. 科塞:《毒品、社会与人的行为》,夏建中等译,中国人民大学出版社 2001 年版。

28. [美]罗伯特·C. 埃里克森:《无需法律的秩序:相邻者如何

解决纠纷》,苏力译,中国政法大学出版社 2003 年版。

29. [美]查尔斯·霍顿·库利:《人类本性与社会秩序》,包凡一、王湲译,华夏出版社 1989 年版。

30. [美]罗斯科·庞德:《通过法律的社会控制》,沈宗灵译,商务印书馆 2017 年版。

31. [美]詹姆斯·克里斯:《社会控制》,纳雪沙译,电子工业出版社 2012 年版。

32. [美]大卫·葛兰:《控制的文化:当代社会的犯罪与社会秩序》,周盈成译,台北,巨流图书有限公司 2006 年版。

33. [美]大卫·葛兰:《惩罚与现代社会》,刘宗为、黄煜文译,台北,商周出版 2006 年版。

34. [美]布赖恩·Z. 塔玛纳哈:《法律工具主义:对法治的危害》,陈虎、杨洁译,北京大学出版社 2016 年版。

35. [美]唐纳德·J. 布莱克:《法律的运作行为》,唐越、苏力译,中国政法大学出版社 2004 年版。

36. [美]史蒂文·瓦戈:《法律与社会》(第 9 版),梁坤、邢朝国译,中国人民大学出版社 2011 年版。

37. [美]P. S. 阿蒂亚、[美]R. S. 萨默斯:《英美法中的形式与实质:法律推理、法律理论和法律制度比较研究》,金敏、陈林林、王笑红译,中国政法大学出版社 2005 年版。

38. [美]梯利:《西方哲学史》,葛力译,商务印书馆 2015 年版。

39. [美]萨缪尔森、[美]诺德豪斯:《经济学》(第 14 版),胡代光等译,北京经济学院出版社 1996 年版。

40. [美]亚伯拉罕·马斯洛:《动机与人格》,许金声等译,中国人民大学出版社 2012 年版。

41. [美]戴维·米勒:《政治哲学与幸福根基》,李里峰译,译林出版社 2013 年版。

42. [美]乔治·凯林、[美]凯瑟琳·科尔斯:《破窗效应:失序世界的关键影响力》,陈智文译,生活·读书·新知三联书店 2014 年版。

43. [美]富勒:《法律的道德性》,郑戈译,商务印书馆 2005 年版。

44. [美]詹姆斯·R. 汤森、[美]布莱特利·沃马克:《中国政治》,顾速、董方译,江苏人民出版社 2010 年版。

45. [美]罗伯特·C. 盖尔:《经济学:基本原理与热点问题》,邹薇等译,武汉大学出版社 2007 年版。

46. [美]傅高义:《邓小平时代》,冯克利译,生活·读书·新知三联书店 2013 年版。

47. [美]阿比盖尔·A. 贝尔德:《心理学:认识你自己》,宋玉萍译,中国人民大学出版社 2014 年版。

48. [英]休谟:《人性论》,关文运译,商务印书馆 1980 年版。

49. [英]休谟:《道德原则研究》,曾晓平译,商务印书馆 2001 年版。

50. [英]约翰·密尔:《论自由》,许宝骙译,商务印书馆 2014 年版。

51. [英]弗里德利希·冯·哈耶克:《法律、立法与自由》(第 1 卷),邓正来等译,中国大百科全书出版社 2000 年版。

52. [英]哈特:《法律的概念》,张文显等译,中国大百科全书出版社 2003 年版。

53. [英]约瑟夫·拉兹:《法律的权威》,朱峰译,法律出版社 2005 年版。

54. [英]约翰·埃默里克·爱德华·达尔伯格-阿克顿:《自由与权力》,侯健、范亚峰译,译林出版社 2011 年版。

55. [英]威廉·葛德文:《政治正义论》(下卷),何慕李译,商务印书馆 1980 年版。

56. [英]马丁·洛克林:《剑与天平:法律与政治关系的省察》,高秦伟译,北京大学出版社 2011 年版。

57. [英]麦金德:《民主的理想与现实》,武原译,商务印书馆 1965 年版。

58. [英]丹尼斯·罗伊德:《法律的理念》,张茂柏译,新星出版社 2005 年版。

59. [英]韦恩·莫里森:《法理学:从古希腊到后现代》,李桂林等译,武汉大学出版社 2003 年版。

60. [英]伯特兰·罗素:《西方的智慧》,伯庸译,电子工业出版社2013年版。

61. [英]罗素:《罗素的道德哲学》,唐译编译,吉林出版集团有限责任公司2013年版。

62. [英]彼得·斯坦、[英]约翰·香德:《西方社会的法律价值》,王献平译,中国法制出版社2004年版。

63. [英]迈克尔·格索普:《"毒品"离你有多远》,冯君雪译,天津人民出版社2013年版。

64. [英]尼尔·麦考密克、[奥]奥塔·魏因贝格尔:《制度法论》,周叶谦译,中国政法大学出版社2004年版。

65. [英]阿尔弗雷德·马歇尔:《彩图解析经济学原理》,子衿编译,北京联合出版公司2014年版。

66. [法]孟德斯鸠:《论法的精神》(上册)(下册),张雁深译,商务印书馆1961年版。

67. [法]卢梭:《社会契约论》,何兆武译,商务印书馆1980年版。

68. [法]卢梭:《论人类不平等的起源和基础》,李常山译,商务印书馆1997年版。

69. [法]卢梭:《爱弥儿》(精选本),彭正梅译,上海人民出版社2011年版。

70. [法]米海依尔·戴尔玛斯·马蒂:《刑事政策的主要体系》,卢建平译,法律出版社2000年版。

71. [意]贝卡里亚:《论犯罪与刑罚》,黄风译,中国大百科全书出版社1993年版。

72. [意]恩里科·菲利:《实证派犯罪学》,郭建安译,中国政法大学出版社2004年版。

73. [意]恩里科·菲利:《犯罪社会学》,郭建安译,中国人民公安大学出版社2004年版。

74. [日]西田典之:《日本刑法总论》,刘明祥、王昭武译,中国人民大学出版社2007年版。

75. [日]西原春夫:《刑法的根基与哲学》,顾肖荣等译,法律出版社 2004 年版。

76. [日]大塚仁:《刑法概说(总论)》(第 3 版),冯军译,中国人民大学出版社 2003 年版。

77. [日]山口厚:《刑法总论》,付立庆译,中国人民大学出版社 2011 年版。

78. [日]高桥则夫:《规范论和刑法解释论》,戴波、李世阳译,中国人民大学出版社 2011 年版。

79. [日]川岛武宜:《现代化与法》,王志安等译,中国政法大学出版社 2004 年版。

80. [挪]尼尔·克里斯蒂:《犯罪控制工业化》,胡菀如译,北京大学出版社 2014 年版。

81. [斯洛文尼亚]卜思天·M. 儒攀基奇:《刑法理念的批判》,丁后盾译,中国政法大学出版社 2000 年版。

82. [以色列]尤瓦尔·赫拉利:《人类简史:从动物到上帝》,林俊宏译,中信出版集团股份有限公司 2017 年版。

83. [以色列]尤瓦尔·赫拉利:《未来简史:从智人到智神》,林俊宏译,中信出版集团股份有限公司 2017 年版。

84. [以色列]尤瓦尔·赫拉利:《今日简史:人类命运大议题》,林俊宏译,中信出版集团股份有限公司 2018 年版。

85. [古罗马]波爱修斯:《哲学的慰藉》,贺国坤译,安徽人民出版社 2012 年版。

(三)外文著作

1. Andrew Ashworth, *Principles of Criminal Law* (6th Edition), Oxford University Press, 2009.

2. Andrew Ashworth and Lucia Zedner, *Preventive Justice*, Oxford University Press, 2014.

3. Andrew Ashworth and Jeremy Horder, *Principles of Criminal Law* (7th Edition), Oxford University Press, 2013.

4. David Garland, *Punishment and Modern Society: A Study in Social Theory*, Oxford University Press, 1990.

5. David Garland, *The Culture of Control: Crime and Social*

Order in Contemporary Society, Oxford, University Press, 2001.

6. Douglas Husak, *Overcriminalization: The Limits of the Criminal Law*, Oxford University Press, 2009.

7. David Ormerod, *Smith and Hogan's Criminal Law* (13th Edition), Oxford University Press, 2011.

8. Ezra F. Vogel, *Deng Xiaoping and the Transformation of China*, the Belknap Press of Harvard University Press, 2011.

9. George P. Fletcher, *Rethinking Criminal Law*, Oxford University Press, 2000.

10. Julian V. Roberts, et al., *Penal Populism and Public Opinion: Lessons Form Five Countries*, Oxford University Press, 2003.

11. Jonathan Herring, *Criminal Law: Text, Cases and Materials* (5th Edition), Oxford University Press, 2012.

12. Jonathan Herring, *Great Debates in Criminal Law* (2nd Edition), Palgrave Macmillan Press, 2012.

13. Michael Allen, *Textbook on Criminal Law* (11th Edition), Oxford University Press, 2011.

14. Rick Lines, *The Death Penalty for Drug Offences: A Violation of International Human Rights Law*, The International Harm Reduction Association, London, 2007.

15. S. Benn and R. Peters, *Social Principles and the Democratic State*, Allen & Unwin Press, 1959.

二、论文

（一）中文论文

1. 储槐植:《严而不厉:为刑法修订设计政策思想》,载《北京大学学报》(哲学社会科学版)1989 年第 6 期。

2. 储槐植:《走向刑法的现代化》,载《井冈山大学学报》(社会科学版)2014 年第 4 期。

3. 储槐植:《刑法现代化本质是刑法结构现代化》,载《检察日报》2018 年 4 月 2 日。

4. 储槐植、何群:《刑法谦抑性实践理性辨析》,载《苏州大学学报》(哲学社会科学版)2016 年第 3 期。

5. 梁根林:《刑法修正:维度、策略、评价与反思》,载《法学研究》2017 年第 1 期。

6. 陈兴良:《社会危害性理论:进一步的批评性清理》,载《中国法学》2006 年第 4 期。

7. 陈兴良:《刑法学:向死而生》,载《法律科学》(西北政法大学学报)2010 年第 1 期。

8. 陈兴良:《宽严相济刑事政策研究》,载《法学杂志》2006 年第 1 期。

9. 陈兴良:《贪污贿赂犯罪司法解释:刑法教义学的阐释》,载《法学》2016 年第 5 期。

10. 陈兴良:《刑法教义学与刑事政策的关系:从李斯特鸿沟到罗克辛贯通——中国语境下的展开》,载《中外法学》2013 年第 5 期。

11. 陈兴良:《贪污受贿罪数额的合理调整》,载《人民法院报》2016 年 4 月 19 日。

12. 赵秉志:《中国反腐败刑事法治的若干重大现实问题研究》,载《法学评论》2014 年第 3 期。

13. 赵秉志:《中国刑法的最新修正》,载《法治研究》2015 年第 6 期。

14. 赵秉志:《略谈最新司法解释中贪污受贿犯罪的定罪量刑标准》,载《人民法院报》2016 年 4 月 19 日,第 3 版。

15. 张明楷:《"风险社会"若干刑法理论问题反思》,载《法商研究》2011 年第 5 期。

16. 张明楷:《网络时代的刑法理念——以刑法的谦抑性为中心》,载《人民检察》2014 年第 9 期。

17. 张明楷:《论以危险方法危害公共安全罪——扩大适用的成因与限制适用的规则》,载《国家检察官学院学报》2012 年第 4 期。

18. 周光权:《转型时期刑法立法的思路与方法》,载《中国社会科学》2016 年第 3 期。

19. 周光权:《积极刑法立法观在中国的确立》,载《法学研究》2016 年第 4 期。

20. 周光权:《网络服务商的刑事责任范围》,载《中国法律评论》2015 年第 2 期。

21. 周光权:《黑社会性质组织非法控制特征的认定——兼及黑社会性质组织与恶势力团伙的区分》,载《中国刑事法杂志》2018 年第 3 期。

22. 周光权:《论刑法的公众认同》,载《中国法学》2003 年第 1 期。

23. 孙笑侠:《司法权的本质是判断权——司法权与行政权的十大区别》,载《法学》1998 年第 8 期。

24. 陈瑞华:《司法权的性质——以刑事司法为范例的分析》,载《法学研究》2000 年第 5 期。

25. 陈光中:《论我国酌定不起诉制度》,载《中国刑事法杂志》2001 年第 1 期。

26. 龙宗智:《推定的界限及适用》,载《法学研究》2008 年第 1 期。

27. 刘艳红:《我国应该停止犯罪化的刑事立法》,载《法学》2011 年第 11 期。

28. 刘艳红:《当下中国刑事立法应当如何谦抑?——以恶意欠薪行为入罪为例之批判性分析》,载《环球法律评论》2012 年第 2 期。

29. 黄京平:《黑恶势力利用"软暴力"犯罪的若干问题》,载《北京联合大学学报》(人文社会科学版)2018 年第 2 期。

30. 戴玉忠:《我国贿赂犯罪的立法演变与协调》,载《河南省政法管理干部学院学报》2007 年第 5 期。

31. 阮齐林:《依法从严惩治贪污贿赂犯罪》,载《人民法院报》2016 年 4 月 19 日。

32. 黄太云:《〈刑法修正案(六)〉的理解与适用(下)》,载《人民检察》2006 年第 15 期。

33. 黄太云:《〈刑法修正案(七)〉对惩治腐败相关条文的完

善》,载《中国检察官》2009 年第 5 期。

34. 黄太云:《〈刑法修正案(八)〉解读(二)》,载《人民检察》2011 年第 7 期。

35. 黄太云:《〈刑法修正案(八)〉解读(三)》,载《人民检察》2011 年第 8 期。

36. 郎胜:《〈刑法修正案(八)〉解读》,载《国家检察官学院学报》2011 年第 2 期。

37. 邹绯箭、孙健:《刑事司法资源配置的经济学分析》,载《人民检察》2010 年第 13 期。

38. 冯军:《犯罪化的思考》,载《法学研究》2008 年第 3 期。

39. 邢馨宇、邱兴隆:《刑法的修改:轨迹、应然与实然——兼及对刑法修正案(八)的评价》,载《法学研究》2011 年第 2 期。

40. 李晓明:《“行政拘留”的扩张与行政刑法的转向》,载《法学评论》2017 年第 3 期。

41. 于志刚:《网络“空间化”的时代演变与刑法对策》,载《法学评论》2015 年第 2 期。

42. 熊琦:《论法益之“益”》,载赵秉志主编:《刑法论丛》(第 15 卷),法律出版社 2008 年版。

43. 涂龙科:《网络内容管理义务与网络服务提供者的刑事责任》,载《法学评论》2016 年第 3 期。

44. 卢建平:《犯罪门槛下降及其对刑法体系的挑战》,载《法学评论》2014 年第 6 期。

45. 卢建平:《论法治国家与刑事法治》,载《法学》1998 年第 9 期。

46. 卢建平:《刑事政策与刑法关系论纲》,载《法治研究》2011 年第 5 期。

47. 卢建平:《关于醉驾入刑的理性审视》,载《法制资讯》2011 年第 6 期。

48. 卢建平:《依法扫黑除恶　净化社会环境》,载《人民法院报》2018 年 1 月 29 日,第 2 版。

49. 秦前红:《制度化反腐的可能及其变异》,载《民主与科学》

2013 年第 1 期。

50. 任文松、谢鹏程:《论腐败现象的法制生态》,载《法学评论》2008 年第 6 期。

51. 朱孝清:《体制改革与创新是反腐败根本之策》,载《法学》2001 年第 5 期。

52. 朱孝清:《改革是遏制腐败的根本性措施》,载《法学》2000 年第 5 期。

53. 肖世杰:《法律的公众认同、功能期许与道德承载——对刑法修正案(八)的复眼式解读》,载《法学研究》2011 年第 4 期。

54. 李学尧:《转型社会与道德真空:司法改革中的法律职业蓝图》,载《中国法学》2012 年第 3 期。

55. 高翼飞:《从扩张走向变异:非法经营罪如何摆脱"口袋罪"的宿命》,载《政治与法律》2012 年第 3 期。

56. 彭文华:《性贿赂犯罪化的理性分析》,载《法治研究》2014 年第 4 期。

57. 李少平:《行贿犯罪执法困局及其对策》,载《中国法学》2015 年第 1 期。

58. 周少华:《法律中的语言游戏与权力分配》,载《法制与社会发展》2006 年第 5 期。

59. 金泽刚:《销售假冒伟哥的行为如何定罪量刑——兼论非法经营案件的法律适用问题》,载《法学》2006 年第 9 期。

60. 刘光圣:《建设治理中的刑法适用》,载《人民检察》2012 年第 4 期。

61. 王莹:《法治国的洁癖——对话 Jakobs"敌人刑法"理论》,载《中外法学》2011 年第 1 期。

62. 熊永明:《我国罪名建言热潮之隐忧及其批判》,载《法学评论》2015 年第 6 期。

63. 黄星:《刑法抽象司法解释的时代定位与纠偏》,载《法学评论》2017 年第 1 期。

64. 张国轩:《我国刑法罪名数量的演变和构成》,载《中国刑事法杂志》2012 年第 2 期。

65. 成懿萍:《刑事不起诉率偏低之实证分析——以某地2003~2010年刑事不起诉案件为分析对象》,载《中国刑事法杂志》2011年第8期。

66. 吴沈括:《扩张中的犯罪预备及参与形式——围绕第18届国际刑法学大会第一专题的展开》,载里赞主编:《望江法学》(2010年卷·总第4期),法律出版社2011年版。

67. 汪建成、杨微波:《论犯罪问题非犯罪化处理的程序机制》,载《山东警察学院学报》2006年第3期。

68. 郑永红:《毒品犯罪的法经济学分析》,载《贵州警官职业学院学报》2008年第2期。

69. 郑蜀饶:《毒品犯罪规律的新认识及禁毒策略的思考》,载《法律适用》2007年第12期。

70. 张怡铭:《危险驾驶罪的实践效果及其反思》,载《楚天法学》2017年第1期。

71. 姚建宗:《论法律与政治的共生:法律政治学导论》,载《学习与探索》2010年第4期。

72. 姚建宗:《法律的政治逻辑阐释》,载《政治学研究》2010年第2期。

73. 陈伟:《黑恶势力与地方治理——太平天国时期江浙地区枪船现象的政治学考察》,载《党政研究》2016年第3期。

74. 吴敬琏:《"赶超思维"的局限》,载《商周刊》2013年第25期。

75. 吴敬琏、马国川:《从"吴市场"到"吴法治"(下)》,载《读书》2008年第10期。

76. 吴敬琏:《建设法治的市场经济》,载《经济体制改革》2003年第6期。

77. 吴敬琏:《走向法治市场经济》,载《小康》2013年第3期。

78. 王海明:《论经济自由原则》,载《齐鲁学刊》2007年第3期。

79. 麻美英:《规范、秩序与自由》,载《浙江大学学报》(人文社会科学版)2000年第6期。

80. 冯钢:《责任伦理与信念伦理:韦伯伦理思想中的康德主

义》,载《社会学研究》2001 年第 4 期。

81. 钱正荣:《“议行合一”的“前世”与“今生”》,载《传承》2009 年第 22 期。

82. 宋明:《论和谐社会纠纷解决机制的科学配置》,载《大连干部学刊》2008 年第 4 期。

83. 汪玉凯:《破除政府特殊经济利益》,载《中国改革》2011 年第 12 期。

84. 唐皇凤:《常态社会与运动式治理——中国社会治安治理中的“严打”政策研究》,载《开放时代》2007 年第 3 期。

85. 陈树林:《文化模式中的宗教》,载《世界宗教研究》2009 年第 3 期。

86. 孙越生:《重读王亚南著〈中国官僚政治研究〉》,载《社会科学战线》1979 年第 4 期。

87. 张兴国、张兴祥:《再论王亚南的中国官僚政治研究》,载《政治学研究》2007 年第 3 期。

88. 龚天平:《论经济自由》,载《华中科技大学学报》(社会科学版)2014 年第 3 期。

89. 王辉耀:《中国模式的特点、挑战及展望》,载《中国市场》2010 年第 16 期。

90. 万伦来、张本照:《关于腐败问题的经济学思考》,载《华东经济管理》1998 年第 5 期。

91. 古承宗:《风险社会与现代刑法的象征性》,载《科技法学评论》2013 年第 1 期。

92. 张天一:《对重刑化政策下贩卖毒品罪之检讨》,载《月旦法学杂志》2010 年第 5 期。

93. 张忠斌:《对恶势力犯罪从严惩处必须严格依法》,载《人民法院报》2018 年 12 月 5 日,第 6 版。

94. 张洋:《醉驾入刑有效果　法治入心显力量》,载《人民日报》2014 年 10 月 20 日,第 11 版。

95. 白阳、邹伟:《公安部交管局:“醉驾入刑”三年来酒驾事故下降四分之一》,载《新华每日电讯》2014 年 10 月 19 日。

96. 汤瑜:《"醉驾入刑"五年——全国共查酒驾 247 万余起》,载《民主与法制时报》2016 年 5 月 5 日,第 1 版。

97. 新华社:《"醉驾入刑"这一年》,载《检察日报》2012 年 5 月 9 日。

98. 卢文洁等:《陈建华代表:醉驾案件挤占大量司法资源　建立"醉驾案附条件不起诉"制度》,载《广州日报》2018 年 3 月 11 日。

99. 张伟玉:《"恶意欠薪"入罪有坚实的民意基础》,载《新京报》2010 年 3 月 14 日。

100.《最高检表态只要证据充分醉驾一律起诉》,载《北京晚报》2011 年 5 月 24 日。

101.《国家禁毒委:我国实际吸毒人数估计超 1400 万》,载《南方周末》2015 年 5 月 12 日。

102. 周跃五:《勿陷新型毒品误区》,载《人民日报》2011 年 6 月 29 日。

103. 刘子阳:《重击权力"买方"铲除腐败土壤》,载《法制日报》2015 年 6 月 11 日。

104. 王治国、戴佳:《曹建明:加大依法惩治行贿犯罪力度　有效遏制贿赂犯罪蔓延势头》,载《检察日报》2015 年 4 月 29 日。

105. 苗有水:《为什么提倡"惩办行贿与惩办受贿并重"》,载《人民法院报》2015 年 5 月 8 日。

106. 佘宗明:《行贿免责的负向激励》,载《华西都市报》2013 年 5 月 27 日。

107. 国平:《反腐没有休止符》,载《央视网》2015 年 7 月 24 日。

108. 易中天:《当下中国最缺底线》,载《新周刊》2012 年 2 月 7 日。

109. [德]克劳斯·罗克辛:《对批判立法之法益概念的检视》,陈璇译,载《法学评论》2015 年第 1 期。

110. [德]汉斯·约格·阿尔布莱希特:《安全、犯罪预防与刑法》,赵书鸿译,载《人民检察》2014 年第 16 期。

111. [意]弗朗西斯科·维加诺:《意大利反恐斗争与预备行为犯罪化——一个批判性反思》,吴沈括译,载《法学评论》2015 年第

5 期。

112. [日]关哲夫:《法益概念与多元的保护法益论》,王充译,载《吉林大学社会科学学报》2006 年第 3 期。

113. [韩]金日秀:《风险刑法、敌人刑法和爱的刑法》,郑军男译,载《吉林大学社会科学学报》2015 年第 1 期。

114. [日]芝原邦尔:《经济刑法与市民经济生活的保护》,载《法律时报》1986 年第 4 期。

(二)外文论文

1. Andrew Ashworth and Lucia Zedner, Prevention and Criminalization: Justifications and Limits, *New Criminal Law Review*, Vol. 15, No. 4.

2. Andrew Ashworth and Lucia Zedner, Defending the Criminal Law: Reflections on the Changing Character of Crime, Procedure, and Sanctions, *Criminal Law and Philosophy* 2008(2).

3. Andrew Ashworth, Is the Criminal Law A Lost Cause, *Law Quarterly Review*(2000).

4. Andrew Von Hirsch, *Extending the Harm Principle*: "*Remote*" *Harms and Fair Imputation*, In A. P. simester and A. T. H. smith (ed.), *Harm and Culpability*, Clarendon Press, 1996.

5. Andrew Ashworth, Conceptions of Overcriminalization, *Ohio State Journal of Criminal Law* 2008 (Vol. 5).

6. Douglas Husak, The Criminal Law As Last Resort, *Oxford Journal of Legal Studies*, Vol. 24, No. 2(2004).

7. Rik Peeters, The Price of Prevention: The Preventive Turn Consequence for Role of State, *Punishment & Society*, Vol. 17 (2), 2015.

8. Sanford H. Kadish, The Crisis of Overcrimination, *American Criminal Law Quarterly* (1968 – 1969), Vol. 7.

9. William J. Stuntz, The Pathological Politics of Criminal Law, *Michigan Law Review* 100 (2001).

天 Borderless 下

图书在版编目(CIP)数据

刑法与现代社会治理 / 何荣功著. -- 北京 : 法律出版社, 2020
ISBN 978-7-5197-2472-6

Ⅰ. ①刑… Ⅱ. ①何… Ⅲ. ①刑法-研究-中国
Ⅳ. ①D924.04

中国版本图书馆CIP数据核字(2020)第018323号

刑法与现代社会治理
XINGFA YU XIANDAI SHEHUI ZHILI
何荣功 著

策划编辑 黄倩倩
责任编辑 黄倩倩
装帧设计 鲁 娟

开本 710毫米×1000毫米 1/16
版本 2020年3月第1版
出版 法律出版社
总发行 中国法律图书有限公司
印刷 天津嘉恒印务有限公司

印张 20.75 **字数** 292千
印次 2020年3月第1次印刷
编辑统筹 学术·对外出版分社
经销 新华书店
责任印制 陶 松

法律出版社/北京市丰台区莲花池西里7号(100073)
网址/www.lawpress.com.cn
投稿邮箱/info@lawpress.com.cn
举报维权邮箱/jbwq@lawpress.com.cn
销售热线/400-660-8393
咨询电话/010-63939796

中国法律图书有限公司/北京市丰台区莲花池西里7号(100073)
全国各地中法图分、子公司销售电话:
统一销售客服/400-660-8393/6393
第一法律书店/010-83938432/8433 西安分公司/029-85330678 重庆分公司/023-67453036
上海分公司/021-62071639/1636 深圳分公司/0755-83072995

书号: ISBN 978-7-5197-2472-6 **定价:** 89.00元
(如有缺页或倒装,中国法律图书有限公司负责退换)